ICS Hypnotic Age Regression Therapy

최면상담의 새 지평

ICS 역행 테라피 Basic

ICS Hypnotic Age Regression Therapy

최면상담의 새 지평
ICS 역행 테라피 Basic

문동규 지음

국내 최초, '역행 최면(Hypnotic Age Regression)'을
정식으로 다룬 실전 안내서

시간을 초월하는 3세대 최면 패러다임의 본질을 담은 전문 가이드북
ICS가 제안하는 통합적 '역행 테라피'의 구조와 실전 적용 전략

렛츠북

저자 소개

문동규(ICS 최면 마스터 트레이너)

    3세대 최면 패러다임 기반의 통합적 접근인 'ICS 최면'의 개척자로, 20년 이상 최면상담 활동과 최면교육에 매진해 온 전문가이다. 미국, 호주, 영국, 프랑스, 인도네시아 등 5개국 이상에서 다양한 최면 기법을 습득하고 연구했으며, 이를 통합 체계화하여 '통합', '초월', '자기성장'을 핵심으로 하는 ICS 최면을 정립했다.

    한국인 최초로 ABH(미국최면치료협회) 마스터 최면 트레이너 자격을 취득했으며, 세계 단 두 명의 한국인 '울트라 뎁스® 헤드 에듀케이터' 중 한 명이다. 또한 내담자 중심 파츠 테라피 트레이너, 메즈머리즘 트레이너로 활동하며, 제3세대 최면 패러다임의 결정체인 '울트라 뎁스® 프로세스' 및 '내담자 중심 최면'을 한국에 정식 도입하는데 기여했다. 특히 3세대 최면 패러다임을 보급하고 체계화시키며 한국 최면계의 질적인 성장에 공헌해 왔다.

현재 3세대 최면의 선도적 기관인 'ICS 인터내셔널 협회'의 이사장이자 'ICS 한국 현대최면 마스터 스쿨'(ICS 인터내셔널 교육본부) 원장으로서 체계적인 전문가 양성과 자격 인증 시스템을 구축하고 있으며, 《의식을 여는 마스터키, 최면》,《최면 써드 제너레이션: 에고를 넘어서》 등의 저서 및 대외활동을 통해 3세대 최면의 가치를 알리고 있다.

▶ ICS 인터내셔널 협회 공식 유튜브 채널
www.youtube.com/@kmhmembers
ICS TV : ICS최면 & ICS정화와 소통

차례

글을 시작하며　　　　　　　　　　　　　　　　　　014

PART 1
ICS 최면 & 최면상담의 개념과 기초
: 중요한 기본기

A. ICS™의 개념과 정의　　　　　　　　　　　　**030**
01. ICS의 개념과 약자의 의미　　　　　　　　　　030
02. '현존(PRESENCE)'의 중요성　　　　　　　　　031
03. ICS 문자가 상징하는 의식의 확장 단계　　　　033

B. 최면의 정체성　　　　　　　　　　　　　　　**035**
01. 최면 정체성의 혼란　　　　　　　　　　　　　036
02. 주류 최면의 정의와 개념　　　　　　　　　　　039
03. 최면에 들지 못하는 유일한 이유　　　　　　　042
04. 최면상담과 무대최면의 전략적 차별성　　　　　045
05. 최면 패러다임의 발전과 진화 과정　　　　　　048
06. 세대별 최면 패러다임의 특징　　　　　　　　　052
　　• 제로세대 최면 패러다임: 메즈머리즘(Mesmerism)

- 1세대 최면 패러다임: 브레이디즘과 최면(Hypnotism)
- 2세대 최면 패러다임: 20세기의 최면(Hypnosis)
- 3세대 최면 패러다임: 초월과 통합, 성장의 융합

C. 기본 마인드 모델(Mind Model)   066
01. ICS 통합적 마인드 모델(Integrated Mind Model)의 이해   067
02. ICS 에고 모델(Ego Model)의 특성과 작용   069
03. 학습자들의 마인드 모델 확장 과정   072

D. 최면상담의 일반 절차   079
01. STEP 1: 사전 면담과 개인사 면담(준비 절차)   080
- 사전 면담의 핵심 요소
- 개인사 면담

02. STEP 2: 최면유도(도입과 심화)   090
03. STEP 3: 변화를 위한 개입   103
04. STEP 4: 각성(돌아나오기)   104
05. STEP 5: 후 면담(종료 절차)   106

PART 2
최면역행 테라피(ART)의 적용

A. ART의 목적과 배경   108
01. 현대 최면상담에서 ART의 위치   108
02. ART 전문 최면가의 희소성   114
03. 정신역동 운동과 최면분석의 발전   116
04. ART의 선구자들   121

05. 통찰 테라피로서의 ART   124
06. 회상과 재경험   127
07. ART인 것과 아닌 것의 차이   130
08. ART의 적용 범위   131
09. 시간 프레임의 초월: ART의 본질적 이해   135
- 시간의 본질: 선형적 흐름인가, 동시성의 장인가?
- 의식과 시간: 주관적 경험의 프레임
- ART와 시간 프레임의 재해석
- 실무적 의미: ART의 새로운 이해
- 실천적 적용: ART에서의 시간 인식 확장
- 시간을 초월한 치유의 가능성

B. ART의 주요용어와 개념   143
01. 주요용어   143
02. 역행방식에 따른 종류   145
03. 해제반응(Abreactions)에 대한 이해   152
04. 작화된 거짓 기억과 잘못된 암시   155

C. ART를 위한 준비   166
01. 출발점 설정   166
02. 안전한 장소 설정   167
03. 역행에 대한 사전 암시   169

D. 성공적인 ART의 핵심   170
01. ISE의 검증   170
02. 역행시 언어사용 방법과 유의사항   175
03. 해제반응에 대한 대처방법   178
04. 최면상담사와 내담자의 관계   183
05. ISE의 영향력 제거하기   184

- 현실에 기반을 두지 않은 감정 다루기
- 현실에 기반을 둔 감정 다루기

06. 나머지 사건들의 진행: SSE들과 SPE의 처리 … 190
07. ART의 완성도를 높이는 부가기법들 … 191
08. ART과정에서 주의 깊게 관찰해야 하는 신호들 … 194
09. 사람에 대한 이슈와 용서 테라피 … 196
10. 게슈탈트 역할극의 통합적 적용 … 198
11. 타인용서의 세부 절차와 참고 … 200
- 가해자의 내사를 호출하는 두 가지 형식
- ICS-ART에서 게슈탈트 역할극의 요령과 핵심 원칙

12. 자기용서의 세부 절차와 참고 … 208
- 내면아이를 활용한 자기용서의 실제
- 대안적 접근: 파트 워크를 활용한 자기용서

E. ART의 종결 … 215
01. 미래진행과 변화의 검증 … 215
02. 무의식 재조직화와 자아 강화 … 216

F. 추적관찰과 성공사례 관리 … 219

G. ART의 사례들 … 222
01. 개 공포증과 동물 혐오: 표면과 다른 내면의 구조 … 224
02. 발표 불안 속에 숨겨진 어린 시절의 기억 … 229
03. 빙의라 생각했던 그림자의 정체:
   영적 현상으로 오인된 심리적 상처의 치유 … 234
04. 복합적 문제의 공통 뿌리: 출생부터 시작된 불안의 여정 … 240
05. 두려움을 넘어, 새로운 삶의 시작: 가족 관계에 묶인 자아 해방하기 … 247
06. 층간 소음과 내면의 분노 … 252
07. 어머니와의 불건강한 관계 패턴 … 255

08. 혼자가 아니야: 사랑을 깨닫는 여정	257
09. 감정 폭식과 급격한 체중 증가: 내면의 집착 풀어내기	262
10. 도벽 충동의 극복: 무의식적 복수심의 해소	268
11. 자신을 거부한 여성의 여정: 태아기부터 시작된 상처의 치유	272
12. 자책감과 자기 부정의 굴레에서 벗어나기: 역행을 통한 내면 여정	278
13. ART의 다양한 적용과 가능성	287

H. 연령역행의 기타 활용 · 292

- 01. 기억재생과 그 활용 · 292
- 02. 기억재생 관련 기법과 사례 · 299
  - 다양한 기억재생 기법들
  - 기억재생의 실제 사례들
- 03. 긍정적 경험에 대한 역행 · 315

PART 3
스피리추얼 역행

A. 스피리추얼 역행의 이해 · 320

- 01. 스피리추얼 역행이란 무엇인가? · 320
- 02. ART의 연장에서의 스피리추얼 세션 · 322
- 03. 영적 소통을 위한 최면세션 · 325

B. '울트라 뎁스® 프로세스'와 궁극의 전생역행 · 335

C. ICS 영적 통찰 프로세스™(ISIP) 개관 · 355

01. ISIP의 탄생과 배경　　　　　　　　　　　　355
02. ISIP의 적용과 가치　　　　　　　　　　　　359
03. ISIP의 진행 원리　　　　　　　　　　　　　364
- 7단계 프로세스의 구체적 역할
- 전생 통찰의 다차원 양상
- 자발적 전생역행 적용의 두 갈래 길

04. ISIP의 사례들　　　　　　　　　　　　　　371
- 사례 1: 기나긴 영혼의 여정
- 사례 2: 영혼이 보내는 메시지 - 진정한 자유

PART 4
최면상담의 지평 확장: 복합적 문제해결과 상담사의 성장

A. 복합적 문제해결을 위한 고급 기법　　　　390
01. 이차적 이득이 개입된 문제　　　　　　　　390
02. 이데오모터 반응을 접목한 ART　　　　　　393
- 이데오모터 손가락 반응 설정
- 데이브 엘먼이 ART에 적용했던 이데오모터 기법
- 정신역동 질문과 결합한 형태의 ART

03. 다중 감정과 다중 ISE를 가진 문제　　　　　404

B. 최면상담의 확장과 미래방향　　　　　　　407
01. 고급 역행 테라피와 파츠 테라피의 조합　　407
- 파츠 테라피의 이론적 배경
- 내면 파트들의 다양한 문제 양상

- 파츠 테라피의 기본 진행 과정
- 최면과 파츠 테라피의 결합 효과
- 파츠 테라피의 적용 범위와 철학
- ART와 파츠 테라피의 조합
- 치료적 접근과 정화적 접근의 차이

02. 내담자 중심 접근법으로의 확장   413
- 내담자 중심 접근법의 본질
- 기존 접근법과의 차별성
- ART와 파츠 테라피의 내담자 중심 적용
- 임상적 적용과 효과
- 내담자 중심 접근법의 한계와 도전

03. 3세대 최면 패러다임을 기반한 재정립   419
- 3세대 최면 패러다임의 본질
- 기존 패러다임과의 차별점
- 기법과 기술의 재정립
- 임상적 적용의 새로운 차원
- 최면상담사의 역할 재정의
- 실천적 통합: 3세대 패러다임의 일상적 적용

C. 최면상담사의 성장과 발전   430

01. 최면상담사의 그라운딩과 센터링   430
- 그라운딩과 센터링의 본질
- 의식의 혼: 자기관찰과 정화의 열쇠
- 센터링: 경계의 명확화와 본질적 연결
- 실천적 접근: 지속적인 자기 발전의 여정
- 3세대 최면 패러다임과의 연결성
- 존재 방식으로서의 그라운딩과 센터링
- ICS 정화와 소통: 그라운딩과 센터링을 위한 실천적 길

02. 기술에 대한 평가 및 성장에 대한 가이드라인   438
- 최면상담사의 6단계 성장모델
- 진정한 최면상담사로 성장하는 길

글을 마무리하며   **452**

부록   **458**
    1. 최면 & 역행 테라피에 관한 Q&A
    2. 주체성 확립 및 개입을 위한 구조화 스크립트(컨빈서 기법 잠입 형식)
    3. 2세대 최면과 울트라 뎁스® 프로세스의 범위 비교
    4. 3세대 최면상담가를 위한 최면 용어사전

참고문헌   **510**

함께 읽으면 좋은 책   **514**

글을 시작하며

최면은 인류의 의식 확장과 치유의 여정에서 가장 오래되고 신비로운 도구 중 하나이다.

특히 20세기 이후 최면은 상담, 코칭, 대인관계, 비즈니스, 스포츠, 경찰수사, 건강, 의학, 공연 등 세부적인 분야로 특화되며 눈부신 발전과 성장, 퇴보와 도약을 거듭해 왔다.

특히 이 과정에서 최면이란 분야는 특정인이 주도하거나 심리학, 의학 등 특정 제도권 분야의 일부로서 발전한 것이 아니라 '최면' 그 자체로서 제도권 밖의 민간 최면가들의 피나는 노력으로 다양한 이웃 분야들의 장점들을 받아들이며 성장해 왔다고 해도 과언이 아니다. 그 결과 주요 선진국을 비롯한 전 세계 여러 나라에서 최면상담사나 최면치료사, 무대최면사 등이 하나의 당당한 직업군으로 존중받는 시대가 펼쳐졌다.

최면이 한국에 알려진 역사 또한 적지 않은 시간이 지났다. 그러나 여전히 국내에서 직업적인 전문인으로 활동하는 최면가의 수는 제한적이며 막상 직업적인 필드에 뛰어든 최면사라 하더라도 그들이 이 분야에 대해 첫 단추를 끼우는 순간부터 이후 지속적으로 공부해 나가며 깊이와 체계를 확장하기까지 그 기회가 너무나 제한적인 것이 현실이다.

최면 분야는 그 태생적인 특성상 특정인이 하나의 완성도 있는 체계를 잡아 시작된 분야가 아니다. 그러다 보니 최면산업이 발달하고 최면인구가 많은 선진국이라 하더라도 최면전문가 또는 최면상담사라 자처하는 그들의 지식과 체계, 기술적 측면 또한 개인의 발품과 이해도, 노력 여하에 따라 그 편차가 매우 벌어질 수밖에 없는 실정이다.

실제로 최면 활용 인구에 비해 구조적인 학습기반을 두고 최면을 체계적으로 공부하며 성장한 최면가들의 수가 매우 적다는 것은 전 세계 최면 업계의 주요 문제점이며 의외의 현실로 느껴질 때가 많다. 공연을 위한 무대최면을 비롯한 다른 최면 분야들도 마찬가지겠지만, 이 편차는 최면상담 또는 최면치료라 부르는 분야에서 더욱 도드라지게 드러난다.

서구권 학습자의 경우, 일부 상업적인 목적의 마케터들을 잘 거를 수 있는 눈을 가지고 있다고 전제한다면, 이들은 자료 수집이나 교육을 받을 수 있는 기회가 더욱 열려있는 환경에 있다. 그러나 아직 규모적인 면에서나 질적인 면에서나 제대로 환경조차 만들어지지 않은 열악한 국내 실정에서 최면이나 최면상담분야에 정통하고 싶은 학습자들에게는 모든 것이 어렵고 혼란스러울 것이다. 이 글을 쓰고 있는 저자 역시 이미 오래전부터 그런 과정 속에서 시행착오를 거치며 성장해왔기 때문에 그 고충을 누구보다 잘 이해하고 있다. 결국 이런 혼란은 체계적이고 제대로 된 최면상담 서비스를 선택하고자 하는 내담자들에게도 고스란히 이어질 수밖에 없다.

특히 시중에서 전문적인 최면상담에 참고하기 위한 자료를 찾을 때, 왜곡되거나 그릇된 정보를 포함하지 않은 전문서를 찾기가 쉽지 않다는 제자들의 말은 저자가 이 책을 쓰도록 결심하게 만드는 계기가 되었다. 이것은 저자가 이십여 년 전에 국내에서 최면에 대해 참고할만한 책을 검색하던 그때 그 시절의 환경과 크게 바뀐 것이 없었기 때문이다.

여전히 오늘날 간간이 출간되는 최면 관련 책들 속에서도 문제점이 발견된다. 이들 중 상당수가 심각할 정도로 왜곡된 정보나 관점, 잘못된 서술을 적지 않게 포함하고 있다. 책을 쓰는 저자 입장에서 잘못된 내용이나 지식을 싣고 싶은 사람은 아무도 없을 것이다. 이는 나름 전문가라 자처하는 책의 저자가 최면에 대해 큰 오해를 하고 있다는 것과 동시에 최면산업의 현주소를 보여주는 것이다.

이 책은 최면상담에 대한 완전한 입문자를 위해 쓴 것이 아니다. 3세대 최면 패러다임에 기반을 둔 ICS 최면 학습자들, 그중에서 최면상담의 초급에서 중급으로 넘어가는 수준에 있는 학습자들을 위한 참고서의 목적으로 만들어진 것이다.

저자는 20대의 대부분을 아마추어로서, 30대와 40대를 직업인으로서 최면의 교육과 상담에 삶 대부분을 바쳐왔다. 저자를 아는 지인들은 초기에 이런 저자를 미쳤다고 표현하기도 했다. 그도 그럴 것이 당시에는 최면이라는 이상하고 생소하고 오해도 많은 분야에 파고드는 것 자체도 그들의 눈엔 그리 정상적으로 보이지 않았을지도 모른다. 젊은 나이에 괜찮은 직장과 안정적인 길들을 마다하고 대중에게 제대로 인정받지도 못하는 '최면'이라는 생소한 분야를 업으로 삼고 인생의 황금기를 걸고 있는 저자의 모습은 그들의 눈엔 더욱 미친 사람처럼 보였을 것이다.

당시 국내에도 새로운 것을 받아들이고 깊이를 추구하려는 몇몇 선진적인 최면연구자들이 있었지만, 대부분은 단기간의 수업만으로 교육자를 자처하는 경우가 많았다. 이런 현실에서 저자는 깊이 있는 전문성을 추구하기 위해 일찍이 생소하고 낯설게 느껴지는 해외로 눈을 돌렸다. 왜냐하면 최면산업이라는 환경과 시스템이 자리 잡혀있는 곳에서 30~40년씩 한 분야를 고수해 온 최면가들은 나름 각자 시행착오를 거친 체계적이고 정제된 노하우를 갖고 있을 것이며, 그들에게서 직접적으로 그것의 세부사항과 핵심을 전수받는 것이 가장 시간을 줄여주는 최선의 길이라 생각했기 때문이었다. 따라서 저자는 단순히 오랜 경력의 최면가가 아니라, 최면 분야 내에서 특화된 시스템과 검증된 결과들을 만들어 내고 해당 체계에 대한 지위와 공신력을 보유한, 말 그대로 적어도 그 분야의 정점에 있다고 평가받는 최고 수준의 전문가들을 찾아다녔다. 물론 이 과정에서 많은 시행착오를 겪었다.

지금은 이 모든 것을 통합하고 새로운 패러다임(3세대 최면 또는 ICS 최면)에 입각한 초월적 과정을 거치고 있지만 초기 십수 년에 걸친 기간 동안에는 미국 각지를 비롯한 호주, 영국, 프랑스, 인도네시아에 이르기까지 5개국 이상의 다양한 선생님들을 찾아다니며 수업을 듣고 트레이닝을 받았다. 수업이란 것이 들었다고 해서 자기 것으로 소화되는 게 아니기에 그 수업이 체화되었는지 확인하는 절차가 필요했다. 가장 좋은 방법은 해당 체계의 마스터로부터 저자가 배운 그 체계를 타인에게 가르칠 수 있도록 지속적인 학습과 경험을 거쳐 해당 단체로부터 공인된 '트레이너(교육자)' 인증과 권한을 부여받는 것이었다.

여전히 몇몇 편법으로 인증을 남발하거나 편법학위 등의 발급을 빌미로 장사를 하는 상업적인 최면단체들이나 개인들이 있지만, 대부분의 특별한 프로세스나 시스템을 만든 창설자나 그 크레딧을 소유한 단체들은 그것을 가르치는 트레이너 인증을 함부로 행하지 않는다. 왜냐하면 수준 미달의 트레이너를 배출하는 것은 자신들이 창안한 독특한 프로세스의 본질이 흐려지고 잘못된 내용이 전파되어도 좋다는 것을 의미하기 때문이다.

대부분의 마스터 트레이너들은 자신이 일생을 바쳐 이룩한 것들이 그런 식으로 전파되는 것을 원치 않는다. 단 며칠간의 훈련 참가를 통해 인증하는 최면의 일반론을 가르치는 기존 최면협회들의 트레이너 자격 취득은 비교적 쉬운 편이다. 그러나 최면상담의 특수한 접근법이나 독특한 프로세스를 가르치는 특화된 단체의 트레이너 인증은 매우 까다로운 과정들을 거치는 경우가 많다.

예를 들어 '울트라 뎁스® 프로세스'라고 불리는 최면의 가장 깊은 바닥 상태를 다루는 체계의 경우 에듀케이터(교육자, 트레이너) 레벨의 인증은 보통 수년 이상의 훈련과 면접, 소양적 측면을 비롯한 지식적, 기술적, 검증 기간을 거쳐 국가별로 1인씩 탄생된다. 그런 인증을 거치더라도 해당 에듀케이터에게 결격사유가 발견되면 자격이 박탈되기도 한다.

과거 저자는 최면 분야의 최고인증으로 세계단위 메이저 최면협회 중 하나인 미국 최면치료 협회(ABH; American Board of Hypnotherapy)로부터 트레이너(교육자)들을 가르치고 인증하는 수석 트레이너인 '마스터 최면 트레이너' 인증을 받았다. 이는 한국인으로서는 최초였다. 또한 테벳 파츠 테라피 협회(TPTF; Tebbetts Parts Therapy Foundation)로부터 내담자 중심 파츠 테라피 트레이너로 인증됨으로써 고급 최면상담 기술의 하나인 내담자 중심 파츠 테라피를 지도할 수 있는 자격을 얻었고, 프랑스의 메즈머리즘과 페서네이션, 프레즌스 교육기관인 ISI-CNV로부터 메즈머리즘 트레이너로 인증받기도 했다.

무엇보다 저자에게 가장 영광스러운 것은 '울트라 뎁스® 프로세스'를 창안한 제임스 라메이 선생으로부터 '울트라 뎁스® 에듀케이터'가 되었고, 이후 세계에서 단 2명뿐인 아시아 '헤드 에듀케이터(수석 교육자)'로 승격된 것이다. (2명 모두 한국인이며, 다른 한명은 ICS 한국 현대최면 마스터스쿨 부산지부의 권동현 에듀케이터이다.)

10여 년에 걸쳐 최면이나 최면상담과 연관된 다양한 체계와 깊이를 학습하는 과정에서 위의 대표인증들 외에도 열거하지 않은 수많은 교육을 거치고 인증들을 받았다. 그럼에도 저자는 최면이라는 분야의 범위와 깊이, 그리고 모든 다양성에 대해 다 알지 못한다. 아마도 최면에 대해 잘 모르는 일반 독자들은 최면이 얼마나 넓고 깊은 영역인지 알게 된다면 무척 놀랄 것이다. 이러한 깊이와 광대함이 오히려 저자에게는 멈출 수 없는 원동력으로 작용해 왔다.

저자가 이러한 최면에 대한 대표적인 배경 몇 가지를 언급한 이유는 독자들에게 저자가 3세대 최면에 대해 말하는 이 책을 쓸 자격이나 전문성을 가졌는지, 저자가 말하는 정보들을 과연 신뢰해도 되는지에 대한 질문에 답하기 위해서다.

적어도 최면과 최면상담의 체계가 제대로 보급되지 않았던 당시 한국에서 최면과 최면상담을 배우기 위해 세계각지의 선생님들을 찾아 발품을 팔며 이 정도의 시간과 비용, 노력 그리고 삶 대부분을 투자한 독특한 사람은 아마도 그리 많지는 않을 것이다.

어쨌든 그러한 노력의 결과들로 3세대 최면의 결정체인 'ICS 최면'이라는 체계를 한국에 뿌리내렸고, 그 성과가 이제 조금씩 드러나기 시작하고 있다. 매우 탄탄한 기본기를 갖춘 탁월한 ICS 최면전문가나 최면상담사, 트레이너로 성장하는 제자들이 하나둘 늘어가고 있기 때문이다.

저자는 직전 10여 년 동안에 한국의 최면상담을 크게 도약시키기 위한 발판을 닦아왔다. 이 기간 동안 '최면분석' 또는 '역행 테라피'라고 불리는 전문가들을 위한 고급 최면상담 접근법의 특화되고 구체적인 내용들을 소개했다. 이와 함께 21세기 최면상담의 미래라고 부를 수 있는 '내담자 중심 최면'이라는 개념과 접근법, 그리고 그것을 기반으로 하는 '내담자 중심 역행 테라피'와 '내담자 중심 파츠 테라피' 등을 ICS부산지부의 권동현 원장님과 함께 한국에 정식 도입했다. 이는 기존의 단순한 접근법에서 크게 탈피한 것이었다. 직접 암시 스크립트에 의존하거나 최면사가 임의로 시나리오를 주도하는 방식에서 벗어나, ICS 최면상담사들의 세션 능력과 전문성을 크게 향상시켰다.

또한 '울트라 뎁스® 프로세스'와 같은 최면의 깊이를 다루는 특화된 분야를 도입하면서 최면전문가들이 지녀야 하는 '최면' 그 자체에 대한 이해를 확장시켰고 최면가 및 최면상담가들에게 인간 존재의 근본적인 내면에 대한 통찰과 내적 성장의 기회를 제공했다. 실제로 이런 깊이와 전문성을 갖춘 최면전문가들의 수가 점진적으로 늘어가는 모습을 지켜보는 것은 한국의 최면상담 분야가 진정한 전문성을 띤 분야로 성장하기를 바라는 저자에게는 무척 고무적인 일이다.

이러한 다양한 체계들을 학습하고 통합하는 과정에서 저자는 결정적인 깨달음을 얻었다. 인간 의식의 구조와 본질에 대한 깊은 통찰을 통해, 기존의 최면 패러다임으로는 이를 온전히 담아낼 수 없다는 것을 발견한 것이다. 최면의 다양한 기법과 접근법을 단순히 결합하는 것을 넘어, 인간 의식의 본질적 작용과 잠재력을 완전히 새로운 차원에서 통합적으로 이해하고 활용하는 패러다임이 필요했다. 이는 단순한 방법론의 확장이 아닌, 의식에 대한 근본적인 시각 전환을 통해 최면의 치유적, 변형적 잠재력을 극대화하는 완전히 새로운 접근법이다.

이러한 패러다임의 변화는 저자 개인의 창조물이 아니라, 최면 분야에서 이미 태동하고 있던 진화적 흐름이었다. ICS 최면은 이 자연스러운 진화의 흐름을 포착하여 체계적으로 정리하고 구조화한 결정체인 것이다. 이는 단순히 최면 기법들이 방대했기 때문이 아니라, 의식의 본질적인 특성과 작용 원리에 대한 새로운 이해가 필요했기 때문이다. 바로 이러한 통찰이 새로운 패러다임의 필요성을 절감하게 만들었고, 결과적으로 3세대 최면의 결정체인 'ICS 최면'이라는 혁신적인 체계가 탄생하게 된 것이다.

이십여 년간 저자가 몸으로 부딪치며 배우고 그 지도 권한을 취득한 최면의 각 세부 전문 분야들, 그리고 깊이의 결정판인 '울트라 뎁스® 프로세스', 이 과정에서 알게 된 진정한 잠재의식을 비롯한 의식의 구조와 비밀들. 여기에 ICS 서울본부의 이영현 선생이 창안한 'ICS 정화와 소통'이라는 완벽한 가이드라인까지 이 모든 것들이 통합되며 보다 합리적이고 이치에 맞는 방식으로 재정립되었다. 그것이 바로 ICS라는 약자가 나타내는 지향점이다. 이는 매우 중요한 부분이므로 본문에서 자세히 설명할 것이다.

ICS의 발전은 저자 혼자만의 노력이 아닌 뜻을 함께하는 탁월한 전문가들의 노력과 협력으로 이룩해 온 것이다.

권동현 이사는 한국인 유일의 IACT 마스터 최면 트레이너이자 한국인 최초의 파츠 테라피 트레이너로서, 발군의 최면세션 기량과 수많은 기적 같은 변화 사례들을 보유하고 있다. 특히 저자와 함께 세계 유일의 울트라 뎁스® 헤드 에듀케이터(수석 교육자)로서 수많은 전문가를 양성해 왔다.

이영현 이사는 ABH의 최면 트레이너로서 'ICS 정화와 소통'이라는 혁신적인 가이드라인을 확립했으며, 'ICS 영적 통찰 프로세스'라는 통합적인 스피리추얼 최면워크를 창안했다. 강의와 6권의 전문 저서, 최면상담 사례집을 통해 수많은 사람의 삶을 변화시켜왔다.

김진하 이사는 ABH 최면 트레이너이자 서울대 종교학과 심리학 전공, 자아초월심리학 박사과정을 수료한 학문적 깊이와 실전 경험을 겸비했다. 심리상담사 출신의 최면 트레이너로서 과학적 접근과 영성의 조화를 이루어낸 전문가이다.

　김서준 이사는 ABH 최면 트레이너이자 2만 건 이상의 성향분석과 관계분석 상담을 통해 독보적인 전문성을 인정받아왔다. 또한 ICS 에니어그램이라는 새로운 통찰의 도구를 개발하고 수많은 개인의 변화를 이끌어왔다.

　이렇게 저자를 포함한 5명의 이사진은 〈아이씨에스 인터내셔널〉이라는 법인을 설립하였다. 그 산하로 있는 ICS 인터내셔널 협회는 'ICS 최면'이라는 도구와 'ICS 정화와 소통'이라는 가이드라인을 통합하는 ICS 회원들을 위한 관리기구이다. ICS 인터내셔널 협회는 ICS를 실천하는 모든 전문인을 위한 든든한 뒷받침과 둥지 역할을 하고 있다.

　이제 한국의 최면상담 분야는 저자가 경험한 개인적인 시행착오를 최소화하고 지금껏 닦아온 그 발판을 딛고 크게 뛰어오르며 성장할 일만 남았다고 생각한다.

　이 책은 3세대 최면을 선도하는 ICS의 철학과 패러다임에 기반을 둔 전문적인 최면상담사로 성장하고자 하는 최면가가 내담자 중심 접근법으로 자신의 기량을 발전시키기 전에 필수적으로 익히기를 권하는 첫 번째 기본 접근인 '최면역행 테라피'에 관한 책이다. 또한 이 책은 학습을 위한 참고서로 쓴 것이지만 너무 딱딱하고 재미없는 교과서나 학습서가 되지 않도록 독자들을 위해 보다 자유로운 서술 형식을 택했다.

저자는 이해되고 체화되지 못한 지식과 자료들을 단순히 독자들에게 전달하거나 늘어놓지 않는다. 이 책에서 전하는 내용들은 저자의 경험과 지식, 통찰을 통합한 결과의 일부이다.

이 책은 ICS 역행 테라피의 핵심 원리와 기본 프로세스에 초점을 맞추고 있다. 이는 독자들이 탄탄한 기초를 바탕으로 더 높은 수준의 기법들로 나아갈 수 있는 발판을 제공하기 위함이다. 역행 테라피의 진행에는 내담자의 문제의 정도나 복합성, 사고성향 등 여러 변수에 따라 매우 다양한 양상과 변수들이 펼쳐질 수 있다. 그만큼 역행 테라피에 정통하기 위해서는 정확한 기본 프로세스에 대한 이해도를 갖추어야 하는 것은 물론, 확장 프로세스 또한 다룰 수 있어야 한다. 그리고 무엇보다 풍부한 실전 경험을 통해 이를 뒷받침할 수 있어야 한다. 다중적인 감정과 다중적 ISE를 다루는 복합적인 절차는 후속적인 교육과 심화 과정을 통해 단계적으로 습득해 나가야 한다.

앞선 언급처럼 이 책은 ICS 최면의 초급~중급의 최면가들에게 초점을 맞추고 있다. 어떤 기술이나 체계이든 기본기가 중요하다. 정확한 개념을 잡고 논리적인 프로세스에 대한 구조화가 되어있을 때 교과서에서 배우지 않은 변수를 만나거나 복합적인 사례에 직면하는 상황에서 그것을 응용할 수 있는 힘이 생긴다.

그러나 처음부터 '응용'이나 '유연성'이라는 그럴듯한 핑계 하에 정확한 구조화를 놓쳐버린 경우, 그것은 그냥 원칙 없이 즉흥적으로 마음대로 하는 것, 그 이상도 이하도 아니게 되므로 유의해야 할 것이다. 이 경우 시간이 흘러 경력상의 숫자가 아무리 늘더라도 결코 초심자의 수준을 벗어날 수 없다. 이제 시대가 바뀌었다. 더 이상 과거의 주먹구구식 최면상담은 '최면상담사'를 하나의 존중받는 전문인으로 인식되게 할 수 없다.

만약 독자가 조금이라도 최면을 아는 사람이라면 이 책이 여느 최면 책들에서는 찾아볼 수 없는 중요한 팁과 개념들을 담고 있다는 것을 발견할 것이다. 이 책은 '최면분석(Hypnoanalysis)'이라 불리는 '최면 역행 테라피'의 특화된 주제를 담고 있는 동시에, 저자가 ICS라 부르고 있는 체계가 반영된 3세대 최면 패러다임과 21세기 최면상담의 전반적인 지식들도 함께 다루고 소개하고 있다.

저자는 ICS가 전제하는 의식에 대한 관점이나 개념들을 2세대 최면 패러다임을 고수하는 최면가들에게 강요하지 않는다. 앞선 언급처럼 이 책의 타겟은 분명하다. 이 책은 3세대 최면패러다임과 ICS를 추구하는 열린 이들을 위한 것이다.

모쪼록 이 책이 최면상담을 공부하는 최면가들과 3세대 최면의 기초개념을 잡고자 하는 최면가들, 그리고 최면상담이 무엇인지 알고 싶은 독자들에게 소중한 길잡이 역할이 되었으면 한다. 끝으로 ICS 인터내셔널 협회의 역사적인 탄생과 발전에 큰 도움을 주고 이 책이 나올 수 있게 도와준 이영현, 권동현, 김진하, 김서준 이사님들과 늘 응원해주며 성장의 길을 함께하고 있는 모든 ICS 가족의 잠재의식들에게 고마움을 전한다.

문동규

ICS 최면 마스터 트레이너
울트라 뎁스® 헤드 에듀케이터
ABH 최면 마스터 트레이너
파츠 테라피 트레이너
메즈머리즘 트레이너

울트라 뎁스® 한국, 아시아 지부장
한국 현대최면 마스터 스쿨 원장
아이씨에스 인터내셔널(유) 이사장
ICS 인터내셔널 협회장

이 책을 읽기 전에

이 책은 최면 분야의 독립적인 최면상담 기술을 다루는 책이다. 책의 기술 중 일부 심리학 등의 용어와 개념이 차용되거나 함께 언급될 수 있지만, 본서의 내용은 심리학이나 의학 등의 학문에 기반을 둔 것이 아니므로 혼동이 없기를 바란다.

또한 본 책에서는 'ICS 최면역행 테라피(ICS Age Regression Therapy)'를 주제로 다루고 있다. 내용의 흐름과 맥락에 따라 이 용어는 'ICS 역행 테라피', '연령역행 테라피', '역행 테라피', 'ICS-ART', 간단히 'ART' 등으로 혼용하여 표기하였다. 이는 모두 동일한 개념을 가리키는 것으로, 문맥에 따라 가장 적절한 표현을 선택하였음을 참고하기 바란다.

특히 '역행'이라는 용어는 과거로의 시간적 이동을 의미하는 '연령역행(Age Regression)'을 간략히 표현한 것이다. 전문적인 맥락에서는 영문 약자인 'ART(Age Regression Therapy)'로도 표기되며, ICS의 전문적 접근법을 강조할 때는 'ICS-ART'로 표기한다.

본문 내용에서는 '최면가', '최면사', '최면상담사' 등의 용어가 혼용되어 나타날 수 있다. 이 역시 문맥과 상황에 따라 가장 적합한 표현을 선택한 것으로, 모두 최면을 전문적으로 다루는 실무자를 지칭하는 용어임을 알려둔다. 일반적으로 '최면가'는 최면을 실행하는 전문가를 광범위하게 지칭할 때, '최면상담사'는 상담 맥락에서 최면을 활용하는 전문가를 가리킬 때 주로 사용하였다.

PART 1

ICS 최면 & 최면상담의 개념과 기초: 중요한 기본기

A.
ICS™의 개념과 정의

01. ICS의 개념과 약자의 의미

기술적 체계에 들어가기에 앞서 우리는 먼저 이 ICS라는 개념에 대해 충분히 이해하고 숙지해야 할 필요가 있다. 기술적인 체계를 아무리 익히더라도 이 ICS라는 개념과 중심을 명확히 익히고 내 삶의 일부로 만들지 못한다면, 최면이라는 강력한 기술적 도구는 단지 유희를 위한 도구나 의식의 겉면만을 쓰다듬는 수준의 수많은 다른 자기계발 도구와 다를 바 없기 때문이다.

ICS는 Inner Communication with Self by PRESENCE를 짧게 줄인 약자이다. 이는 문자 그대로 '현존'에 의한 자신과의 내적 소통을 의미하는 말이다. 여기서 Self는 Soul(영혼), Spirit(정신), Subconscious(잠재의식), Superconscious(초의식) 등의 단어들과 혼용 가능하며 심지어 reSource(자원 / 내적 자원)까지 그 모든 의미를 포괄하는 개념이다.

ICS™: Inner Communication with Self by PRESENCE
Self: Soul, Spirit, Subconscious, Superconscious..

02. '현존(PRESENCE)'의 중요성

그렇다면 왜 'by PRESENCE(현존에 의한)'인가?

'현존'이란 단어는 물리적 또는 정신적으로 현재 존재하는 상태를 말하며 일반적으로 주변 환경과 그 안에 있는 사람들을 인식하는 상태를 뜻한다.

당신은 현재에 존재하고 있는가?

대부분의 사람들이 이 질문에 '그렇다'고 답하겠지만 그것은 자신의 상태를 인식하지 못하는 에고의 특성 때문이다.

우리의 에고 체계는 특정한 내적 자원 또는 에고 상태에 기반을 두고 주위 환경을 인식한다. 즉 이것은 현재에 깨어서 존재하는 것이 아니며 기억과 생각, 감정, 느낌 속에서 세상을 지각하는 것이다. 이것은 마치 색안경을 쓰고 앞에 있는 사람, 주위의 사물을 바라보는 것과 같다. 우리는 있는 그대로의 사물, 있는 그대로의 사람, 있는 그대로의 현실을 체험하기 어려운 것이다. 심지어 우리는 '나'라는 자신조차 그런 특정 상태 속에서 자각하고 있으며 그것이 바로 내가 '나'라고 생각하는 정체감의 정체이다. 즉, 우리가 '나'라고 생각하는 주체인 정체성조차 특정 자원을 기반으로 만들어진 왜곡된 인식이라는 것이다.

결국 이런 상태에서 행하는 소통의 행위는 필터 속에서 색안경을 쓰고 행하는 소통의 시도이다. 이는 수많은 사람이 우후죽순 만들어 낸 기존의 자기계발 훈련이나 소원을 이루어 준다는 프로그램들이 간과하고 있는 핵심적이고 중요한 부분이기도 하다.

해외에는 최면 상태에서 영적인 상태를 체험하거나 소통하는 많은 프로그램이 있다. 그러나 깊은 최면적 이완상태 또한 그 자체로 현존 상태가 아니란 점을 간과하지 말아야 한다. 이런 상태에서 하게 되는 체험의 대부분은 내면의 특정한 에고 상태와 연합되어 표현되는 것이다. 이러한 작업이 분명 때때로 의미 있는 작업이 될 수 있지만 여전히 많은 사람이 핵심적인 중심은 배제된 채로 그저 외관적인 체험만을 강조하는 상업적인 세션 프로그램들을 찍어내듯 만들어 내고 있다. 그것은 바로 이것에 대한 오해에서 비롯된 것이다. 실제로 저자가 접해본 전 세계적으로 유행하는 수많은 스피리추얼 최면과 같은 최면 프로그램들을 살펴보았을 때 많은 프로그램이 이런 부분이 배제되어 있다는 것을 발견할 수 있었다.

'현존'의 결과로 얻어지는 영감적인 소통과 '현존'이 배제된 상태에서 행하는 소통은 완전히 다른 소통의 질을 의미한다. ICS는 '현존'이라는 분명한 지향점을 가진다.

03. ICS 문자가 상징하는 의식의 확장 단계

ICS의 두 축인 '3세대 최면'이라는 도구와 'ICS 정화와 소통'이라는 가이드라인은 이를 명확히 이해하고 체화함에 따라 결국 인간의 에고가 '현존'으로 가는 과정에서 핵심적이고 유용한 도구와 과정이 되어줄 것이다.

즉, ICS에서 최면은 그 자체로 목적이 아니다. 최면은 도구일 뿐이며 우리가 이런 현존을 하게 될 때 이 도구는 비로소 최대치의 기량을 보여줄 것이다. 즉, ICS 최면은 단순한 '기술자 / 기능인'이 아닌, ICS를 추구하는 영감적인 기술자 / 기능인을 추구한다.

최면은 인간의 내면에 접속하는 도구이다. 최면이란 도구를 다루면서 정화와 소통, 현존과 같은 것들이 이것과 무관하다거나 필요성을 느끼지 못한다고 말하는 것은 최면의 진정한 작동원리와 인간의 의식에 대해 이해하지 못하는 것이라 단언할 수 있다. 해당 프레임을 고수하는 한 최면가로서 그들 성장의 한계는 명확하다.

적어도 ICS의 트레이너들은 그 관계성에 대해 몸소 체험하고 인식하고 있는 교육자들이며 ICS는 이런 명확한 통합적 성장의 방향 속에서 도구를 활용하는 것이다.

한편, ICS라는 약자를 나타내는 문자 모양 그 자체에는 또 다른 측면의 영감적인 뜻, 의식의 확장 단계를 내포하고 있다. 이러한 단계적 성장은 단순한 개념이 아닌, 실제적인 의식의 변용 과정을 나타낸다. 그것은 다음과 같다.

> **I (Initial Stage):** 획일적인 기억의 패턴 속에서 한 방향만을 바라보던 에고적 의식의 단계에서
> **C (Conscious Expansion):** 기억의 패턴으로부ZZ터 벗어나 유연해지기 시작하는 단계로 나아간다.
> **S (Simultaneous Awareness):** 마침내 다른 관점의 방향을 동시에 자각할 수 있는 의식 상태에 이르는 단계를 표현한다.

이 책이 ICS 최면에 대해 주로 다루고 있다 하더라도 ICS는 최면이라는 도구 자체를 목적으로 두지 않는다. ICS의 전문가 그룹은 결코 주객이 전도되는 목적을 지니지 않는다.

그러나 최면이라는 도구는 제대로 다루어졌을 때, 우리 내면의 프로그램들에 대해 인식하고 변화할 수 있는 많은 기회와 의식의 본질에 대해 성찰할 수 있는 큰 기회를 제공하므로 ICS의 과정에서 매우 가치 있는 도구 중 하나이다.

즉, ICS는 3세대 최면 패러다임이 지향하는 통합과 초월, 성장을 완전하게 표현하는 것이다. 그러나 ICS는 형이상학적인 뜬구름을 쫓는 영성을 말하고 있지 않다는 점에 유의하자. ICS는 '영성'이라는 단어를 표방하지 않는다. ICS가 추구하는 것은 어디까지나 우리가 경험하는 물리적인 현실 체험 속에서 인생 여정의 실질적인 변화와 의식의 성장에 있다. ICS 전문가는 단지 방향을 설정하고 그것을 추구하는 사람들이다.

B.
최면의 정체성

　이제 본격적인 역행 테라피를 다루기에 앞서 이 장은 최면의 기본기를 간략하게 다룬다. 기본기는 쉽기 때문에 기본기라 부르는 것이 아니라 그만큼 중요한 것이기에 기본기라 하는 것이다. 이 부분에 대한 명확한 이해가 갖춰지지 않은 채로 이후의 기술을 다룬다면 그것은 곧 쉽게 무너져버릴 모래성을 쌓는 것과 같다. 국가를 막론하고 의외로 많은 최면가들이 필수적인 개념 정립이 제대로 되어있지 않아 혼란스러워하는 경우를 흔히 접한다. 이는 최면산업의 태생적 특성 때문이기도 하고 동시에 최면산업이 안고 있는 만연한 문제점이기도 하다. 모르는 것은 결코 부끄러운 것이 아니다. 늦었다고 생각할 때가 가장 빠른 시점이다. 만약 최면에 대한 기본기를 명확히 다지지 못한 최면상담사라면 지금부터라도 이를 확실히 하고 필요하다면 체계적으로 훈련된 자격 있는 트레이너에게 지도받기를 바란다.

01. 최면 정체성의 혼란

먼저 최면의 정체성에 대한 이야기로 시작하고자 한다.

최면은 심리학의 일부인가? 아니면 의학의 일부인가? 종종 많은 이들이 최면을 말함에 있어 모호한 입장을 취한다. 이런 모호한 견해는 주로 심리학이나 의학, 최면 분야의 전문가가 아닌 사람들에게서 나오는 경우가 많지만, 의외로 최면을 가르치는 최면 트레이너들 사이에서도 이렇게 불분명하거나 모호한 입장을 취하는 경우를 접하곤 한다.

지금 저자가 한국에서 전하고 있는 제3세대 최면 패러다임에 기반을 둔 ICS 최면과 최면상담은 특정 학문의 부속 분야의 입장에서 최면이나 최면상담을 얘기하지 않는다. 설사 심리학이나 의학 등 기타 타 단체에서 해당 관점으로 최면을 받아들이고 활용하거나 연구하는 사례가 있다 하더라도, 그와는 별개로 '최면'이라는 분야는 '마그네티즘'이라는 일종의 에너지요법 체계로부터 발전되어온 분야로서 독립적인 정체성이 존재한다.

특히 20세기 이후의 최면과 최면상담은 심리학 등의 이웃 분야의 이론들을 적극 수용하고 결합하며 제도권 외에서 독립적으로 눈부신 발전을 이룩해 왔다.

또한 최면 분야는 다양한 하위항목으로 나뉘어 각각의 영역하에서 발전을 거듭해 왔다. 즉 현대의 최면과 최면상담은 그 자체로 존중받을 수 있는 하나의 전문적인 영역인 것이다.

여전히 최면 분야에 대한 개인의 부족한 전문성을 타 분야의 권위로 포장하려는 사람들은 존재한다. 그러나 최면가로서 정체성을 잃어버리고 주객이 전도되어선 안 될 것이다. 그들이 면허가 있는 의료인이나 심리학자가 아니라면 최면상담을 하면서 대체의학이나 병리 치료 등을 표방하며 그들을 사칭하고 연관 짓거나 흉내 내지 말아야 한다. 실제로 이런 행위를 하는 사람일수록 최면상담에 대한 실질적인 깊이가 없는 장사꾼일 가능성이 높다.

최면상담에서 전문성을 확보하고 싶다면 심리학이나 의학 공부를 해야 하는가? 물론 다양한 이웃 분야에 대한 지식적 프레임은 많은 도움이 될 수 있다. 그러나 이는 비단 심리학이나 의학 등에 국한된 것이 아니라 다른 모든 학문 분야에 해당되는 것이다. 최면 그 자체가 우리의 생활과 밀접하게 연관되어 있으므로 사실상 인문학, 사회과학, 자연과학, 응용과학 등 최면에 관여되지 않는 분야가 없다고 할 수 있기 때문이다.

인간은 전인적인 존재이며 결국 모든 것이 상호작용한다. 그리고 인간의 안팎에서 일어나는 일들에 최면은 제외될 수가 없다.

모든 분야에 대한 지식을 갖는 것은 도움이 될 수 있지만, 불행히도 우리 인생의 시간은 제한적이며 최면의 학습을 위해 모든 분야를 아우르는 것은 사실상 불가능하다.

감사하게도 이 분야는 최면과 최면상담이라는 분야가 성장해 온 역사에 걸쳐 세계 곳곳에서 많은 시행착오를 겪으며 몇몇 영감적인 개척자들이 이룩해 놓은 보석들이 숨어있다. (물론 보석들만 있는 것은 아니다. 보석을 가장한 모조품이나 불량품 등이 산재한 것도 사실이다) 우리에게 주어진 시간 동안 최면가로서 그것을 구분해서 발견하고 집중하기에도 시간은 제한적이며 한국이란 나라 안에서 학습한 대부분의 학습자들은 그것들을 만날 기회조차 얻기란 쉽지 않다. 저자 역시 오랜 시간 몸으로 부딪히며 인생의 적지 않은 시간을 그런 시행착오를 겪으며 세계 각지에서 최고라 평가받는 스승들의 노하우와 결과를 소화시키려 노력해 왔다.

최면은 다 배웠고 배울 게 더 이상 없으니 이제 다른 분야를 공부해서 최면상담의 완성도를 높이겠다고 말하는 많은 보통 사람들의 생각과는 달리 그들이 아직 접하지 못한, 또는 체화하지 못한 최면과 최면상담 자체의 깊이와 전문성은 이미 그들의 생각 이상으로 매우 앞서나가 있다. 그리고 오늘날에는 국내에서도 짧은 시간에 이런 소중한 노하우를 공유하고 배울 수 있는 시대가 열렸다.

최면 분야는 깊이와 전문성을 추구하는 개인의 노력 여하에 따라, 이도 저도 아닌 정체성을 잃어버린 모습으로 남거나 또는 이를 통해 여러 측면에서 크게 도약할 수 있는 길이 열려있는 영역이기도 하다.

최면상담을 공부하는 당신이 원하는 것은 사람들을 현혹하는 얄팍한 마케팅인가? 아니면 전문인으로서의 진정한 성장인가? 만약 전자가 목적이라면 이 책이 추구하는 방향과는 맞지 않을 것이고 저자는 그에게 이 책과 최면상담사라는 직업 자체를 추천하지 않는다.

그리고 많은 사람이 놓치는 것 중 하나는 우리의 성장은 지식적 범위가 넓어지는 것과 비례하지 않는다는 사실이다. 과연 우리의 영감적인 성장이 그런 학문이나 의식적 지식을 전하는 교과서에 들어있는 것인가? 답은 '전혀 그렇지 않다'이다.

자기 자신에 대한 성찰이나 탐구, 자신의 에고 상태를 보지 않으려 하고 회피하는 최면상담사는 지식적 틀이나 기술적 유희에 머물 뿐 결코 성장할 수 없으며, 단지 생계를 위해 '최면상담사'와 같은 타인의 마음을 다루는 일을 결코 해서는 안 된다. 최면은 어디까지나 학습과 소통을 위한 도구일 뿐이며 결국 그 도구를 사용하는 주체는 인간이란 존재이기 때문이다. 이 부분에 대해서는 이 책의 후반부에 보다 자세히 설명할 것이다.

02. 주류 최면의 정의와 개념

그렇다면 오늘날 '최면'은 무엇을 지칭하는 것일까? 최면가가 최면이 무엇인지 모르면서 최면을 다룬다는 것은 모순일 것이다.

많은 영화 속에 등장하는 최면의 모습은 여전히 종종 마법적인 사고나 신비주의로 포장되어 있지만, 오늘날의 최면가들은 더 이상 최면을 마법적인 사고의 틀로 바라보지 않는다. 최면에 대한 다양한 정의가 있지만 20세기 이후의 2세대 최면의 대표적인 최면의 정의를 한 가지 살펴본다면 다음과 같다.

> 최면은 사람들의 현재의식의 *비판력(critical faculty or factor)*을 우회*(bypass)*하여 *선택된 사고(selective thinking)*를 확보하도록 한 마음의 상태(a state of mind)이다.

이는 미 교육부에서 언급하는 최면의 정의인 동시에 2세대 최면의 양대 산맥 중 한 명인 데이브 엘먼(Dave Elman)이 말했던 최면의 정의이기도 하다(Elman, Findings in Hypnosis / Hypnotherapy, 1964). 위의 정의에서 피험자가 정상적인 각성상태에서 지니고 있는 '비판력(또는 크리티컬 팩터)'이라는 기능을 우회하는 경로를 만든 다음, 암시나 제안 등의 특정한 사고를 받아들이게 되는 마음 상태가 만들어진다면, 그것으로 곧 '최면'이라는 것이 성립된다는 것이다.

이 정의대로라면 많은 이들이 '트랜스(Trance)'라고 부르는, 한 가지에 집중된 상태가 수반되지 않는다 하더라도 위의 조건만 만족한다면 최면은 성립될 수 있는 것이다. 즉, 트랜스가 없는 최면도 성립 가능한 것이다.

그러나 이 트랜스라는 단어 또한 정의하기에 매우 모호한 단어이기에 이것의 범위 또한 학자들마다 다른 견해를 보인다. 이 단어에 광의의 개념을 적용한다면 거의 모든 정신적인 활동을 트랜스로 볼 수도 있기 때문이다.

직접적인 유도 과정으로 이루어지는 '직접최면'에서는 보통 최면가들 사이에서 '최면'과 '트랜스'라는 두 개념을 혼용해서 사용하는 경향이 있다. 직접최면에서는 '최면유도' 또는 '트랜스유도'라는 과정을 통해서 내담자의 최면적 깊이를 확립한다.

이런 최면유도 과정은 매우 다양한 형식이 있지만, 보편적으로 최면가는 내담자가 충분한 최면적 깊이를 확보하도록 하기 위해 심신의 이완을 학습하고 경험하게 하는 방식을 사용한다. 최면적 깊이란 내담자가 최면가의 암시에 대해 반응 정도가 높아지는 수준을 뜻한다.

몇몇 최면가들은 최면 상태를 '몽롱한 상태'나 의식이 변형되는 '변성의식' 상태로 말하기도 하고, 이것이 객관적인 '특정 상태'이냐 주관적인 '경험'이냐에 대해 논쟁을 벌이기도 한다. 그러나 이러한 학자들 간의 논쟁을 떠나 임상가의 입장에서는 최면을 주관적인 체험으로 보는 것이 훨씬 유용한 측면이 있다. 실제로 최면 상태를 특정한 뇌파 속에 가둘 수 없으며 특정한 감각적인 느낌의 범위로 제한할 수도 없다. 만약 '몽롱한 상태' 등의 특정한 경험의 질로 최면을 제한해 버린다면 최면을 경험하는 사람의 수는 급격하게 줄어들 것이고 모든 최면가들은 확률게임에 의존해야 한다. 또한 많은 내담자가 자신의 최면경험을 부정할 것이다.

그러나 실제로는 일반적인 지능을 갖고 일반적인 대화나 소통이 가능한 평범한 사람이라면 누구나 최면을 경험할 수 있다. 다만 한 번의 시도로 경험할 수 있는 최면의 깊이 수준과 질은 사람마다 다를 수 있다.

최면은 평시의 상태와 다른 변성의식 상태로 가는 것이 아니기에 최면상담사가 내담자에게 '잠이 든다', '깨어난다' 또는 '건다', '걸린다' 등의 단어를 사용하는 것은 좋아 봐야 중립 이하의 부정적인 영향을 줄 수 있다. 이미 해당 단어 자체가 최면의 기제가 아닌 다른 것을 뜻하고 있기 때문이다. 따라서 임상적인 최면상담사의 입장에서는 더욱 최면을 바라보는 관점을 분명히 해야 하고 단어의 선택에도 주의를 기울여야 한다.

03. 최면에 들지 못하는 유일한 이유

가끔 "나는 최면에 걸리지 않아요. 나는 최면에 들지 못해요."라고 말하는 사람들이 있다.

최면에 들지 못하는 이유는 내담자가 최면가에 대해 '허용'을 안 하거나, 못하는 한 가지 이유밖에 없다. 그렇다면 그 '허용'을 못하거나 안 하는 이유는 무엇일까?

첫 번째 이유는 내담자가 최면에 대해 오해하고 있는 경우이다. 주로 막연히 스스로의 머릿속에서 규정하고 있는 최면의 모습을 현실에서 바라기 때문이다. 대부분 그것은 영화나 소설, 미디어 매체를 통해 접한 최면의 외견적인 모습을 보고 그린 판타지이다. 여러 가지 오해는 의식적, 무의식적 두려움을 만들 수 있고 그것은 유도자에게 자신을 허용하지 못하게 만든다.

또한 가장 대중적인 오해는 최면이 특정한 '변성의식' 상태라고 믿는 것이다. 이 변성의식이란 단어 또한 규정에 따라 그 의미가 달라질 수 있겠지만, 대부분 사람들의 최면에 대한 관념은 그들로 하여금 정상적이고 일반적인 현재의 의식과는 다른 종류의 의식 상태에 대한 '느낌'을 기대하게 만든다. 이런 잘못된 관념은 생각보다 뿌리 깊어서 최면가로서의 경력이 오래된 사람들에게서조차 종종 관찰된다.

두 번째 이유는 유도자 또는 유도자의 의도를 말 그대로 신뢰하지 못하는 경우이다. 최면에서 신뢰는 암시반응 또는 암시감응의 근간을 이루는 것이다. 비록 무대최면 등에서 무대에 올라온 지원자가 유도자를 신뢰하지 않는 것처럼 말할 수 있지만 사실 그 지원자의 마음에는 최면가에 대한 기대감과 신뢰가 이미 깔려있다.

세 번째 이유는 내담자가 최면에 들고자 하는 자발성이나 의지가 전혀 없는 상태이다. 이것은 자연적으로 유발되는 최면이나 간접적인 형식의 최면이 아닌 '직접최면'에 해당하는 이야기이다. 최면에 드는 주인공은 유도자가 아닌 내담자이기 때문에 직접적인 최면에서 이것은 매우 중요하다.

끝으로 **네 번째 이유**는 내담자가 기능적인 또는 심리적인 문제를 가진 경우이다. 내담자의 뇌가 집중을 할 수 없거나 신뢰라는 기전을 작동시킬 수 없는 어떤 물리적, 기능적인 문제가 있을 때 최면은 일어나기 어렵다. 이는 실제 물리적 장애나 깊은 심리적 문제로 인한 방어적 반응을 모두를 포함한다. 후자의 경우 내담자를 이해시키고 안심시키며 단계적으로 접근한다면 충분한 개선의 가능성이 있다.

결론적으로 일반적인 지능을 가진 평범한 사람 이상이라면 비록 그 날, 해당 최면가에 의해 성취되는 깊이의 수준은 달라질 수 있다 하더라도 누구나 최면을 경험할 수 있다.

최면을 '공격자가 걸고, 방어자가 방어하는' 그런 걸고 걸리는 게임으로 인식하지 않는 한 "나는 최면에 걸리지 않아요. 나는 최면에 들지 못해요."라는 말은 결코 자랑처럼 할 수 있는 얘기는 아니다.

이 말을 위의 이유들로 치환하여 표현한다면,

1: "나는 최면에 대해 오해하고 있어요."
2: "나는 당신을 믿지 못해요."
3: "나는 최면하기 싫어요."
4: "저는 학습 능력이 없어요.", "나는 몸과 마음에 결함이 있어요."

와 같은 의미가 될 것이다.

결국 최면은 내담자의 내면에서 스스로 행하는 과정이므로 '최면가가 뛰어나서 잘 거는 것'이라거나 '최면가가 일방적으로 영향을 끼치는 것' 모두 왜곡된 표현들이다. 물론 유도자의 기술과 지식, 마인드 셋은 이 과정에 영향을 준다. 따라서 이를 보다 정확히 표현하자면 '상호작용'하는 것이다.

내담자의 내면에서 최면가를 신뢰하고 내맡기는 마음 상태가 일어나는 것은 그 어떤 기술적인 화려함도 뛰어넘을 수 있다.

당연하게도 가장 이상적인 것은 이 두 가지가 모두 갖추어지는 것이다!

04. 최면상담과 무대최면의 전략적 차별성

한국에서는 아직 최면쇼 산업이 정식으로 도입되거나 대중화되지 못했지만 아마도 많은 독자가 한 번쯤은 인터넷 등을 통해 해외의 무대최면 장면을 본 적이 있을 것이다. 오늘날의 무대최면 산업도 한 세기 이상을 거치며 눈부신 성장을 이루었다.

미국 무대최면에서 최근의 트렌드는 즉각적이고 간결한 최면유도이며 많은 최면사가 점점 길고 지루한 최면유도를 지양한다. 무대 위의 최면사들은 믿기 힘든 장면들을 즉석에서 연출하고 그것을 지켜보는 관객들은 그들의 퍼포먼스에 놀라며 "우와~ 저게 가능해?", "저거 서로 짜고 하는 것 아닐까?" 등의 반응을 보인다.

여기서 '저게 가능해?'라는 관객들의 반응을 보자. 도대체 관객들이 머릿속으로 무엇을 생각했기에 그것이 가능한지에 대한 의문을 가졌을까?

그들이 본 것은 최면사가 무대 위로 올라온 지원자의 멘탈을 조종하는 듯한 모습이다. 따라서 그들의 머릿속에서 최면은 '최면가가 다른 사람의 정신을 조종하는 것'으로 해석된다. 그리고 무대 위의 최면사는 영락없는 그 모습을 연출하고 있다.

물론 이것은 사실이 아니다. 무대 위의 최면사 역시 최면이 그런 기제가 아님을 잘 알고 있다. 그러나 그들은 청중들이 가진 이러한 오해를 바로잡으려 하지 않는다. 왜냐하면 무대최면이라는 장르 자체가 이런 지배력에 대한 착시를 활용하는 공연산업이기 때문이다. 그들은 오히려 청중들이 가진 이러한 인식을 이용해 더욱 재미있는 장면을 연출한다.

이렇게 무대최면에서 사용하는 최면에 대한 패러다임이나 인식을 개인의 깊은 문제를 해결하는 상담최면 상황에서 사용할 수 있을까?

물론 가능하다. 실제로 상담최면을 겸하는 일부의 무대최면사들이 무대 위의 컨셉과 기술들을 상담최면에 적용하는 경우도 있다.

그러나 우리가 오해하지 말아야 할 것이 있다. 그것은 바로 무대상황의 최면과 상담최면은 그 궁극적인 목표나 전략, 과정 자체가 다르다는 것이다. 무대 위의 상황은 집단적인 역동이 매우 중요하게 작용한다. 또한 해당 컨셉에 좋은 반응을 보여주지 않는 지원자가 있더라도 지원자가 기분 상하지 않게 자리로 들여보내고 다른 지원자를 받을 수도 있다. 그리고 이 공연의 목적은 모든 사람이 최면이라는 도구를 사용하여 유쾌함과 즐거움을 나누는 것이다. 그리고 이것은 일회성 이벤트이다.

그러나 상담상황에서의 최면은 어떤가? 내담자들은 자신의 심각한 내적 문제의 해결책을 찾기 위한 목적을 갖고 최면상담사를 찾기도 하고 이 과정에서 내담자는 우리가 상상하는 이상의 내면에 묻어둔 마음의 치부나 상처와 직면해야 할 수도 있다. 이러한 환경에서 최면상담사는 그들이 만나게 되는 모든 내담자와의 작업을 100% 성공시켜야 한다. 또한 이것이 일회성의 이벤트로 끝나는 것이 아닌 몇 차례의 연속적인 일련의 절차를 거쳐야 하는 작업이 될 수 있다.

이런 상담최면의 상황에서 무대최면의 패러다임을 그대로 사용하려 하는 것은 득보다는 실이 많은 것이다. 이것은 단지 최면가가 구사하는 최면유도의 기술 측면을 말하는 것이 아니다. 동일한 기술을 적용하더라도 근본적으로 적용하는 패러다임과 전략의 변화는 작업 자체의 차이를 만든다는 것이다. 그래서 무대최면과 상담최면을 겸하는 최면가라 하더라도 실제로 그 둘의 접근에 대해 구분하고 상황에 맞는 다른 전략을 쓰는 것이 일반적이다.

오늘날 해외의 일부 무대최면가들이 종종 누군가가 깊은 최면 상태를 성취한 것을 보고 피험자가 컨디셔닝(Conditioning; 조건화)되었는지 여부를 놓고 비판하며 자신은 컨디셔닝되지 않은 피험자를 유도한다고 자랑하듯 주장한다. 이는 내담자의 깊이 성취 여부를 자신만의 절대적 능력, 통제력의 획득 같은 것으로 보이고 싶어 하는 욕구를 드러내는 것이다. 그런데 저자가 관찰한 바로는 단지 그런 척하는 것이 아닌 그 스스로 최면이 일어나는 것이 진짜 자신의 능력이라는 착각에 빠진 최면가들의 모습을 보곤 한다.

아마도 그들이 처음 최면을 배웠을 때 그들의 스승이 그렇게 가르치지는 않았을 것이다. 저자는 가끔 그런 모습들을 볼 때면 과연 그들 자신도 기본을 망각하고 변질된 자신의 모습을 인식하고 있을까? 생각해 보곤 한다.

그들은 큰 맥락에서 볼 때 정확한 깊이를 확보하고 세팅하는 과정, 즉 최면유도 자체가 여러 차원의 컨디셔닝의 집합체라는 사실을 놓치고 있다. 그리고 그러한 컨디셔닝을 설정하는 과정 자체가 상당한 전문적 노하우들을 포함하고 있다는 것을 알아야 할 것이다.

05. 최면 패러다임의 발전과 진화 과정

최면의 패러다임을 소개하기 전에 이것의 메타포(Metaphor; 은유)로서 다소 다른 분야의 이야기부터 언급하겠다.

아마도 독자들은 MMA라는 스포츠에 대해 한 번쯤은 들어본 적이 있을 것이다. MMA는 Mixed Martial Arts의 약자로 '종합격투기'라는 현대의 스포츠 종목을 말한다. 불과 25년 전, 한국에서 MMA나 발리투도(ValeTudo)라는 단어를 아는 사람은 저자와 같은 극소수의 마니아층밖에 없었다. 끼리끼리 VHS 비디오테이프를 돌려보던 시절이니 TV에서 방영되는 것은 꿈도 꿀 수 없던 시기였고 당연히 인터넷 검색도 쉽지 않았다.

지금의 일반화된 '종합격투기'의 개념이 아닌, 단순히 유도와 복싱이

붙으면 누가 이길까 등의 이종 간의 격투기 시합이 화제가 되던 시절이었다. 많은 무도인이나 격투인들은 자기가 수련하는 종목이 최강임을 주장했고, 실전과 유사한 개방적인 룰을 적용하면 눈 찌르기, 급소 치기 등 각 무술의 비기들을 쓸 수 있으니 자신들이 강하다며 서로 격앙된 설전을 벌였다.

그러나 이미 그 답은 나와 있었다. 브라질과 미국 등지에서 이미 훨씬 오래전부터 그런 이종 간의 격투시합이 개최되어 왔기 때문이다. 낭심 등의 급소 치기까지 허용되던 그 격투시합에서 단연 두각을 나타낸 것은 그래플링(레슬링처럼 붙잡고 바닥에서 엉겨 붙어 상대를 제압하는) 계열의 브라질 주짓수라고 부르는 종목이었다. 체급을 넘어서 거구의 상대들을 기절시키거나 항복을 받아내는 모습은 당시의 무술인이나 격투인들에겐 큰 충격이었다.

누군가가 그것에 대해 말해주더라도 당시 복싱, 태권도 등 타격기 일색이었던 무술인들은 그 사실을 받아들일 수 없었고 여전히 자신들의 주장을 굽히지 않았다. 그런데 그것은 당시 사람들이 그래플링에 대한 인식이나 이해도가 전혀 없었기 때문에 격투 상황에서 일어날 수 있는 그래플링과 같은 다른 패턴의 상황들을 예측하지 못한 것이었다.

수영을 못하는 사람이 악어가 사는 물에 빠진다면 결과는 자명하다. 타격가가 그래플링 기술을 모른 채 주짓수가(주짓떼로; 주짓수인)와 대결하는 상황도 이와 같았다. 타격가들은 자신이 얼마나 불리한 환경에 놓여있는지 인식하지 못했던 것이다.

사실 이것은 브라질리언 주짓수라는 무술이 특정 종목보다 무조건 강해서가 아니라(강한 종목임에는 사실이지만) 주짓수가 상대인 타격가의 패턴을 이미 파악하고 상대 선수를 상대하는 반면, 타격가는 주짓수나 그래플링에 대해 아무런 이해도 없이 상대함으로써 일어난 결과였던 것이다.

그럼 그로부터 25여 년 이상의 시간이 지난 오늘날의 상황은 어떤가?

나이 어린 세대들뿐 아니라 중장년층들도 MMA에 관심이 없더라도 한 번쯤 종합격투기라는 그 이름을 들어봤을 정도로 이제는 TV에서 관련 시합을 방영하는 등 이미 대중화가 되어있다. 종합격투기라는 종목은 25여 년에 걸쳐 전 세계적으로 오픈되고 공유되며 모든 면에서 25여 년 전과 비교할 수 없을 정도로 상향 평준화되며 발전했다. 무술인이나 격투인들의 인식 자체도 새로운 개념을 받아들이면서 완전히 바뀌었다. 이제는 한국에서도 김동현, 정찬성을 비롯한 UFC라는 메이저 무대를 뛰는 많은 선수가 배출되었고 세계 챔피언 타이틀전을 치르는 선수까지 등장했다.

이미 이종(다른 종목 간의) 격투기라는 개념은 자연적으로 사라지고 '종합격투기'라는 독립적인 개념이 나타났다. 주짓수라는 단일 종목이 무조건 승리하는 시대는 지나갔고 이제는 각각의 종목들이 서로에 대해 이해도를 높여가면서 모든 격투 상황에 필요한 기술들을 차별 없이 습득함으로써 각각 종목들의 장점들이 혼합된 그 자체로 새로운 형태가 자리 잡은 것이다.

아마도 오늘날의 격투인들이 20~30년 전 격투인들의 격앙된 설전을 본다면 그 내용들이 너무나 유치하고 우습게 여겨질 것이다. 불과 20년이 지난 지금은 당연한 상식으로 여겨지는 것들이 그때는 아니었기 때문이다.

저자가 격투기 분야의 메타포(Metaphor; 은유)를 꺼낸 것은 바로 '패러다임'에 관해 이야기하고 싶었기 때문이다. 특히 격투기 분야는 우리 세대 안에서 비교적 짧은 시간 동안 패러다임이 변화하면서 MMA 산업의 수준이 급격히 성장했으며, 그 전후의 모습을 한눈에 비교해 보기에 적합한 예시이기 때문이다.

물론 최면 분야에서의 변화가 MMA 산업처럼 비교적 짧은 시간 내에 급속도로 진행된 것은 아니지만, 최면 역시 그러한 패러다임의 변화 흐름을 보여왔다. 최면이라는 분야 또한 이를 바라보는 패러다임은 항상 존재해 왔고 시대에 따라 관점과 접근법이 진화하고 변화하면서 새로운 패러다임으로 전환되어왔다.

최면계가 더욱 질적으로 성장하고 나아가기 위해서는 더욱 유연해져야 하며 이러한 패러다임의 변화를 두려워해서는 안 된다. 몇백 년 후의 최면가들이 당연하게 생각하는 발전된 개념들을 현재 최면가들의 고착된 사고로 인해 그 발전을 지연시키고 있을지도 모른다. 어쩌면 그 성장은 몇백 년이 아니라 우리 세대 안에서 당겨질 수도 있다. 바로 우리들이 더욱 마음을 열면서 말이다.

패러다임은 인류의 역사에서 늘 존재해 왔고 새로 등장하는 패러다임은 그 과정에서 낡은 패러다임과 충돌하거나 이해받지 못해 진통이 수반되기도 했지만 결국 혁명적인 과정을 거쳐 수용되고 자연스레 전환됐다.

　이것을 이해하기 위해 우리는 최면의 역사적 흐름을 알아야 할 필요가 있다. 그러나 이 책의 주제가 최면의 역사가 아닌 만큼 주요한 패러다임의 변화 흐름을 아주 간략히만 짚어보겠다. 먼저 과거의 최면 패러다임을 살펴보고 현재 나아가고 있는 새로운 패러다임에 대해서도 살펴볼 것이다.

06. 세대별 최면 패러다임의 특징

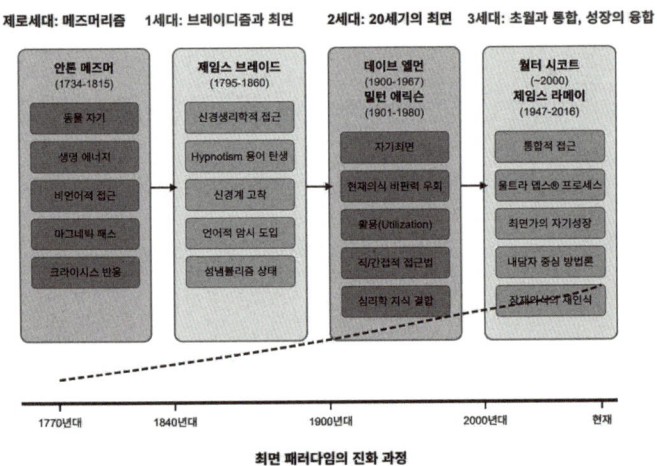

copyright ⓒ 문동규 All rights reserved.

■ 제로세대 최면 패러다임: 메즈머리즘(Mesmerism)

마법이나 샤머니즘의 영역이 아닌, 오늘날 최면의 시초는 1700년대를 살았던 오스트리아 빈 출신의 안톤 메즈머(Franz Anton Mesmer, 1734~1815)라는 인물이다. 최면에 대한 최초의 패러다임을 말하면서 1세대가 아닌 제로(0)세대로 분류하는 이유는 그것이 오늘날 우리가 '최면'이라고 부르는 용어가 만들어지기 이전이며, 1세대의 '최면'과는 또 다른 고유한 정체성을 지니고 있기 때문이다.

제로세대의 최면은 지금의 패러다임과는 완전히 달랐다. 그것의 핵심은 동물 자기와 자기 유동체라는 개념이다.

당시 메즈머는 동물 자기(Animal magnetism) 이론을 주장하며 인간에게 금속 자기와는 구별되는 동물 자기, 즉 애니멀 마그네티즘이라는 에너지가 흐른다고 말했다. 이것은 모든 사람에게서 항상 지속적으로 발산되는 것이며 당시 메즈머리스트들 사이에서 '생명 에너지'로 정의되었다. 이것은 오늘날 동양에서도 흔히 사용되는 기공이나 에너지의 개념과도 유사하다.

사람들 사이에 서로 이끌거나 밀어내는 작용을 하는 이것은 건강하고 에너지 넘치는 신체 그리고 메즈머리스트가 마그네티즘의 우주적인 근원과 연결되는 능력에서도 나오게 된다고 여겼다.

메즈머는 당시 프랑스에 머물며 이것을 치유에 활용하면서 놀라운 치유사례들을 만들어 냈고 그로 인해 메즈머리즘은 높은 인기를 구가하며 널리 알려졌다. 메즈머는 질병을 비롯한 인간에게 생기는 문제는 이런 마그네티즘의 흐름에 문제가 생긴 것으로 여겼으며 이러한 흐름을 정상화시키는 것이 그 치유의 핵심이었다.

메즈머리즘을 행하는 방식은 오늘날의 최면처럼 언어적인 형태가 아니었다. 그것은 주로 비언어적인 눈빛과 몸짓, 움직임 등의 형태였고 언어적 암시는 매우 제한적으로 사용되었다.

당시 메즈머가 행했던 비언어적인 터치와 응시, 마그네틱 패스들은 그것을 받는 피험자에게 다양한 생리적 반응들을 일으켰다. 긴장한 여성들은 히스테리컬하게 되거나 심지어 기절하기도 하였고 어떤 사람들은 거품을 물기도 하고 경련이나 발작을 일으키거나, 강렬한 심장의 박동을 느끼기도 했다.

이러한 마그네티즘으로 인한 '크라이시스(Crisis)' 반응은 오늘날의 최면에서 사용하는 용어인 '해제반응(Abreaction)'과 유사하지만, 또 다른 측면의 양상을 가진다.

주로 오늘날의 최면유도 과정에서는 1차적으로 능률적인 언어적 커뮤니케이션을 통한 감정적인 변화를 추구하며 생리적인 변화는 부속적인 것으로 여긴다. 그러나 언어가 배제된 메즈머리즘에서의 기본은 생리적인 변화를 일으키는 것이 부속적인 결과가 아닌 1차적인 과정이다. 이 과정에서 감정적인 변화가 일어나더라도 그것은 하나의 결과일 뿐이다.

3세대 최면의 입장에서 보더라도 메즈머리즘이 단지 하나의 기술적 측면이 아니라는 것을 이해하는 것은 매우 중요한 것이다. 이것은 기술적인 방식 그 자체보다는 행동의 선을 따라 절대적으로 이것을 믿고 행하는 **메즈머리스트라는 사람 자신과 연관**되기 때문이다.

당시의 메즈머리스트들은 자신의 마그네티즘을 발전시키기 위해 부단히 노력했으며 자신의 정신적 에너지를 관리하는 것에도 큰 관심을 가졌고 그를 위해 다양한 종류의 자기 수양이나 수련을 포함시켰다. 그러나 이는 오늘날 3세대 최면 패러다임을 가진 최면상담사들이 추구하는 에고의 자기 성장이나 성숙과는 다소 그 결이 달랐다.

오늘날의 최면을 행하는(2세대 최면 패러다임에 기반을 둔) 많은 사람은 대개 메즈머리즘에서는 흔히 볼 수 있었던 텔레파시를 비롯한 초월적인 잠재능력이 발휘되는 현상들을 믿지 않으려 하고, 부정적인 사람들에게 최면을 유도하지 않는다. 또한 오감 이외의 다른 감각적 인식의 가능성을 배제하는 과학적(?) 패러다임을 지니고 있는 경우가 많다.

그러나 분명한 것은 당시의 메즈머리스트들이 피험자를 유도했던 깊이 수준은 현대의 언어적 최면을 사용하는 최면가들이 일반적으로 유도해 내는 피험자의 깊이 수준과는 비교할 수 없을 정도로 확연히 달랐다는 점이다.

가끔 오늘날의 최면이라는 프레임 안에 메즈머리즘을 가두어두고 그것을 평가하고 해석하려는 시도들이 있다. 그러나 마그네티즘을 부정하고 그것을 단지 오늘날의 최면이라는 틀로만 보려 하는 것은 그 자체로 이미 메즈머리즘이 아니다. 결국 오늘날의 최면은 메즈머리즘의 형태 중 일부분으로 분류할 수 있지만, 메즈머리즘을 곧 최면으로 분류할 수는 없다.

■ 1세대 최면 패러다임 : 브레이디즘과 최면(Hypnotism)

1세대 최면은 제임스 브레이드(James Braid, 1795~1860)로 인해 시작되며 그는 오늘날 1세대 최면의 아버지로 평가된다. 그로 인해 최면(Hypnotism)이라는 용어가 탄생했기 때문이다. 그는 동물 자기(애니멀 마그네티즘)가 아닌 다른 프레임으로 그것과 유사해 보이는 현상을 일으킬 수 있다는 것을 발견했다. 즉 그는 기존의 애니멀 마그네티즘을 거부하고 신경생리학적 접근으로 이것을 재해석하여 새로운 형태의 접근을 만들었는데 그것은 마그네티즘이 아닌 신경계 고착에 의해 유발되는 트랜스를 사용하는 방법이었다.

초창기의 브레이드는 메즈머리즘에서 온 매혹(Fascination) 기법을 사용했지만, 이후 언어적 암시의 형태로 전환했다. 이 시기에 나타난 최면이라는 개념은 최면 암시라는 개념과 결합되고 리보와 베르넹이 이끌었던 낭시학파는 이러한 암시체계를 발전시키는 데 공헌함으로써 현대적인 최면의 초기형태를 탄생시켰다.

그러나 이 시기의 최면(Hypnotism)은 현상적으로 메즈머리즘과 겹치는 것이 많은 시절이었다. 19세기에 출간된 최면과 관련된 고서적들에 등장하는 '최면'이라는 단어는 오늘날 최면가들이 가볍게 '최면'이라고 부르는 것과는 분명히 다른 수준의 상태들을 지칭하고 있다.

초기 최면의 시대에는 최면 상태를 섬냄뷸리즘(Somnambulism, 몽유)

상태로 생각하는 경향이 강했다. 당시의 시각으로 현대의 최면가들이 행하는 에릭슨식 최면이나 얕은 상태, 중간 상태에서 가볍게 행하는 대부분의 직접최면 작업들을 본다면 그들은 이것을 최면이라고 생각하지 않을지도 모른다.

메즈머리즘과 1세대의 최면은 종종 혼동될 수 있지만 어떤 면에서는 메즈머리즘의 일부분이 특화되고 변형된 것을 1세대의 최면으로 볼 수도 있다.

■ 2세대 최면 패러다임: 20세기의 최면(Hypnosis)

20세기에 접어들며 최면의 패러다임은 또 한 번 극적인 전환을 이루게 되며 특정한 방향의 방식들이 발전하는 것이 가속화된다. 20세기 최면의 새로운 패러다임을 이끈 대표인물은 데이브 엘먼(Dave Elman, 1900~1967)과 밀턴 에릭슨(Milton Hyland Erickson, 1901~1980)으로 대변될 수 있다.

만약 이들을 오늘날 메이저 최면의 조류나 아류로 여긴다면 그것은 현대최면의 흐름에 무지하거나 잘못 알고 있는 것이다. 이들은 이후의 최면계(민간 최면 업계나 의학 최면 업계)에 막대한 영향을 준 인물들이며 기존 1세대 최면의 패러다임에 완전한 혁명을 일으켰던 인물들이다. (안타깝게도 데이브 엘먼은 의료인들을 위해 제자들을 양성하며 의학 최면에 지대한 공헌을 하고도 비의료인이라는 이유로 공적을 가로채기 당하거나, 그의 사후에 '엘먼 지우기' 작업에 의해 의학 최면 분야에서 철저히 배척되었다. 그의 명성은 80년대 이후 일반에 널리 알려지게 되었다.)

밀턴 에릭슨은 당시에 일반인들이 생각하는 최면의 개념과는 완전히 다른 패러다임을 사용했다. 그는 자신의 경력에서 시간이 갈수록 직접적이고 권위적이었던 과거의 방식을 허용적이며 간접적인 방식으로 전환했다.

1980년대에 그가 사망할 때 즈음에는 자신이 행하는 거의 대부분의 최면치료를 간접적으로 행했다. 즉, 내담자는 그냥 의자에 앉아서 그와 이야기를 나누는 것뿐이지만 어느 순간 그 문제가 해결되어버리는 것이다.

그가 했던 접근법은 로씨(Rossi)에 의해 트랜스 상태에서 일어나는 모든 것을 사용한다는 것을 뜻하는 '활용(Utilization)'의 방법이라고 명명되었다.

테드 제임스(Tad James)는 에릭소니안 최면의 핵심은 '표상체계의 모호성'이라 말하며, 에릭슨식 접근에서 '활용'을 빼버린다면 아무것도 남지 않을 만큼 이 '활용'의 중요성을 강조한 바 있다.

오늘날 에릭슨이 행했던 영감적이고 기적적인 작업들을 동일하게 구현하는 최면가들은 드물지만, 그럼에도 불구하고 그로 인해 탄생된 새로운 최면의 패러다임은 2세대 최면 패러다임의 한 가지 축으로 남게 되었다.

동시대를 살았던 또 다른 최면 패러다임의 한 축을 만들었던 데이브 엘먼은 트랜스에 드는 것의 책임은 전적으로 최면사가 아닌 내담자에게 있다고 말했다. 이것은 오늘날의 최면가들에게는 당연한 사실로 여겨지겠지만, 당시의 기성 최면사들에게 그것은 내담자에게 책임을 전가하는 것이라는 비판이나 저항을 불러일으키기도 했다.

실제적으로 최면사가 내담자에게 강제할 수 있는 힘이나 영향력은 없으며 결국 모든 최면은 자기최면이라는 이 새로운 패러다임은 당시로써는 매우 선구적인 것이었다.

이전의 1세대 패러다임을 지닌 최면전문가들은 잠이라는 개념을 동반한 권위적인 방식을 사용했지만 이런 새로운 패러다임 하에서의 엘먼의 접근은 권위적일 수도, 허용적일 수도, 각성일 수도, 수면성일 수도, 직접적일 수도, 간접적일 수도 있는 방식들이 사용되었고 그러한 유도과정에서 오는 기법들 또한 매우 역설적인 특성을 가진 방식들이 사용되었다.

20세기를 거치며 이들이 사용했던 최면 패러다임이 확산되고 널리 받아들여지면서 현대의 최면상담이나 최면치료에서 치료적인 '스크립트(대본)'의 가치는 현저히 줄어들게 되었고, 오늘날 이런 최면 스크립트는 초보자들의 연습용을 제외하고 직업적인 필드에서 사용되는 빈도는 점점 낮아지게 되었다. 이웃 학문인 현대 심리학이 발전하면서 이를 받아들인 최면상담 분야에서 더욱 효과적이고 발전된 개입 기법들이 독립적으로 발전하기 시작했기 때문이었다.

이런 흐름과 함께 최면을 내담자와 낚시하듯 '걸고 걸리는' 작용으로 이해하는 최면가의 수 역시 크게 줄어들었다. 패러다임의 세대교체가 일어난 것이다.

동 기간 동안 최면은 많은 타 분야의 과학적, 심리적 원리나 기법들과 결합되면서 광범위한 적용이나 활용도 측면에서 역사적인 큰 도약을 일구어냈지만, 시간이 갈수록 원래의 메즈머리즘이나 1세대의 최면, 그 자체의 깊이와 파워는 오히려 쇠락하게 된 측면도 무시할 수 없다.

실제로 제로세대와 1세대, 2세대 초기의 최면가들이 연구하던 최면현상들은 오늘날 일반적인 최면사들이 경험하는 그것들과는 큰 차이를 보인다. 대개 오늘날 전 세계 최면가들은(이런 분류 속에 들어갈 수도 없는 상업적인 목적의 장사꾼이거나 체계적 학습이 안 된 이들을 제외하고) 대부분 이러한 2세대 패러다임의 영향력 하에 있다.

■ 3세대 최면 패러다임: 초월과 통합, 성장의 융합

3세대의 최면 패러다임의 키워드는 '통합'과 '성장', '초월' 등의 단어로 대변될 수 있다. 이것은 제로세대부터 3세대에 이르는 패러다임을 보다 큰 틀에서 수용하며 종합하고 있으며 현재와 미래세대의 최면가들이 장착해야 하는 패러다임이다. 여기에는 마그네티즘, 비시티 등으로 불리는 생명력이라는 에너지, 화학적인 뇌의 작용, 마음의 각 요소를 초월하고 통합하고 있다.

이것의 배경은 인간의 마음에 대한 이해와 통찰의 확장과 연관된다. 즉, 이 새로운 인식은 우리가 '잠재의식'이라고 부르는 것에 대한 경험과 통찰에서 출발한다. 과거 최면가들의 일반적인 관점은 잠재의식을 무의식(뇌)의 일부 또는 속이기 쉬운 멍청한 프로그램 정도로 인식해 왔다. 이것은 전형적인 에고(Ego) 주도적인 사고관에 기반을 둔 것이다.

최면은 의식과 무의식을 탐구하는 강력한 도구이다. 이 도구를 사용한 경험을 통해 우리는 과거 최면가들이 인간의 마음에 대해 중대한 오해를 가졌다는 사실을 발견하게 되었다.

나라는 존재에 대한 이해, 에고의 구조에 대한 이해, 에고 이면의 본질적인 의식에 대한 통찰은 더 이상 과거의 최면, 즉 일방적으로 최면사가 정답이라고 생각하는 답을 내담자에게 주입시키는 접근이 얼마나 위험하고 잘못된 방향인지 자각할 수 있게 만들어 주었다.

결국 최면가 스스로의 에고 구조에 대한 자각과 자기 성장은 최면, 특히 최면상담이라는 영역에서 떼려고 해도 뗄 수 없을 만큼 중요한 요소라는 사실을 깨닫게 만들었다.

이는 내담자중심 접근법이 왜 최면상담사가 익혀야 하는 기본소양이 되어야 하는지, 그리고 3세대 최면 패러다임 하에서 과거의 암시이론과 자기최면 등의 요소가 왜 대폭적으로 수정되어야 하는지, 왜 최면상담사의 자기 탐구가 필수적인 것인지 그것에 대한 이유가 된다.

즉, 인간에 대한 이해의 확장이 최면과 최면상담의 패러다임을 비롯한 지식, 기술, 소양 그 전부를 변화시키게 되는 결과로 연결되는 것이다.

잠재의식은 생리기계적 반응을 만들어 내는 뇌, 즉 무의식의 영역과는 완전히 구분되어 있으며 우리의 삶에 있어서 잠재의식의 역할은 기존과는 완전히 다른 의미를 지니게 된다. 2세대 최면이 발전하는 과정에서 알게 된 무의식과 뇌의 작용에 대한 지식을 넘어 3세대 최면은 우리가 '잠재의식'이라고 부르는 것이 최면에서 어떤 작용을 하는지, 나아가 우리들 에고의 일생에서 어떤 작용을 하는지, 우리의 인생경로를 바꾸는 데 있어 이것이 얼마나 중요한지 인식하고 있다.

비록 이것을 표현하는 단어는 표준화되어 있지 않고 다양하게 지칭이 사용되지만, 사실 우리의 에고(Ego) 이면의 본질적인 자신에 대해 말하는 이 개념은 이미 기성 최면계가 아닌 철학, 종교, 심리학 등 각기 다른 분야들에서도 인류의 역사와 함께 줄곧 언급되어 온 개념들이다. 그리고 최면이라는 강력한 도구를 통해 우리는 잠재의식에 대해 한 발 더 접근할 수 있게 되었고 거대한 가능성의 문을 열었다.

3세대 최면 패러다임과 연관된 대표적인 분야는 '울트라 뎁스® 프로세스'이다. 울트라 뎁스® 프로세스는 '암시'가 아닌 궁극의 '깊이'를 기반으로 의식의 깊은 특정 상태들을 탐구하는 절차로 3세대 최면에서 말하는 의식에 대한 확장된 패러다임을 필수로 요한다.

과거 많은 2세대 최면의 관점을 지닌 몇몇 최면가들이 세계 곳곳에서 이것을 독립적으로 재연하려는 시도들이 있었지만, 마음의 핵심과 이것의 본질을 이해하지 못한 그들은 결코 월터 씨코트(Walter A. Sichort; 생년미상~2000)와 제임스 라메이(James R. Ramey; 1947~2016)가 했던 것과 같은 동일한 결과들을 만들어 내지 못했다. 결국 그들은 기존의 암시 기반의 절차에 다른 껍질만 입힌 눈속임 기법으로 재포장하여 깊이에 대한 이해가 없는 사람들에게 상업적인 상품으로 마케팅하고 판매하는 수준에서 그쳤다.

현재 최면의 주류시장의 크기에 비해 아직 이에 대한 충분한 이해도와 적용력을 지닌 전문가의 수가 적고 그들의 의식 수준이 이를 담기 어려운 실정이다. 그러나 이는 21세기를 살아가는 현시대의 최면과 최면상담이 나아가야 할 명백한 방향이며 영감적인 흐름이란 것에는 의심의 여지가 없다. 고무적인 것은 느리지만 일부의 사람들이 아주 조금씩 한발, 한발 나아가고 있다는 사실이다. 이런 움직임은 3세대 최면으로의 세대교체를 앞당기게 하는 초석이 될 것이다.

특히 한국의 최면시장은 지금껏 1, 2세대의 관점이 뒤섞이고 명백한 관점이 없는 기묘한 형국이었고 지식적, 기술적, 소양적 편차가 심한, 여전히 정리되지 않은 혼란스러운 과거의 흔적들이 남아있지만, 2세대 최면의 짧은 보급 시기를 넘어 머지않아 3세대 최면 패러다임을 장착한 상향 평준화된 강력한 최면상담사들이 주류로서 자리 잡게 될 것이라 전망한다.

5명의 이사들이 함께 설립한 'ICS 인터내셔널'이라는 기구는 단지 최면이라는 도구, 그 이상의 본질적인 존재로서의 성장을 추구하고 있으며, 이는 3세대 최면 패러다임이 지향하고 있는 방향성과 완전하게 부합하는 것이다.

한국 최면산업의 질적 성장 여부는 이것을 보급하는 주도적인 소수의 트레이너들에 달려있다. ICS 인터내셔널은 단기연수를 통한 무분별한 수준 미달의 교육자 배출의 폐혜를 예방하고 체계적으로 학습하고 성장하며 입체적으로 자격 수준을 검증할 수 있는 검증 시스템을 구축하고 있다. 개인적으로 ICS 최면 파트를 담당하고 있는 저자는 3세대 최면 패러다임에 기반을 두는 건강하고 선도적인 최면산업육성에 대한 목표를 포함하고 있기 때문이다.

최면에서 최면가나 최면상담사의 패러다임이 중요한 이유는 그것이 결국 최면작업의 질과 결과에 의미 있는 영향을 주기 때문이다. 이런 기술을 처음 배우는 초보자들은 이것에 대해 이해하지 못할지도 모른다. 물론 새로운 기술을 처음 배울 때 기술적인 측면에 집중하는 것은 자연스러운 과정이다. 그리고 그것만으로도 어느 정도 결과들이 나오기 시작할 것이다.

그러나 어떤 분야이든 깊게 파고들면 들수록, 많이 경험하고 알게 되면 알게 될수록, 그것의 본질에 접근하면 할수록 기술 이면의 중요한 진짜 비밀들을 풀어야 하는 순간과 맞닥뜨리게 된다. 이때 기본기를 잘 닦은 사람과 그렇지 못한 사람은 갈림길로 갈라지며 시간이 흐를수록 점점 더 그 격차가 벌어지기 시작할 것이다. 초보학습자라 하더라도 나무와 숲을 함께 볼 수 있는 시각을 염두에 두는 것이 도움될 것이다.

궁극적으로 현재의식 또는 에고 주도적인 사고관 내에서는 3세대 최면 패러다임을 제대로 이해할 수 없기 때문에 최면가, 특히 최면상담사들은 이런 에고 주도적인 사고관에서 탈피해야 한다. 우리의 삶을 이끄는 궁극적인 주체와 인간의 마음에 대한 확장된 경험과 이해는 단지 최면이라는 도구에 대한 지식을 넘어서 최면상담사인 자신의 삶을 바꾸어 줄 것이다.

C.
기본 마인드 모델(Mind Model)

최면을 이해하는 과정은 인간의 의식을 이해하는 과정과도 어느 정도 연결되어 있다. 따라서 최면을 이해하는 과정에서 마인드 모델을 이해하고 또 그것을 뛰어넘고 확장해가는 과정은 필수적인 것이라 말하고 싶다.

저자는 교육과정을 진행할 때 학습자들의 진도에 맞춘 마인드 모델을 사용하고 있으며 그 학습수준에 따라 점진적으로 마인드 모델을 확장해 나간다. 우리의 의식은 너무나도 방대한 것이어서 우리의 지적 이해의 틀 내에 가둘 수 없다.

따라서 결코 이러한 단순한 도표로 의식의 전부를 나타낼 수 없으며, 아무리 나아가더라도 그것은 빙산의 일각만을 엿보는 것일 뿐이다. 그럼에도 불구하고 이런 구조화는 최면이라는 도구를 이해하는 데 큰 도움이 된다.

의식이 뭔가를 이해하는 과정은 우리의 개인적 경험과 학교에서 배운 것 등 기존의 학습된 틀을 바탕으로 이루어지므로 수용 가능한 수준에서 시작하여 점진적으로 나아가는 것이 좋다.

01. ICS 통합적 마인드 모델(Integrated Mind Model)의 이해

우리는 보이지 않는 우리의 마음을 이해하기 위해 특정한 프레임(틀)을 사용한다. 마음을 설명하는, 대중적으로 가장 많이 활용되는 프레임 중 하나는 바로 현재의식, 무의식, 잠재의식 등의 단어들이다.

그러나 안타깝게도 이 용어들에 대한 범위와 규정이 저마다 상이한 이유로 화자와 청자가 완전히 다른 이해를 갖게 되는 경우들이 있다. 즉, 두 사람이 같은 단어를 사용하지만 그것이 서로 미묘하게 다른 것을 지칭하거나 완전히 다른 것을 말하게 되는 경우가 있다.

이것은 다른 배경을 가진 최면가들 사이에서도 흔히 나타나는 일이다. 그래서 이 책에서 말하는 의식, 무의식, 잠재의식 등의 단어에 대해서 혼란이 없도록 용어에 대한 통일과 정리가 필요할 것이다.

울트라 뎁스® 프로세스를 비롯한 저자가 지도하는 최면교육의 통합적인 ICS 마인드 모델(3.0버전 이상)에서도 의식, 무의식, 잠재의식, 초의식 등의 용어들이 사용된다. 이는 '최면'과 '최면분석' 및 '파츠 테라피', '울트라 뎁스® 프로세스'의 마인드 개념을 비롯해 자기 성장 프로그램인 'ICS 정화와 소통™'의 '의식 확장 모델' 개념과도 모두 호환되는 통합적인 모델이다.

아래에 소개하는 ICS 마인드 모델(3.0버전)은 이전 버전(1, 2버전)의 의식 모델(구조적인 부분이 아닌 기능적으로 분류된 3가지의 다른 마음의 단계)에 대한 재개정본이다. 이는 최면교육의 입문자를 위한 첫 단계의 마인드 모델로 일부를 표현하고 있으며 완전한 마인드 모델이 아님을 밝힌다.

눈여겨볼 부분 중 하나는 전체 마인드 모델과 그 안에 속한 에고 모델을 구분하여 설명하고 있다는 점이다. 의식과 무의식으로 이루어진 우리의 에고 체계는 전체의식의 일부로 작용하지만, 전체의식이 아니며 무엇보다 '나'라는 것의 본질이 아니다.

최면전문가들의 학습 과정에서 이렇게 전체 마인드 모델과 에고 모델을 분리하여 기술하는 이유는 초보 학습자들의 기존 프레임과의 충돌이나 혼란을 줄이고 의식에 대한 이해와 체화 과정을 단계적으로 확장하기 위함이다. 이는 실제로 분리된다기보다 학습자들의 이해를 돕기 위한 과정이므로 착오가 없기를 바란다. 학습자들을 위해 아래에 별도의 삽화를 제공한다.

[그림] ICS 3.0 통합적 마인드 모델

copyright ⓒ 문동규 All rights reserved.

02. ICS 에고 모델(Ego Model)의 특성과 작용

[그림] ICS 3.0 마인드 모델 중 <에고의 기능적 모델>

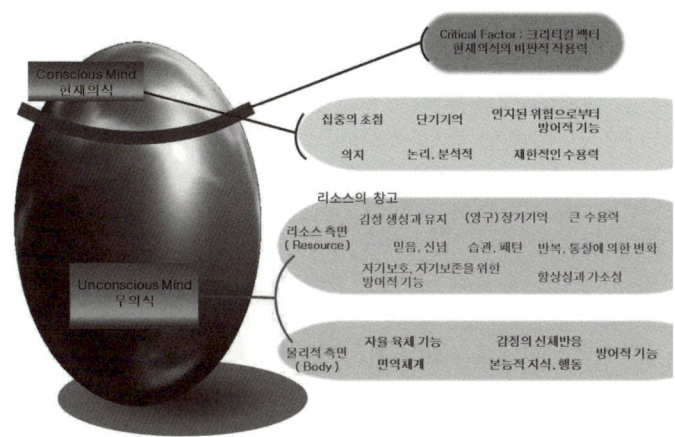

copyright ⓒ 문동규 All rights reserved.

[표] [에고의 기능적 모델 용어 정리]

	현재의식	비판적 작용력 (Critical factor)	무의식	
			리소스 측면	물리적 측면
주요 기능	집중/ 의지 / 이성 논리 / 분석	필터와 같이 현재의식과 무의식 사이에서 비교하는 작용	- 감정 / 습관 - 믿음(사실로 받아들인 정보) - 습관(자동적인 행동) - 변화에 저항(성격을 만듦) - 정보의 저장소 - 무한한 수용력(영구기억) - 빈 상태에서 시작해서 경험을 통해 채워진다.	신체의식 본능적 지식 한정된 변화 감각을 생성

PART 1 ICS 최면 & 최면상담의 개념과 기초: 중요한 기본기

보호기능	인지된 위험으로부터 보호	무의식에 있는 믿음과 습관에 위배되는 변화로부터 보호	- 알고 있는 위험에서 보호 - 필요를 충족하도록 동기부여	통증, 질병, 상해로부터 면역체계와 반사작용을 통해 보호
	자기보호 / 자기보존			

* 본 도표는 '의식과 무의식' 간의 기능적 측면에만 초점을 둔 것이므로, 통합적 마인드 모델에 있는 잠재의식의 작용은 포함시키지 않았음에 유의한다.

먼저 우리가 이 물리적인 세상에 태어날 때 생리적인 신체에 연동된 순수함에 가까운 의식이 있다. 이 상태의 의식은 우리의 본질적(또는 본성적) 에너지에 가장 가까운 에너지이다. 이 어린아이는 자라면서 여러 가지 상황들을 직면하게 되고 자신만의 대처기술들을 학습하며 성장해나간다. 즉, 우리의 무의식이라는 공간 속에 학습된 자원들과 기억, 프로그램들을 설치하기 시작하는 것이다. 무의식은 거대한 데이터베이스와 같은 창고 역할을 한다. 무의식을 뇌라는 생리적인 기계에 비견할 수도 있지만 엄밀히 말해 이것은 뇌에만 국한되는 것은 아니다.

이렇게 무의식의 에고 상태들이 형성되면서 우리는 서서히 정체성을 형성하기 시작한다. 무의식의 데이터들을 기반으로 세상과 나 자신을 규정하기 시작하는 것이다. 그러나 이것은 엄밀히 말해 착각 속에서 만들어지는 규정들이다. 여러 가지 색깔의 안경을 통해 나 자신을 규정하고 또 세상을 규정한다. 결국 이렇게 무의식의 자원을 기반으로 상호작용하며 만들어진 '나'라는 정체성은 우리가 '에고'라고 부르는 왜곡된 가짜 정체성인 것이다.

그리고 이렇게 긴 과정을 거쳐 정체성이 형성되는 순간 기존에 있던 본질적인 의식은 뒤로 물러나 대부분의 경우 그 사람의 남은 일생 동안 부조종석, 또는 배후에서 존재하게 된다. 그리고 그렇게 물러난 의식을 우리는 '잠재의식'이라고 부른다.

즉, 의식과 잠재의식은 독립적인 지성체로 볼 수 있지만, 무의식은 정보와 데이터, 프로그램들의 집합체인 것이다. 참고로 'ICS 정화와 소통™'에서 말하고 있는 '심층의식'이란 단어는 실제로 완벽하게 같은 것을 말하지는 않지만, 입문자들에게는 일단 여기서 말하는 무의식과 같은 맥락으로 보아도 무방하다.

우리의 잠재의식은 에고 체계에서 벗어나 있는 순수함에 가까운, 또는 본성의식에 가까운 진정한 '나'라고 부를 수 있으며 '영감'이라는 것이 발현되는 원천이라 할 수 있다. 잠재의식은 이 사람의 건강 정보를 비롯한 과거와 현재, 미래에 대한 모든 것을 알고 있으며 무의식 정보를 기반으로 상호작용하는 의식적인 에고와는 비교할 수 없을 정도로 큰 지성체이다. 어떤 이들을 이것을 '가이드'나 '신성', '영혼' 등의 이름으로 부르기도 한다.

에고의 형성 이후에 대부분의 사람들은 에고 자체가 '나'라고 인식하며 인생을 독주한다. 그 과정에서 많은 사람이 의식과 잠재의식 간의 심각한 단절을 겪기도 한다.

그러나 일부의 사람들은 에고 이면의 자신을 인식하며 그런 본질적 자신과 가까워지기 위한 길을 가는 사람도 있다. 그로 인해 자신의 인생이 프로그램과 카르마(패턴)의 반복이 아닌, 잠재의식과의 팀워크를 되찾으며 영감적인 삶의 경로가 펼쳐지게 만드는 사람들이 있다.

결국 우리가 나아가야 하는 방향은 에고 이면의 본질적인 나와 소통하며 근본적인 인생의 질을 변화시키는 것이다.

학습자들이 최면에 대한 학습이 깊어지면 깊어질수록 우리의 에고 체계에 잠재의식이 어떤 식으로 연관되며 최면이라는 과정에서 잠재의식이 행하는 역할이 무엇인지에 대해서도 통찰하게 된다. 아니 단지 최면이라는 도구 속에서의 작용을 넘어서 잠재의식이 우리의 삶과 영적인 여정에서 어떤 역할과 위치를 차지하고 있는지에 대해 통찰하게 될 것이다. 결국 이것은 최면 패러다임의 자연스런 확장과 체화를 넘어서 인간 의식에 대한 더 나아간 이해와 의식적 성장을 가져올 것이다.

03. 학습자들의 마인드 모델 확장 과정

앞서 소개한 통합적 마인드 모델은 전체 마인드 모델을 표현하고 있지는 않다. 그러나 ICS 최면의 기본과 고급을 익히는 학습자들에게는 우선 이 두 가지 모델만으로도 충분할 것이다. 다만 향후 최면에 대한 경험과 이해의 폭이 깊어지고 의식에 대한 이해가 확장됨에 따라 ICS 마인드 모델의 확장본을 사용할 수 있다는 점을 염두에 두도록 하자.

다음 도표는 각각의 최면교육 과정들을 체화함과 함께 이 과정에서 마인드 모델이 어떻게 확장되고 깊어지는지를 개괄적으로 나타낸다.

학습자들이 마인드 모델(Mind Model)을 확장하는 과정

ICS 최면 기본 과정 ~ 고급 과정 (ART 기본 과정)	· 에고의 기능적 모델에 기반을 둔 의식과 무의식의 상호작용, 에고 시스템에 대한 기본적인 이해와 경험
내담자 중심 접근법 (ART 고급) & 파츠 테라피 과정	· 에고 시스템에 대한 보다 입체적인 이해, 에고 상태(에고 파트)의 생성 과정과 상호작용에 대한 이해와 경험을 통한 마인드 모델의 확장
울트라 뎁스® 프로세스	· 에고 시스템과 잠재의식의 관계에 대한 인식과 이해, 통합 마인드 모델과 최면 패러다임의 확장
ICS 정화와 소통	· 최면적 초점을 넘어선 ICS 의식확장 모델을 통한 의식 성장 과정의 이해(레벨1~3) · 통합적 마인드 모델의 완성(고급실천)

3세대 최면은 일상적인 불안이나 스트레스 관리에 그치지 않는다. 과거의 최면적 접근이 주로 표면적인 변화나 치유에 초점을 맞췄다면, 3세대 최면은 그 이상을 추구한다. 이는 의식의 깊은 층을 고찰하여 본질적인 성숙을 목표로 한다. 이러한 접근은 인간 의식에 대한 더 넓은 이해를 바탕으로 하는 최면 마인드 모델의 자연스러운 발전방향이다.

3세대 최면의 핵심은 **도구를 사용하는 최면가라는 존재 자체의 성장**에 있다. 일반적으로 처음 최면을 공부하는 이들은 인간의 마음을 단순히 표면적이고 피상적인 수준에서만 이해하게 된다. 사실 이것은 매우 중요한 부분인데, 이렇게 타인의 내면과 자신의 내면을 이해하는 방식은 세상을 바라보는 방식과도 연관되기 때문이다. 이는 최면을 공부하는 과정이 단순히 명상이나 휴식의 수단이 아니라, 인간으로서의 본질적 가치와 가능성을 탐색하고 확장하는 과정임을 의미한다.

근현대 심리학, 의식 연구 그리고 최면을 탐구하면서 경험한 실제 경험들을 바탕으로 형성된 이 마인드 모델은 우리가 보이지 않는 내면을 이해하는 데 도움을 주고 나아가 인간의식에 대한 큰 통찰을 준다.

ICS 최면의 마인드 모델은 표면의식과 무의식(또는 심층의식), 잠재의식, 초의식과 같은 몇 가지 개념화된 명칭을 사용한다. 이런 마음에 대한 지칭들은 사람에 따라 같은 이름의 단어임에도 매우 이질적인 개념을 지니고 있거나 다양한 표현들을 사용하고 있다. 따라서 같은 집단 내의 전문가들의 혼란을 방지하고 전문가들 간의 원활한 소통을 위해 ICS 마인드 모델 내에서는 특정하게 정의된 단어들을 사용한다.

STEP 1: ICS 최면 기본~고급 통합과정
- ICS 통합 마인드 모델 / ICS 에고 모델

먼저 ICS 최면전문가 기본과정(베이직 프랙티셔너 과정)에서는 입문자들이 이해해야 하는 에고의 기능적 모델에 기반을 둔 의식과 무의식의 상호작용에 대해 학습한다. 여기에서는 초의식이 제외된 'ICS 통합 마인드 모델'과, 이것의 일부인 에고 체계에 대한 부분을 별도로 묘사한 'ICS 에고 모델'을 익히게 된다. 최면전문가 과정인 만큼 여기에는 '크리티컬 팩터'라는 요소를 중점적으로 다루며 외부와 상호작용하는 기본적인 최면적 원리를 배우게 된다.

이제 ICS 최면 고급과정(마스터 프랙티셔너 과정)으로 넘어가면서 'ICS 역행 테라피'라는 고급 개입전략의 기초를 학습하게 된다.

이 과정에서 인간의 무의식에 있는 에고의 리소스들의 고착이 삶의 여정에서 얼마나 큰 영향을 주며 한 사람의 인생을 좌우하는지를 눈으로 목격하게 된다. 이와 함께 한 사람의 이슈에 대한 기저 원인을 근원적으로 해소함으로써 한 인간의 감정과 신념, 생각과 행동에 실질적으로 어떤 변화가 일어나는지를 생생하게 경험하게 한다.

이는 단지 개념적인 에고 구조를 공부하는 것이 아니라 실제 우리의 에고 시스템의 작용과 그 변화를 목격하게 되는 기본적인 이해와 경험을 갖게 되는 과정이다. 이 과정에서 대부분의 사람은 인간을 이해하는 관점에 새로운 통찰과 시야를 갖게 된다.

이 시점에서 몇몇 현명한 사람들은 이미 자신의 내부 구조도 다르지 않음을 알아차리고 자신의 내면으로 초점을 돌리기 시작한다.

STEP 2: 내담자 중심 ART & PT
- ICS 에고 모델의 입체적인 확장

이제 기술적인 성장을 위해 고급 접근법인 내담자 중심 ART(연령역행 테라피)로 ART의 형태를 확장하는 동시에 '에고 파트'라는 성격이론을 바탕으로 무의식과 심층의식, 그리고 에고 체계에 대해 보다 입체적으로 이해하고 경험하는 과정을 거치게 된다.

최면상담의 확장된 고급 개입기법인 '내담자 중심 PT(파츠 테라피)'를 통해 에고 상태(에고 파트)의 생성 과정과 그 상호작용에 대해 이해하고 세션 경험을 통해 그 작용기전을 체화하는 이 과정은 최면상담의 기술적인 성장의 기회가 되는 기간이 될 뿐 아니라 ICS 기초 마인드 모델의 확장을 실질적으로 체화하는 데 도움될 것이다.

이 시점에서 자신의 내부 파트들의 구조와 상호작용에 대해 탐구를 시작한다면 최면상담사로서, 한 명의 인간으로서 비약적으로 성장할 수 있는 토대가 될 수 있다.

이 두 단계를 다지는 것이 대부분 최면상담사들의 삶에서 가장 많은 시간을 보내게 되는 단계이다. 여기에서 머물게 될 수도 있고, 한 발 더 나아가게 될 수도 있다.

STEP 3: 울트라 뎁스® 프로세스
- 잠재의식에 대한 초점의 시작

최면의 프로파운드 섬냄뷸리즘과 그것을 넘어선 에스데일, 씨코트, 제드 등의 상태들을 다루게 되면서 에고 체계 이면에 있는 잠재의식에 초점을 두기 시작하는 단계이다. 에고 시스템과 잠재의식의 관계에 대한 인식과 이해를 시작하고, **통합 마인드 모델과 최면 패러다임의 확장을 시작한다.**

이 단계를 이해하고 체화하게 되면 진정으로 최면이 무엇이며, 최면의 과정에서 그리고 우리 각 개인의 인생에서 잠재의식이 어떤 역할과 작용을 하는지에 대해 인식하며 모든 면에서 큰 도약을 위한 발판을 마련하게 된다.

그러나 이 단계는 가장 어려운 단계로, 앞선 단계들을 얼마나 잘 수행해 왔고 자각해 왔는지에 따라 그 과정에서 양상이 크게 나뉘어질 수 있다. 자칫 오히려 고착을 강화하거나, 반대로 내려놓음에 한발 다가갈지도 모른다. 성취나 기술적인 욕심만으로 이 과정에 임한다면 결코 이것의 본질을 이해하지 못할 것이며 더 이상의 발전은 있을 수 없다.

울트라 뎁스® 프로세스와 ICS 정화와 소통은 그 탄생과 발전의 과정에서 밀접하게 연관된다. 자칫 최면가 스스로 인식하지 못한 채 스스로의 기저 에고의 함정에 빠지고 속을 수 있는 단계인 만큼 'ICS 정화와 소통' 및 'ICS 에니어그램'을 통한 자기인식과 중심이 크게 도움될 수 있을 것이다.

STEP 4: ICS 정화와 소통
- ICS 의식성장 모델 / 전체 마인드 모델의 완성

이는 4단계로 표현되어 있지만 앞선 STEP 1~2의 과정에서 선행되거나 병행되는 것이 더욱 추천된다. 특히 STEP 3 이전에 그 기반을 마련하는 것이 중요하다고 여겨진다.

'ICS 정화와 소통'이라는 가이드라인을 통해 최면적 초점을 넘어선 ICS 의식성장(확장) 모델을 통한 의식 성장의 방향과 과정을 이해함으로써 결국 전체적인 마인드 모델을 완성하게 된다. 이는 인식의 과정일 뿐 정화와 소통, 그리고 체화와 실천은 삶의 전반에 걸친 과제일 것이며 그 결과는 물리적인 현실에 반영될 것이다.

3세대 최면 / ICS 최면은 그 정립이나 사용에 따라 단순한 기술이나 방법론을 넘어선 인간 의식의 확장을 가능하게 하는 강력한 도구이다.

> "우리의 내면은 기적이라는 것을 일으킬 수 있는 힘을 갖고 있다.
> 그러나 그 기적이 일어나지 못하도록 막는 것 또한
> 우리 내면에 공존한다."

우리가 스스로의 내부 구조를 인식하지 못하면 나라는 인식과 구분하기 힘든 내적 프로그램, 즉 고착된 감정이나 옳다고 굳게 믿는 신념들의 노예로 살아갈지도 모른다. 따라서 최면가나 최면상담사에게는 열린 마음과 건강한 중심을 가질 수 있도록 늘 자신의 내면을 들여다보는 칼날 같은 관찰과 인식이 요구된다.

D.
최면상담의 일반 절차

일반적으로 직접최면을 사용한 최면상담 시에는 다음의 주요 절차를 따른다.

STEP 1	STEP 2	STEP 3	STEP 4	STEP 5
사전 면담 & 개인사 면담 (준비 절차)	최면유도 (도입과 심화)	변화를 위한 개입	각성 (돌아나오기)	후 면담

실제로는 각 항목마다 고려해야 할 세부적인 절차와 요소들이 많이 있지만, 이 그림은 전체과정을 5단계로 간략히 축약해 나타낸 것이다.

이 책은 기본적으로 현대최면의 패러다임(최소한 2세대 패러다임 이상)을 이해하고 있고 1, 2단계에서 필요한 기본기들을 갖춘 학습자들을 위해 '변화를 위한 개입(3단계)' 기법 중 ICS 역행 테라피에 관한 내용을 중점적으로 다루고 있으므로 다른 항목들에 대한 세부적이고 깊은 설명은 생략하고 각 단계를 핵심 위주로 간략하게만 살펴보겠다.

01. STEP 1: 사전 면담과 개인사 면담(준비 절차)

'프로는 이기는 게임만 한다'라는 말이 있다. 첫 번째 단계인 사전 면담과 개인사 면담은 직업적인 최면상담사에게는 너무나 중요한 부분이다. 왜냐하면 이것을 얼마나 잘 진행했는가에 따라 이기는 게임이 될 것인지, 지는 게임이 될 것인지 여부가 이미 결정 나버리기 때문이다.

■ **사전 면담의 핵심 요소**

사전 면담은 최면이라는 작용이 일어나기 위한 토대를 만드는 과정이므로 아무리 강조해도 지나치지 않는다. 잘 계획된 최면 사전 면담과 개인사 면담을 통해 최면으로 유도하기 전에 먼저 내담자를 최면작업이 가능한 마음 상태로 준비시켜야 한다. 기본기가 없는 최면가일수록 이 부분을 소홀히 여기는 경우가 많다. 초보 최면상담사와 경력 많은 유능한 최면상담사의 차이는 내담자와 이 사전 면담을 어떤 방식으로 진행하는지만 보더라도 한눈에 알 수 있다.

일반적으로 이 과정은 내담자가 가질 수 있는 최면에 대한 오해와 두려움을 해소해 주고 최면적인 계약을 성립하는 과정이다. 이 과정이 필요한 이유는 내담자가 생각하거나 예상하는 '최면'과 최면상담사가 '최면'이라고 부르는 것이 서로 다른 것을 지칭하고 있기 때문이다. 최면은 일반적인 지능을 갖고 타인과 의사소통을 할 수 있는 누구나 경험할 수 있으며 내담자들의 생각처럼 '걸고 걸리는' 이분법으로 나눌 수 있는 것이 아니다.

직접최면에서 일어나는 최면은 '동의'의 상태이다. 앞서 최면에 들지 못하는 유일한 이유는 '허용'하지 않거나 못하는 것이라고 했다. 이 단계에서는 허용하지 않을 수 있는 주된 이유 중 많은 요소를 확인하고 제거해야 한다.

과거에는 소수의 사람만이 최면에 들 수 있다고 믿었다. 어떤 연구자는 5% 정도라고 추정하였고 다른 연구자는 40% 정도라고 추정하기도 했다. 그러나 최면을 바라보는 패러다임의 변화와 최면 기법의 발전은 사용하는 도입 기법에 따라 거의 모든 사람이 몇 초에서 몇 분의 짧은 시간 안에 쉽게 최면에 들 수 있다는 사실을 알게 만들었다. 실제로, 평범한 지능을 가진 인간 중 최면가의 지시를 기꺼이 따르고자 하는 마음만 있다면 누구나 직접적인 최면작업이 가능하다.

어떤 내담자는 한 회기 만에 목표를 달성하기도 한다. 이들은 준비된 내담자들이고 빠른 결과를 성취하고 최고의 혜택을 누리기 위해 제공된 최면이라는 도구를 완전히 이해한다.

반면 어떤 사람들은 최면에 잘 반응하기 위해 2~6회기의 시간이 필요할 수 있다. 이런 사람들은 종종 즉각적인 반응에 있어 사소한 차질이나 장애물을 경험하지만, 약간의 적응 기간만 거치면 자기인식의 도구, 또는 변화의 도구로서 이완에 대한 감을 잡게 된다.

극히 일부이긴 하지만 또 다른 부류의 사람들은 목표를 이루기 위해 보다 장시간이 필요할 수도 있다. 그러나 이들도 적절하고 적합한 가이드를 전제로 인내와 지속을 통한다면 자신의 목표를 이룰 수 있다.

어쩌면 누군가는 그 누구도 절대 자신을 변화시킬 수 없다는 자신의 생각을 증명하려 할 수도 있다. 그 경우라면 자신이 생각을 바꾸기 전까지는, 매번 자신이 옳다는 것을 증명하려 할 것이므로 그들을 납득시키려는 어떤 노력도 시간 낭비가 되고 만다. 그 신념이 절대적으로 옳기 때문에 실제로 그렇게 될 것이다.

진정한 변화는 변화할 수 있다고 마음먹고, 변화를 바라는 피험자에게만 일어날 것이다. 만약 **내담자가 최면상담사와 래포(Rapport)를 확립하는 것이 내담자 자신의 무의식과의 래포에 도달하는 문을 연다**는 당연한 사실을 잘 이해한다면 내담자는 최상의 역할을 수행할 수 있을 것이다.

최면에 대한 이해를 명확히 하지 못한 최면상담사는 내담자의 저항을 줄여주는 '사전 면담(Pre-talk)'이라는 이 중요한 과정을 제대로 완수하지 못함으로써 최면유도의 실패율을 높이고 단지 내담자가 성공적으로 따라올 '확률'에 의존하게 만든다. 이는 최면을 걸고 걸리는 '상태(Condition)'로 이해하고 있는 최면가들의 사례에서 주로 나타나며, 이것은 최면에 대해 오해를 지니고 있는 대부분 내담자들의 인식과 다르지 않다.

또한 이 시간은 짧은 시간에 암시에 대한 반응 정도를 높이기 위한 몇 가지 셋업을 완성하는 절차이므로 어떤 의미에서 모든 과정에서 가장 중요한 시간이라 할 수 있다.

깊이를 요하는 특수목적의 세션의 경우 이 단계에서 특별한 형식의 컨디셔닝(Conditioning)이나 조건화라 부르는 몇몇 간략한 사전조율작업을 통해 최면이 일어날 수 있는 마음 상태를 정교하게 셋업하기도 하지만, 일반적인 심리적 자원을 다루는 최면상담의 경우 최면이 일어날 수 있도록 준비시키는 선에서 1단계를 마무리한다.

■ 개인사 면담

한편 **개인사 면담**은 주로 상담카드를 작성하거나 이미 작성된 상담카드를 확인하며 최면상담을 위해 참고할 수 있는 내담자 개인의 정보를 모으는 과정이다. 이 과정은 최면상담사에게는 매우 중요한 시간이다. 왜냐하면 이 시간에 우리가 작업할 목표점과 방향을 분명하게 설정해야 하기 때문이다. 즉, 이것은 활을 쏘기 위해 과녁에 화살을 조준하는 것과 같은 것이다. 명확한 조준과 계획이 명확한 결과를 만들어

낸다.

　이 시간을 통해 최면상담사는 내담자가 최면상담을 통해 도움받고 싶은 주제에 대해 명확히 하고 상담의 결과 원하는 상태가 무엇인지를 정리한다. 또 해당 문제의 트리거(Trigger; 촉발단서)가 있다면 그것이 무엇인지 구체적으로 파악한다. 그 과정에서 내담자가 원하는 기본적인 한줄 암시문을 작성하고 보상항목 등을 결합할 수 있다.
　또한 내담자가 얼마나 오랫동안 그 문제나 고민을 갖고 있었고 지금껏 그것을 해결하기 위해 어떤 시도를 해 왔었는지 파악하는 과정이 포함된다. 최면상담사가 내담자에게 과거에 했던 실패와 동일한 것을 암시하는 것은 부적절하기 때문에 이것은 중요한 절차라 할 수 있다.

　또한 내담자가 자신의 인생을 자기가 주도하고 있다고 생각하는지, 아니면 통제 밖의 외부 요인에 의한 것으로 보는지 파악한다. 이러한 각각의 마음 자세는 내담자의 자아존중감과 연관이 되며 심리적인 면역력에 영향을 주어 삶에서 만나는 문제를 극복하는 데 대한 힘의 차이를 만들기 때문이다.

　이런 대화의 과정에서 중요한 것은 내담자가 의식적으로 생각하고 말하는 문제의 원인을 믿어서도 안 되고 유도자 역시 그 원인에 대해 섣부르게 추측해서도 안 된다는 점이다.
　본격적인 직접최면이 이루어지기 전에 행하는 이 시간은 사전 대화(Pre-talk) 또는 최면상담을 위한 최소의 정보를 수집하는 사전 인터뷰

(Pre-interview)의 시간이다.

이것은 최면상담을 위한 컨디셔닝이나 준비 절차를 진행하는 시간이지 내담자와 대화를 통해 상담을 해주는 시간이 아님에 유의해야 한다. 당신은 '심리상담사'가 아니다. 어디까지나 당신은 '최면상담사'이고, 여기서 무엇을 해야 하는지 목표점을 분명히 가져야 한다.

내담자의 말이나 상황에 대해 충고나 조언을 할 필요도 없다. 때때로 최면상담사가 내담자에게 충고하고 조언하려는 경우가 있다. 실제로 자신의 문제를 해결하기 위해 다른 최면상담사에게 갔다가 부적절한 조언을 듣고 또 다른 상처를 받거나 제2의 문제를 만들어서 저자를 찾아온 내담자들이 있었다. 심지어 조언을 넘어 꾸중을 듣고 온 경우도 있었다. 필드에서 이런 행위를 하는 사람이 있다면 명백하게 최면상담사로서 자격이 없는 사람이다.

다른 최면상담사에게 받은 상처를 치유하거나 그들이 해놓은 부적절한 작업을 복구하기 위해 소중한 상담회기를 부가적으로 사용해야 하는 이런 현실은 여전히 한국의 최면상담 산업의 성장을 더디게 하는 요인으로 작용한다.

우리는 대화상담사가 아닌 최면상담사임을 잊지 말아야 한다. 최면상담사인 당신은 내담자의 고민에 대한 정답을 알고 있지도, 내담자를 가르칠 수 있는 위치에 있지도 않다. 저자를 포함한 우리 대부분은 자신의 에고 구조조차 제대로 파악하고 있지 못하며 자신의 내면과 자신의 인생이 어떻게 흘러가고 있는지에 대해서도 충분히 이해하지 못하고 있는 불안정한 의식일 뿐이다.

그런 내가 앞에 앉아있는 내담자보다 높은 지위에 있다고 생각한다면 그것은 매우 오만한 착각이며 최면상담사로서의 소양적 자질이 없는 것이다. 최면상담사는 내담자 스스로의 내면에서 답을 찾고 변화될 수 있도록 과정을 뒷받침하는 안내자의 역할을 할 뿐 결코 내담자를 이끌거나 답을 가르치려 해서는 안 된다.

설령 앞에 앉아있는 내담자가 아무리 나이가 어리고 미숙해 보이더라도 그의 잠재의식은 최면상담사인 나라는 에고와 비교할 수 없을 정도로 훨씬 성숙할 것이기 때문이다.

사전 면담과 개인사 면담은 무작정 몇 시간씩 내담자의 이야기를 들어주는 시간이 아니다. 어디까지나 본격적인 최면작업을 위한 준비일 뿐이므로 각 절차별로 분명한 목적인 있는 만큼 간결하게 짧은 시간에 해야 하는 핵심 절차를 신속하게 진행해야 한다. 이 시간 때문에 본래의 최면작업에 할애된 시간까지 낭비하는 우를 범해선 안 될 것이다.

다음은 ART가 접목된 종합 세션을 위한 개인사 면담에서 고려할 수 있는 몇 가지 체크항목들이다. (이는 완전한 목록이 아니라 일부의 목록이다.)

⊙ **내담자의 이슈 또는 현재 상태에 대해 명확하게 정리한다.**
해당 이슈에 대한 트리거가 있다면 그것이 무엇인지 구체적으로 파악해야 한다. 이것은 작업종료 시점의 에콜로지 체크에서 반드시 필요하므로 사전에 꼭 파악해 주어야 한다.

어떤 내담자는 여러 가지 이슈들을 동시에 해결하고 싶어 하기도 한다. 시험불안, 체중감소, 특정 트라우마 해소 등 자신이 다루고 싶은 다양한 주제에 대해서 상세한 목록으로 정리해 오는 경우도 있다.

최면상담사가 세션에서 하나 이상의 변화를 암시하는 것은 괜찮지만, 이것은 일반적으로 암시의 효과를 감소시킨다. 효율적인 작업을 위해 한 번에 한 가지 주제에 대해서만 작업하고 그것이 마무리된 후, 다음 주제로 넘어가는 것이 좋다. 에고 파트 개념을 능숙히 다룰 수 있는 최면상담사라면 경우에 따라 제한된 시간 내에 간단한 다중적인 주제들을 병렬적으로 다루고 통합하는 방법도 있지만 본서에서는 기본적인 접근에 보다 집중할 것이다.

이슈가 여러 가지라면 우선순위를 정할 것을 추천한다.

⊘ 언제부터 이 이슈가 시작되었나?

내담자가 말하는 문제의 역사는 어디까지나 내담자 인식 수준의 진술이며 참고사항일 뿐이다. 결코 내담자가 자신의 원인을 안다고 호언장담하더라도 표면적인 말을 그대로 믿고 ISE / SSE / SPE 등을 추측하거나 판단해서는 안 된다. 대부분의 경우 내담자의 현재의식이 말하는 원인이나 유도자가 예상하는 원인 모두 진짜 원인이 아니다. 또한 많은 경우 내담자가 이것이 언제부터 시작되었는지 인식하지 못하는 것은 흔하다.

⊘ 최면상담이 이 이슈의 해결에 도움이 된다면, 내담자가 원하는 상태는 무엇인가?

예를 들어 원하는 상태를 묻는 질문에 발표 불안이 있는 내담자가 '발표할 때 불안하지 않은 것'이라고 대답한다면 그것은 내담자가 진정으로 '원하는 상태'가 아니다. 이것은 긍정어로 만들어진 한 줄 암시문의 토대가 될 수 있는 문장이어야 한다.

⊘ 현시점에서 변화를 원하는 이유, 또는 결과로 인해 얻게 되는 혜택들은 무엇인가?

앞의 항목이 한 줄 암시문을 파악하는 질문이었다면 이것은 보상 항목 파악을 위한 질문이다. 이것의 대답을 토대로 암시문에 보상을 결합시킬 수 있다.

⊘ 해당 주제와 연관해 이를 극복하기 위해 과거에 어떤 관련 노력들을 했는가?

내담자가 이 주제를 극복하기 위해 이전에 행했던 노력들, 예를 들어 특정한 학원, 수련, 명상, 심리상담 등 다양한 시도들을 파악한다. 만약 이들 중 이전에 동일한 주제로 최면을 받아본 경험이 있다고 한다면 특히 눈여겨 보아야 한다. 왜냐하면 대부분 해당 경험이 실패한 경험이었을 것이고 동일한 실패의 패턴을 가져올 수 있기 때문이다. 따라서 최면과 연관된 이전의 그 경험이 어떤 경험이었는지, 어떤 작업을 진행했었는지 등 세부적인 정보를 얻어야 한다.

어쩌면 내담자가 이전에 적절한 사전 면담이 진행되지 않아 자신이 최면에 들지 못한다고 믿고 있을 수도 있다. 또는 해당 세션이 문제의 근본원인 해결과는 무관한 부적절한 접근을 받았거나 편향된 리딩암시로 진행되었다고 판단된다면, 내담자는 오히려 최면에 대한 부정적 인식이나 오해가 증폭되어 있는 상태일 수 있으므로 시작 전 사전 면담을 강화함으로써 이 부분에 대해 보다 명확히 이해시키고 정리되어야만 한다.

⊘ 이 주제과 관련해 병원이나 약물 등의 도움을 받은 적이 있거나 사용하고 있는가?

내담자의 주제와 직접적, 또는 간접적으로 연관된 병원과 같은 의료기관의 진단 이력이 있는지, 약물치료 등을 진행했거나 진행 중인 부분이 있는지 파악한다.

정서반응에 영향을 주는 특정한 화학적 약물의 영향력에 있는 경우 이것이 의료기관의 진단에 의한 치료적 처방이라면 약을 먹지 말거나 끊으라고 하는 등의 섣부른 개입은 하지 말아야 한다. 당신은 최면상담사이지 병을 진단하고 처방하는 의사가 아니기 때문이다. 이 경우 내담자와 이 주제를 최면으로 다룰 수 있을지 충분히 상의하고 약물에 관해서는 담당 의사와 상의하도록 하는 것이 좋다.

그 밖에도 내담자의 수면이나 식욕, 정서 상태, 가족관계, 인간관계 등 전반에 대해 파악할 수 있고 최면상담 주제와 무관하더라도 지니고 있는 질병, 수술 여부 등 의학적, 법적, 약물남용 등의 이력을 파악할 수 있다.

또한 개인사 면담을 진행하면서 ICS 에니어그램에 기반을 둔 내담자의 성격, 성향적 특성과 발달수준에 대해 개략적으로 파악할 수 있다면 특정 방어기제나 표현방식 등 내담자의 반응을 이해하고 최면상담 진행과정 전반의 소통이나 분석에도 도움이 될 것이다.

02. STEP 2: 최면유도(도입과 심화)

어떤 최면유도법을 사용해야 하는가? 세상에는 수많은 최면유도법이 있다. 저자는 기본적으로 최면상담사가 가장 좋아하고 자신 있는 유도법을 사용하기를 권장한다. 최면상담사가 평소 선호하고 익숙한 기법을 사용한다면 더욱 자신감과 역량이 무의식적으로 배어 나올 것이기 때문이다. 그것은 내담자와 상호작용하며 암시반응의 정도를 높여줄 것이다.

그러나 주의해야 할 점이 있다. 종종 많은 최면사가 단순히 이완에 관한 암시를 반복해 주면서 시간만 보내는 막연한 이완기법을 사용하거나, 일부의 내담자만 반응하고 따라올 수 있는 현란한 시각화나 심상화 유도로 최면을 유도하려는 경우가 있다. 그런 경우 자칫 불필요하게 유도시간만 20~30분씩 소요하고 정작 필요한 깊이는 확보하지 못하게 될 수 있다는 점에 유의해야 한다.

또한 이러한 장황한 이완과정에 내담자의 깊이가 어느 정도 수준에 도달했는지 검증할 수 있는 테스트가 배제된다면, 그것은 막연한 이완기법일 뿐 최면유도 루틴으로서 실질적 가치는 매우 낮다.

몇 가지 예비인덕션(Pre-induction)의 형태로 활용하는 관념운동(이데오모터; Ideomotor) 암시를 통한 유도 역시 관념운동 암시를 잘 따르지 않는 내담자에게는 유용하지 않다.

따라서 전문가들이 대부분의 상담 세션에서 이러한 기법들을 주 기법으로 삼는 것은 권장하지 않는다. 여전히 누군가가 이런 식의 유도 기법을 반복된 최면상담 상황에서 주 기법으로 사용하는 것은 매우 비효율적이며 오히려 최면상담사로서 역량을 저하시키는 결과를 초래할 것이다. 내담자와 해야 할 본 작업에 할애된 소중한 시간은 줄어들 뿐 아니라 심지어 내담자가 도달한 최면의 깊이가 어느 정도인지도 알 수 없으니 오직 유도자의 주관적인 '감'에 의한 판단에 의존해야 하기 때문이다.

만약 이런 유도에 익숙한 최면상담사라면 하루빨리 급속유도 루틴이나 순간유도 루틴(소위 순간최면이라 부르는)을 배우고 자기 것으로 만들기를 추천한다. 깊이 테스트를 포함해 2~5분 이내에 끝나는 급속최면 루틴은 시간을 절약해 줄 뿐 아니라 연령역행 테라피나 파츠 테라피 등의 고급 기법들이 원활하게 작동할 수 있는 최소깊이 이상의 수준에 쉽게 도달하게 하기 때문이다.

많은 종류의 유도법이 존재하지만 저자는 개인적으로 내담자의 암시반응 유형에 무관하게 효과적으로 작용하며 신뢰할 수 있는 엘먼 타입의 3분 루틴과 그것의 변형들을 익숙하게 사용할 수 있도록 연습해 두기를 추천한다. 또한 이와 함께 1분 이내에 동일한 깊이에 도달할 수 있게 하는 순간최면 루틴도 함께 자신의 도구로 만드는 것이 좋다. 일부 최면상담사들은 순간최면을 상담현장에서 쓸 수 없는 무대공연용 기술로 생각하는 경우도 있지만, 실제로 많은 최면상담사는 내담자와의 최면상담현장에서 이를 능숙하게 사용하고 있다. 60분의 시간이 주어졌는데 최면유도에 1분이 할애된다면 우리는 나머지 시간을 오롯이 내담자의 변화를 위해 사용할 수 있을 것이다.

최면유도는 도입과정과 심화 과정으로 분화된다. 일반적으로 최면유도 또는 최면 인덕션(Induction)이라고 부르는 절차들은 특정 도입과 일련의 심화 기법들로 구성된 루틴이다. (테스트는 포함이 되기도 하고 되지 않기도 한다.) 여기에 깊이에 대한 믿을만한 테스트와 컨빈서가 결합된다면 아주 훌륭한 최면유도법을 익힌 것이다. 이는 향후 다양한 변형 급속 루틴으로 확장할 때에도 매우 도움이 된다.

이 책에서 말하는 연령역행 테라피나 파츠 테라피 등의 고급 최면상담 기법을 내담자에게 효과적으로 적용하기 위해서 가장 이상적인 깊이는 단연 섬냄뷸리즘(Somnambulism)이라고 부르는 깊은 최면 상태이다. 이것은 6단계로 분류되는 아론스 척도(Arons Scale)에서 5단계와 6단계에 해당한다.

그런데 일반적인 최면상담사들이 상담현장에서 목표로 해야 하는 내담자의 최면 깊이가 있다. 이를 '최면상담을 위한 최소 목표점'이라

부를 수 있는데 이것은 아론스 척도를 기준으로 최소 4단계 이상에 해당한다. 아론스 척도의 4단계는 다른 이름의 분류척도에서 '중간 최면'이라고 표기되거나, '섬냄뷸리즘의 경계', '섬냄뷸리즘의 입구' 등으로 불린다. 이러한 깊이는 내담자의 내적 자원 중 부분적인 항목에 대한 접근을 최면가가 주는 암시에 의해 선택적으로 차단하게 하는 '부분망각' 현상이 시작되는 단계이다.

앞서 언급한 엘먼식 3분 급속유도 루틴은 최소 이 4단계 이상의 깊이에 신속하게 도달하기 위해 설계된 기법이다. 이 기법의 장점은 권위적 형식과 허용적 형식의 혼합형을 함께 사용함으로써 두 가지 타입의 암시에 더욱 잘 반응하는 내담자를 분류하지 않아도 된다. (그러나 깊이 테스트 이후의 최면 암시는 지시형을 우위로 사용하는 것을 추천한다.)

이 루틴은 실제로 3분 동안 이루어져야 함을 뜻하는 것이 아니라 2~5분의 짧은 시간에 마무리되는 급속유도를 상징한다. 그러나 실제 당시 데이브 엘먼의 경우 종종 많은 피험자를 3분도 아닌 1분 이내에 이러한 상태로 이끌었다. 이는 현대적 의미의 '순간최면'을 뜻한다.

또는 현대에 개발된 1분 이내에 특정 깊이에 도달시키는 다양한 순간최면 기법들(혼란형식)을 익히고 사용하는 것도 좋다. 단, 시중에는 실제로 제대로 깊이를 확보할 수 없는, 순간최면이라는 이름으로 부를 수 없는 단순 유도 레퍼토리들도 많으므로 유의해야 한다. 급속유도이든 순간유도이든 이는 레퍼토리 자체가 중요한 것이 아니라, 깊이를 확보할 수 있고 반드시 믿을만한 테스트와 결합되었을 때 비로소 그 가치가 있는 것임을 잊지 말자.

최면의 깊이 테스트는 공개된 테스트와 숨겨진 테스트가 있다. 엄밀히 말해 공개된 테스트를 사용하여 합격했을 경우 깊이에 대한 더 높은 신뢰도를 가질 수 있다. 그러나 마취와 같은 필수적인 깊이를 요하는 특수목적의 세션이 아니라면 최소 '숨겨진 테스트'를 반드시 활용하기를 권한다.

아래에 간략히 엘먼식 루틴의 예제(변형된 3분 루틴)을 소개한다. 이 루틴은 내담자를 섬냄뷸리즘의 입구(또는 중간 최면)까지 빠르게 안내하는 동시에 숨겨진 테스트를 포함하고 있기 때문에 정확하게 사용할 수 있다면 매우 효과적이다. 최면상담사는 기준 없이 감에 의존하는 막연한 최면유도가 아닌 내담자가 어떤 깊이에 도달했는지 계측할 수 있고 심화 과정이 더 필요한지 여부를 판단할 수 있다. 초심자나 일부 최면가들이 숨겨진 테스트에 자신이 없거나 익숙하지 않다는 이유로 테스트를 제외하고 일반적인 심화 기법만을 대체해서 사용하는 장면들을 보곤 한다.

테스트를 사용하지 않는다고 해서 최면을 할 수 없는 것은 아니다. 그러나 이 책에서 다루는 역행 테라피나 부분적인 역행 기술을 활용하는 기억재생 세션, 파츠 테라피 등의 개입기법을 행하기 위해서 최면을 유도할 때는 그것이 제대로 일어날 수 있는 환경을 만들어 주는 것, 즉 깊이를 확보하는 것은 매우 중요한 요소이다.

테스트라는 행위의 외관은 현재 내담자의 최면적 깊이를 측정하는 것이지만, 또 다른 숨겨진 측면은 역으로 이 테스트 기법을 통해 내담자가 특정한 깊이 상태를 성취하게 하는 것이다. 따라서 성장과 발전을 원하는 최면상담사들은 이점을 결코 간과해서는 안 되며 그 명확한 차이를 인식하고 해당 기술을 익혀야 할 것이다.

엘먼식 3분 루틴의 예제(부분 변형 형식)

자, 호흡을 깊이 들이마시고… 잠시 멈춥니다.
이제 호흡을 깊이 내쉬면서 편안하게 눈을 감으세요. 온몸의 긴장을 모두 풀어버리고 그냥 최대한 몸을 이완하세요.

이제 눈꺼풀 근육에 의식을 두세요. 그리고 눈꺼풀이 더 이상 움직이지 않을 때까지 그냥 눈 주위의 힘을 빼는 것입니다. 이 이완을 유지하는 동안에 두 눈꺼풀이 충분히 이완되었다는 확신이 들 때, 눈꺼풀이 움직이지 않는지 확인하는 겁니다. 실제로 눈 주위 근육을 움직여 확인해 보세요.
(눈꺼풀이 떠지지 않는지 확인 후)
자, 이제 눈꺼풀을 편안히 하시고 그 이완된 느낌을 온몸 전체에 퍼뜨려 이완할 것입니다. 그래서 이런 편안함을 머리에서 발끝까지 흘려보내세요. 좋습니다.

이제, 우리는 이런 이완된 느낌을 더욱더 깊어지게 할 수 있습니다. 잠시 후에, 저는 당신의 눈을 떴다가 감으라고 할 것입니다. 당신이 눈을 감을 때 지금의 이완이 2배로 더 깊어질 것입니다. 그냥 스스로 그렇게 되기를 원하시면 됩니다. 그러면 스스로 아주 쉽게 그렇게 할 수 있습니다. 좋습니다. 이제, 눈을 뜹니다… 이제 눈을 감으세요. 그러면서 몸 전체가 이완되고 더 깊이 이완되는 것을 느껴보세요.
(수차례 반복)

잠시 후에, 저는 당신의 (오른쪽 or 왼쪽) 팔을 살짝 들었다가 떨어뜨릴 것입니다. 그 팔이 그냥 털썩 떨어질 때 당신은 더욱 깊이 이완됩니다.

(팔을 들었다 떨어뜨린다.) 더욱 깊어집니다.
(양팔에 적용)

이제, 당신의 몸은 충분히 이완되었습니다. 당신이 방금 몸의 힘을 뺀 것처럼 이제 의식의 힘을 빼도록 도와드리겠습니다.
잠시 후에, 저는 당신에게 큰소리로 천천히, 부드럽게 숫자를 1부터 천천히 세어나가라고 요청할 것입니다. 그러나 이 숫자를 세는 것은 아무런 의미가 없습니다. 이 숫자는 사라지는 숫자니까요. 당신이 세는 숫자 사이에 의식의 힘이 절반씩 줄어듭니다. 숫자를 말할 때마다 마음도 두 배로 이완되게 하세요. 힘이 절반씩 빠지며 줄어드는 겁니다. 이렇게 세어나간다면 아마 몇 개 세어나가지 않아서 더 이상 다음 숫자가 떠오르지 않는 시점이 올 것입니다. 스스로 놓아버리면 그것들은 사라질 것입니다.

자 이제 1부터 시작하세요.
(내담자: 1) 천천히… 부드럽게
(내담자: 2) 천천히… 부드럽게
(내담자: 3) 사라집니다. 아무것도 없습니다.
모두 사라졌나요? (대답을 확인한다.)

    위의 예문은 엘먼이 사용했던 원래 형식에서 일부의 요소들이 약간 변형된 형식이다. 이것은 수많은 변형 형식 중 말 그대로 하나의 예제일 뿐이다.

    이 기법은 스크립트나 문구를 외우는 것이 그 핵심이 아니다. 스크립트에 사용된 문구가 중요한 것이 아니라 최면가가 이 기법의 원리와 많은 세부사항을 이해한 뒤, 내담자에게 목표로 하는 마음 상태가 일어날 수 있도록 하는 것이 핵심이다.

즉, 내담자는 이를 따르며 짧은 시간에 이완의 핵심을 '학습'하는 것이다. (엘먼식 2세대 최면 패러다임의 원리가 적용된 루틴이다.)

3분 루틴에서 몇몇 세부사항들이 있지만 대표적인 두 가지만 강조한다면, 첫째로 시작 부분의 눈꺼풀 붙이기는 단지 형식적인 절차가 아니라는 것이다. 최면의 입구를 만드는 이 절차가 정확히 되지 않고 기본적인 절차가 확보되지 않으면 뒤에 따라오는 프럭셔네이션(눈 떴다가 감기기) 심화는 제대로 작동하지 않을 것이기 때문이다.

둘째로, 마지막의 숫자세기 기법은 우리가 '숫자 망각'이라고 부르는 기법 중 하나이다. 여기서 주요점은 '망각(Amnesia)'에 대한 암시가 주어져야 한다는 것이다. 즉, 숫자의 위치를 단순히 이동시켜 숫자가 단지 시각적으로 보이지 않는 것이 아니라(많은 학습자가 실수하는 부분이며 이는 망각이 아니다), 사라져야 한다. 참고로 특정 단체를 통해 세계적으로 많이 알려진 기법인 '넘버블럭(Number block)'은 최면가가 연속되는 숫자 중 하나를 빠트린 채 세면서 이를 내담자에게 따라 세게 하고 내담자가 따라 하면 이를 망각으로 간주한다. 잘못된 방법이지만 여전히 적지 않은 일부 최면가들 사이에서 사용된다. 하지만 이는 내담자가 최면가를 따라 하는 것일 뿐 망각이 일어난 것이 아니다.

목표점을 정확히 잡느냐 아니냐에 따라 외관상 같은 기법을 행하더라도 그 결과는 달라질 수 있다.

자, 이제 심화에 대한 중요한 얘기를 해보자. 직접최면을 다루는 사람에게 심화 기법을 잘 다루는 것은 필수적인 것이다. 모든 직접최면의 과정에서 심화는 매우 핵심적이고 중요한 역할을 하기 때문이다. 그리고 해외의 다양한 최면 컨퍼런스 등에서는 이런 심화 기법에 대한 별도의 유료 워크샵을 진행하기도 한다. 그러나 이러한 워크샵들을 들여다보면 해당 강사가 이것에 대한 충분한 이해도를 갖고 진행하는 경우도 있지만, 핵심적인 요소를 이해하지 못하고 기법만 나열하는 수준에 그치는 경우들도 있다. 문제는 그러한 기법 중에는 부적절한 기법들이 뒤섞여있다는 것이다. 해당 기법들은 정작 심화를 시키지 못하거나 심지어 심화를 방해하는 결과는 만들기도 한다. 따라서 우리는 내담자를 진정으로 심화시킬 수 있는 다양한 기법들을 익히되, 심화의 원리를 명확히 이해하고 해당 기법들이 이것에 충돌하지 않는지 확인하는 것이 중요하다.

지금부터 그 몇 가지 핵심 중 한 가지를 밝히고자 한다. 많은 최면가가 최면을 심화시키기 위해 피험자에게 특정한 과제를 주려고 하거나 특정한 내적 이미지(심상 등)에 몰입시키려고 노력한다. 그러나 만약 최면상담사가 내담자의 최면 깊이를 확보하는 데 중점을 두고 있다면 이런 지시는 오히려 진정한 심화를 방해하는 행위가 될 수 있다.

심화 기법의 핵심은 오히려 내담자가 아무것도 하지 않게 하는 것에 있다. 즉, 내담자는 최면가의 지시에 따르되 노력하지 않는 것이다. 이는 우리 뇌의 습성을 이해한다면 당연한 것이다. 심화의 과정에서 내담자의 뇌는 저하모드(Low mode)를 유지하게 해야 한다. 그것이 크리티컬 팩터(Critical factor)가 작동하지 않게 하는 것과 같기 때문이다. 이것은 대부분의 전반적인 심화 기법들에 그대로 적용된다.

이러한 맥락에서 전 세계의 최면가들이 즐겨 사용하는 숫자세기 심화 기법을 예로 들여다보자.

잘못된 숫자세기 심화의 예제

> 잠시 후에 제가 10부터 1까지 숫자를 세어 내릴 텐데, 매 숫자를 셀 때마다 당신은 두 배씩 더 깊어집니다. 자 이제 시작합니다. 10, 점점 더 깊어집니다. 9, 2배로 깊어지고 있습니다. 8, 더욱더 깊어집니다. 7… 6… (중략)… 2… 1

전 세계 최면가들의 95%는 이 숫자를 높은 숫자에서 낮은 숫자로, 즉 역방향으로 세어 내리며 더 깊어진다고 암시한다. 그러나 심화의 원리를 이해하고 있는 나머지 5%의 최면가들은 그들과 반대로 낮은 숫자에서 높은 숫자로 가치를 더해가며 세어나간다.

왜 그들은 대다수의 사람과 다른 방식을 취하고 있을까?

한국어를 모국어로 익히고 자란 사람이 성인이 되어 영어를 배웠다고 가정해 보겠다. 이 사람이 한국어를 말할 때 활성화되는 뇌의 영역을 들여다보기 위해 뇌 스캔을 하고, 영어를 말할 때 동일하게 뇌 스캔을 해본다면 어떤 결과가 나올까?

실제 뇌 과학 실험은 우리의 뇌가 외국어를 말할 때 많은 영역이 활성화되는 반면, 모국어를 말할 때는 뇌의 최소영역이 반응한다는 결과를 보여준다.

즉, 우리가 어린 시절부터 학습된 논리체계는 1보다 2의 가치가 커지고 또 3의 가치가 커진다는 것을 안다. 그리고 1부터 10까지 세어나가는 숫자세기는 노력을 최소화한다.

최면에서 누군가가 피험자에게 숫자를 거꾸로 세어 내려가라고 지시하는 것은 우리 뇌의 논리 체계에 위배되는 것이며, 의식에게 뭔가를 집중시키는 행위가 된다. 우리의 뇌가 저하모드에서 움직이게 하는 것이다. 결과적으로 모든 심화 기법은 이런 뇌의 이미 학습된 논리체계에 저항하지 않는 방식으로 바뀌어야 한다.

자신은 역방향의 숫자세기를 사용해도 좋은 결과를 잘 만들어 왔는데, 이런 정방향 숫자세기 방식이 뭐가 중요하냐고 반문하는 최면가도 있을 것이다. 사실 이것을 바꿀지 결정하는 것은 당신의 선택이다.

저자 역시도 최면경력의 초기 수년 동안 95%의 최면가들이 사용하는 역방향 심화 방식을 사용해 왔고 나름의 결과들을 만들어 왔으며 초기 제자들에게 그렇게 가르치기도 했다. 그러나 명백히 이런 전통적인 역방향 숫자세기 심화는 오히려 내담자에게 크리티컬 팩터(비판적 작용력; Critical factor)의 작용을 유지하게 만드는 역할을 하며, 대부분의 내담자가 중간 최면 이상의 깊이를 달성하지 못하게 만드는 요인으로 작용한다는 사실을 인지하지 못했었다.

이후 '제임스 라메이' 선생님을 만나게 되면서 과거 저자가 해왔던 모든 기법의 방식을 전환하게 되었다. 바로 이러한 방식으로 심화 체계를 재정비한 대표적인 인물 중 하나가 바로 울트라 뎁스® 프로세스를 정리한 '제임스 라메이' 선생이다. 현재 미국을 비롯한 여러 나라에서 최면 분야의 대가로 알려진 몇몇 유명한 최면가들 중에는 '제임스 라메이' 선생으로부터 이것을 배운 후 그들이 오랫동안 사용해 온 심화 방식을 바꾼 사람들이 많다는 것은 결국 이런 작은 차이가 향후 얼마나 큰 차이를 만드는지를 암시한다.

울트라 뎁스® 프로세스는 최면이라는 도구로 도달할 수 있는 궁극의 깊이를 다룬다. 즉, 세계에서 가장 깊은 최면을 유도할 수 있는 전문가에게 '심화 기법'은 핵심적이고 대단히 중요한 기술이다. 그런 그가 왜 이 방식을 강조했을까?

얕은 최면과 중간 정도 깊이의 최면에서 가벼운 개입을 하는 최면가, 즉, 깊이 확보의 가치를 모르거나 그에 무관심한 최면상담사라면 이런 심화의 세부사항을 고려할 필요가 없을지도 모른다. 어느 정도 선에서 적당히 몰입시키는 기법으로 비슷한 개입작업들을 해낼 수 있으니 말이다. 그러나 심화 기법에 대한의 중요성의 진가는 진정한 섬 냄뷸리즘 이하의 최면 깊이를 얻고자 할 때 드러나게 된다. 분명한 사실은 이 과정에서 기존의 역방향 숫자세기는 뇌의 작용과 충돌하는 것이고 피험자를 효과적으로 심화시키지 않으며 그 효과는 좋아 봐야 중립이라는 것이다.

또 하나 여전히 많은 최면사들이 즐겨 사용하는 심상에 대한 몰입

(심상화)기법은 일정한 수준의 트랜스 유도에 도움될 수 있지만, 궁극의 깊이로 유도할 때는 오히려 블록(장애물)으로 작용하여 심화를 방해할 수 있으므로 주의해야 한다.

자신만의 방식으로 내담자를 아주 깊은 상태로 유도한다고 주장하는 해외의 한 유명 최면사가 있었다. 알고 보니 그가 사용한 심화 방식이란 것이 깊은 최면으로 유도하기 위해 내담자를 40~50분간 공을 들여가며 내면의 심상에 몰입시키는 방식이었다. 최면사가 내담자에게 해변을 걷는 심상화를 시킨다고 할 때, '청록 에메랄드 빛깔의 바다'라고 말한다면 그것은 시각화나 심상화를 하게 할 수 있겠지만, 그것은 진짜가 아니다. 섬냄뷸리즘 이라는 깊이에서는 단순히 시각화나 심상화를 하는 것이 아니라 그것이 실제로 보이거나 느껴질 것이기 때문이다. 그리고 깊이를 심화시키는 목적으로 이런 심상화 기법을 사용하는 것은 앞선 언급처럼 오히려 진정한 깊이를 얻는 데 반하는 작업이 될 수 있음에 유의해야 한다.

과연 그가 얻었다고 주장하는 상태가 '정확히 테스트된 트루(True; 진정한) 섬냄뷸리즘'일까? 아마도 대부분 그렇지 않을 것이다. 우리 안의 고착된 에너지를 활용하는 트랜스는 빠르고 테라피에서 편리하게 사용될 수 있지만, 진정한 깊이를 확보하기 위해서는 고착이 아닌 분리의 트랜스를 활용하는 것이 가장 효과적이다.

저자는 모든 최면가에게 이런 식으로 심화의 방식을 바꾸라고 강요하진 않는다. 그러나 최면의 깊이 확보에 비중을 두거나 관심이 있는 최면가라면 이것은 간과할 수 없는 중요한 키(key) 중 하나가 될 것이다.

사실 앞서 언급한 최면유도와 심화에 대한 많은 세부사항이 있다. 이는 책 한 권의 지면을 할애하여 설명해도 부족할지 모른다. 이 책의 주제가 최면역행 테라피인 만큼 여기서는 간략히 엘먼식 급속루틴 예제의 소개와 최면 심화 기법의 핵심 요소, 그리고 숫자세기 기법, 심상화에 대해서만 언급하고 다음으로 넘어가겠다.

03. STEP 3: 변화를 위한 개입

앞에서 우리는 최면유도와 심화, 테스트를 통해 내담자의 충분한 깊이를 확인했다. 'STEP 3'은 내담자의 목표를 이루기 위해 최면상담의 다양한 기법을 적용하는 시점이다.

직접적인 암시문이나 이미지를 동원한 암시 스크립트를 사용하여 변화를 암시하는 기본적이고 전통적인 '직접 암시 기법'을 사용할 수도 있다. (전 세계의 수많은 최면 관련 일반 교육들이 이 부분에만 집중되어 있는 실정이다.) 또는 NLP나 해결중심 테라피와 같은 적용도 활용할 수 있다.

이 외에도 최면상담에서 두각을 나타내는 최면상담사들이 주로 사용하는 내담자 중심 연령역행 테라피나 용서 테라피, 파츠 테라피와 같은 정신역동의 원인을 찾고 해소하는데 도움되는 구조화된 고급체계들을 사용할 수도 있다. 단, 이러한 접근들은 그것을 정확히 배우고 훈련하고 체화를 통해 제대로 활용하기까지 그 과정에 많은 시간과 노력을 들여야 하는 영역이므로 실질적으로 이것을 제대로 활용하는 전문가의 수는 제한적이다.

사실 최면상담가라면 이가 없는 상황에서 잇몸으로 씹어야 하는 상황에 직면할 수도 있다. 그런 모든 상황에 대비할 수 있도록 앞서 언급한 모든 접근법을 도구 상자에 담고 있어야 하며 동시에 해당 도구를 자유자재로 구사할 수 있는 기술 또한 갖추어야 할 것이다. 이들은 어디까지나 도구이다. 내담자에게 도구를 맞추는 것이 아닌, 도구에 내담자를 맞추려 하는 우를 범하지는 말아야 한다.

이 단계는 적절한 도구를 선택하여 내담자의 치유나 변화를 돕는 절차이다. 뒤에서 우리는 최면분석(Hypnoanalysis)이라고도 부르는, 최면연령역행 테라피(Hypnotic Age regression Therapy)에 대해 중점적으로 살펴볼 것이다.

04. **STEP 4: 각성**(돌아나오기)

최면작업을 종료하기 위해 최면에서 돌아나오는 절차이다. 심화에서 숫자세기를 정방향으로 사용했다면 각성 절차에는 역방향으로 사용하도록 한다. 다시 뇌를 활성모드(High mode)로 돌려놓게 하기 위함이다. 내담자가 최면 동안에 확립된 트랜스 깊이에 따라 짧은 숫자세기부터 긴 숫자세기까지 다양한 형식을 사용할 수 있다.

이 과정에서 우리는 **'깨어난다', '정신이 돌아온다' 등의 표현은 쓰지 않도록 한다.** 최면은 잠에 빠지거나 변성된 의식상태가 아니기 때문이다.

이런 표현들은 오늘날 최면의 패러다임에 적합지 않을 뿐 아니라, 내담자들에게 불필요한 오해를 야기함으로써 최면상담에 부정적으로 작용할 수 있다. 최면을 변성의식으로 생각하는 최면가들은 내담자를 각성시킬 때 여전히 이런 식의 표현들을 즐겨 사용한다. 실제로 이런 표현들로 인해 잘 진행된 최면작업을 종료하면서 내담자가 자신의 경험에 대해 부정하게 만들거나 심지어 암시 효과를 떨어뜨려 내담자가 부정적인 자세로 전환되는 경우들을 종종 볼 수 있다. 따라서 최면가의 최면에 대한 패러다임 정립은 최면작업 자체에 영향을 줄 수 있다.

내담자가 눈을 뜬 직후의 상태는 최면이 끝난 상태가 아니다. 여전히 높은 최면적 암시성이 유지되고 있으므로 이 상태에서 최면상담사가 행하는 적절한 암시의 복합(컴파운딩; Compounding)은 최면작업의 긍정적인 변화를 강화하고 굳히는 중요한 시간이 될 수 있다. 이 상태에서 농담을 하거나 자신의 머리를 긁거나 뭔가 잘못되었다는 뉘앙스를 전달하는 것은 그 자체로 내담자에게 강한 부정적 암시가 될 수 있으므로 내담자가 앞서 경험한 내적 변화의 경험을 저해하거나 방해하는 요인으로 작용할 수 있다.

05. STEP 5 : 후 면담(종료 절차)

후 면담은 해당 회기의 종료 절차로 해당 회기의 목표와 성과 여부에 따라 경험한 내용을 표면의식 수준에서 인지적으로 정리하는 시간을 가질 수도 있고 내담자가 최면 과정 중에 통찰한 것과 경험한 것에 연관된 몇 가지 질문을 받을 수도 있다. 그리고 다음 회기에 대한 일정에 대해 얘기하는 것을 포함한다.

PART 2

최면역행 테라피의 적용

A.
ART의 목적과 배경

01. 현대 최면상담에서 ART의 위치

오늘을 살아가는 현대인들은 매우 복잡, 다양한 스트레스들을 받으며 살아간다. 그리고 시대가 흐를수록 이러한 스트레스를 그때그때 해소키는 자기만의 방법을 갖는 것은 한 사람의 인생에서 매우 중요한 요소로 인식된다. 이처럼 자신만의 방식으로 효과적으로 스트레스를 관리할 수 있는 사람이라면 더할 나위 없이 좋다. 하지만 그런 적절한 방법을 찾지 못했거나, 스트레스를 해소한다고 생각하면서도 그저 일순간 관심을 돌리는 행위로 그치는 방식이라면 이야기가 달라질 것이다. 이러한 스트레스들은 결국 한 사람의 무의식 영역에서 작용하며 삶 속에서 크고 작은 문제들을 일으킬 수 있기 때문이다.

우리가 인격이라 부르는 성격적 특성은 태어나면서 지닌 물리적, 심리적 에너지에 기초해 어린 시절부터 대처행동(Coping mechanism)의 일환으로서 무의식적으로 뭔가를 학습해 오며 점진적, 반복적으로 형성해 온 것이다. 이 과정에서 해결되지 못한 채로 무의식 속에 억압해 둔 감정이나 느낌, 생각들은 단지 마음속에만 있는 것이 아니다. 이것은 무의식 속에 고착된 채로 우리가 살아가며 행하는 선택과 행동에 영향을 주게 된다.

의식은 지금 현재 일어나는 것에 집중하는 경향이 있지만, 과거나 상상 속의 미래 심지어 완전한 공상 속의 상황으로도 쉽게 재집중될 수 있다. 현재의식은 무의식적인 자원들과 연동되어 나를 비롯한 외부를 인식하고, 판단하고, 행동한다. 이 과정에서 의식은 자신이 매우 독립적이라 믿지만 실은 무의식이나 잠재의식의 절대적인 영향을 받게 되는 것이다.

현재의식은 전체의식의 아주 작은 일부분일 뿐이다.

설치된 프로그램대로 작동하는 오래된 컴퓨터가 있다고 생각했을 때, 그 프로그램 중 버그나 바이러스, 잘못된 데이터들이 오랜 시간 축적되었다고 생각해 보자. 평소에는 잘 구동되는 것으로 보였지만 결정적인 순간에 기능이 제대로 작동하지 않거나 심지어 멈추거나 다운되는 현상까지, 각종 문제를 일으킬 것이다. 우리의 몸을 하나의 오래된 생체 컴퓨터로 본다면 우리의 과거 경험, 그리고 그 경험 속에서 느꼈던 모든 감정과 느낌, 생각들은 하나의 고착된 데이터나 프로그램처럼 무의식 속에 저장된다.

무의식 속의 프로그램 중에는 우리가 뭔가를 효율적으로 할 수 있도록 돕는 측면을 지닌 것들도 있지만, 반대로 우리가 나아가는 것을 가로막거나 방해하는 역할을 하는 것들도 있다. 앞으로 나아가려 할 때 그들 중 하나가 튀어나와 일을 그르치기도 하고, 심지어 무의식 기저에서 지속적으로 작용하며 한 사람의 성격 일부가 되어 인생 전반을 원치 않는 방향으로 몰고 가기도 한다.

 그런데 무서운 사실은 그렇게 무의식에 고착되어 잠자고 있는 것처럼 보이는 유해한 패턴들이 내 인생의 어느 순간, 어느 시점, 어느 차원에서 영향력을 행사할지 우리는 알지 못한다는 것이다. 말 그대로 무의식의 영역은 그 속에 정확히 무엇이 있는지 내 의식이 인식하지도 못하는 영역이기 때문이다. 그야말로 우리의 인생에 절대적인 영향을 미치는 것이 바로 무의식인 것이다.

 한 내담자가 이렇게 무의식 속에 축적된 교묘한 패턴들이 인생의 한 시점에서 감정적, 사고적, 행동적 문제를 일으켜 이 문제를 해결하기 위해 최면상담사를 찾아왔다. 이 경우 일반적인 최면사들은 내담자가 원하는 바를 긍정적인 암시문이나 이미지를 연상하는 심상의 형태로 만들어 관련 문장들과 함께 문제에 반하는 암시의 형태로 주입하곤 한다. 이것은 내담자가 지니고 있는 내적인 이미지를 인위적인 암시로 그려주거나 일방적으로 덮어쓰려는 시도이다. 과연 그 무의식의 문제를 일으키는 부분이 순순히 주입된 암시를 받아들여 변화하고 또 그 변화가 영구적 또는 장기적으로 유지될 수 있을까?

 여전히 많은 교육기관에서 2세대 최면을 가르칠 때 최면의 주요기술로 지도하는 이런 방식(직접 암시)의 개입은 배우기가 쉽고 사용하기에도 단순하며 문제가 그리 깊지 않다면 때때로 즉각적인 효과를 줄 수 있다는 장점이 있다.

그러나 오늘날 내담자들이 지니고 있는 많은 내부의 문제들은 간단한 암시로 쉽게 덮어버릴 만큼 그리 단순하지 않은 경우가 많다. 암시가 적용된 최면의 깊이, 문제의 정도나 복합성, 저항의 존재 유무에 따라 그런 직접적인 암시의 효과는 일시적이거나 단기적이 될 수 있고, 강화를 위해 수차례 반복적인 작업이 필요할 수 있다.

만약 간단한 암시 스크립트의 반복만으로 내담자의 모든 문제를 다룰 수 있다면 이 책에서 말하는 역행 테라피는 탄생할 필요조차 없었을 것이다. 문제의 사연이 깊고 무의식적 저항이 강하면 강할수록 단순 암시적 개입은 내담자의 의식이나 무의식에 의해 쉽게 거부되거나 차단되어 일시적으로만 작동하는 '미봉책'으로 그칠 가능성이 큰 것이다. 따라서 실제 최면상담 현장에서 이런 도구만을 주 기법으로 사용하는 것은 최면상담사로서 많은 한계를 갖게 하고 무력감을 느끼게 할 것이다. 파츠 테라피(Parts Therapy) 분야의 선구자였던 찰스 테벳(Charles Tebbetts; 1913~1992)은 이러한 접근을 일시적인 임시방편의 접근이라는 의미에서 '반창고 테라피'라고 부르기도 했다.

또한 앞에서 언급한 것처럼 결과의 지속성을 떠나서도 최면상담사가 주도하는 이런 방식의 직접 암시 개입형태 자체가 많은 문제점을 갖고 있다. 최면상담사가 정답이라고 생각하는 것을 내담자에게 주입하는 형식이기 때문이다. 만약 최면상담사가 일방적으로 주입하는 그 암시가 정답이 아니라면 어떻게 될 것인가? 최면상담사는 모든 답을 알고 있는 전능한 사람이 아니며, 내담자보다 더욱 성숙하거나 우월한 지위에 있지도 않다.

저자가 직접 만났던 수많은 나라의 상업적인 최면가 중에는 정말 미숙한 에고적 욕구에만 사로잡혀있는 사람들을 수없이 많이 보았다. 성장판이 닫힌 채로 자신을 볼 수 없는 이들은 결코 타인의 내면을 다루고 안내하는 최면상담사로서 발전할 수 없다. 이것이 바로 최면상담사가 늘 자신을 관찰하고 깨어 있어야 하는 이유 중 하나이기도 하다.

최면상담사의 기술적인 측면에서는 반창고 테라피를 벗어나 문제해결력의 증진과 전문적인 역량 강화를 위해 연령역행 테크닉과 용서 테라피, 파츠 테라피 등의 더욱 발전되고 강력한 결과들을 만드는 접근법들을 제대로 배우고 익혀야 할 필요가 있다.

특정한 주제(문제, 증상)에 특정하게 만들어진 암시문의 배열을 읽어주는 것, 즉 '암시 스크립트'에 의존하는 것은 최면을 배우기 시작하는 초보 학습자들에게 일시적인 훈련과정으로만 필요한 것이다. 향후 최면상담사의 기술을 파츠 테라피 등의 더욱 향상된 접근으로 확장하기 위해서는 먼저 역행 테라피에 대해 이해하고 그 기술을 습득해야 한다. 이는 대부분 내담자들의 주제를 자유롭게 다루기 위한, 선택이 아닌 필수적인 요건이다.

전문적인 최면상담사들이 최면상담에서 이런 구조화된 과학적 접근을 사용하면, 내담자의 내적 변화의 근본원인을 찾아 이를 중립화하거나 해소시킴으로써 장기적인 변화를 가져올 수 있으며, 나아가 그 변화가 지속되도록 할 것이다. ICS 최면에서 최면분석을 위해 사용하는 연령역행 기법과 파츠 테라피와 같은 기법은 최면상담이나 최면치료 분야의 백미라 할 만큼 내담자의 장기적이고 영구적인 변화를 이끄는 데 효과적이고 강력한 기법이다.

덧붙여 이런 세션은 단순히 특정 문제 증상을 개선하거나 해결하는 심리치료적인 가치를 넘어 에고 구조 속에 연합되어 있는 우리들에게 에고의 고착을 해소함으로써 내부의 근본적 에너지를 바꾸는 것, 즉 '적극적인 정화'의 의미를 포함하는 것이다. 이것은 마치 외과수술과 같이 무의식의 고착을 제거하는 가장 강력한 정화의 도구 중 하나로 활용될 수 있다는 점에서 큰 의의가 있다.

따라서 ICS 최면에서 이 접근의 완성도를 높이는 것과 최면상담사로서 이 부분에 대해 이해하는 것은 매우 중요하다.
연령역행 테라피에 대한 높은 이해도를 가지고 이것을 능숙하게 다룰 수 있다는 것은 최면상담사라는 이름에 걸맞은 높은 수준의 문제해결력과 자긍심을 갖게 하는 데 크게 일조할 것이다.

최면상담사로서 성장하고 싶다면
먼저 '암시 스크립트'부터 버려라!

02. ART 전문 최면가의 희소성

최면역행 테라피는 매우 강력한 결과를 가져오는 접근이다. 이를 체화한 최면상담사들은 그것이 적용된 최면상담의 결과들이 너무나 강력하고 장기적, 영구적이기에 하나같이 이전의 간단한 결과중심적인 개입이나 직접적인 암시와 같은 이른바 '반창고 테라피' 형태의 개입으로 돌아가고 싶지 않다고 입을 모은다.

전 세계의 많은 최면상담사 중에서 최면분석이나 역행 테라피를 완성도 있게 구사하는 최면상담가는 전체 최면가의 수에 비해 그 수가 현저히 적다. 그 이유는 역행 테라피 자체가 전문성과 경험을 요하는 기술이기에 이것을 다룰 수 있는 전문가의 수도, 이것을 제대로 가르칠 수 있는 교육기관의 수도 매우 적기 때문이다.

오늘날 ART를 전문적으로 특화해서 다루는 몇몇 기관들이 있고 그 중 일부는 정말 놀라운 결과들을 만들어 내고 있다. 그러나 그 체계에 있어 세계적으로 완전한 표준화를 이루고 있지 않다는 것은 이것을 익히기 원하는 최면상담사들을 좌절시키는데 한몫을 하고 있다. 많은 최면 관련 협회나 단체에서 최면교육의 기본, 고급 커리큘럼 상에 최면역행을 포함시키는 경우가 있지만(아예 제외되어 있는 경우가 대부분이다.) 사실 그 내용을 들여다보면 부분적으로 역행 기술을 사용하는 것처럼 보이지만 정작 역행 테라피가 지향하는 방향과 상이하여 역행 테라피라고 부르기 어려운 내용들(단순 장면 편집성의 직접 암시나 표면적인

면을 다루는)이 대부분인 것이다. 그리고 그런 교육을 이수한 최면사들은 자신이 '역행 테라피'를 배웠다는 착각 속에 빠진다.

역행 테라피가 무엇을 지향하는 것인지, 최초사건을 어떻게 추적하고 검증해야 하는지, 그것을 어떤 기준에 의해 어떤 식으로 처리해야 하는지, 언어들을 어떻게 사용해야 하는지 등 수많은 세부요소는 생략한 채 간단하고 두루뭉술한 개념만을 가르치는 것이다. 안타까운 일이지만 이것은 어쩔 수 없는 이 업계의 현실이다.

이런 실정에 최면상담사로서 자신의 역량을 발전시키고 싶은 갈증이 있는 최면가들은 개인적인 시간과 비용을 투자하고 시행착오를 거치며 역행 테라피를 체계적이고 전문적으로 다룬다고 하는 여러 교육기관을 전전해야 했다. 저자 역시도 그런 갈증으로 인해 발품을 팔았던 최면가 중 하나였다.

이런 업계의 속사정으로 인해 전체 최면상담사 중 이 기술을 원리에 입각해서 다양한 복합사례에 다루고 완전한 결과를 만들어 내는 최면상담사의 수가 절대적으로 적은 것이다.

항간에는 독학으로 최면이나 최면상담을 배울 수 있다고 주장하는 경우도 있지만 저자의 경험과 견해는 완전히 다르다. 만약 이것이 단지 몇 권의 책이나 영상으로 깊은 부분까지 체화 가능한 영역이었다면 굳이 저자는 십수 년 이상의 기간 동안 막대한 비용과 시간, 노력을 투자해가며 해외를 막론하고 다양한 스승들을 찾아다닐 이유가 없었을 것이다.

　물론 태생 자체가 너무나 영감적인 천재로 태어나서 스스로 독보적인 학파를 만들어 개척자가 되는 소수의 천재도 있을 것이다.

　그러나 적어도 저자는 그런 부류의 사람은 아니었다. 이 책 또한 저자와 같이 평범했던 사람들을 위한 책이다. 저자의 경험으로 조언하자면, 이런 전문분야의 학습을 위해 이러한 책을 통한 학습은 단지 참고서가 되어야 하며 이것에 의존해서는 안 된다는 것이다. 최면 분야는 특히 왜곡되고 오해된 정보가 많은 분야이다. 특정 책의 저자가 그것에 대한 지식을 제대로 갖추고 있는지 불투명한 이유도 있을 수 있겠지만, 자격을 갖춘 믿을만한 저자의 책이라 하더라도 책의 지면을 통해 표현하고 담을 수 있는 부분은 많은 한계가 있으며, 지면을 통해 세부요소를 상세하게 실을 수 없는 경우도 많다.

　오프라인 워크샵에서는 시중의 책 속에서 얻을 수 없는 훨씬 많은 것들을 얻을 수 있을 것이다. 만약 최면상담사로서 전문성을 갖추고 싶다면 반드시 그에 정통한 트레이너를 찾아 체계적으로 공부하기를 권한다.

03. 정신역동 운동과 최면분석의 발전

　이제 우리는 앞서 언급한 최면상담의 절차 중 STEP 3, 그중에서도 연령역행 테라피라는 것의 배경에 대해 이야기하고자 한다. 20세기가 시작되면서 돌풍처럼 나타난 오스트리아 심리학자인 지그문트 프로이트(Sigmund Freud, 1856~1938)의 정신분석의 부흥과 함께 그의 추종자들은 프로이트가 그랬던 것처럼 최면을 외면하기 시작했다. 이것은 최면이 제도권 학문에서 점차 멀어지게 되는 결정적 계기가 되었다. 표면적으로 이는 최면 발전에 부정적 영향을 준 것처럼 보였으나, 역설적으로 프로이트가 발전시킨 정신역동 이론(즉, 과거 경험이 현재에 영향을 준다는 개념)은 최면 분야에 새로운 방향성을 제시했다.

이렇게 제도권과 분리된 환경에서, 과거 직접 암시 일색이던 최면의 개입방식에 덧붙여 최면분석(Hypnoanalysis)이라는 별칭으로 불렸던 최면역행 테라피(Hypnotic Age Regression)가 별개의 트랙에서 자생적으로 진화하며 발전하게 되는 초석이 마련되었다.

프로이트가 주도한 정신역동 운동은 어린 시절 고통스런 사건들로 인해 발생한 충격적인 정신적 사건들이 이후에 심리적인 고통을 초래한다는 주장을 기초로 하고 있다. 이후의 현상학과 인지행동 주의에서도 이런 원인과 결과의 관계를 인정하였으나, 이들이 독자적으로 발전하게 된 이유는 정신역동을 다루는 기법들이 생애 초기의 고통스런 사건들로 유발된 기저 문제들을 효과적으로 해결하는 데 한계를 보였기 때문이었다.

즉, '기저의 문제들이 현재에 영향을 준다'라고 주장하는 정신역동 운동은 각종 문제의 원인을 이론적으로 이해하는 데 기여했지만, 상대적으로 정신역동 치료사들이 문제의 원인을 해결하는 보다 효과적인 개입기술을 갖고 있지 않았던 것이다. 이로 인해 행동주의 심리학자들은 치료적 초점을 증상의 경감이나 완화에 두고 다른 형태의 개입(리프레이밍, 숙제 등을 통한)을 발전시켰다. 이는 의미 있는 결과들을 만들어내고 많은 사람에게 도움을 주었다. 그러나 여전히 내담자들의 무의식 한편에는 해결되지 못한 감정과 인식이 존재했고 이는 내담자가 특정한 상황에 직면했을 때 어김없이 외부로 드러나는 반응으로 나타났던 것이다.

이제 심리학의 흐름이 아닌 다시 최면으로 돌아가 보자. 오늘날의 ART는 초기 프로이트와 브로이어가 행했던 것과는 완전히 다른 모습이다. 오늘날 최면, 특히 최면상담은 제도권의 심리학이나 심리상담과는 별개로 비주류적인 영역에서 자생하며 발전해 왔다. 그 과정에서 최면분석은 다양한 심리학적 요소들을 받아들이고 접목하며 내담사가 가진 문제의 정신역동(psychodynamics)적 원인을 밝혀내고 그것을 해소시키는 강력한 개입기법으로 구조화되며 발전했고 최면상담의 한 축으로 발전했다.

개인적으로 저자는 제도권의 주류적 관점이 이를 인식하든 하지 않건 그것을 떠나 제도권과 무관한 '최면'이라는 독립적인 환경에서 이런 강력한 개입기법이 발전할 수 있었던 것은 매우 고무적인 일이라 생각한다.

인터넷을 비롯한 다양한 매체에서 여전히 최면분석(Hypnoanalysis)

을 최면으로 행하는 정신분석으로 묘사하는 경우들이 있지만, 이것은 최면 상태에서 행하는 정신분석이 아니다. 이는 프로이트의 정신분석과는 분명히 다른 접근이며, 그 적용 범위나 개입의 방식, 소요 회기 등 모든 면에서 완전히 다르다.

2세대 최면의 두 거장 중 한 명인 밀턴 에릭슨 역시 최면분석 기술을 사용했으나 많은 실망스러운 결과를 보았다고 말했다. 이후 그의 기법 대부분은 최면분석에 사용되는 기법들보다 더욱 직접적이고 (해결중심적 측면에서) 조작적인 방식으로 내담자의 무의식에 도달하고 변화시키는 것을 목표로 했다.

초기 최면분석의 발전에 크게 공헌했던 2세대 최면의 또 다른 거장, 데이브 엘먼은 정신분석과 최면분석의 차이점에 대해 이렇게 설명했다. 그에 따르면 정신분석이 대개 복잡한 행동 패턴에 대해 완전한 해석이 가능하게 하는 것이라면 최면분석은 주어진 환경에 대한 내담자의 특정한 반응의 원인을 밝히는 것이다. 정신분석의 경우 오랜 시간을 투자하여 내담자의 무의식 자료들을 의식영역으로 가져와서 문제를 다루는 반면 최면분석은 의식 아래의 무의식적 자각을 의식적으로 자각하도록 돕는 방식이다.

즉, 최면분석은 오랜 시간을 들여 특정 행동 패턴에 대해 분석하고 완전한 답을 얻으려 하는 것이 아니라 짧은 시간을 통해 특정한 상황에서의 개인적 반응의 원인을 밝히고 해소하는 것이다. 이는 정신분석을 대체할 수 없으며 정신분석에 활용되더라도 부분적인 역할만 할 수 있을 것이다. 프로이트가 말했던 상황적 신경증은 초기 트라우마에서 기인한 삶의 특정 상황에 대한 부적절한 반응이다. 일반적으로 최면분석은 이러한 문제들을 다룰 때 가장 빠르고 효과적으로 작용할 수 있다.

이후 본서에서는 앞에서 언급했던 '최면분석'이라는 단어보다는 주로 '최면역행 테라피(Hypnotic Regression Therapy)' 또는 '연령역행 테라피(Age Regression Therapy)'라는 용어로 이를 표현할 것이다.

향후 학습자들의 기술이 파츠 테라피(Parts Therapy)로 확장된다면, 그것의 주요 개념인 에고 상태, 에고 파트, 파트의 개념과 구조를 이해하고 통합하는 것은 ART와 최면상담 자체를 이해하는 데 매우 도움이 될 것이다. 파트(Part; 분아)는 우리의 에고 구조 또는 성격(Personality; 퍼스널리티)를 설명하는 하나의 방식이라 할 수 있다. 저자는 개인적으로 파츠 이론과 통합적 관점에서 설명하는 것을 더욱 선호하고 있지만, 본서에서는 내용이 너무 방대해지지 않도록 이런 방식의 설명은 최소화할 것이다.

그러나 최면상담사가 이런 모델을 명확하게 확립하는 것은 직업적 필드의 최면상담이나 치료적 결과에도 큰 도움을 줄 것이다. 뿐만 아니라, 인간의 무의식과 에고 구조를 보다 입체적으로 이해하고 나아가 최면적 트랜스와 최면분석 등에 대한 나아간 이해, 그리고 직접최면과 간접최면 자체에 대한 통찰을 더 깊어지게 하는 데도 기여할 것이다.

04. ART의 선구자들

ART의 선구자로 최면가들 사이에서 인정받는 인물은 19세기 시계 제작자이자 자유사상가며 최면가이기도 한 피니어스 큄비(Phineas Parkhurst Quimby; 1802~1866)라는 사람이다. 타고난 통찰력을 가진 그는 19세기 미국의 최면을 메즈머리즘으로부터 분리하고 내담자들이 가진 문제에 대한 근본 원인에 대한 중요성을 가르쳤으며 문제의 원인을 알게 됨으로써 나아질 수 있다고 설명했다.

20세기 초중반에 활동했던 데이브 엘먼(Dave Elman; 1900~1967) 또한 ART를 즐겨 사용했고 그의 제자들인 의사집단에 이 기법을 강력하게 활용하는 방법을 가르쳤으며 놀라운 치유적인 결과들을 만들어 냈다. 당시 그가 사용했던 방식이 지금과 동일하지는 않지만 엘먼이 이 분야의 발전에 끼친 영향력은 매우 큰 것이다. 그는 의료인이 아니었음에도 평생 의료집단에 이 기법을 가르쳤는데, 그의 접근과 최면분석을 배운 의사 중 한 인물은 엘먼의 방법을 마치 자신이 개발한 것처럼 그의 공적을 가로채어 발표해 유명세를 타기도 했다. 그의 엄청난 영향력에도 불구하고 그는 의료인이 아니었다는 이유로 오늘날 의학 최면 분야에서 그를 언급하는 경우는 드물며 그 이름 또한 찾기 어렵다. 그러나 최면분석을 말할 때 결코 그의 이름을 제외할 수 없을 만큼 오늘날의 ART에도 큰 기여를 했던 인물이다.

그 외에도 20세기에는 ART를 발전시킨 많은 사람이 있다. 데이비드 칙(David Cheek)은 만성 골반 통증, 간질성 방광염 등 만성통증 증후군과 같은 의학적 문제나 불임과 같은 산과적인 문제에 ART를 사용한 선구자로 여겨진다. 특히 이데오모터 신호를 접목하여 ART를 촉진하는 기법이나 이데오모터 신호를 사용하여 내면과 소통하는 것에 대한 책들도 발간했다(Cheek 1993; Cheek & LeCron, 1968; Rossi & Cheek, 1994). 여전히 칙의 이런 접근에 영향을 받은 많은 최면가들이 오늘날 존재하고 있다.

길 보인(Gil Boyne; 1924~2010) 또한 ART에 관해 오랫동안 연구하고 보급하는데 기여했다. 그는 데이브 엘먼이 남긴 작업들에 영향을 받았고 60년대에 익힌 '게슈탈트 역할극'을 ART에 접목하여 효과적인 결과를 만들어 내기도 했다. 오늘날 ART의 전문화를 꾀하며 여전히 그의 접근을 따르며 발전시키고 있는 랜달 처칠(Randal Churchill)을 비롯한 많은 제자가 활동하고 있다.

파츠 테라피(Parts Therapy)의 선구자였던 찰스 테벳(Charles Tebbetts) 또한 ART를 사용하고 가르쳤는데, 그는 길 보인으로부터 이것을 배웠지만 길 보인이 주로 사용했던 직면적인 방식 대신 이를 보다 부드러운 방식의 내담자 중심 접근으로 발전시켰다.

칼 베니언(Cal Banyan)은 자신의 5-PATH 프로그램에서 ART를 보다 체계화했다. 저자는 한국인으로서는 최초로 5-PATH 전문가 인증을 받았고 이 접근은 오늘날 저자가 사용하고 있는 ART 기술에 많은 영향을 주었다. (그러나 본서에서 다루는 ICS ART는 5-PATH의 그것을 그대로 옮겨놓은 형식이 아니며 ICS 패러다임에 기초하여 저자의 독립적인 방식과 노하우가 가미되어 재정립된 형식이다.)

저자가 역사상 최고의 최면가로 꼽는 저자의 스승 제임스 라메이(James Ramey; 1947~2016)는 치유적 목적의 일반적인 'ART-연령역행 테라피'가 아닌 깊이와 탐구적인 측면에서 진정한 'AR-연령역행'의 일인자였다. 그는 최면의 극도로 깊은 상태에서 이루어지는 역행을 전문적으로 다루었으며, 그의 스승 월터 씨코트가 발견한 울트라 뎁스®(씨코트 상태)라는 상태를 기반으로 하고 자신이 구조화한 '울트라 뎁스® 프로세스'라는 독특한 접근을 통해 '라메이 상태' 또는 '제드 상태'라고 부르는 믿기지 않을 역행을 재현한 인물이기 때문이다.

'제드 상태' 또는 '라메이 상태'를 달성하기 위한 전제는 최면의 바다 상태인 깊은 섬냄뷸리즘을 달성하고 에스데일 상태와 씨코트 상태까지 완전하게 달성해야만 한다. 이후 특유의 절차를 통해 제드 기반상태를 확보한 뒤, '스텝 리그레션'이라고 부르는 5회기로 분할된 절차를 거쳐 성취되는 매우 희귀한 상태이다.

이 상태에서는 단순회상이나 재경험의 차원을 넘어선 어린 나이로의 퇴화, 전생이라고 부르는 다른 삶의 인격을 소환하는 것이 가능하며 내담자는 눈을 뜨고 당시의 환경 속에서 해당 시대에 사용했던 언어를 완전하게 구사하며 다른 인격을 재현하게 된다. 이 과정은 완전한 잠재의식의 주도로 이루어지므로 대부분 의식은 상태에서 돌아나온 뒤, 자신이 무엇을 경험했는지 기억하지 못한다. 이는 여전히 미지의 영역이며 탐구 가능성이 열려있는 분야이다. 분명한 것은 이것은 단순히 테라피적인 차원을 넘어 한 인간의 영적여정과 성장에 연관된 '차원'을 건드리는 희귀한 영역이라는 것이다.

이는 일반적인 최면사들이 접할 수 있는 최면 교육에서 배우거나 다룰 수 있는 영역은 아니며 울트라 뎁스® 프로세스라는 영역에서 심오한 훈련과 경험을 갖춘 전문가들만이 유도할 수 있는 현상이다. 그러나 명백히 최면이라는 분야의 연장 선상에서 나타난 접근과 현상이므로 연령역행의 맥락에서 이것을 함께 간략히 소개했다.

본서는 최면의 역사에 대한 책은 아니므로 ART와 관련하여 몇몇 인물만을 언급했다. 그러나 20세기 이후에 위에 언급되지 않은 더 많은 훌륭한 연구자 혹은 최면가들이 있다는 사실을 기억하자. ART는 몇몇 기여자들에 의해 지금 이 순간에도 발전을 거듭하고 있으며 100여 년 전의 일반적인 접근과 비교할 수 없을 정도로 성장을 거듭해 왔다.

05. 통찰 테라피로서의 ART

최면역행 테라피는 앞서 기술한 것처럼 에고의 고착을 일으키는 정신역동적인 원인을 찾고 그것을 효과적으로 해소 또는 중화시키는 접근이다.

ART에서 최면역행 기술은 생생한 감정적인 강도로 초기의 기억을 되살리기 위해 사용될 수 있다. 그리고 초기에 프로그램된 해당 감정에 연결되어 있는 고착된 생각과 개념을 밝혀내고 이를 중화시키는 것을 목표로 한다. 이렇게 고착된 생각과 감정은 한 사람을 좌절하고 자멸하게 만드는 행동의 기초를 형성할 수 있기 때문이다.

역행 테라피에서 사용되는 강력한 치유의 핵심은 '통찰'이다. 통찰이라는 것은 그것을 수용하기 위해 관련된 정보와 믿음, 습관과 같은 무의식의 관련 자원들을 재조직화하고 재정렬시키는 강력한 힘을 지니고 있기 때문이다. 우리는 이것을 '아하! 프로세스', 또는 '현실 직시'라고 부른다.

그런데 여기서 우리가 결코 오해해서는 안 되는 부분이 있다. 그것은 바로 표면의식(머리) 차원의 통찰이 전부가 아니라는 것이다. 언젠가 어느 책에서 단지 무의식적 원인을 의식화시켜 의식적으로 통찰해 버리면 모든 것이 해결된다는 식의 주장을 본 적이 있다. 실제로 최면상담이나 심리상담 중에 원인이 되는 경험을 의식화시키는 행위 자체로 문제가 풀어지는 경우가 있다.

그러나 이런 경우보다 실제 현장에서는 정확한 개입 절차를 진행해 주지 않으면 제대로 해소가 이루어지지 않거나 실질적인 변화로 연결되지 않는 경우들이 훨씬 많다. 기저파트가 지닌 원인을 의식화시키는 것은 파트들 간의 의사소통 선로를 복구하는 것이지만 그것이 곧 기저파트의 고착을 사라지게 만드는 것은 아니다. 테라피 상에서 주요점은 문제를 지닌 해당 파트가 그 고착된 원인으로부터 자율성을 찾게 하는 것이다.

최면상담에서 중요하게 인식해야 하는 부분은 의식과 무의식 간의 연동기제이다. 무의식 속의 고착된 자원이나 패턴들은 마치 컴퓨터의 프로그램처럼 작동한다. 연령역행 테라피에서 다루는 대부분 문제의 근본원인은 내담자의 기저부 자아들이 지니고 있다. 특정한 문제를 지닌 기저자아가 그 문제로부터 완전한 자율성을 얻게 되기 전까지 그 문제는 변화되지 않거나 일시적인 변화로 그치는 경우가 많으며 심지어 문제를 더 악화시킬 수도 있다는 것이다.

몇몇 해결중심 차원의 상태 변환이나 대처기술에 초점을 둔 작업들을 시행하는 경우 문제의 원인이 무의식의 기저자아 차원에 묻혀있고 인식되지 않은 상태에서 표면자아 차원의 문제 해소를 시도한다. 또는 의식 차원에서 이 문제를 다루려 하는 경우 종종 몇 달에서 심지어 몇 년에 걸친 낭비적인 상담이 진행되기도 한다. 그러나 그것은 불충분할 수 있고 미봉책에 그칠 가능성이 높다.

결국 이것은 표면적 자아의 인식이나 통찰만으로 끝나는 것이 아니라 해당 문제를 일으키는 무의식 기저의 내면자아 수준에서 통찰이 일어나야 한다는 것이 핵심이다. 즉, 머리가 아닌 가슴에서 일어나는 통찰이 우리가 목표로 하는 통찰인 것이다.

이것은 PART 1에서 언급했던 마인드 모델과 그것의 확장을 이해하는 것이 최면상담사들에게 얼마나 중요한 것인지를 말해준다.

06. 회상과 재경험

회상(Recall)은 현재의 자아가 단순히 과거의 기억을 떠올리는 것이다. 재경험은 과거 해당 시점의 자아 상태로 돌아가 마치 그 일을 다시 경험하는 것과 같은 심리적 체험이다. 일종의 환각과 같이 재경험하는 이것을 '환원' 또는 '소생(Revivification)'이라고 부른다.

단순 회상과 재경험 사이에는 많은 세부등급이 있다. 오늘날 역행 테라피에서 특정한 트라우마의 영향력을 제거하기 위해 내담자가 해당 사건에 대해 완전하게 재경험하게 하는 것이 유일한 목표는 아니지만 이를 제대로 다룰 수 있다면 강력한 치유의 기회로 작용할 수 있다. 따라서 최면역행 테라피에서 사용하는 '역행'기법은 명백히 내담자가 해당 사건을 '재경험'하는 상태를 지향한다.

최면의 깊이를 묘사하는 많은 최면척도는 연령역행이 일어나는 상태를 섬냄뷸리즘 깊이 이상으로 기록하고 있다. 이러한 생생한 경험을 위해서는 내담자의 최면 깊이가 '깊은 최면', 즉 '트루 섬냄뷸리즘' 이상의 상태가 가장 이상적이다. 그것이 어려울 경우 적어도 '섬냄뷸리즘의 경계'에 해당하는 중간 최면 이상의 깊이를 만들어야 한다.

이러한 깊이의 차이는 내담자의 경험의 질의 차이를 만들고, 내담자의 무의식 기저에 접근할 수 있는 내적 자원의 범주도 달라지게 한다. 얕은 상태에서 내담자에게 단순히 과거를 회상하도록 하는 것은 문제의 원인을 지니고 있는 기저자원에 접근하기 어렵게 한다.

때때로 최면의 깊이를 무시하거나 깊이에 대한 지식이 없는 최면사들은 그들의 공개시연에서 다음의 예와 같이 겉보기에 역행시연과 비슷한 것을 보여준다.

예를 들어, 최면 상태에 있는 내담자에게 최면가가 이렇게 말한다.

"그 기억을 떠올려보세요.", "기억이 나나요? 기억해 보세요."

그 질문에 내담자는 이렇게 답한다.

"어릴 때... 그때가 10살 때였는데 제가 말대꾸한다고 아빠가 나를 때렸었어요... 흑... 흑... (눈물)"

최면을 모르는 일반인들이라면 이것이 역행최면이라 생각할 수 있지만, 최면선문가들은 해낭 최년가가 최면역행에 대한 지식이 없는 사람이고 그것이 역행이 아니라는 점을 한눈에 파악할 수 있을 것이다.

역행은 말 그대로 재경험하는 것이며 단지 기억을 더듬어가는 것이 아니다. 역행한 내담자는 현재 일어나고 있는 것처럼 아이의 입장에서 현재형으로 상황을 이야기할 것이다. 또한 예에서 나온 최면가는 부적절한 질문을 사용했다. 내담자가 과거로 역행하고 재경험하기를 원하는 최면상담사는 '기억'이라는 단어를 쓰지 않는다. 이는 현재의 인지적인 자아가 반응하도록 만들 것이기 때문이다.

한 최면단체에서는 부분적 역행, 완전한 역행 등의 용어로 역행의 등급을 구분하기도 한다. 여기서 말하는 부분적 역행이란 현재 최면상담실에서 상담을 받고 있는 현재시점과 과거시점이 공존하는 것이고 완전한 역행이란 현재의 시점은 사라지고 과거로 돌아간 과거 자아의 시점만 남게 된다. 이때 최면상담사의 목소리는 어떤 초월적 존재의 음성, 또는 빛이 자신에게 말하는 것처럼 느끼기도 한다.

일반적인 최면교육에서는 소개되지 않는 부가적인 언급으로, 최면의 가장 깊은 상태들을 전문적으로 다루는 '울트라 뎁스® 프로세스'라는 특화된 체계에는 '제드 상태' 또는 '라메이 상태'라 부르는 독특한 상태가 있다. 이는 성취하기가 매우 까다롭지만 최면의 역사에서 밝혀진 어떤 깊이보다 깊은 역행 작업이 가능한 상태이다.

전 세계의 99% 이상의 최면가들은 결코 이 상태를 보거나 경험해 본 적이 없는 상태이며, 이 상태를 성취한 사람들의 숫자 또한 소수의 울트라 뎁스® 전문가에 의한 극소수만 존재한다.

이 상태에서 역행은 순수한 잠재의식의 주도로 이루어지며 눈을 뜬 상태로 생생한 환각을 경험하고 심지어 당시의 언어를 유창하게 구사하기도 한다. 즉, 주위의 모든 배경이 당시의 배경으로 펼쳐지고 완전히 해당 자아로 돌아가 모든 오감으로 실제와 같이 생생하게 체험하게 된다. 또한 이 상태의 경험을 내담자의 현재의식은 기억하지 못한다. 왜냐하면 '제드 상태'의 경험은 '잠재의식 상태'의 경험이기 때문이다. 즉, 이 상태에서 주도하는 것은 내담자의 의식이나 무의식 차원의 에고 파트들이 아니라 그 사람의 잠재의식이다.

또한 내담자가 이 상태에서 경험하는 사건에서 일반적인 최면역행의 개입과 같은 기교적 개입은 작동하지 않는다. (예를 들어 고통스런 장면에서 고통을 줄이기 위해 EFT와 같은 기법을 적용한다거나 하는 등의 개입)

07. ART인 것과 아닌 것의 차이

이 부분을 이해했다면 이제 '연령역행 테라피인 것'과 외관상으로 역행의 형식과 비슷해 보이지만 '연령역행 테라피라고 부를 수 없는 접근법'을 구분할 수 있게 될 것이다.

예를 들어 한 최면사가 내담자에게 고통스런 과거 사건을 떠올리게 한 뒤, 내담자에게 마치 그 일을 겪지 않았던 것처럼 암시하거나 심지어 좋은 일이나 다른 일을 겪은 것처럼 장면이나 스토리를 덮어쓰거나 새로 쓰도록 지시했다면, 그것은 외관상으로 역행의 형식을 취하고 있더라도 임시방편의 반창고 테라피(인위적으로 덮어쓰는 직접 암시)와 동일한 접근인 것이다.

해외의 역행 테라피 관련 서적 중에서도 여전히 이런 단순 암시로 장면을 편집하거나 원하는 장면으로 인위적으로 덮어쓰게 지시하는 기법들을 해결방법으로 함께 소개하는 경우들이 있지만 이것과 역행 테라피의 지향점은 완전히 다른 접근임을 숙지하자.

앞서 언급한 것처럼 ART는 오히려 현실을 직시하는 테라피이지 일시적으로 기분 좋은 조작된 기억이나 환상을 심어주는 접근이 아니다.

이 책에서는 이 부분을 구분하여 설명하고 있으며 최면상담사라면 이들의 차이점에 대해 명확히 숙지해야 한다.

또한 ICS 최면상담사는 에너지플로우(에너지 순환 등을 반복적으로 상상하는 작업)나 단순 앵커링작업 등을 하면서 소중한 세션 시간 전체를 낭비하지 않는다. 세션의 목표에 따라 최단기간에 최단루트의 작업을 진행해야 한다. ICS ART는 내담자의 에고적 고착을 일으키는 정신역동적인 원인을 밝혀내고 그것을 중립화 또는 해소시키는 효과적인 접근이다.

ART와 유사해 보이지만 ART가 아닌 접근법	진정한 ART의 특성
• 과거 사건을 단순히 회상하게 하는 것. • "기억해 보세요."와 같은 단순 회상 유도. • 고통스러운 과거 사건을 겪지 않은 것처럼 암시. • 다른 좋은 일을 겪은 것처럼 문제 장면을 덮어쓰기. • 인위적으로 스토리를 새로 쓰도록 지시하는 것 등.	• 과거 사건의 완전한 재경험. • 현재형으로 경험을 표현. • 현실을 직시하는 테라피. • 정신역동적 원인의 중립화 또는 해소.

08. ART의 적용 범위

ART는 내담자가 지닌 모든 범주의 주제에 적용할 수 있는 만능 접근법이 아니다. ART는 앞서 언급했듯이 문제의 원인이 과거에서 비롯된 내담자에게 적합한 접근법이다. 즉, 내담자가 가진 문제의 원인이 과거에서 비롯된 것이 아니라면 이 기법을 적용하는 것은 적합하지 않을 것이다.

ART는 의학적 치료를 대체하는 것이 아니며 병리적 문제(구조적, 기질적 문제 포함)를 가진 내담자의 경우 항상 의료전문가의 치료와 지침이 우선시되어야 한다.

주로 의사들에게 의학 최면을 가르쳤던 데이브 엘먼에 의하면 다음과 같은 경우에 최면분석을 적용해 볼 수 있다고 말했다.

① 특정 대상에 대한 비정상적 공포감 없애기 ② 말더듬증, 무기력 ③ 틱 ④ 마취 후에도 통증이 지속되는 경우 ⑤ 심리적 고통으로 인한 두통이나 신경성 증상 ⑥ 기타 한 가지 증상이 나타나는 대부분의 문제들…

그러나 이는 어디까지나 의료적 관점의 언급이었을 뿐 실제로 최면분석은 더욱 폭넓은 주제를 다루는 데 사용될 수 있다.

과거에는 이 기법이 특정 상황에서의 특정 반응이나 단순양상의 원인을 밝히는 사례에 주로 사용되었고 복합적인 이슈의 경우에는 사용하지 않는 것으로 여겨졌지만, 오늘날에는 ART 기술의 발전과 함께 이것이 다루는 범위 또한 확장되어왔다.

ART는 이 기술과 보완적으로 사용할 수 있는 '파츠 테라피(Parts

Therapy)'라는 접근과 함께 훨씬 더 다양한 범주에 활용될 수 있다. 특정한 병리를 다루는 의학이나 치료적 관점에서도 해당 전문가들이 이 기법을 보조적으로 활용할 수 있겠지만, 이러한 테크닉의 사용은 많은 이들이 오해하고 있는 것처럼 비단 그런 특정한 일부 분야나 관점으로만 제한되지 않는다.

즉, ART는 단지 우리가 문제라고 여기는 특정 주제에 대해 심리치료적 측면에서만 활용되는 것이 아니다. 이것은 한 사람의 내부에 있는 고착된 패턴뿐 아니라 깊은 '영향력'을 돌아보고 그것으로부터 변화할 수 있게 돕는 강력한 도구이다.

한 예로 저자는 고교 시절 이후 개인적인 모토가 있었다. 자기계발 프로그램 등에서 그런 모토를 써야 할 때면 늘 '후회 없는 삶을 살자'라는 문구를 쓰곤 했다. 당시에 그것은 저자에게 자신을 채찍질하며 완벽함을 추구하고 진취적으로 나아가게 하는 매우 긍정적인 문구였고, 주위 사람들도 그것을 그렇게 인식했다. 멋 모르던 당시에는 이런 모토를 추구하는 내가 그저 '진취적이고 긍정적인 사람'이기 때문이라는 착각 속에서 살아왔다.

그러나 사람의 마음을 다루는 직업을 갖게 된 후로 오랜 시간이 흐른 뒤에서야 그렇게 긍정적이고 진취적으로 보였던 모토의 이면에 더 어린 시절 가졌던 '죄책감'이라는 감정이 있었음을 알게 되었다. 결국 이후에 그런 모토를 무의식중에 선택한 이유는 깊은 내면에서 고착된 죄책감을 피하기 위함이었던 것이다. 물론 그것의 진짜 정체는 저자 내면의 어린 자아가 가졌던 '오해'로 인해 만들어진 감정이었다.

이것은 저자의 삶에서 특정한 상황을 맞닥뜨리게 될 때 그 상황을 해결하기 위해 굳이 필요 없는 '지나친 힘'을 주게 만들었고, 어떤 경우에는 쉽게 해결될 수 있는 일을 더욱 어렵게 돌아가게 만들기도 했다.

이렇게 표면적으로 긍정적으로 보이는 모토의 이면에 깔려있던 미해결된 고착된 감정은 저자의 인생 전반에서 수십 년간 영향력을 행사하며 특정 패턴을 지속하게 만들었던 것이다. 저자의 현재의식이 그것을 인식할 수 있게 되기까지 무려 30년 이상의 시간이 흘렀다.

이런 고착된 자신의 패턴을 발견하는 것은 어떤 의미가 있을까? 물론 이것을 발견하고 그냥 내버려둔다면 아무런 변화도 일어나지 않을 것이다. 그러나 그러한 고착을 무의식 수준에서 해소시킬 수 있다면, 그것은 인생에서 많지 않은 소중한 기회가 된다. 우리는 그런 낡고 고착된 프로그램을 없애고, 삶에서 직면하는 매 선택의 순간에 보다 진정으로 나에게 그리고 모두에게 유리한 영감적인 흐름에 탑승할 수 있을 것이다.

만약 최면과의 인연이 없었다면 저자는 내 인생에 깊이 관여하며 반복하고 있는 무의식 속 이유를 알지 못했을 것이고 이 삶을 마감하는 날까지 고착된 패턴을 되풀이하는 삶을 경험했을 것이다.

최면은 자기 이해와 **자기계발, 영성, 힐링, 정화를 통한 의식 성장**

의 **도구**로까지 인간의 생활사와 연관된 거의 모든 영역에서 활용된다.

따라서 이러한 접근들이 다루는 범주는 훨씬 방대한 영역이라 하겠다. ART 등의 접근은 정말 사소한 내적 고민이나 갈등에서부터 복합적인 마음, 습관의 패턴변화, 자기계발과 영적 성장을 위한 무의식적 고착의 정화 등 다양한 영역에서 강력한 도구로 빛을 발하고 있다.

09. 시간 프레임의 초월: ART의 본질적 이해

최면역행 테라피(ART)를 접하는 대부분의 사람은 이 방법론을 단순히 '과거로 돌아가 원인을 찾는 기법'이라고 이해하기 쉽다. 그러나 이러한 일차원적 이해는 ART의 근본적인 원리와 그것이 작용하는 의식의 메커니즘을 온전히 파악하지 못하게 한다. ART의 더 깊은 본질을 이해하기 위해서는 먼저 우리가 '시간'이라고 부르는 개념에 대한 근본적인 재고찰이 필요하다.

■ 시간의 본질: 선형적 흐름인가, 동시성의 장인가?

현대 물리학, 특히 양자물리학의 발전은 전통적인 뉴턴식 시간 개념을 크게 변화시켰다. 아인슈타인의 상대성 이론은 이미 시간이 절대적이고 보편적인 흐름이 아니라 상대적이고 가변적인 차원임을 보여주었다. 더 나아가 양자역학에서는 '양자 얽힘(Quantum entanglement)'과

'중첩 상태(Superposition)'와 같은 현상을 통해 시간의 선형성에 의문을 제기한다.

현대 물리학자 데이비드 봄(David Bohm)의 '내재적 질서(Implicate order)'와 '외현적 질서(Explicate order)' 개념은 우주가 표면적으로 드러난 현상(외현적 질서) 아래 모든 것이 서로 연결된 더 깊은 차원(내재적 질서)을 가지고 있다고 제안한다. (Bohm, 1980) 이 관점에서 보면, 과거, 현재, 미래의 분리는 우리의 의식이 현실을 인식하는 방식에 불과하며, 더 깊은 차원에서는 이 모든 것이 하나의 연속체로 존재한다.

뿐만 아니라 휠러-페인만 흡수자 이론(Wheeler-Feynman absorber theory)과 같은 물리학적 모델은 미래의 사건이 과거에 영향을 미칠 수 있는 가능성을 제시한다. (Wheeler & Feynman, 1945) 최근의 양자물리학 실험들은 양자 수준에서 과거의 사건이 미래의 관측에 의해 영향받을 수 있음을 보여주었다. 이른바 '지연된 선택 실험(Delayed choice experiments)'은 관측 행위가 이미 발생한 사건의 성질을 소급하여 결정할 수 있음을 시사한다. (Jacques et al., 2007)

■ **의식과 시간: 주관적 경험의 프레임**

양자물리학이 시간에 대한 우리의 이해에 혁명을 가져왔다면, 의식 연구는 시간 경험의 주관성을 더욱 강조한다. 신경과학 연구에 따르면, 우리가 경험하는 '현재'는 실제로는 약 80-150밀리초의 지연을 가진

'구성된 현재'이다. (Libet, 2004) 즉, 우리의 의식은 이미 발생한 사건을 처리하여 현재로 경험하고 있는 것이다.

더 나아가, 의식 상태에 따라 시간 경험은 극적으로 달라질 수 있다. (Wittmann, 2018) 최면, 명상, 꿈, 그리고 특정 정신 활성 물질의 영향 아래서 사람들은 종종 시간의 확장, 압축, 왜곡, 심지어 완전한 초월을 경험한다. 이는 시간이 객관적 실체라기보다 의식의 구조적 특성에 의해 생성되는 주관적 경험임을 시사한다.

저명한 철학자 앙리 베르그송(Henri Bergson)은 '지속(durée)'이라는 개념을 통해 시간의 객관적 측정과 주관적 경험 사이의 근본적 차이를 강조했다. (Bergson, 1910) 베르그송에 따르면, 진정한 시간 경험은 연속적이고 통합적인 흐름이며, 이를 공간적으로 분절하여 측정하는 것은 시간의 본질을 왜곡한다.

■ ART와 시간 프레임의 재해석

이러한 시간에 대한 현대적 이해를 바탕으로 최면역행 테라피(ART)를 재고찰할 때, 우리는 이 방법론의 더 깊은 의미와 가능성을 발견할 수 있다. ART는 단순히 과거로 '돌아가는' 것이 아니라, 의식이 구성한 시간 프레임 내에서 동시에 존재하고 있는 다양한 경험 상태에 접근하는 과정으로 이해될 수 있다.

우리가 ART에서 시간적 '최초 원인'을 과거에서 찾는 이유는 역설적이게도 우리의 에고 자체가 시간 프레임에 갇혀 있기 때문이다. 인간의 에고적 의식은 선형적 시간 개념에 기반하여 구조화되어 있으며, 무의식적으로 '과거의 기억'을 현재 상태의 원인으로 믿고 있다. 따라서 ART는 내담자의 에고가 이해할 수 있는 방식, 즉 시간적 흐름 속 '원인 찾기'라는 형태를 통해 더 깊은 차원의 변화에 접근하는 것이다.

최면 상태에서 내담자가 '과거의 사건'을 재경험할 때, 그들은 실제로 선형적 시간을 거슬러 올라가는 것이 아니다. 대신, 그들은 현재 의식 속에 공존하는 다양한 기억과 정신적 구조에 접근하고 있는 것이다. 이를 양자물리학의 관점에서 보면, 내담자는 모든 가능한 경험 상태가 중첩되어 있는 양자적 가능성의 장에서 특정 상태를 '관측'함으로써 현재화시키는 것으로 볼 수 있다.

이러한 관점은 왜 ART가 단순한 회상이나 재경험과 다른지를 설명해 준다. ART는 단지 과거 사건의 기억을 떠올리는 것이 아니라, 내담자의 의식 구조 자체를 재구성하고 변형시키는 과정이다. 핵심이 되는 최초 사건을 찾고 변형할 때, 우리는 과거의 사건을 변경하는 것이 아닌 의식이 그 경험을 구조화하고 해석하는 방식을 재구성하는 것이다.

■ 실무적 의미: ART의 새로운 이해

그렇다면 이러한 시간의 본질에 대한 깊은 이해는 ART 실무에 어떤 중요한 의미를 가질까?

주요 적용점을 살펴보면 다음과 같다.

① **원인의 재개념화:** 우리가 찾는 '원인'은 과거에 고정된 사건이 아니라, 현재의식 구조 내에서 특정한 방식으로 구성되고 해석된 경험 패턴이다.

② **변화의 메커니즘:** ART를 통한 치유는 과거를 '고치는' 것이 아니라, 현재의식이 특정 경험 패턴을 구조화하고 해석하는 방식을 변형시키는 것이다.

③ **현재 중심성:** 모든 ART 작업은 궁극적으로 현재에서 일어난다. '과거'와 '미래'로의 역행과 진행은 현재의식 상태 내에서의 이동이다.

④ **다차원적 접근:** 시간의 동시성을 인식함으로써, ART 실무자는 내담자의 문제를 선형적 인과관계가 아닌 다차원적 패턴으로 이해할 수 있다.

■ **실천적 적용: ART에서의 시간 인식 확장**

다음으로 최면상담사로서 이러한 시간에 대한 확장된 이해를 ART 실무에 어떻게 적용할 수 있는지 살펴보자.

① 내담자의 시간 구조 활용: 내담자의 시간적 이해 방식을 존중하면서도, 최면상담사는 그 너머의 통합적 관점을 유지한다. 내담자의 시간 기반 구조를 통해 작업하되, 그것에 제한되지 않는 유연한 접근을 취한다.

② 통합적 관점 촉진: 내담자가 자신의 다양한 경험 상태를 분리된 과거 사건이 아닌 에고의식의 다양한 측면(Part; 파트)으로 인식하도록 돕는다.

③ 양자적 개입: 단일한 '원인' 찾기에 집착하기보다 문제를 구성하고 있는 구조적 핵심과 그 다양한 측면을 고려하는 통합적 접근을 취한다.

④ 메타 인식 개발: 내담자가 자신의 경험을 시간의 흐름 속에서가 아니라, 의식의 장(Field) 내에서 관찰하고 탐색할 수 있는 메타 인식을 발달시키도록 돕는다.

ICS의 접근법에서는 이러한 시간의 동시성과 의식의 다차원적 특성을 충분히 고려한다. 최면상담사는 단순히 기술적 절차를 수행하는 것이 아니라, 내담자와 함께 의식의 더 깊은 차원을 탐색하는 안내자로서 역할을 한다.

■ 시간을 초월한 치유의 가능성

최면역행 테라피를 시간의 동시성과 의식의 다차원적 특성이라는 관점에서 이해할 때, 우리는 치유와 변화의 더 깊은 가능성을 발견할 수 있다. ART는 단순히 과거 트라우마를 해결하는 기법이 아니라, 의식의 본질적 구조를 변형시키고 재통합하는 강력한 도구이다.

과거, 현재, 미래가 동시에 존재하는 의식의 장 속에서, 치유는 특정 시점의 사건을 '고치는' 것이 아니라, 의식이 경험을 구조화하고 해석하는 근본적인 방식을 변형시키는 것이다. 이러한 이해는 최면상담사와 내담자 모두에게 더 깊은 통찰과 변화의 가능성을 열어준다.

최면역행이 과거로 가는 여행이라는 단순한 개념을 넘어, 우리는 의식의 다차원적 성격과 시간의 동시성을 인식함으로써 ART의 진정한 변형적 잠재력을 실현할 수 있다.

이를 다른 비유로 설명하자면, 우리 모두는 안경을 착용하듯 특정 색깔의 필터(예: 빨간색)를 통해 세상을 경험하고 있다. 과거 2세대 최면의 접근법은 이 빨간색 필터를 파란색 필터로 바꾸는 것이었다. 원하는 결과가 나오지 않으니 인위적으로 자신을 파란색 필터로 칠하면서 세상을 보는 것이다. 뭔가 바뀐 것 같고, 긍정적으로 느껴지기도 한다. 불행하게도 오늘날에도 많은 최면상담사가 무의식적 핵심 원인을 밝히지 않고 증상에 대한 제거 기법만을 사용하려 한다.

그러나 이 역시 여전히 필터 속에서 세상을 보는 것이며, 게다가 자신과 맞지 않는 남의 색깔의 필터와 뒤섞여 엉망이 되었다는 사실을 모른다.

3세대 최면, 즉 ICS 최면의 궁극적 목표는 단순히 내담자 내면의 빨간색 안경을 파란색 안경으로 바꾸는 것이 아니다. 추구해야 할 이상적인 목표는 안경 자체를 벗게 하는 것이다. 그것이 어렵다면 최소한 투명한 안경을 쓰거나, 내가 쓰고 있는 특정한 색깔의 안경을 인식하도록 돕는 것이다.

ICS-ART는 내담자가 필터에서 벗어나거나 최소한 그것을 인식할 수 있는 든든한 내면의 동료와 한 팀이 되어, 진정한 세상의 색을 인식하고 상호작용할 수 있도록 돕는 것이다.

이것이 바로 3세대 최면 패러다임의 핵심 통찰 중 하나이며, ICS 역행 테라피가 단순한 기법 이상의 의미를 갖는 이유이다.

B.
ART의 주요용어와 개념

01. 주요용어

ART에 있어 최면계에서 통용되는 몇 가지 대표적인 전문용어들이 있다. 사용되는 몇 가지 다른 용어들이 있지만, 여기서는 가장 흔하고 대중적으로 통용되는 용어만을 언급한다.

> **1. ISE:** Initial Sensitizing Event의 약자로 문제가 시작된 최초의 사건을 뜻한다.
> 진짜 ISE를 밝혀내는 것은 작업의 성패를 좌우할 수 있는 만큼, 연령역행 테라피에서 ISE는 가장 중요한 개념이며 역행의 1차적인 목표는 바로 ISE를 밝혀내고, 그것이 진짜 ISE인지 검증하고 확정하는 것이다.
>
> **2. SSE:** Subsequent Sensitizing Event의 약자로서 ISE를 강화시킨 사건, 즉 후속적인 사건들을 뜻한다. 이것은 일반적으로 하나의 사건이 아니라 여러 개의 사건일 수 있다.

> **3. SPE:** Symptom Producing Event의 약자로 문제 증상이나 징후가 나타난 사건을 말한다. SPE를 다루는 것은 ISE를 다루는 것 다음으로 중요도가 큰 부분이다. 많은 초심자가 SPE와 ISE를 혼동하는 경우가 많으므로 각별히 주의해야 하는 부분이다.

5살 때 개에게 물린 사건이 현재의 개 공포증과 연관되는 것처럼 현재 내담자가 겪는 문제와 ISE는 직접적인 연관성이 있는 사건일 수도 있지만 외관상 무관해 보이는 사건일 수도 있다. 다시 말해 SPE와 ISE는 같은 사건일 수도 있지만 SPE가 성인기에 발생하는 경우도 드물지 않다.

문제 증상이 처음 생겼던 사건을 아무런 근거 없이 임의로 ISE로 간주했으나 그것이 ISE가 아니라 SPE로 밝혀지는 경우는 적절하게 훈련되지 않은 최면상담사들에게서 흔히 나타나는 일들이므로 유의해야 한다.

어떤 사람이 비행기를 30세에 처음으로 탔고 그때 비행기가 흔들리는 특정 순간에 비행기 공포증이 시작되었다 하더라도 반드시 30세의 비행기 사건이 ISE가 되는 것은 아니다. 비행기를 타본 적이 없는 5살 시절에 친구들과 장난치다 질식할 뻔한 사건의 공포감과 답답함이 현재의 비행기 공포증과 연결되어 있을 수 있기 때문이다. 이 경우 비행기와 직접적으로 무관하더라도 5살 사건이 ISE가 되는 것이며, 30세의 첫 비행기 사건이 SPE가 되는 것이다.

최면가가 ISE와 SPE를 정확히 밝혀서 중립화 또는 해소시킬 수 있다면 대부분 나머지 SSE들은 자동적으로 그 구조가 붕괴되는 경우가 많다.

결론적으로 ISE를 찾고 검증하는 과정을 논리적인 절차나 근거로 뒷받침하지 않고 단지 최면상담사의 직감으로 '이 정도면 ISE겠지…'라고 섣부르게 확정해 버리는 것은 부적절하므로 유의해야 한다.

02. 역행방식에 따른 종류

다음은 역행방식에 따라 분류한 기본적이고 대표적인 역행기법의 종류이다. 아래에 포함되지 않는 형태의 역행도 있다. (본서는 역행 테라피의 베이직을 다루는 책이므로 이 부분은 생략한다.) 20세기의 최면천재 데이브 엘먼은 아래의 역행 중 1, 2번의 기법들을 적절히 배합하고 마치 명탐정과 같은 자신의 직관을 더해 탁월한 결과들을 만들어 냈다.

오늘날의 ART는 데이브 엘먼의 그것에 비해 많은 구조적 확장과 기술적 발전이 더해졌다. 오늘날 ART전문가들이 즐겨 쓰는 기법은 단연코 4번 기법이다. 여기에 2번과 1번 기법을 부분적으로 사용해 ISE를 검증할 수 있다.

① **시기지정 역행**: 최면상담사가 내담자에게 자신이 의식적으로 알고 있는 특정 때와 장소로 곧장 돌아가도록 유도한다. 최면수사

관들의 기억재생 세션에서 많이 사용된다.

예를 들어 "잠시 후에 제가 당신의 팔을 들었다 떨어뜨리면, 당신은 지난주 금요일 밤 신촌 교차로에서 교통사고 현장을 목격했던 그 순간으로 돌아갑니다."와 같은 형식이다.

데이브 엘먼이 최면분석에서 많이 활용했던 방식이지만 증상의 유무로 ISE를 찾으려 할 경우 SPE와 ISE를 혼동하기 쉬우므로 주의해야 한다.

② **자율 역행(비지정 역행):** 때와 장소를 모르는 문제의 원인을 찾기 위해 내담자의 내면에게 원인의 시점으로 데려가 달라고 요청하는 방식이다. 그러나 내담자의 내면이 이런 암시로 인해 쉽게 ISE를 알려 줄 것이라 기대하지 않는 것이 좋다. 한 번에 곧장 진짜 ISE로 직행하는 경우는 많지 않다는 사실을 기억하라.

예를 들어 "잠시 후에 제가 당신의 팔을 들었다 떨어뜨리면, 당신은 이 문제와 관련된 최초의 순간으로 돌아갑니다."와 같은 형식으로 지시할 수 있다.

③ **자발 역행:** 유도자의 특별한 지시나 암시, 의도가 없었음에도 내담자 스스로 최면유도 과정에 자발적으로 특정 시점의 자신으로 역행하는 경우이다. 이 경우 억누르고 있던 자원들이 폭발적으로

표현되며 해제반응을 일으킬 수 있으므로 최면상담사는 이런 상황에 언제든 대비가 되어있어야 한다. 어떤 내담자는 자발적으로 전생역행이 일어나기도 한다.

④ **브릿지 역행**: 브릿지 역행의 대표적 기법인 감정 브릿지는 중첩되는 생각을 통하는 것이 아닌, 각 사건의 공통된 정서를 매개체로 내담자가 현재에서 과거 사건으로 이동하는 기법이다. 이 기법은 ISE를 추적하기 위해 매우 유용하고 강력하기 때문에 오늘날 ART를 사용하는 최면상담사들이 가장 즐겨 사용하는 기법이다. 현대의 ART전문가들은 이 기법을 익혀서 능숙하게 다룰 수 있어야 한다. 반면, 최면의 궁극의 깊이 자체를 확보해야 하는 과정에서 브릿지 기법을 사용하는 것은 오히려 한계를 가져올 수 있다. 왜냐하면 브릿지 기법은 고착된 자원적 연합을 매개로 하는 기술이기 때문이다.

브릿지 기법은 감정 브릿지, 징후 브릿지, 신체화 브릿지, 인지 브릿지 등 다양한 형태가 있다. (에펙트 브릿지, 에펙트 터널 / 시간 터널 등의 기법들은 기본적으로 징후 브릿지의 범주에 속한다.)

ICS ART에서는 감정 증폭, 트리거 직면, 트리거 탐색 등 감정 브릿지를 생성하기 위한 다양한 방식들을 사용한다.
다음은 감정 브릿지를 위한 감정 증폭과 연관된 하나의 예제이다. 문제 감정이나 느낌을 증폭시키는 이유는 강렬한 감정이나 느낌을 역행의 매개체로 사용하기 위한 것이다.

암시를 통한 감정 증폭 예제

"지금부터 자신에게 문제가 되는, 내면의 (감정)에 집중합니다. 오늘 이곳에 온 이유와 관련된 바로 그 감정입니다… 제가 1부터 5까지 세는 동안 그 감정은 당시에 그랬던 것처럼, 마치 실제처럼 강렬하게 떠오를 것입니다. 1… 그 감정이 당신 내면에서 솟아오르기 시작합니다. 2… 더욱더 떠오르고 있습니다. 3… 이제 점점 더 강렬하게 올라옵니다. 4… 지금껏 경험했던 것보다 더욱더 강해집니다. 5… 그 감정을 느낍니다. 이제 이 감정을 따라가면 나의 과거의 시점과 연결됩니다…"

(브릿지가 생성되면 이후 내담자를 동일한 감정을 느꼈던 이전의 시기로 역행시킨다.)

⑤ **심상화 역행**: 시각적인 내담자를 위해 다양한 상상 기법을 사용해서 역행에 활용할 수 있다. 과거에 전생역행 등을 즐겨 사용하는 단체나 개인들이 많이 사용하던 기법이다.

예를 들어, 시간의 복도문(복도 양옆으로 늘어선 문 중 하나로 들어가면 특정 시간대로 이동)이나 특별한 문을 통과하면 다른 장소로 연결된다고 암시하는 '시간의 문', 엘리베이터에 탑승하고 도착 후 문이 열리면 특정한 시점으로 연결된다고 암시하는 '시간의 엘리베이터', 에스컬레이터나 계단을 내려가면 특정 시기로 거슬러가는 '시간의 계단(에스컬레이터)', 하늘에서 시간의 선을 바라보며 특정한 시기로 내려가는 '인생의 시간선', '타임머신' 등 다양하고 창의적인 형식을 심상화로 사용할 수 있다.

기초적인 최면기술에 익숙하다면 앞서 말한 아이디어만으로도 누구나 직관적으로 행할 수 있는 간단한 형식이다. 이런 종류의 기법들은 과거 너무나 흔히 사용되던 기법이기도 하고 현대의 일반적인 ART에서는 잘 사용되지 않는 기법이기에 굳이 별도의 예제 스크립트는 싣지 않을 것이다.

단, 심상화 역행을 사용할 때는 몇 가지 주의사항을 기억해야 한다.

첫째로, 반드시 내담자가 선택한 이미지를 편하게 생각하는지 확인해야 한다. 특정 심상화 그 자체를 통해 자칫 최면 주제와는 무관한 내담자의 고통스런 기억이나 순간을 상기하게 만들 수 있기 때문이다. 최면상담사 입장에서 대중적으로 편안하게 느끼는 바다나 산 등의 심상이라도 특정 내담자에겐 고통의 경험을 불러올지도 모른다. 사실 미리 내담자가 의식적으로 편하게 생각하는 심상임을 확인한 경우라 하더라도 실제 해당 장면을 떠올렸을 때 무의식으로부터 생각지 못한 부분이 되살아나는 경우도 있으므로 유의하도록 하자.

또 하나의 주의사항은 역행직전에 떠올리게 하는 해당 심상 자체가 역행하는 내담자의 경험에 영향을 줄 가능성이 많다는 것이다. 인위적으로 유도된 심상은 그 자체로 하나의 암시가 될 수도 있기 때문이다. 따라서 저자는 이런 종류의 역행을 결코 권장하지는 않지만, 하고자 하는 작업의 종류에 따라 이것을 활용할 때는 주의사항을 숙지하길 권한다. 만약 이것을 사용한다 하더라도 단순한 형태나 간단한 형태로 진행하는 것이 좋다.

⑥ 기타: 이 외에도 다른 형식의 역행기법이 있는데 대표적으로 이데오모터(관념운동) 신호를 접목한 연령역행 기법이 있다. ISE를 찾기 위해 내담자의 손가락 반응으로 이데오모터 신호를 설정한 뒤 무의식 또는 잠재의식과 소통하며 역행하는 기법이다.

그러나 이데오모터 신호는 유도자의 암시나 좁은 범주의 질문에 쉽게 영향을 받을 수 있으므로 이는 별도의 시침과 조심스러운 훈련과정이 필요하다. 만약 이데오모터 신호가 유도자의 부적절한 암시로 왜곡된다면, 해당 세션을 엉뚱한 방향으로 흘러갈 수 있다. 이로 인해 진짜 ISE를 놓치게 될 위험도 있다. 본서는 ART의 베이직을 집중적으로 다루고 있으므로 이 기법에 대한 설명은 제외한다.

다음으로 위에서 소개한 역행형식의 혼합형도 있는데, 브릿지 기법과 심상화 역행을 혼합한다거나 하는 형식이 그것의 예가 될 수 있다. 다음은 칼 베니언(Cal. Banyan)이 만든 변형기법으로 감정 브릿지와 심상화 역행의 혼합형의 예제이다. 이 기법은 적용 전에 미리 내담자가 가진 터널이라는 이미지에 대한 표상을 확인해야 하며 거부감이 있는 경우라면 사용하지 않아야 한다.

감정터널 or 시간터널 브릿지 예제

"당신이 느끼는 그 (문제 감정)에게서 영원히 벗어나고 싶으신가요? (대답) 좋습니다. 그러면 일단 그 감정 속으로 들어가도록 합시다. 이곳에서 당신은 안전합니다. 그 감정에만 집중하도록 하세요… 원한다면 저에게 그 감정을 설명해도 좋습니다. 당신이 느낄 수 있는 최대한 그 감정을 느끼도록 하세요.

이제, 그 감정이 터널이 된다고 상상합니다… 과거로 돌아가는 터널입니다. 이 터널은 당신이 그 감정을 느꼈던 가장 처음의 순간으로 돌아가는 길입니다… 자, 마음속에서 그 감정을 충분히 느끼며 터널 안으로 들어가도록 하세요. 이 터널을 지나면 당신의 마음은 과거로 돌아가게 됩니다… 그 감정을 처음 느꼈던 때로… 계속 따라가세요. 터널의 끝이 보입니다. 터널 끝을 향해 계속 나아갑니다. 터널 바깥으로 나오게 되면 이 검지손가락을 들어주세요."

지금까지 설명한 역행방식의 종류를 간단히 정리하면 다음과 같다.

역행 방식	주요 특징
시기지정 역행	• 특정 시점으로 직접 유도 • 최면수사 등 기억재생에 주로 활용

자율 역행	• 내면에 원인 시점 탐색 요청 • ISE 직행은 드물어 반복 필요
자발 역행	• 유도자의 의도 없이 자발적 발생 • 해제반응 동반 가능성 높음
브릿지 역행	• 공통된 정서로 과거 연결 • 현대 ART에서 가장 선호되는 방식
심상화 역행	• 시각적 이미지 활용 • 내담자의 심상 선호도 확인 필요 • 경험에 영향을 줄 수 있어 주의 필요
기타	• 이데오모터 신호 활용 • 혼합형 등 다양한 변형 가능

03. 해제반응(Abreactions)에 대한 이해

해제반응은 그 자체가 하나의 테라피(Abreaction Therapy; 해제반응 테라피)로 취급될 만큼 중요하다. 최면 중 일어날 수 있는 이러한 반응을 이해하고 다루는 것은 최면상담사에게 필수적인 역량이다. ART에서 내담자가 일으키는 해제반응과 카타르시스(Catharsis)의 가치와 중요성에는 의문의 여지가 없다.

내담자가 지닌 신체적, 정서적 문제의 주요 원인 중 하나는 과거의 트라우마로부터 정서적인 해소가 불충분했다는 점이다. 주로 해제반응은 최면 중에 내담자가 무의식적으로 어떤 감정이나 경험, 기억 등이 갑자기 떠오르며 겪게 되는 현상을 말한다. 이런 감정이나 경험, 기억 등은 주로 개인적인 트라우마나 과거의 상처, 억압, 또는 미해결된 감정에 대한 반응일 수 있다.

이런 해제반응은 매우 강한 감정이나 기억을 불러일으키기 때문에 최면가나 최면상담사라면 이러한 예상하지 못한 해제반응에 대해 대처할 수 있는 기술과 지식을 갖추고 있어야 한다. 일부 사람들의 오해와 달리, 해제반응은 최면상담 기법 자체에 대한 부작용이 아니라 억압된 감정의 자연스러운 방출 과정이다. '환원' 또는 '소생(Revivification)'이란 단어를 통해 알 수 있듯이 이것은 오래전에 일어난 사건을 되살리는 것이다. 이것은 내담자에게 고통이나 피해를 주는 것이 아니라 제대로 이해하고 다룰 수 있다면 내담자에게 강력한 치유과정의 일환으로 매우 유익하게 작용할 수 있는 것이다.

해제반응을 통해 일어나는 감정적 방출은 기억된 실제 사건을 토대로 할 수도 있지만 부분적이거나 완전히 환상일 수도 있는 상상 속 사건에 대한 인식의 결과일 수도 있다. 즉 강렬한 혐오감 등의 감정이 반드시 실제 사건 때문이 아니라 그것을 왜곡되게 인식한 결과로서 발생할 수 있다는 것이다.

이와 같이 최면을 통한 해제반응은 내담자가 억압된 해당 감정을 재경험하고 이해하는 과정을 통해 그것을 해소하는 과정에 수반된다. 억압된 감정이 해소되면 이전에 경험한 감정적인 스트레스와 상황에 대한 안정 및 새로운 시각을 얻게 되므로 대개 내담자의 치유과정에 긍정적인 영향을 미치게 된다. 그러나 최면상담사가 이것을 효과적으로 다루는 방법을 모른다면 내담자에게 단순히 감정적인 고통을 반복해서 경험하게 하거나 불안, 혼란, 무력감과 같은 부정적인 감정만 체험하고 덮어버리는 결과가 따라올 수도 있다.

아래의 기술처럼 해제반응은 매우 다양한 유형으로 일어날 수 있다. 무엇보다 중요한 것은 최면상담사가 당황하지 말고 침착함을 유지해야 하는 것이다. 최면 중 해제반응을 경험하는 내담자가 최면상담사도 당황하고 있다는 것을 인식하게 되었을 때 더 이상의 암시 수용을 거부함으로써 상황에 대한 통제력을 잃는 곤란한 상황이 발생할 수도 있다.

특히 내담자가 해제반응을 보일 때 최면에서 돌아나오게 하는 것은 내담자를 불쾌한 감정상태에 빠뜨리거나 이전보다 더 안 좋은 상태로 만들 수 있으므로 유의해야 한다.

내담자를 각성시킬 때는 반드시 긍정적인 상태(성취감, 문제해결 느낌) 또는 평온한 상태를 확인한 후에 해야 한다.

강도에 따른 해제반응의 유형

역행도중 불쾌한 감정이 떠오를 때, 대부분의 내담자는 3가지 방법으로 대처하는데, 그 첫 번째는 매우 강렬한 감정적 방출을 보이는 것이다. 두 번째는 약하거나 적절한 해제반응을 표현하는 것이며 세 번째는 감정에 저항하거나 억압하는 것이다.

최면상담사는 언제나 이 세 가지 유형의 반응에 대해 대비되어 있어야 하며, 내담자의 다양한 반응에 어떻게 대처할 것인지에 대해 생각해 볼 필요가 있다. (여기에서는 해제반응의 유형만을 소개하며, 그 대처법은 뒤에 다시 언급할 것이다.)

① **격렬한 해제반응:** 역행도중 내담자의 강한 감정적인 방출이 일어나면, 몇 가지 기법을 적용하여 강도를 낮출 수 있다.

② **약한 수준 ~ 중간 수준 해제반응:** 이 경우는 가장 손쉽게 다룰 수 있다.

③ **억압된 해제반응:** 때때로 깊이가 확보된 상황임에도 불구하고 어떤 감정표현에도 저항하는 내담자가 있다. 또한 일부 내담자는 이를 표현할 때 역행상태에서 벗어나 과거형으로 이야기할 수도 있다. 이것은 보통 분석적인 성향을 지닌 내담자가 해제반응을 억압할 때 나타나는 경우가 많다. 이외에도 에고 상태의 성향적인 측면(회피적 성향)에서 발생하는 문제도 있다.

04. 작화된 거짓 기억과 잘못된 암시

적절한 방식으로 적용된 ART는 오랫동안 수많은 내담자의 변화를 도왔다. 내담자들이 의식적인 노력으로 변화시킬 수 없는 수많은 문제를 영구적이고 장기적으로 해결하는 데 기여해 왔다. 그럼에도 불구하고 이런 결과들을 부정하며 연령역행 자체에 대해 회의적이고 비판적인 견해를 말하는 사람들이 있었다. 특히 1990년대 후반 미국에서는 이 논쟁이 극에 달했고, 이것으로 인해 법적 소송까지 간 사례들도 있었다. 그들의 주요 비판점은 잘못된 역행 기법의 위험성에 관한 것이었다.

몇몇 심리치료사나 최면상담사가 적절하고 체계적인 교육을 받지 않은 상태에서 기억재생 세션이나 ART를 시도하였고 그 결과로 수년 동안 거짓 기억과 관련한 문제가 발생한 것이 그 원인이었다.

그러나 이는 명백히 해당 최면사가 역행 기술을 오용한 결과로 생긴 오해이지 ART 자체의 문제가 아니다.

거짓 기억 증후군(False Memory Syndrome)에 대한 대표적인 연구자는 《역행된 기억의 신화: 거짓 기억과 성적 학대 주장(The Myth of Repressed Memory: False Memories and Allegations of Sexual Abuse, Loftus & Ketcham, 1994)》이라는 책을 쓴 엘리자베스 로프터스(Elizabeth Loftus)이다.

로프터스는 목격자들의 증언에 대한 신뢰도를 확인하기 위해 다음과 같은 실험을 했다. 먼저 피험자들에게 교통사고 영상을 시청하게 한 이후, 사고가 일어난 자동차에 대해 질문을 했다. 사고 당시의 자동차의 속도를 짐작해 보라는 질문에서 질문하는 방식과 어휘의 배치, 표현 등이 피험자의 대답에 영향을 준다는 사실을 발견했다(Loftus & Palmer, 1974). 즉, 일부 피험자에게는 차가 '부딪혔다'라는 단어를, 다른 참가자에게는 '충돌했다' 등의 단어들을 사용했는데 그 질문의 묘사에 따라 대답이 크게 달라졌다는 것이다. 뿐만 아니라 사고 장면에 '깨진 유리조각'이나 '특정 도로 표지'가 있었는지 묻는 질문에, 실제로 영상에 없었던 이러한 허위 정보들을 많은 피험자가 기억한다고 대답했다(Loftus, 2005).

다른 전문가들 또한 거짓 기억에 대한 위험을 경고했다. 실제로 기억이라는 것이 얼마나 가변적이고 불안정할 수 있는가에 대해 많은 실험이 이를 뒷받침해 주고 있다. 어린 시절에 디즈니랜드에 가본 적 있는 학생들을 대상으로 사람들이 디즈니랜드를 구경하고 있는 가짜 광고사진을 보여준 후 그것에 대해 질문하는 실험도 있었다. 그 사진 속에는 한 아이가 벅스 버니(Bugs Bunny; 토끼) 캐릭터의 손을 잡고 있는 모습이 포함되어 있었다.

피험자들에게 과거의 경험을 구체적으로 말해달라는 요청에 무려 62%의 학생들이 벅스 버니와 포옹을 하거나 귀를 만졌다고 하기도 했고 심지어 당근을 주기도 했다고 말했다. 그러나 벅스 버니는 워너 브라더스의 캐릭터이며 디즈니랜드에는 결코 만날 수 없는 캐릭터였다.

이런 거짓 기억, 또는 영향을 받거나 작화(Confabulation, 작화)된 기억은 최면이 아닌 다른 종류의 일반적인 상담현장에서도 일어날 수 있는 문제이다. 치료사나 상담사가 자신이 믿고 있는 전제나 가설을 입증하기 위한 상담을 진행한다면 십중팔구 '부적절한 이끌기', '부적절한 리딩'이라는 함정에 빠지게 될 것이다.

특히 최면가의 제안이나 암시에 보다 민감하게 열려있는 최면적인 상태에서 최면상담사는 '적절한 이끌기'와 '부적절한 이끌기'의 차이에 대해 인식해야 하고 충분히 훈련되어 있어야 한다. 과거 한때 미국과 같은 거대 최면시장 내부에서도 이것으로 인해 발생되는 이슈들에 대한 논쟁이 있었다.

예컨대 어떤 최면가는 'UFO의 외계인에 의한 납치' 사건에 심취한 나머지 모든 피험자를 최면으로 유도한 뒤 'UFO에 납치되었던 적이 있다면' 그것을 떠올리라고 암시했다. 그 결과 대다수의 피험자가 UFO에 납치되어 지구를 몇 바퀴나 돌고 내려온 사건들을 묘사했다.

또 다른 최면가는 피험자에게 문제를 일으키는 귀신이나 외부의 존재가 피험자의 몸속에 있을 수 있다고 암시하고 최면 상태에서 그 존재를 호출하기도 했다. 그 결과 해당 최면가의 내담자 대부분이 자기 문제의 원인이 외부존재의 간섭을 받는, 즉 빙의된 영적인 존재가 몸에 붙어있다고 대답했다.

전생 테라피를 즐겨 사용하는 최면가가 문제의 원인이 전생에 있음을 암시하고 피험자가 그 전생으로 가도록 암시하는 것 또한 작화를 촉진하는 원인이 될 수 있다. 심지어 목의 답답함을 호소하는 내담자에게 "당신이 목이 졸려 죽었던 전생이 있다면 그 전생으로 갑니다."라고 암시하는 것 역시 전형적인 부적절한 이끌기 암시에 해당된다.

또 다른 경우는 상담사가 문제의 원인을 예상하는 것이다. 예를 들어 비만으로 찾아온 내담자에게 상담사가 "어린 시절 받은 학대의 경험이 종종 비만의 원인이 되기도 한다."고 말한 다음 최면을 유도하여 어린 시절 아버지가 자신을 안아주었던 장면으로 역행시키는 것이다. 그리고는 "아버지가 당신의 은밀한 신체 부위를 건드리지 않는지 잘 보세요."라고 말했다. 결국 아버지는 그 가족들에게 추호도 자신은 성추행한 사실이 없다고 그 억울함을 호소하면서 가족의 신뢰를 회복하기 위해 오랜 시간을 들여야 했다.

실제로 이러한 것에 인식이 없거나 잘못된 습관을 가진 최면가들이 부적절한 이끌기를 남용하는 일들은 여전히 일어나고 있으며(최면이 아닌 다른 종류의 상담에서도) 매우 주의해야 할 부분이다. 언젠가 국내의 한 공중파 방송에서도 이와 유사한 사례를 다룬 적이 있다. 한 교회에서 어린 자매를 상담해 준 심리상담사가 자신이 추측하는 원인을 입증하기 위해 아이에게 반복적인 '부적절한 이끌기' 질문을 했던 것이다. 처음에 그런 일이 없었다며 부인하던 아이는 결국 잘못된 질문과 그것에 기반을 둔 상상과 회상으로 훌륭한 거짓 기억을 생성해 냈다. 이러한 거짓 기억을 바탕으로 아내를 포함한 가족들은 아버지를 딸들을 추행한 추악한 성추행범으로 취급했고, 이에 아버지는 너무나 억울해했다.

물론 위에서 언급한 사례들은 대부분 UFO 납치가 실제로 일어나는지, 실제 빙의 현상이 있는지 없는지, 전생이나 판타지 세상이 존재하는지, 성추행이 있었는지 유무와는 무관하게 해당 최면가나 상담사의 '부적절한 이끌기'에 의해 영향을 받거나 작화된 반응들이다.

오늘날처럼 매체가 발전한 환경에서는 국내외를 막론하고 최면사들이 TV나 유튜브 등에서 최면을 행하는 장면들을 쉽게 찾아볼 수 있다. 그러나 여전히 적절히 훈련받지 못한 이런 식의 부적절한 이끌기 암시를 사용하는 최면가들의 시연은 흔하다. 이것은 최면이나 최면상담을 잘 모르는 사람들에게는 흥미로운 장면일 수 있지만 실제 최면상담사에게 그러한 장면은 전문성이 결여된 보여주기식 장면일 뿐 최면상담이나 치료적 가치는 매우 떨어지는 것이다.

오늘날 미국의 많은 주들은 최면이 개입된 법적 증언을 허용하지 않고 있다. 이것은 해당 사건과 연관된 주요정보를 기억하기 위해 최면을 받은 목격자의 증언을 거부할 수 있다는 것을 뜻한다. (Scheflin&Shapiro, 1989; Wester&Hammond, 2011) 법수사 최면의 과정에서 부적절한 이끌기가 사용된 경우 기억을 오염시켜 해당 목격자의 증언이 법정에서 효력을 잃게 만들 수도 있다.

우리의 무의식은 기존 신념체계나 정보에 따라 쉽게 암시받은 UFO 납치, 전생, 빙의, 악마, 판타지 등을 만들어 낼 수 있다. 이러한 현상이 발생하는 근본적인 이유는 기억의 본질과 관련이 있다. 현대 심리학의 연구 결과에 따르면, 최면을 통한 기억의 회복은 단순히 과거 기억을 되살리는 과정이 아니라, 기존 기억을 재구성하는 과정에 영향을 미칠 수 있다는 것이다. 이것은 기억 자체가 고정된 녹화물이 아니라 회상될 때마다 재구성되는 유동적인 특성이 있기 때문이다. 따라서 최면상태에서의 기억 작업은 사실 재구성의 과정이며, 이 과정에서 암시나 질문 방식이 기억의 내용에 영향을 줄 수 있다. 아마도 많은 사람이 최면을 통해 우리의 무의식이 얼마나 뛰어난 연기자가 될 수 있는지 눈앞에서 경험하고 목격하게 된다면 매우 놀랄 것이다.

이것은 비단 최면뿐 아니라 최면과 무관한 영적 수련이나 기공 등의 에너지 수련, 명상, 심리상담 등 무의식의 작용과 연관되는 거의 모든 영역에서 동일하게 경험할 수 있는 것이다. 따라서 무의식을 다루거나 연관된 다른 영역의 전문가들이라 하더라도 이런 최면적 현상과 무의식현상에 대해 제대로 공부하는 것은 자기 분야의 전문성 향상에도 큰 도움이 될 것이다.

특히 PTSD(외상 후 스트레스 장애)와 같은 트라우마 관련 장애의 치료과정에서, 최면은 억압된 기억을 다루는 도구로 사용될 수 있다. 그러나 이 과정에서도 치료사의 중립적 태도와 적절한 기술 활용이 필수적이다. PTSD 환자들은 종종 트라우마 기억을 완전히 억압하거나 단편적으로만 기억하는 경우가 있어, 적절한 최면 기법은 이러한 기억을 안전하게 통합하는 데 도움을 줄 수 있다. 하지만 이 과정에서도 부적절한 암시는 트라우마 기억을 왜곡하거나 새로운 심리적 부담을 만들 수 있다.

ART 도중 다음과 같은 암시들은 부적절한 암시로 작용할 수 있다.

ART 과정에서 금하는 부적절한 유도 질문 / 암시의 예제

- 당신은 어린 시절 성적 학대를 당했을 가능성이 높습니다. 떠오르는 게 있나요?
- 이 감정이 당신의 어머니와 관련되어 있을 것 같은데, 맞나요?
- 당신의 불안은 아마도 어린 시절 버림받은 경험 때문일 것입니다. 그때로 가볼까요?
- 예전에도 아버지가 당신을 때린 적이 있나요?
- 지금도 아버지가 당신을 때리나요?
- 당신 몸속에 이 문제에 영향을 주는 영적인 존재가 있습니까?
- 귀신의 존재를 처음 느꼈던 때로 돌아갑니다.
- 목이 졸려 죽었던 당신의 전생으로 갑니다.
- 아버지가 당신 몸의 다른 부위에 손을 대지는 않나요?
- 이 고소공포증의 원인이 되는 전생으로 갑니다.
- 전생에서 굶어 죽은 적이 있다면, 그 전생으로 갑니다.
- 만약 UFO가 당신을 납치한 적이 있다면, 그때로 갈 것입니다.
- (내담자가 낡은 비행기를 타고 있다고 말하자)
  어떤 비행기 같나요? 전투기나 군용기 같지는 않나요?
  (내담자가 전투기인 것 같다고 대답하자)
  다른 비행기가 있나요?

위와 같은 예제들은 모두 부적절한 유도 암시이다. 저자는 ART와 같은 접근을 행하면서 애초에 최면 자체가 무의식의 메타포를 다루는 것이라 주장하면서 자신이 인식 없이 행하고 있던 부적절한 이끌기를 정당화하려는 사람을 본 적 있다.

그러나 이것은 '부적절한 이끌기'와 '적절한 이끌기'를 구분하지 못하는 것이며, 그의 말처럼 해당 메타포나 환상 위에서 문제를 다루는 것은 앞서 말했던 '반창고 테라피'란 별칭처럼 그냥 인위적 암시를 직접적으로 주는 '직접 암시'와 다르지 않은 접근이다.

부적절한 이끌기를 피할 수 있는 방법은 먼저 원인에 대해 미리 짐작하지 않으며 중립성을 유지하는 것이다. 중립적인 질문이란 내담자의 답변을 특정 방향으로 유도하지 않는 질문을 의미한다. 연령역행에서는 내담자가 과거를 회상하는 것이 아니라 그 순간을 현재로 재경험하고 있으므로, 질문도 현재 시제로 이루어져야 한다. 예를 들어 "지금 어떤 느낌이 드나요?"라고 묻는 것은 "지금 무섭나요?"라고 묻는 것보다 중립적이다. 전자는 내담자가 현재 경험하고 있는 감정을 있는 그대로 표현할 기회를 주지만, 후자는 '공포'라는 특정 감정을 암시하며 내담자의 경험에 영향을 미칠 수 있다.

다음으로, 개방형의 질문을 사용하는 것이다. 개방형 질문은 내담자가 자신의 경험을 자유롭게 표현할 수 있도록 하는 질문 방식으로, '예, 아니오'로 대답할 수 있는 폐쇄형 질문과는 달리 더 풍부한 정보와 내담자의 실제 경험을 이끌어 낼 수 있다. 이처럼 중립적 태도를 유지하고 개방형 질문을 사용하는 의사소통 방식은 최면 과정에서 진실된 기억과 작화된 기억을 가르는 중요한 요소가 될 수 있다.

ART의 과정에서 최면상담사는 자신의 편견이나 관점에 사로잡혀 내담자를 이끄는 사람이 아닌, 내담자 중심의 '안내자' 역할을 해야 한다는 점을 명심해야 한다.

최면에서 실제 사실과 내담자의 상상을 완벽하게 구분해 내는 것은 불가능하다. 그러나 이것이 ART의 효과를 제한하지는 않는다. 최면 ART에서 우리가 다루는 것은 전적인 사실이 아닌 **내담자 내면의 '인식'**이기 때문이다. ART에서는 기억의 객관적 사실 여부보다 내담자의 주관적 경험과 그것이 현재 삶에 미치는 영향이 중요하다. 내담자가 경험한 사건의 객관적 사실 여부를 검증하는 것은 테라피의 목적이 아니며, 오히려 그 경험이 내담자에게 어떤 의미를 갖고 어떤 영향을 미쳤는지가 중요하다. 내담자의 주관적 경험을 존중하고 그 감정적 영향을 처리해 주는 것이 ART의 핵심이다.

이는 기억재생이나 수사를 위한 최면과 같이 객관적 사실이 중요한 경우와는 다른 접근법이다. 테라피의 관점에서는 기억의 사실 여부보다 그 기억이 만들어 낸 감정적 충격과 의미를 다루는 것이 치유의 핵심 요소이다. 그러나 법적 상황이나 중요한 의사결정에 관련된 경우처럼 객관적 사실이 중요한 맥락에서는, 최면을 통해 회복된 기억을 다른 증거와 대조하는 검증 과정이 필요할 수 있다. 이는 최면이 기억의 정확성을 완전히 보장하지 않기 때문이다. 최면 상담사는 내담자의 주관적 경험을 존중하면서도, 회복된 기억이 항상 객관적 사실과 일치하지 않을 수 있음을 인식해야 한다.

기억은 특히 감정이 개입되었을 경우 더욱 왜곡될 가능성이 있다. 만약 내담자가 가진 기억이 감정으로 인한 왜곡이 있었다 하더라도 그것이 완전히 해소되거나 중립화되고 나면 내담자는 자유를 얻을 것이다. 애초에 이것의 진짜 원인은 사건 그 자체가 아니라, 그것에 대한 '내면화된 인식'이기 때문이다.

최근의 기억 연구들은 기억이 고정된 녹화물이 아니라 회상될 때마다 재구성되는 역동적인 과정임을 보여준다. 최면은 이러한 기억의 재구성 과정을 활용하는 기법으로, 내담자가 과거 경험을 새롭게 해석하고 통합할 수 있는 기회를 제공한다. 이것은 거짓 기억이나 작화된 기억의 위험성을 인식하면서도, 최면이 치료적 도구로서 갖는 가치를 균형 있게 이해하는 관점이다. 내담자가 최면 상태에서 접근하는 기억은 객관적 사실 그대로일 수도 있고, 왜곡되거나 재구성된 것일 수도 있으며, 때로는 완전한 상상일 수도 있다. 그러나 치료의 관점에서는 그 기억의 사실 여부보다, 그 기억이 내담자의 현재 삶에 미치는 영향과 그것을 어떻게 치료적으로 다룰 것인지가 더 중요할 수 있다.

C.
ART를 위한 준비

01. 출발점 설정

내담자를 최면으로 유도하고 최면의 깊이 검증 및 컨빈서의 적용 후 본격적인 ART에 앞서 출발점을 설정할 수 있다. 이것은 필수적인 것이 아니시만 전체석인 ART과정에서 유용하게 사용될 수 있다. 이것은 역행을 시작하기 전에 출발을 위한 장소이기도 하지만, 역행이 마무리 될 때 과거나 미래로부터 돌아와 마무리하는 상징적인 공간이기도 하다. 또한 최면상담사가 ART 진행 중 성인자아와 함께 객관적 관조를 통한 대화가 필요할 때 사용될 수도 있다.

이것의 형식은 특정한 장소, 마음의 방, 빛의 공간 등 다양하게 연출할 수 있지만 유도자가 일방적으로 지정하는 특정 장소나 공간에 대한 심상을 사용할 경우 내담자의 참조 지점이 무엇인지에 따라 부정적인 자원을 환기시킬 수 있으므로 유의해야 한다.

02. 안전한 장소 설정

출발점과 비슷하게 사용 가능하지만 안전한 장소는 긍정적인 자원에 연결되어 있으므로 출발점의 중립적인 형태와 약간의 차이가 있다. 이것은 주로 '해제반응'에 염두를 둔 대비책으로 사용되는 경우가 많다. 이 절차 역시 필수적인 절차는 아니지만 내담자가 이런 안전한 장소에 대한 트리거를 지니고 있다면 세션 진행과정에서 다양한 이점을 가져온다. 필요에 따라 안전장소 설정은 출발점 설정을 대체할 수도 있다.

단, 이러한 목적의 트리거를 설정할 때의 유의점은 조금이라도 부정적 요소의 감정이 혼재되거나 양가적 감정이 유발되는 장소는 피해야 한다는 것이다. 때때로 많은 내담자가 본격적인 최면개입이 시작되기 전에 떠올리는 많은 심상(평화로운 장소, 마음의 방, 정경 등)들이 그들의 현재 내면의 자원상태를 은유적으로 표현하거나 반영하는 경우가 많기 때문에 특히 유의해야 한다.

안전한 장소 설정 도입 예제

"당신이 편안하게 휴식할 수 있는 안전하고 평화로운 장소 하나를 떠올려주십시오. 실제로 가봤던 장소도 좋고, 아니면 그림이나 사진 속의 장소, 심지어 상상 속의 공간이라도 좋습니다. (떠올린 것이 확인되면) 자, 이제 주변을 느껴보세요. 어떤 장소인가요?"

내담자가 질문에 대답하기 시작하면 확장 질문을 통해 경험을 촉진시킬 수 있다. 그러나 역행 전에 행할 수 있는 이런 종류의 심상화는 결코 최면의 깊이를 심화시키는 목적이 아님에 유의한다.

트리거 설정의 예제

"이 시간 이후에 제가 (내담자의 한쪽 손목을 살짝 잡는다) 이렇게 손목을 잡으면 당신이 무엇을 경험하건, 어떤 장소에 있건 간에 즉시 그 장면은 사라지고 지금 즐기고 있는 안전하고 평화로운 이 장소로 곧장 되돌아올 것입니다. 이것은 즉각적이고 자동적으로 작동할 것입니다."

앵커의 종류는 다양한 트리거를 사용할 수 있다. ART과정에서 내담자가 해제반응을 경험하는 도중, 이 트리거 자극을 통해 즉시 그 장면에서 빠져나와 지금의 안전한 장소로 되돌아오게 하려면, 반드시 먼저 최면유도 과정에서 이런 후최면 트리거가 즉각적으로 작동할 수 있는 깊이를 확실히 확보해야만 한다. 그렇지 않으면 이 트리거는 제대로 작동하지 않을 수 있다.

참고로 깊이를 확보하고(예를 들어 '프로파운드 섬냄불리즘'을 확보한 상태에서) 올바른 방식으로 설치한 트리거는 한 번의 설치로 한 사람의 일생 동안 동일하게 지속될 수 있다.

03. 역행에 대한 사전 암시

한 사람의 모든 경험은 무의식 내에 보관되어 있으며 최면을 통해 드러날 수 있다. 과거에 특별히 더 중요했거나 감정적인 특정 사건은, 그것이 재생을 어렵게 만드는 방어적 기능에 의해 차단되지만 않는다면 더 쉽게 드러나고 재생될 수 있다.

깊이가 확보되었다면, 내담자에게 재경험을 준비시키기 위해 다음과 같은 사전 암시를 줄 수 있다. 이 사전 암시는 필수적인 것은 아니지만 역행을 처음 경험하는 내담자에게는 중요하게 작용할 수 있다.

AR을 위한 사전 암시의 예제

"우리의 무의식은 지나온 모든 정보와 경험들을 온전히 저장하고 있습니다. 그냥 지금처럼 충분히 이완하고 편안해지면 아주 어렸을 때의 일들도 마치 당시의 자신으로 되돌아가 다시 경험하는 것처럼 생생하게 경험할 수 있습니다. 뭐든 억지로 떠올릴 필요는 전혀 없습니다. 그저 편안하게 잠재의식에게 요청하면 됩니다."

D.
성공적인 ART의 핵심

01. ISE의 검증

ART는 일반적으로 섬냄뷸리즘의 경계 레벨 이상의 깊이에 있는 내담자에게 '감정 브릿지 역행'을 사용하여 문제의 최초 시점으로 돌아가라고 암시하며 시작된다. 최면상담사는 내담자를 해당 감정의 발생 시점이나 원인이 된 최초 시점으로 돌아가 사건을 재경험하도록 유도한다. 일반적으로 분노, 두려움, 죄책감 등의 감정이 포함되지만, 이에 국한되지는 않는다.

첫 번째 역행 이후 사건들의 세부사항이 드러나기 시작하면 그것이 SSE인지 ISE인지 여부를 검증하고 ISE가 아니라면 계속해서 역행해야 한다. ISE를 검증하고 확정하는 것은 최면상담사의 주관적인 '감'에 의지하지 말아야 한다. 전체 과정이 논리적인 과정이 될 수 있도록 맥락과 검증요소들을 확인해야 한다.

ISE를 검증하는 과정에서 발견한 사건은 반드시 내담자가 가진 문제의 이력과 일치해야 함에 유의한다. 이런 방식의 역행에서 때때로 한 번의 역행으로 ISE가 발견되는 경우도 있지만 그것은 드문 경우이며 몇 개의 SSE를 거치는 경우가 일반적이다. (이데오모터를 사용한 역행은 이것과 다르게 최소한의 역행으로 진행되기도 한다.)

만약 한 사건에서 역행한 내담자가 자신이 느끼는 주요감정이 '익숙한 느낌(감정)'이라고 말한다면 최면상담사는 브릿징 기법을 사용해서 계속해서 내담자를 역행시켜야 한다. 그러나 역행한 내담자가 자신이 느끼는 주요 감정이 '새로운 느낌(감정)'이라고 말한다면 최면상담사는 즉시 자율역행 기법으로 전환하여 내담자를 역행시켜야 한다.

만약 내담자가 새롭다고 했을 때 최면상담사가 계속해서 동일한 브릿징 기법을 적용한다면 이것은 내담자에게 부적절한 이끌기로 작용할 가능성이 있기 때문에 암시의 사용에 각별히 주의해야 한다. 만약 해당 사건이 진짜 ISE였지만 부적절한 이끌기 암시를 통해 내담자가 ISE를 작화하게 된다면 최면상담사는 해당 ART 세션을 망쳐버린 것이다.

새로운 감정하에서 자율역행을 사용해야 하는 시점에서 또 한 가지 주의해야 할 점은 최면상담사가 내담자에게 '이전으로 돌아갑니다'라고 암시해서는 안 된다는 것이다. 대신에 '~시점에 있게 됩니다'라는 중립적인 암시를 사용해야 한다. 이 역시 만약 그 사건이 진짜 ISE였다면 부적절한 이끌기로 작용하게 될 수 있기 때문이다.

이렇게 역행의 주요 순간에 부적절한 이끌기를 습관적으로 사용하지 않도록 최면상담사는 자신의 언어사용을 돌아보고 철저하게 훈련되어야 한다. 최면상담사가 인식 없이 사용한 부적절한 암시들이 최면상담을 전혀 엉뚱한 방향으로 이끌 수도 있음을 늘 자각하고 있어야 한다.

이 과정에서 최면상담사가 내담자의 말만 듣고, 또는 임의로 해당 사건을 ISE로 판단하고 역행을 중지해 버리는 것 또한 금물이다. 이것은 주먹구구식의 감에 의존하는 작업이 아니기 때문이다. 최면상담사는 내담자가 더 이상 역행할 수 없을 때까지 계속 올바른 질문법을 사용하고 내담자의 대답에 맞는 적절한 역행기법을 사용해야 한다.

자율역행으로도 더 이상 역행할 수 없음이 확인된다면 이제 시기지정 역행을 통해 해당 사건이 발생하기 5분 또는 10분 전의 시점으로 내담자를 이동시킨다. 최면상담사는 여기에서 직전의 사건을 ISE로 확정할 수 있는지 다음과 같은 검증요소들을 검토해야 한다.

1) ISE는 내담자의 이력과 일치해야 한다. 내담자가 문제를 현재 역행한 나이 이전부터 이미 갖고 있었다면, 현재 역행한 시점은 ISE가 아니다.

2) ISE는 일반적으로 7세 이전에 일어나는 경우가 많다(전쟁, 강도 등의 중대 트라우마 제외).

3) 내담자가 감정을 '새롭다'고 표현해야 한다. 익숙한 감정이라면 그것을 이전에 경험했다는 의미로, 계속 역행이 필요하다.

4) 자율역행을 통해 더 이상 이전 사건이 없는지 재확인한다.

5) B-ISE 시점에서는 문제 감정이 존재하지 않아야 하며, 내담자는 안전함과 보호감을 느껴야 한다.

만약 해당 사건이 ISE가 아니라면 계속해서 ISE를 탐색해야 한다. 검증요소들의 검토 결과 ISE로 판정된다면 비로소 직전의 사건을 ISE로 확정하고, ISE가 발생하기 5분 또는 10분 전의 시점은 'ISE 이전' 또는 'B-ISE(B는 Before의 약자)'의 지점이 되는 것이다.

주의사항

- 최면 전 개인사 면담에서 내담자가 자신의 문제의 원인을 알고 있다거나 강하게 의심된다고 말하는 경우 일부 최면가들은 그 진술에 의존해 지정역행을 통해 해당 사건을 다루려 하는 경우가 있다. 그러나 대부분 그 예상은 빗나가는 경우가 많다. ART에서 이렇게 유도자나 내담자가 미리 결론을 내려놓고 유도하는 행위는 결코 하지 않아야 한다.

- 어떤 종류의 역행이든 첫 번째 역행시 내담자의 내면이 진짜 ISE보다 더 쉽게 특정 사건에 연결되는 일은 매우 흔하며, 최면상담사가 구조적인 검증과정 없이 이것을 ISE로 확정해 버린다면 여기에서 문제가 발생할 수 있다. 이런 2차 사건에서 작업을 완료하더라도 내담자는 여전히

증상의 방출이 일어날 것이다. 또는 일시적으로 문제가 해결된 것처럼 보이더라도 이후 그것이 재발되거나 심지어 완전히 다른 증상처럼 보이는 문제행동이 발생할 수도 있다. 이 경우 최면상담사와 내담자에게는 그것이 원래 문제와 전혀 관련이 없는 것처럼 보일 수 있다.

데이브 엘먼의 방식

데이브 엘먼의 방식은 현대 ART에서 고전에 속하며 오늘날 하나의 참고방식으로 여기지만 학습자를 위해 그 내용을 간략히 소개한다. 데이브 엘먼은 망망대해와 같은 무의식의 바다에서 내담자가 가진 문제의 ISE를 찾기 위해 핀-포인트 기법(Pin point method)을 사용했다. 이는 망망대해에서 ISE 판단의 기준점으로 삼을 수 있도록 섬을 만드는 개념이었다.

먼저 내담자를 어린 시절의 특정한 인상적인 경험의 순간으로 시기지정 역행을 시키는 것이다. 그런 다음 해당 나이의 내담자가 문제 증상을 지니고 있는지를 면밀히 확인한다. 만약 문제 증상이 존재한다면 더 이전의 특정한 다른 시점으로 이동시켜 증상의 존재 유무를 확인한다. 이렇게 증상의 출연 시점과 증상이 존재하지 않는 시점의 시간적 차이를 좁힌 다음 자율역행과 같은 방식으로 진짜 최초의 시점을 찾아갔다. 이 과정에서 엘먼은 명탐정과 같은 눈썰미로 논리적 허점이 없는지, 진짜 원인이 맞는지를 추적해나갔다. 즉, 엘먼은 ART과정에서 시기지정 역행과 자율역행, 이 두 가지 방식의 역행을 주로 사용했다.

그러나 이 방식은 증상의 발현 유무를 중심으로 역행이 진행되므로 SPE와 ISE가 동일한 사건이 아니라면 자칫 최면상담사가 SPE 또는 잘못된 시점을 ISE로 오인하고 확정하기 쉽다는 단점이 있다. 만약 여전히 이런 방식의 역행을 사용하는 최면상담사가 있다면 엘먼과 같은 추리력과 통찰력이 뒷받침되어야 할 것이다.

또한 오늘날 ART는 당시의 그것과 달리 특정한 상황에서 특정 반응이 나오는 단순 반응에 대한 원인추적을 넘어 보다 확장된 복합사례들에도 적용되고 있다. 내담자의 문제 감정이 파생된 감정이고 그것으로부터 역행을 시작할 경우 역행 과정의 사건들에서 주요한 감정들이 바뀌는 경우는 흔히 접할 수 있다. 이것을 이해하기 위해서는 ISE의 감정들이 어떻게 파생되고 변환되는지, 그리고 그것이 내담자의 문제행동에 어떻게 연관되는지 이해할 필요가 있다. 특히 폭식, 과다음주, 과잉쇼핑, 과잉흡연 등 과잉행동들의 이면에는 감정이 연관되는 경우가 많은데 이는 내담자의 내면에서 특정한 감정을 회피하기 위한 방편으로 과잉행동을 선택하는 경우이다. 결국 이러한 이슈를 근본적으로 다루기 위해서는 행동에 연관된 1차적인 감정을 찾고 중화하는 것이 필요하다.

02. 역행시 언어사용 방법과 유의사항

내담자가 역행하는 동안 최면상담사는 내담자의 경험을 따라가야 하며 정서적, 인지적, 행동적 측면의 전 영역에서 사건을 재경험하도록 해야 한다. 이때 작위적인 유도 암시로 내담자의 경험에 영향을 주지 않도록 유의하며 진행하도록 한다.

① 현재시제를 사용한다.
"기억할 수 있나요?", "기억해 보세요." 등 '기억'이라는 단어를 절대 사용하지 않도록 한다. 우리가 원하는 것은 내담자가 '재경험'을 하게 하는 것이지 '기억'하게 하는 것이 아니다. 이런 지시는 내담자가 재경험을 벗어나게 만들 것이다.

② 육하원칙 질문을 사용하되 '왜'라는 질문은 주의한다.
재경험 중인 내담자에게 '왜'라는 질문은 분석적인 의식을 부르고 최면 상태를 얕게 만들거나 재경험에서 벗어나게 만드는 경향을 가지므로 주의해서 사용하는 것이 좋다.

③ 내담자를 주의 깊게 관찰한다.
재경험의 과정에서 내담자의 표정, 호흡 속도의 변화, 한숨, 혈색의 변화, 눈물, 떨림, 작은 경련이나 움직임, 아이 같은 목소리나 표현 등 내담자가 드러내는 모든 표시를 잘 관찰해야 한다. 그리고 이에 대해 적절한 질문으로 내담자가 감정을 표현할 수 있도록 돕는다.
역행의 등급이 높을수록 내담자는 당시의 정서와 인지, 말투까지 재현하는 경우가 흔하다.

④ 내담자의 감정표현에 대해 칭찬하고 격려한다.
최면상담사가 내담자가 표출하는 감정표현에 대해 부정적인 인상을 주거나 개인적인 편견을 실어서는 안 된다. 늘 칭찬하고 격려하도록 한다.

⑤ **내담자 문제의 원인을 짐작하지 않도록 주의한다.**
최면 전 개인사 면담에서 내담자가 자기 문제의 원인을 뭐라고 말했건 최면상담사는 원인을 짐작해서는 안 된다. 최면상담사이든 내담자이든 짐작된 원인은 50% 이상의 확률로 틀릴 것이기 때문이다. 또한 이런 짐작은 의도치 않은 부적절한 이끌기와 작화를 유도할 수 있다.

⑥ **내담자를 특정한 방향으로 이끌지 않도록 주의한다.**
앞서 강조했다시피 부적절한 이끌기가 되지 않도록 주의한다. 내담자가 그저 지금 무슨 일이 일어나고 있는지 계속해서 말하도록 격려한다.

아래의 예시는 내담자가 사건을 따라 움직이도록 도와주는 표현과 문장들이다. 이것의 핵심은 작위적인 이끌기 암시 없이 정보를 얻는 것이다. 또한, 이러한 표현들을 사용하면 내담자의 체험을 더욱 심화시킬 수 있다.

- 첫 느낌을 말하세요. 밝은가요? 어두운가요?(낮인가요? 밤인가요?)
- 실내인가요? 실외인가요?
- 혼자인가요? 누군가와 함께 있나요?
- 누가 그곳에 있나요?
- 지금 어디에 있나요?
- 어떤 자세로 있나요?

- 지금 무슨 일이 벌어지나요?
- 기분이 어떤가요?
- 무슨 생각을 하나요?
- 이것 때문에 어떤 생각을 하나요?
- 이것 때문에 기분이 어떤가요?
- 몇 살인가요?
- 좋아요. 계속 진행하세요. 계속하세요.
- 무슨 일이 일어나는지 모두 이야기해 주세요.
- 그래서 어떻게 되나요?
- 그렇게 느끼게 되는 다음 순간으로 나아갑니다.
- 동일한 느낌을 느꼈던 이전의 순간으로 돌아갑니다.
- 다음의 중요한 사건으로 나아갑니다.
- 이제 무슨 일이 벌어지나요?
- 다음에 무슨 일이 벌어지나요?
- 조금 전에 무슨 일이 일어났나요?
- 10살, 무엇 때문에 그런 기분이 드나요?

03. 해제반응에 대한 대처방법

최면상담사는 내담자가 자신의 모든 감정적 억압을 표현하고 해소할 수 있도록 허용해야 한다. 눈물, 분노의 배출 등을 통해 억압을 해소하고 현재의 문제에 영향력을 행사하던 기저자아(기저의 에고 파트)가 다른 에고 파트들과 재소통되기도 하면서 치유가 시작되는 것이다.

그러나 격렬한 해제반응은 내담자에게 매우 사실적이고 생생하게 느껴질 수 있음에 유의해야 한다. 내담자의 몸은 심지어 사건 당시에 발생한 물리적인 변화를 실제로 재현할 수도 있다. 예컨대 숨이 막혔던 사건을 재현하며 실제로 내담자가 호흡을 힘들어할 수도 있다.

비록 수십 년 전에 느꼈던 사건이지만 마치 지금 일어나고 있는 일을 겪는 것처럼 동일한 감정이나 신체 자극을 느낄 수도 있다. 심지어 뺨을 맞은 장면을 재경험하던 내담자의 볼에 손가락 자국이 나타나는 것을 목격한 최면상담사도 있었다. 그러나 이것은 미스터리한 현상이 아니다. 왜냐하면 우리의 몸은 통증을 인식하고 그것을 복구하기 위해 해당 부위의 혈액 공급을 증가시키는 반응시스템을 갖고 있기 때문이다.

어떤 유형의 해제반응이 일어나더라도 최면상담사는 당황하지 말고 침착한 자세를 유지해야 한다. 이때 의도치 않은 앵커(anchor)가 만들어지지 않도록 내담자를 만지지 않아야 한다. (단, 아래에 소개된 것처럼 사전에 장착된 평화로운 장소 트리거를 자극하기 위한 접촉은 무방하다. 그러나 장착한 트리거 외에 다른 자극을 주는 것은 피하도록 한다.)

격렬한 해제반응의 대처

강렬하고 극심한 감정적인 방출이 지속된다면 몇 가지 추가적인 기법을 적용하고 감정적인 강도를 약화시킬 수 있다. 다음은 몇 가지 추가적인 기법의 예제이다.

① 직접적인 이동암시

다음과 같은 직접적인 암시를 침착하게 반복할 수 있다.

"호흡에 집중하면서 그 장면은 점점 사라지고 현재로 돌아옵니다."

② 평화로운 장소 트리거

이 기법을 적용하기 위해서는 본격적인 역행작업을 시작하기에 앞서 내담자가 무엇을 경험하건 전적으로 안전하고 평화로움을 느낄 수 있는 장소로 즉시 되돌아올 수 있도록 앵커링을 장착해두어야 한다. 예를 들어 최면상담사가 내담자의 왼쪽 손목을 살짝 잡는 것으로 모든 장면이 사라지고 이 평화로운 장소로 즉시 되돌아오게 되는 트리거가 장착되어 있다면, 내담자가 해제반응을 보일 때 최면상담사가 사전에 설정한 트리거를 자극(내담자의 왼쪽 손목을 살짝 잡으며)하며 다음처럼 말할 수 있다.

"이제 그 장면이 사라지면서 당신만의 안전하고 평화로운 장소로 이동합니다. 이 안전하고 평화로운 느낌을 즐기며 더욱 깊이 이완합니다. 그저 호흡에 의식을 두며 편안하게 휴식합니다. 그리고 지금 이 순간 얼마나 안전하고 평화로운지 느껴 보세요."

사전에 깊이를 확보하고 트리거를 정확히 장착했다면 대부분의 내담자는 즉시 그 장면이 사라지면서 안전하고 평화로운 장소로 돌아올 것이다. 그러나 만약 내담자에게 사전 장착한 트리거가 작동하지 않는다면 행복한 때의 전후로 이동시킬 수도 있을 것이다. 따라서 안전하고 평화로운 장소에 대한 트리거를 장착할 때 이것이 작동할 수 있는 충분한 깊이를 확보했는지, 이 트리거가 즉각적으로 반응하는지 여부를 철저히 확인하는 것이 좋다.

현재이건, 안전한 장소이건, 행복한 장소이건 내담자가 어느 장소로 가건 잠깐의 안정과 휴식을 취한 뒤 (경우에 따라 이전 상황에 대해 관조하며 대화를 나눈 뒤) 다시 그 장면으로 돌아가라고 지시한다.

"이제 당신은 조금 전 경험했던 그 장면으로 돌아갑니다. 그러나 이번에는 아까와는 달리 훨씬 그 느낌이 덜하게 느껴질 것입니다. 당신의 행복한 인생을 위해서 잠시 동안 그 장면으로 돌아갈 것입니다."

③ 감정적 거리두기
분리 타입의 진행을 요청하는 것이다.

"지금의 그 장면을 마치 남의 일처럼, 영화장면처럼 약간 물러서서 그냥 바라보세요."

약한 수준 ~ 중간 수준 해제반응의 대처

이 경우는 가장 손쉽게 다룰 수 있다. 감정적 방출을 강요하거나 중지시키지 말고 스스로 진행하도록 내버려둔다. 이때 갑자기 멈추게 하지 않도록 주의해야 한다.

최면상담사는 내담자가 인지하는 대로 사건의 관련 정보를 파악하며 연결해야 한다. 육하원칙을 고려한 질문을 하며 내담자의 말을 끊지 않도록 허용하면서 경청하도록 한다. 내담자가 살짝 눈물을 짓거나 말하는 도중에 보다 큰 감정표현이 일어나기도 한다.

억압된 해제반응의 대처

충분한 최면적 깊이가 확보되었음에도 감정표현에 저항을 보이는 내담자가 있다. 이것은 일반적으로 분석적인 성향을 지닌 내담자들이 해제반응을 억압하는 경우에 발생하는 경향이 있다. 분석적인 내담자가 자신의 느낌이나 정서에 연결되는 것을 돕기 위해 다음과 같이 말할 수 있다.

"지금 그 일이 일어나고 있다고 상상하고 그 장면 속으로 들어갑니다. 그 경험을 느껴보세요. 어떤 상황이 일어나고 있나요? 기분은 어떤가요?"

억압된 반응을 보이는 또 다른 경우는 회피성향을 가진 내담자에게서도 나타날 수 있다. 이 경우 최면상담사가 적절한 질문을 통해 내담자가 겪는 상황을 확장하고 자신의 감정이나 느낌에 연결될 수 있도록 도울 수 있다. 단, 질문의 과정에서 내담자의 경험에 영향을 줄 수 있는 부적절한 리딩 또는 부적절한 유도 질문이나 전제 질문을 하는 것은 금물이므로 각별히 유의한다.

04. 최면상담사와 내담자의 관계

ART를 행하는 최면상담 현장에서 최면상담사와 내담자는 별도로 분리된 객체가 아니다. 일반적인 진행 과정에서 최면상담사는 내담자의 체험을 관찰하는 역할을 할 수 있다. 그러나 단순한 관찰과 개입을 넘어, 궁극적으로는 최면상담사와 내담자가 '어떻게 함께' 하는가가 더욱 중요하다. 이것은 최면상담사가 내담자와 일시적인 동일시(예를 들어 영화를 보며 주인공의 입장에서 자신이 비슷한 감정을 경험하거나 시각화 하는 것과 같은)를 하거나 역전이(Countertransference)를 하는 것이 아니라, 진정으로 '함께' 임하는 것이다.

특히 심리적 외상을 겪은 내담자의 경험을 떠올릴 때 내담자의 내적 자아는 충분히 강하지 않은 상태일 수 있다. 이때 내담자가 감당하지 못하거나 압도당하지 않도록 최면상담사가 기꺼이 내담자의 두려움이나 고통을 함께 경험해 줄 수 있는 공명적인 관계를 형성할 수 있다. 물론 이러한 최면상담사의 참여는 일시적인 것이지만 내담자는 혼자서는 할 수 없는 일을 함께할 수 있으며 그것을 직면할 수 있는 힘을 지원받게 되는 것이다.

05. ISE의 영향력 제거하기

■ 현실에 기반을 두지 않은 감정 다루기

내담자의 문제 감정이 현실에 기반을 두지 않은 감정이라 판단된다면 '중화' 또는 '중립화' 절차를 목표로 해야 한다. 나쁜 감정이란 없다. 다만 오해된 감정만 있을 뿐이다. 항상 문제는 감정들이 만들어 낸 잘못된 인식에서 기인한다. 현실에 바탕을 두는 감정은 건강한 감정이다.

① 내면아이 통찰기법

한국에서 '내면아이 통찰기법'이라는 이름으로 부르는 이 기법은 저자가 이 기법을 보다 쉽고 친숙하게 부르기 위해 재명명한 이름이다. 해외에서 사용되는 원래 명칭은 '인폼드 차일드 테크닉(ICT: Informed Child Technique)'이다.

이 기법은 ISE를 확신한 이후 ISE의 핵심 감정이 현실에 기반을 두지 않은 감정일 경우 적용할 수 있다. 이 기법의 목표는 ISE의 내면 자아가 지니고 있는 다른 사람 또는 자기 세계에 대한 두려움이나 오해를 제거하는 것이다.

만약 이러한 두려움이나 잘못된 느낌들이 오해 때문에 생겨났다면, 그것은 아이가 진실을 알게 되었을 때, 즉 현실을 직시할 때 사라지게 된다. 그러나 이런 현실 직시나 통찰은 어른 자아 차원에서만 일어나서는 안 되며 반드시 문제를 지닌 내면자아 차원에서 일어나야 한다.

이것이 바로 이런 정신역동의 원인을 다루는 작업을 최면이라는 도구로 다루었을 때 매우 강력한 결과를 가져오는 이유가 된다.

이 작업은 최면상담사가 인위적으로 내담자에게 특정한 암시나 이해를 강요하거나 정답을 주입하는 것이 아니다. 이런 정보는 어른 자아로부터 나오게 되며, 결국 내담자 자신이 스스로에 대한 치유자가 되는 것이다.

이 기법은 약식 진행과 정식 진행이 있는데, 두 가지 모두 그 핵심은 동일하다.

다음은 찰스 테벳이 말한 ICT의 예제이며, 이는 약식적용에 해당한다.

② **약식 적용의 방법**

이 기법은 주로 앞에서 언급한 '평화로운 장소 트리거'와 결합하여 진행할 수 있으며 해제반응 이후 미리 설정한 트리거를 자극해 평화로운 장소로 돌아가서 사건에 대한 인지를 정리한 뒤 다음을 행할 수 있다.

[예제]

"조금 있으면, 과거로 돌아가서 다섯 살이 되라고 할 것입니다. 하지만 현재 지니고 있는 어른의 지혜, 지식, 이해력, 훈련과 경험은 모두 유지될 것입니다. 이제 지금 가지고 있는 어른의 지식, 지혜, 이해력, 지성 그리고 경험을 가지고 그 사건으로 돌아가 다섯 살이 됩니다. 당신은 그 장소에 있습니다…

(ISE를 부정적 감정 없이 재경험하게 되는 것을 확인한 후)
이제 이 사건에 대해서 새롭게 인지한 것은 무엇인가요?"

※ 주의: 조금이라도 문제 감정이나 느낌 등이 남아있거나 문제가 된다면 이 작업은 완료된 것이 아니며 결코 다음 절차로 진행해서는 안 된다. 이는 초보 최면상담사들이 종종 겪는 실수 중 하나이다.

③ 정식 적용의 방법

정식 진행은 약식 진행에 비해 훨씬 정교하고 상세한 요소들을 고려하며 진행하게 되지만 그 핵심은 동일하다. 단, 이 형식은 반드시 B-ISE(ISE이전) 상황에서 적용해야 하며 ISE에서 이 기법을 적용하는 것은 부적절하다. 왜냐하면 ISE시점의 내담자는 이미 문제가 되는 감정이나 사고, 느낌 등에 연합된 상태이기 때문이다. 이 경우 해당 자아는 새로운 정보에 대해 저항할 것이다.

이 기법을 행하기에 앞서 어른에게 "만약 당시의 그 아이가 지금 어른이 알고 있는 것을 알았더라면 그래도 그랬을까요?"라고 질문하는 것은 핵심적인 질문이다. 내담자에게 반드시 '아니오'라는 대답을 얻어야 한다.

이후 어른이 아이에게 가서 어른이 알고 있는 진실을 전달하게 한다. 즉 내담자의 내면에서 '현실 직시'로 인한 어른의 통찰이 아이에게 이전되어야 하는 것이 이 과정의 핵심이다. 이 과정에서 최면상담사가 인지 재구조화라는 명목으로 사건에 대해 내린 작위적인 해석과 판단을 내담자에게 강요하지 않도록 유의해야 한다.

또한 정보를 이전받은 아이가 ISE를 아무런 문제 없이 통과할 수 있는지 반드시 확인해야 하며 조금이라도 문제 감정이나 느낌 등이 남아있거나 문제가 된다면 이 작업은 완료된 것이 아니며 결코 다음 절차로 진행해서는 안 된다. 어른이 아이에게 제공한 정보가 부족하다면 이 과정을 다시 진행해야 한다.
(아이가 문제없이 ISE를 재경험할 수 있다면 어른과의 통합작업 등을 부가적인 옵션으로 진행할 수도 있다.)
아이는 안정감과 편안함을 느껴야 한다. ISE이전 시점에서 아이가 정보를 제공받는 것에 대해 극도의 저항이나 어려움이 있다면 이것은 ISE이전이 아닐 것이다. 즉, ISE확정에 문제가 있었을 것이다.

■ 현실에 기반을 둔 감정 다루기

ISE의 문제감정이 현실에 기반을 둔 감정이라 판단된다면 '해소' 절차를 진행해야 한다. 모든 감정은 현실에 기반을 둘 때 좋은 것이다. 이는 잘못된 인식이 아닌 건강한 감정이라 할 수 있다. 내담자의 감정이 슬픔, 두려움 등의 현실에 기반을 두고 있으며 진정한 인식에 기반하고 있다는 것이 밝혀진다면 작업의 목표는 그 감정을 무력화시키는 것이 아니며 내담자의 내면자아가 완전한 자율성을 얻을 수 있도록 '완전히 표현되는 것'을 목표로 한다.

감정이 오해에 기반을 둘 때 문제가 발생할 수 있지만, 또한 현실에 기반한 유효한 감정이 완전히 표현되지 않고 억압될 때도 심각한 문제를 일으킬 수 있다. 많은 사람이 현실에 기반한 감정조차 억압을 통해 문제를 일으키고 있다. 우리는 대응 기제를 사용하여 이런 정당한 감정들을 억압하기 시작했고 그 방법을 학습해 왔다.

치유적 맥락에서 강렬한 감정은 강력한 성장의 기회가 될 수 있다. 최면상담사는 내담자의 감정을 지속적으로 표현하고 더 크게 표현할 수 있도록 장려하기도 한다. 전통적인 최면ART에서 어떤 최면상담사는 공격성을 방출하기 위해 내담자에게 베개나 쿠션과 같은 것을 받쳐 주고 주먹으로 치게 하는 동시에 표현을 촉진하는 매우 직면적인 방식을 사용하기도 했고, 이에 동의하지 않는 다른 이는 내담자의 표현방식을 존중하며 내담자 중심의 매우 허용적인 방식을 사용하기도 했다. 이렇게 최면상담이라는 맥락 내에서 감정을 표현하는 것은 그 자체로 감정을 내면화하는 것을 멈추는 방법을 배우는 것이다.

그렇다면 내담자의 기저자아가 내부감정이 완전히 표현되었다는 것을 어떻게 확신할 수 있을까? 이러한 방식들이 효과적인 측면이 있지만, 해제반응과 카타르시스의 연결과정과 그것의 결과는 다소 막연한 재래식의 과정과 결과에 의존했다.

즉, 최면상담사가 이것에 대해 얼마나 효과적으로 다루고 해소를 확신할 수 있는지에 따라 매우 모호하고 주관적인 방식으로 처리되었던 것이다. 최면상담사가 할 일은 내담자가 감정을 매우 적절하게 표현할 수 있도록 촉진하고 해소시키는 것이다. 그러나 여전히 많은 최면상담사가 무조건적인 분리 등의 방식을 통해 역행과정에서 감정적인 연합과 해제반응이 일어나는 것을 회피하도록 가르치는 경우가 많다.

이런 이유로 최면분석을 추구하는 일부 최면상담사들이 이내 이 과정과 결과에 만족하지 못하여 ART 자체를 포기해 버리거나 이를 편집 암시 등의 직접 암시로 대체해 버리는 경우들이 늘어났다. 전통적인 방법에서 내담자의 감정이 완전히 표현되었다고 확신할 수 있는 방법은 상담 이후 현실에서 그 반응을 확인하는 것 외에는 존재하지 않았다.

그러나 ICS ART는 전통적 접근에 덧붙여 더욱 구체화할 수 있는 새로운 도구들을 유연하게 받아들임으로써 이것의 완성도를 높이고 꼼꼼한 에콜로지 체크를 통해 구체적이고 완전한 결과를 확인하도록 장려한다. 외적인 도구들의 접목과 활용에 대해서는 ART 베이직을 담은 본서에서는 다루지 않으며, 오프라인의 정규 전문가 과정(ICS 최면전문가 과정)을 참고하기 바란다.

전통적인 접근은 앞에서 다룬 '해제반응에 대한 대처방법'을 참고할 수 있다. 한 가지 덧붙이자면 해제반응과 카타르시스를 통해 해당 사건의 세부사항이 4회 이상 촉진되었음에도 감정이 같은 수준으로 지속되고 가라앉지 않는다면 그것은 ISE가 아닐 가능성이 높다. 해당 기억에 접근할 때마다 해당 감정이 이전의 강도로 돌아간다면 이 역시 마찬가지다. 또한 제대로 깊이가 확보되지 않고 표면의식 수준에서 작업이 진행되어도 이 역시 ISE가 아닐 가능성은 높아지므로 유의한다.

비록 검증과정을 거쳐 ISE임을 확정했다 하더라도 최면상담사의 노력을 비웃기라도 하듯 종종 그것을 뒤집는 '반전'은 일어날 수 있다는 사실을 염두에 두어야 한다. 때때로 진짜 숨겨진 ISE를 찾는 것은 명탐정과 같은 집요함과 꼼꼼함, 끈기가 요구될 수 있다.

최면상담사는 내담자의 지향점에 대해 개인의 이론적, 윤리적 틀을 대입하여 선입견을 갖지 말고 중립을 유지하며 내담자 내면의 안내에 따라야 한다.

06. 나머지 사건들의 진행: SSE들과 SPE의 처리

내담자의 내면에서 ISE의 영향력이 완전히 제거되고 ISE 재경험에 대한 반응이 문제 감정 없이 중립적으로 바뀌었다면, 이후의 SSE들로 진행시킬 수 있다. 만약 ISE를 재경험할 때 문제가 지속된다면 결코 SSE로 나아가서는 안 된다.

일반적으로 단일 양상의 문제일 경우 ISE와 SPE의 영향력을 제거하면 문제의 구조가 붕괴되어 나머지 SSE들이 연쇄적으로 무너지는 경우가 많다. 그러나 그렇지 않다면 잔여 SSE들을 거치면서 영향력들이 제거되었음을 확인하는 것이 좋다. 부정적인 영향력이 남아있는 SSE가 있다면 ISE와 같은 방식으로 처리할 수 있을 것이다. 시간이 허락한다면 ISE부터 역순으로 연령순행(Age progression)하는 것을 추천한다.

07. ART의 완성도를 높이는 부가기법들

ISE를 찾고 해소하는 과정에서 변화를 더욱 강력하게 고정시키는 몇 가지 부가적인 기법들을 알아보자.

① 내면아이 심장 통합

이 기법은 ISE를 통과한 직후 또는 내면아이 통찰기법을 행한 직후에 결합해서 사용할 수 있다. 그러나 반드시 ISE를 무사히 통과했거나 어른으로부터 정보의 이전이 확실히 이루어진 것이 확인된 이후에 사용해야 한다. 이 조건이 충족된 경우 다음으로 아이를 어른의 가슴이나 심장 옆에 두는 등의 형식으로 통합작업을 진행할 수 있다. 물론 이 작업은 아이와 어른이 동의한 상태에서 진행해야 하며 이는 어른이 아이에게 말했던 약속을 지킬 수 있게 하는 것이기도 하다.

예를 들어 어른이 아이에게 다음과 같은 문구를 사용하며 상호작용을 확인하고 통합할 수 있다.

"난 항상 널 위해 여기 있을 거야. 난 네 마음을 누구보다 잘 알아. 난 널 사랑하고 이해해. 절대 네가 힘들게 놔두지 않을 거야. 넌 결코 혼자가 아니야. 내가 항상 너와 함께 할 거니까."

이후 어른에게 다음처럼 지시할 수 있다.
"이제, 그 아이는 작은 인형처럼 아주 작아져서 당신의 손 위에 들어옵니다. 이제 그 아이는 당신을 신뢰하며 당신의 중심부인 심장 옆에 자리 잡을 것입니다. 그 아이가 당신의 보호와 사랑을 항상 느끼며 외로워하지 않도록, 당신이 항상 그 아이를 돌볼 수 있도록, 그 심장 옆에 자리합니다."

적절한 방식으로 심장이나 가슴부위에 통합한 다음 아이의 상태를 확인할 수 있다.

② 성인 확신 기법(A형식)

ISE를 무사히 통과한 아이가 자신이 바뀌었다는 것을 인식하고 그 변화에 대한 확신을 어른에게 돌려준다. 이것은 아이의 변화를 어른이 인정하도록 촉진하는 작업이다.

[예제]

(다음의 형식들은 하나의 예제일 뿐 다채롭게 변화 가능하다.)
- 나는 변화했어. 왜냐하면, 나는 내가 (사고, 감정, 느낌적인 측면) ~~는 걸 알았기 / 느끼기 때문이야.

- 나는 변화했어. 내가 바뀌면 너도 바뀌어. 왜냐하면, 내가 바로 너니까. 나는 너의 가슴속에서 함께하고 있어…

※ 위의 예제 자체가 내담자에게 논리적인 선언으로 인식되게 하므로, 밑줄 안에 들어가는 표현은 내담자와 연관된 어떤 것이라도 무방하다.

③ 성인 확신 기법(B형식)

어른 자아가 연령순행을 통해 미래로 전진했을 때 행할 수 있는 기법이다. 아이가 어른의 나이로 성장해 안전하고 보호받는 느낌을 갖고 난 뒤, 내담자의 이러한 변화들과 함께 펼쳐지는 미래를 경험하도록 한다. ISE와 SPE, SSE들을 완전하게 다루었다면 내담자의 내면은 자신에게 가장 유리한 미래의 상을 떠올리게 될 것이다.

여기에서 변화된 미래의 자신이 현재 시점의 자신과 A형식과 유사한 형식으로 상호작용하게 함으로써 과거와 미래로부터의 확신을 굳히게 할 수 있다. 저자는 이것을 과거와 미래로부터의 이중 확신을 의미하는 '샌드위치 확신'이라고 부른다.

단, ART의 후반에 미래를 다루는 이 기법은 어디까지나 ART의 결과로 내담자의 내면에서 자발적으로 그려지는 미래상이어야 하며, 최면상담사가 내담자에게 '성공한 미래', '우울함이 없는 미래' 등의 암시를 통해 인위적으로 그려주거나 조건을 주는 '좋아진' 미래상이 아니어야 한다. 즉, 인위적인 미래상을 떠올리게 하는 것은 금물인 것이다.

우리가 진행하고 있는 ART세션은 단지 미래에 대한 좋은 암시와 경험으로 동기부여를 높여주는 작업이 아니기 때문이다.

08. ART과정에서 주의 깊게 관찰해야 하는 신호들

앞서 기술했듯이 ART의 성공은 ISE를 찾는 것과 연관된다. 만약 진짜 ISE를 찾지 못했다면 앞서 적용한 내면아이 통찰기법은 결과적으로 내담자에게 효과가 없거나 일시적이거나 부분적으로만 효과를 보일 것이다.

진짜 ISE를 찾았음을 확신할 수 있는 방법은 무엇일까? 엄밀히 말해 최면상담사는 이것을 완전하게 확신할 수 없다. 그러나 높은 확신과 효율성을 위해 다음의 내용을 숙지해야 한다.

ISE 이전에서 내면아이 통찰기법을 행하는 과정에서 내담자의 저항이나 극단적인 어려움이 있다면, 그것은 최면상담사가 진짜 ISE를 찾지 못했다는 것을 뜻한다.

ART가 마무리되고 내담자가 각성했을 때 내담자의 문제행동이나 문제감정, 문제사고 등은 멈추거나 사라져야 한다. ISE 중화나 해소 이후 (또는 훗날 다시 진행하는 최면세션에서라도) 해당 경험을 재방문했을 때 문제와 연관된 어떠한 연합도 남아있지 않아야 한다.

ART는 단지 문제 징후를 경감 또는 완화시키는 것을 목표로 하는 테라피가 아니기 때문이다. 내담자가 각성 후에도 문제와 연관된 감정이나 불쾌감 등을 조금이라도 느끼고 있다면 이는 ART가 완료되지 않았다고 말해주는 것이다.

따라서 항상 내담자를 각성시키기 전에 (예를 들어 그것이 감정이라면) 목표로 했던 감정이 완전히 소거되었는지 확인해야 한다. 내담자가 각성한 후에도 이를 꼼꼼히 확인해야 한다.

ART가 완전하게 완료되었고, 이차적 이득의 개입(뒤에 설명할 것이다.)이 없다면 문제행동 등은 당연히 멈추어야 한다.

연령역행을 통해 사건을 다루는 치유작업은 과거의 오해와 두려움을 제거하는데 매우 탁월하다. 그러나 역행과 사건을 다루는 작업만으로는 내담자가 내면에 지닌 타인을 향한 분노의 감정을 완전하게 다루기 어렵다. 따라서 사건을 다루는 작업과 함께 사람에 대한 감정을 다루는 구조화된 절차를 결합하여 이런 분노나 죄책감 등의 이슈들을 다루고 완전하게 마무리 지을 필요가 있다. 다음 장에서는 이렇게 사람에 대한 이슈를 다루는 절차를 살펴볼 것이다.

예외적으로 문제의 구조가 깊고 복잡한 경우가 있다. 이것은 엄밀히 말해 앞서 언급한 것과 다른 상황이다. 이 책에서 다루는 단순한 상황-반응 이슈가 아닌, 한 인간의 더 깊은 패턴을 추적하는 경우에는 마치 양파껍질을 까듯 표면적인 껍질을 벗겨내고 깊이 박혀있는 진짜 감정이나 신념을 드러나게 해야 하는 경우가 있다. 이것은 작업이 매우 잘 진행되었더라도 바로 최종적인 결과로 이어지지 않을 수 있다. 최면상담은 끝이 나야 비로소 끝나는 것이기 때문이다.

　매우 의미 있는 중간 결과가 나오고 있음에도 일부 통찰력이 부족한 내담자의 경우 이 과정에 대한 최면상담사의 설명에도 불구하고 이것의 가치나 과정을 이해하지 못하는 경우가 있을 수 있다. 그렇다 하더라도 그런 양상의 변화를 최면상담사는 예리하게 인식할 수 있어야 하고 내담자를 이해시키는 데 최선을 다해야 한다.

09. 사람에 대한 이슈와 용서 테라피

　최면상담사가 다루는 내담자들의 많은 부분은 습관적이거나, 중독적 혹은 충동적인 행동 패턴이 차지한다. 그리고 이러한 행동들의 이면에는 대부분 '감정'이 있고, 이 '감정'에 의해 문제행동이 자극되고 유발된다. 즉, 이런 행동을 취하는 것은 고통스런 감정을 회피하거나 벗어나기 위한 방편의 하나인 것이다.

　따라서 내담자가 지니고 있는 문제의 원인이 되는 감정이 충분히 해소되지 않거나 사고적 부분이 바로잡히지 않는다면 이런 행동을 계속 하도록 작용할 것이다. 이런 감정이나 사고적 행위를 유발하는 요인들은 과거의 사건 자체에 있을 수 있지만, 많은 경우에 타인과의 관계 즉 사람에 대한 이슈에서 유발되는 감정이 포함되어 있다.

　이 경우 최면상담사는 내담자가 궁극적으로 과거로부터 자유로워지게 하기 위해서 기억 속 사건뿐만 아니라 사람과의 문제를 함께 다루고 해소시켜야 할 것이다.

특히 이 과정에서 내담자의 현재에 공명하여 위와 같은 과잉행동을 유발하거나 정신적·신체적 문제로 이어지게 하는 원인이 되는, 과거의 '분노', '원망', '죄책감' 등을 다루게 되는 경우가 많다. 이것은 자연스럽게 '용서'라는 절차와 연결된다.

사람에 대한 이슈, 특히 '분노'라는 감정 속에 있는 자신이 자유로워지는 길은 '용서'뿐이기 때문이다. 용서에 대한 가치와 중요성은 이미 많은 선각자나 시중의 책들에서 언급하고 있다.

그러나 과연 이 용서라는 것이 쉽게 도달할 수 있는 과정인가? 결코 그렇지 않다. 저자는 지금껏 20여 년 동안 최면상담의 사전 면담에서 상담을 받기 위해 찾아온 수많은 내담자로부터 과거 속의 인물을 이미 용서했다는 말을 여러 번 들었다.

예컨대 어린 시절, 아버지의 음주와 가정폭력이 생활화될 정도로 심했다고 말하는 내담자가 있었다. 당시에는 정말 아버지를 죽여 버리고 싶을 정도로 미웠지만, 시간이 흘러 어른이 되어보니 아버지의 심정이 충분히 이해가 가고 아버지를 용서했다고 자신 있게 말하는 것이다. 그러나 최면 전에 나눈 이런 의식적인 대화와는 달리 실제로 최면 상태에서 어린 시절로 돌아가 보면 이미 용서했고 존재하지 않는다던 그 분노는 내면에 있는 그 어린아이 수준의 자아가 고스란히 간직하고 있었다. 이것은 단지 이 내담자의 사례만이 아니라 대부분 비슷한 맥락으로 말하는 내담자의 사례들에서 큰 예외는 없었다.

사전 면담에서 내담자의 의식이 하는 말은 참고로 할 뿐 결코 그 표현 그대로 믿어서는 안 된다. 모든 사람의 무의식은 비슷한 방식으로 작동하며 내담자가 특정 분야에 대한 지적 수준이 높거나 전문직에 종사한다고 해서 그 사람의 무의식이 남들과 다르게 작동하지는 않는다는 사실을 기억하라.

표면자아 차원의 용서의 수준과
기저자아 차원의 용서의 수준은 다르다.

분노를 다루는 용서 테라피는 타인에 대한 용서와 자기 자신에 대한 용서로 나눌 수 있다.

10. 게슈탈트 역할극의 통합적 적용

프릿츠 펄츠(Fritz Perls; 1893~1970)는 많은 심리치료사가 사용하는 게슈탈트 치료의 선구자이다. 그가 종종 사용했던 빈 의자 기법(게슈탈트 역할극)은 20세기 ART의 발전과정에서 몇몇 최면상담사들이 도입하기 시작했고 현대 ART에서 필수적이고 중요한 요소로 자리매김했다. 길 보인, 렌달 처칠, 찰스 테벳 등 많은 최면상담사는 ART에서 게슈탈트 역할극을 접목하여 극적인 결과를 만들어 냈다. 오늘날 게슈탈트 역할극은 특정사건 내에서 해제반응 및 고통 수치 감소를 위해 약식으로 이 기법을 조합한 형태로 활용하기도 하고, AR의 후반부 또는 별도의 회기에서 정식 용서 테라피의 기법으로 사용되기도 한다.

이렇듯 현대의 ART에는 게슈탈트 역할극과 연관된 기술을 부분적이고 필수적인 요소로 포함하고 있다.

ART에서 사용하는 용서 테라피 기법 또한 사건을 다루는 기법과 마찬가지로 '통찰'에 기반을 두는 접근이란 점에 유의하도록 한다. 이는 **ART과정에서 용서에 대한 여지가 생기지 않은 내담자에게 최면상담사가 용서의 필요성을 강조하는 스크립트 문장을 일방적으로 읽어주고 용서를 강요하거나 권유하는 형태가 되어서는 안 된다.** 이 또한 충분히 훈련되지 않은 최면상담사들이 종종 행하는 실수 중 하나이다. 게슈탈트 역할극이 접목된 용서 테라피는 무의식 수준에서 해소를 위한 전제 조건인 이해와 통찰의 과정을 촉진시킨다.

ICS ART에서 게슈탈트 역할극은 ART과정의 일부로서 접목되고 활용되기를 권장하며 단독 기법만을 사용하는 것은 권장하지 않는다. 이 워크는 단독으로 사용 시 자칫 내담자와 가해자와의 갈등만 증폭되거나 평행선을 달리다 마무리되는 작업이 될 수 있으므로, 결코 단독으로 사용되는 형태가 아닌 사건을 다루는 체계적인 적용 이후에 통합적으로 적용되어야 한다.

이런 작업에서 기억해야 할 핵심은 우리가 다루는 것은 실존하는 가해자나 인물이 아니라는 점이다. 이는 내담자의 특정 시기의 에고 파트가 무의식적으로 지니고 있는 **해당 인물에 대한 내사(Introject)** 이다.

ART에서 ICS 전문가가 하는 일은 영향받고 있는 내사로부터 내담자의 에고 파트가 주체성을 되찾고 자유로워질 수 있도록 지원하는 것이다.

11. 타인용서의 세부 절차와 참고

아래는 ICS-ART의 타인용서 과정의 표준적인 참고사항이다. (보다 세부적인 사안은 ICS 최면전문가 과정에서 다룬다.)

기본적인 게슈탈트 역할극은 마음의 방이나 안전한 공간 등의 장소에서 두 개의 의자를 마주 보게 배치하여 진행한다. 하나는 '듣는 의자'이고 하나는 '말하는 의자'이다.

이때 위협적인 인물을 다룰 경우에는 듣는 의자에 앉은 대상을 밧줄로 묶는 등의 안전장치를 설정할 수도 있다. 이러한 설정은 내담자가 자신의 감정을 보다 안전하게 표현할 수 있도록 돕는다.

■ **가해자의 내사를 호출하는 두 가지 형식**

① **지정 호출:** 내담자에게 자신을 가장 크게 상처 준 사람이나 피해나 고통을 준 다른 중요한 사람(AR 과정에서 밝혀진 대로)을 듣는 의자에 앉히게 한다. 만약 가해자가 이미 사망한 경우라면 다른 형

식의 연출이 고려될 수도 있다. 이 경우 작업이 모두 끝나면 가해자를 자신이 있던 곳으로 돌려보내 줄 수 있다.

② **개방적 호출:** 개방적 호출은 다음처럼 진행할 수 있다.
"잠시 후에 제가 1부터 3까지 셀 때 당신의 마음을 누구보다도 아프게 했던 사람 한 명이 그 의자에 앉게 될 것입니다. 그 사람은 지금까지의 인생에서 누구보다 당신에게 상처 주고, 눈물짓게 하거나 좌절하게 한 사람일 수도 있습니다. 1, 2, 3! 자, 누가 나타났나요?"

※ 지정 호출의 경우 다루어야 할 인물이 누락되는 경우가 생길 수 있고, 개방적 호출의 경우 AR에서 드러나지 않은 인물이 나타날 수도 있다.

■ ICS-ART에서 게슈탈트 역할극의 요령과 핵심 원칙

① **감정의 표현과 인식**
내담자는 가해자에게 받은 상처와 그로 인한 영향을 충분히 표현해야 한다. "당신의 그 말 때문에 내가 상처 입었어.", "당신은 늘 나를 비참하게 했어." 등의 형식으로 구체적인 감정 표현이 이루어진다. 이 과정에서 내담자의 분노나 슬픔이 신체화되어 나타나는 것은 자연스러운 현상이며, 이를 충분히 허용해야 한다.

또한 때로는 이 신체화가 유도자의 지시에 의해 의도적으로 이루어지게 할 수도 있다. 내담자의 분노를 신체 부위로 치환하는 이 기법은 결코 해결중심의 인위적인 내적 표상 변환을 위한 목적이 아니라 감정의 '척도' 확인용으로만 사용한다. 만약 이것을 사용한다면 이후 내담자의 용서가 이루어졌을 때, 구체화시켰던 신체 부위를 확인하게 하고 그곳이 어떻게 느껴지는지 말하게 한다. 용서는 분노의 감정이 사라졌을 때 끝날 것이다. 만약 그것이 남아있다면 더 해야 할 용서 작업이 있다는 것의 방증이다.

최면상담사는 내담자가 자신의 내부 감정을 표현할 수 있도록 격려하고 이렇게 함으로써 내담자가 삶의 통제권을 되찾는 데 도움이 될 것이라고 암시할 필요가 있다.

이 과정에서 내담자가 내부감정을 드러내고 표현하게 하기 위해 다양한 방식들을 사용할 수 있다. 내담자가 핵심적인 감정을 겉으로 드러내도록 하기 위해 심지어 내담자에게 베개를 던지거나 때리면서 감정을 표현하도록 격려하는 경우도 있다. 그러나 이런 방식보다 더 좋은 방식은 이 작업에 앞서 AR 과정에서 연관 사건들을 충분히 해소시켜주는 것이다. 그렇다면 이 과정은 훨씬 수월하게 진행할 수 있을 것이기 때문이다.

② 관점의 전환

적절한 시점에 내담자는 가해자의 입장이 되어보는 경험을 하게 된다. 이는 단순히 역할을 바꾸는 것이 아니라, 새로운 이해의 관점을 제공하는 중요한 과정이다. 이 전환은 내담자가 충분히 준비된 상태, 즉 자신의 감정을 충분히 표현한 이후에 이루어져야 한다.

때때로 내담자가 가해자로 인칭이 바뀌는 것을 부담스러워하거나 거부하는 경우도 있을 수 있다. 이 경우 또한 충분히 사건들을 다루지 않고 섣부른 게슈탈트 역할극을 적용할 때 나타날 수 있는 반응이다. 그러나 충분히 사건을 처리하였음에도 이런 반응이 나온다면 약간의 변형된 방식으로 도입부를 시작할 수 있다.
예를 들어 다음의 예제처럼 인칭의 변환을 잠시 뒤로 미루고 먼저 내담자와 대화하는 것이다.

"앞에 있는 (가해자)를 보세요. 방금 당신이 한 말에 대해 뭐라고 대답하나요?"

③ 통찰의 발견

가해자의 행동 이면에 있는 맥락을 이해하는 과정은 매우 자연스럽게 이루어져야 한다. 가해자와 내담자의 관계에 얽힌 사연은 각 세션에 따라 매우 다양할 수 있다. 강력하게 가해자를 추격하는 방법은 때때로 유용하게 작용한다. 이 방법은 가해자의 약점을 발견하고 상황을 이해하여 표면화시키는 데 도움될 수 있으며 용서를 촉진하는 데 쓸 수 있다. 어쩌면 가해자는 내담자를 사랑했지만 그 사랑을 표현하는 방법을 배운 적이 없고 서툴렀거나, 자신의 내적 두려움으로 그렇게 했을지도 모른다. 가해자 입장에서의 긍정적 의도를 발견할 수도 있고 가해자가 행한 행동에 대한 이해도가 증가할 수도 있다. 이것은 여기에서 밝혀질 것이다.

"당신도 좋은 부모가 되고 싶었을 텐데, 그럴 수 없었던 이유가 있었나요?"와 같은 탐색은 내담자가 새로운 시각을 발견하도록 도울 수 있다. 이는 결코 가해 행위를 정당화하는 것이 아니라, 상황을 보다 객관적으로 이해하는 과정이다.

위 예문에서의 핵심은 가해자인 아버지가 실제로는 아들을 상처 주고 싶어 한 것은 아니었을 것이라는 사실을 밝혀내는 것이다. 어쩌면 가해자인 아버지도 또 다른 측면의 피해자였을 수도 있다. 혹은 그들이 미성숙했거나 자신의 내적 두려움에 사로잡혀 있었을 수도 있다. 그러나 가장 중요한 것은 어떤 경우든, 그것이 내담자에게 잘못이 있었기 때문이 아니다.

사실 가해자는 내담자가 더 잘되기를 바라며 내담자를 고통 주고 싶지 않았다는 것을 내담자 스스로가 인식하고 받아들일 수 있다면 이상적일 것이다.

④ 용서로의 전환

가해자는 내담자에게 사과하고 용서를 구해야 한다. 그리고 내담자가 이를 받아들이고 가해자를 용서할 때, 이 '용서'는 가해자를 위한 것이 아니라 자신을 위한 것이라는 것을 인식해야 한다. 즉,

용서는 가해자를 위한 것이 아닌, 내담자 자신을 과거의 속박에서 해방시키는 과정임을 자연스럽게 이해하도록 한다.

최면상담사가 이해해야 하는 용서의 의미

> 용서란 상대방을 좋아하거나 사랑하라는 의미가 아니다. 용서란 자신에게 일어났던 모든 일을 묵살하라는 의미도 아니며, 모든 것을 잊어버리라는 의미도 아니다. 용서란 나 자신을 위해서 하는 것이다. 더 이상 내 마음의 방이 오염되지 않도록 상대방을 그냥 내 마음에서 떠나보낼 수 있는 것을 의미한다. 그래서 자신을 과거로부터 자유로워지도록 하는 것이다. 지금까지 붙잡고 있었던 것도 자신이듯이 놓아버릴 수 있는 것도 바로 자기 자신인 것이다.

이 모든 과정에 결코 최면상담사가 사과나 용서를 강요하거나 설득해서는 안 된다. 시간이 부족하다고 해서 최면상담사가 가해자에게 사과를 강요하거나 반대로 내담자에게 용서를 강요하는 것 또한 금물이다. 강요에 의한 용서나 부분적인 용서는 결코 해결책이 될 수 없다. 내담자의 내면에서 진심으로 상대방에 대한 '용서의 여지'가 만들어질 때까지 진행해야 한다. 이 부분에 대한 이해가 부족한 최면상담사가 중대한 실수를 행하는 장면들은 최면상담 장면에서 종종 목격되곤 한다.

용서의 여지가 만들어지기 전까지는 '용서'라는 단어 자체를 사용하지 않는 것이 좋다. 용서라는 행위는 가해자의 사과나 최면상담사의 권유로 대체될 수 없는 내담자의 자발적 수용 과정임을 기억해야 한다. 또한, 가해자가 사과를 했다고 해서 내담자의 분노가 사라지고 그것을 수용하는 것은 아니기에 반드시 상호작용을 확인해야 하고 내담자의 마음에 용서를 할 여지의 신호가 나타날 때까지 끈기 있게 기다려줄 수 있어야 한다.

용서라는 행위에 대해 내담자가 진심으로 이해하고 수용하지 못한다면 결코 무의식 수준에서의 용서는 이루어질 수 없다. 최면상담사는 이것을 단지 직접적인 암시나 가해자를 방에서 떠나게 하는 임시방편의 기계적인 기법으로 진행하려 하지 말고, 어디까지나 내담자의 통찰에 기반을 둔 용서가 일어나도록 노력해야 한다. 머리 수준의 용서와 가슴 수준의 용서는 다른 것이다.

⑤ 작업의 마무리

용서 선언이 마무리되면 적절한 방식으로 가해자의 내사를 분리하는 형식으로 마무리할 수 있다. 몇몇 심상화를 사용한 이벤트(마음의 공간에서 내보내는)를 적용할 수 있지만 이러한 분리 이벤트가 핵심이 아닌 용서를 받아들이는 통찰 자체가 핵심임을 명심하라.

작업이 완료되면 내담자는 종종 "가슴이 확 트이는 것 같다." 또는 "무거운 짐을 내려놓은 것 같다."는 표현을 할 수 있다. 이때 이러한 변화된 상태를 충분히 인식하고 통합할 수 있도록 시간을 제공한다.

⑥ 부가적인 인물을 다루어야 하는 경우

만약 시간이 남아있고, 내담자를 관찰했을 때 내담자 스스로 진행할 능력이 있다고 판단된다면, 스스로 행하는 자가 타인용서 과정으로 넘어가는 방법도 있다. 그러나 ICS-ART에서는 이 방법을 권장하지 않는다. 특히 종합적인 사안의 경우 자가 진행이 어렵거나 진행하더라도 불완전하게 끝날 가능성이 많기 때문이다. 또 다른 인물을 다루어야 한다면 최면상담사는 함께 나머지 용서 과정을 계속 진행해야 한다.

이러한 작업의 세부적인 기법들과 다양한 상황에서의 적용 방법, 예기치 못한 변수들, 미리 숙지함으로써 피할 수 있는 함정들, 그리고 보다 구체적인 심화된 접근법은 ICS 최면전문가 과정에서 실제 사례와 함께 심도 있게 다루어진다.

용서 작업이 제대로 끝나지 않았다면 최면상담사는 그 과정이 완료될 때까지, 즉 특정한 기준에 다다를 때까지 이 과정을 다시 행해야 한다.

이 과정의 주요 목표는 내담자가 현재에 영향을 주는 과거의 가해자들을 무의식 수준에서 완전하게 용서하게 하는 것이다.

이 과정이 잘 끝났는지 어떻게 확인할 수 있을까? 바로 그 대상을 향한 분노의 감정이 내담자 안에 남아있는지 확인해 봄으로써 알 수 있다. 만약 분노가 모두 사라졌다면 용서가 완료된 것이고 여전히 분노가 조금이라도 남아있다면 내담자는 용서 과정을 계속해야 한다. 이 과정을 능숙하고 완전하게 진행하는 것은 최면상담사의 숙련도와 수준의 단면을 보여주는 것이므로 ART 체계에서 매우 중요한 부분 중 하나이다.

12. 자기용서의 세부 절차와 참고

연령역행과 타인용서 과정을 마무리했다면 내담자는 이미 큰 해소와 감정적 완화를 경험했고 자신의 이슈에 대한 많은 통찰과 변화를 받아들였을 것이다. 그렇다면 이제 매우 강력한 작업인 '자기용서' 과정을 진행할 준비가 된 것이다. 이 과정은 내담자 자신에 대한 '분노'나 '죄책감'을 다루는 작업이다. 그리고 이 과정은 타인을 향한 '분노'의 문제들이 해결된 후에야 비로소 준비가 된다고 볼 수 있다.

일부 최면상담사들은 앞의 모든 과정을 생략하고 오로지 자기용서 또는 자기화해 작업만을 진행하려 하기도 한다. 그러나 때때로 이런 접근은 내담자의 저항을 불러오거나, 또는 해당 작업이 잘 진행되었더라도 일시적이거나 부분적인 작업으로 그칠 수 있다. 내담자가 분노와 관련한 부정적 감정을 내면에 계속 숨기고 있는 한 내담자는 진심으로 용서하는 것이 무가치하게 느껴질 수 있기 때문이다. 따라서 '타인용서' 과정이 마무리된 후에야 비로소 자신을 용서하고 죄책감에서 벗어나기 위한 '자기용서' 작업의 준비가 되는 것이다.

앞서 언급한 작업의 순서를 무시할 경우 자칫 저항이나 부작용을 불러올 수 있으므로 주의한다.

일부 해외의 자기용서에는 파츠 테라피의 일부를 사용하기도 한다. 그러나 ICS ART의 자기용서는 보다 한국적인 정서를 고려하여 내면아이 작업 형식인 거울기법을 주로 사용한다. 신비한 거울에 비치는 자신의 특정 에고 상태(또는 파트 / 분아 / 내면아이)를 보게 하는 것이다. 이 형식은 다소 약식의 형태로 진행되지만 보다 감성적인 요소를 강조하여 진행할 수 있다는 장점이 있다.

대부분 여기에서 복잡한 내면아이의 변화를 위한 절차는 필요치 않다. 이 단계에 왔다면 대부분 앞의 절차들이 모두 끝난 이후이기 때문이다. 단, 어른이 아이를 향해 여전히 왜곡된 자아상을 갖고 있다면 몇몇 리프레이밍을 위한 관조나 메타포 등이 활용될 수 있지만, 이런 내적 표현이 더 필요한 작업이 있음을 암시하는 것이 될 수 있으므로 유의하며 진행한다.

■ **내면아이를 활용한 자기용서의 실제**

이 작업은 이전의 모든 작업이 성공적으로 완료되었음을 전제로 한다. 그리고 이러한 전제가 충족되었을 경우, 내담자를 마음의 방 또는 마음의 공간으로 데려가서 진행한다.

① 거울을 통한 만남

마음의 방에서 시작되는 이 과정은 전신이 투영되는 거울을 통해 내담자가 자신의 과거 모습을 마주하는 것으로 시작된다. 이는 자신의 특정 에고 상태(또는 파트 / 분아 / 내면아이)를 보게 하는 과정으로 단순한 회상이나 기억이 아닌, 실제적인 재경험과 만남의 과정이다. 내담자는 거울 속에서 문제로 힘들어했던 과거의 자신을 만나게 되며, 그 모습이 몇 살 무렵인지는 내담자의 내면이 자연스럽게 알려줄 것이다.

이 만남의 순간에서 최면상담사는 내담자가 거울 속 모습을 구체적으로 인식할 수 있도록 돕는다. 표정, 자세, 옷차림 등 오감을 통한 구체적인 묘사는 이 경험을 더욱 생생하게 만든다. 이는 단순한 시각적 이미지가 아닌, 감정적 연결을 위한 준비 과정이다.

② 감정의 공명과 표현

내담자가 거울 속 자신의 모습을 충분히 인식했다면, 이제 그 시절 자신이 느꼈던 감정들을 함께 읽어주는 과정이 이어진다. 이는 마치 오랫동안 잊고 있었던 자신의 일부를 다시 만나고 인정하는 과정과 같다. 최면상담사는 상담 기록에서 확인된 감정들을 토대로 내담자가 과거의 자신에게 말할 수 있도록 안내한다.

예를 들어, 거울 속 모습이 7살의 자신이라면 다음과 같이 진행될 수 있다.

"이제 그 아이와 키를 맞추고 눈을 마주 봅니다. 그 아이의 손을 잡아주세요. 이제 그 아이에게 말해주세요. 많이 슬펐지… 많이 두려웠지… 많이 외로웠지… 네가 얼마나 힘들었는지 내가 누구보다 잘 알아. 나는 너니까…."

③ 현실 직면과 책임의 재배치

이 단계에서는 어른의 통찰에 기반한 시선으로 과거 자신의 문제를 바라보게 된다. 이는 종종 잘못된 책임감이나 자책으로부터 자신을 해방시키는 중요한 순간이 된다.

예를 들어, 다음과 같이 표현될 수 있다.

"네 잘못이 아니야. 넌 네가 처한 상황에서 최선을 다했어. 넌 고작 일곱 살이었어. 일곱 살이 할 수 있는 최선을 다했다는 걸 이제는 알아. 누구라도 그 상황이었다면 어쩔 수 없었을 거야. 그런 상황에서도 꿋꿋하게 잘 버텨줘서 너무 고마워. 난 네가 너무 자랑스럽고 고마워…."

④ 화해와 용서의 과정

이제 진정한 화해의 시간이 시작된다. 이는 단순한 위로나 격려를 넘어선 깊은 이해와 수용의 과정이다. 내담자는 자신의 과거 모습에게 다양한 측면에서 미안함을 표현하게 된다. 이 과정에서 중요한 것은 가능한 한 모든 미안함의 양상이 표현될 수 있도록 하는 것이다.

예제가 되는 표현은 다음과 같다.
"미안해… (구체적인 상황)에서 그렇게 혼자 두어서 미안해…."
"네가 그토록 힘들어할 때 알아채지 못해서 미안해…."
"네 마음을 이해하지 못하고 더 힘들게 해서 미안해…."

이러한 사과는 단순한 말의 나열이 아니라, 진정한 이해와 용서를 동반해야 한다. 만약 이 과정에서 거울 속 내면아이와의 상호작용에 어려움이 있다면, 추가적인 게슈탈트 역할극을 통해 더 깊은 대화를 나눌 수 있다.

⑤ 새로운 약속과 다짐

화해가 이루어지면, 이제는 미래를 향한 새로운 약속과 다짐의 시간이 필요하다. 이는 단순한 위로를 넘어서는 구체적이고 실천적인 약속이어야 한다.

그 예제는 다음과 같다.

"더 이상 너를 혼자 두지 않을 거야."
"네가 어떤 모습이어도 널 사랑하고 지지할 거야."
"두려워도 괜찮아, 넘어져도 괜찮아, 실수해도 괜찮아… 내가 항상 함께할 거야."

"이제 우리 함께 새로운 미래를 만들어 가자. 진정한 우리 자신으로 살아가는 거야."

⑥ 변화의 확인과 통합

이 시점에서 거울 속 내면아이의 모습이 어떻게 변화했는지 관찰하는 것이 중요하다. 표정, 자세, 전반적인 분위기의 변화는 내적 변화를 반영하는 중요한 지표가 된다. 이러한 변화가 확인되면, 적절한 방식으로 내담자와 내면아이를 통합하는 과정으로 나아간다.

■ 대안적 접근: 파트 워크를 활용한 자기용서

앞서 설명한 내면아이 작업 외에도, ICS-ART에서는 상황에 따라 변형된 약식 파트 워크를 활용할 수 있다. 이 방식에서는 마음의 방에서 두 개의 의자를 마주 보게 배치하고, 맞은편 의자에 자신의 특정 분아(파트)를 불러오는 방식으로 진행된다.

이 파트는 처음에는 '실수유발 파트' 등으로 불리다가 작업 과정에서 '자기보호 파트'로 그 의미가 재해석되며, 최종적으로는 내담자 자신에게 용서받게 된다. 이는 우리가 부정적으로 인식했던 자신의 특정 부분도 사실은 나름의 방식으로 자신을 보호하려 했다는 것을 이해하고 받아들이는 과정이다.

자기용서 작업 시 주의사항

① **순서의 중요성**
- 반드시 타인용서가 충분히 이루어진 후에 진행
- 내담자의 준비도를 충분히 확인
- 앞선 작업들의 완성도 점검

② **진행 과정의 유의점**
- 감정 표현의 충분한 허용
- 통찰이 자연스럽게 일어나도록 유도
- 강요나 조급함 없이 진행

③ **완료 시점의 확인**
- 자기 비난이나 죄책감의 완전한 해소
- 진정한 자기수용의 징후
- 변화된 자기 이미지의 확립

자기용서 작업이 성공적으로 이루어지면, 내담자는 왜곡된 자기 이미지에서 벗어나 건강한 자기 신뢰와 자아 존중감을 회복하는 데 도움될 수 있다. 이는 자기 자신과의 래포를 회복하는 과정이기도 하며 단순한 증상의 해소를 넘어서는 근본적인 변화의 시작점이 될 수 있을 것이다.

이러한 작업의 세부적인 기법들과 다양한 상황에서의 적용 방법, 예기치 못한 변수들에 대한 대처, 그리고 보다 심화된 접근법은 ICS 최면 전문가 과정에서 실제 사례와 함께 심도 있게 다루어진다.

E.
ART의 종결

01. 미래진행과 변화의 검증

성공적인 타인용서와 자기용서가 완료되면, ART의 종결단계의 첫 단계인 미래로의 여정이 시작된다. 이는 단순한 종료가 아닌, 변화의 완성도를 높이고 미래의 실제 상황에서의 변화를 확인하는 중요한 과정이다. 여기에서 조금이라도 불완전한 부분이 남아있다면 앞선 작업들을 재검토해야 한다.

① 미래 상황에서의 검증

최면상담사는 내담자를 문제가 발생했던 트리거 상황이나 유사한 미래의 순간으로 안내한다. 이는 변화된 내면이 실제 상황에서 어떻게 반응하는지 확인하는 중요한 검증 과정이다. 만약 특정한 트리거 상황이 없다면, 일반적인 미래의 순간으로 진행하여 문제 상황에서의 반응 변화를 관찰할 수 있다.

이때 중요한 것은 최면상담사가 인위적으로 특정한 미래상을 그려주거나 암시하지 않는 것이다. 내담자의 변화된 내면이 자연스럽게 만들어 내는 미래상을 관찰하고 확인하는 것이 핵심이다.

② 성인 확신 기법(B형식)의 활용

선택적으로 적용할 수 있는 이 기법은 앞서 설명한 '샌드위치 확신'의 일환으로, 과거와 미래로부터의 이중 확신을 통해 변화를 굳히는 작업이다. 이는 단순한 미래 상상이 아닌, 실제적인 변화의 검증과 강화를 위한 과정이다.

02. 무의식 재조직화와 자아 강화

종결 절차에서 사용하는 암시는 간접암시보다는 직접적인 암시를 사용하는 것이 좋다. 직접 암시와 간접암시는 그 쓰임새가 다르다. 간접암시는 간접최면에서 주로 많이 활용된다.

예를 들어 다음의 문장들을 보자.

- 철수는 집 뒤에 산이 있다는 것을 깨달았다.
- 철수는 집 뒤에 산이 있다는 것을 방금 깨달았다.
- 철수는 집 뒤에 산이 있다는 것을 깨닫지 못했다.
- 철수는 너무 어리석어서, 12년 동안 매일 자기의 집 뒤를 봐도, 집 뒤

에 산이 있다는 사실을 깨닫지 못했다.

이 문장들의 공통점은 화자가 의도적으로 청자가 '집 뒤에 있는 산'에 둘 수 있는 초점을 '철수가 깨달았는지'의 유무로 돌려놓았다는 것이다. 이는 크리티컬 팩터(Critical Factor)의 작용을 유보시키는 것이며 이른바 '저항의 치환(Displacing the resistance)'이 일어나는 것이다.

ART의 종결단계는 이미 최면의 깊이가 확보되고 문제의 ISE가 제거된 상태(크리티컬 팩터가 우회되고 변화에 대한 수용성이 극대화되어 있는 상태)이다. 따라서 굳이 효율성이 떨어지는 간접암시를 사용하는 것은 이 시점에서 적절치 않다. (앞서 사건의 해소와 사람에 대한 용서 이후 일부 간접암시 문구를 활용했던 이유는 변화에 대한 결과를 보다 논리적인 것으로 받아들이게 하기 위한 보조적 수단이었으므로 착오 없길 바란다.)

완전한 절차를 거친 완성도 높은 ART가 마무리되는 시점의 내담자는 일시적으로 자신의 이슈에 대한 일관된 암시를 수용할 수 있는 수용성이 극대화된 순간이다. ICS 최면상담사는 이런 소중한 시간을 낭비하지 말아야 한다.

통찰 작업을 통해 내담자가 무엇을 얻었고 그러한 변화들이 어떻게 내담자의 변화를 돕는지에 대한 '직접 암시' 작업으로 연결하는 것이다. 이는 최면상담사가 정답이라고 생각하는 긍정적인 암시를 일방적으로 주는 작위적인 암시보다는 ART과정에서 얻은 내담자의 통찰에 기반을 두어야 한다. 이것이 더욱 내담자 중심적이기 때문이다. 경우에 따라, 일부 내담자는 통찰수준이 약할 수도 있으므로 통찰 부분을 직접적으로 반복해서 언급하는 것은 도움될 것이다. 이 시간은 무의식의 변화와 확신을 굳히고 관련된 내부자원들이 재조직화되는 시간이다.

만약 내담자가 통찰을 통한 혜택을 이해하지 못한다면, 내담자에게 짜증스럽거나 고통스러운 작업이 될 수도 있다. 그러나 만약 자신이 얻는 분명한 혜택을 자각한다면 내담자는 이 작업에 매우 감사하게 될 것이다.

이후 새로운 변화에 대한 암시와 함께 내담자를 최면으로부터 돌아나오게 하고 좋은 기분을 느끼게 한다. 세션에 대한 질의 응답과 다음 일정을 확인하는 절차를 행하는 '최면 후 면담'과 함께 세션을 종결한다.

※ 주의: 부적절한 마무리 작업은 단기간에 세션의 효과를 저해시키거나 심지어 사라지게 할 수 있으므로 '재조직' 상태를 확신할 수 있는 적절한 마무리는 선택이 아닌, 필수적인 요소이다.

F.
추적관찰과 성공사례 관리

일단 ART를 사용하는 최면상담이 종료되었다면(여기서 종료라는 것은 모든 절차가 완성도 있게 마무리되었고 에콜로지체크에 남은 잔여 양상이 없이 완벽한 내적표상으로 표현될 때) 내담자의 이슈가 완전히 해결되었다는 것을 확신할 수 있을 때까지 추적관찰이 필요할 수 있다.

해당 회기에서 내담자가 아무리 잔여 양상을 남기지 않고 자발적으로 변화된 내적표상을 표현한다 하더라도 최면상담사는 안심할 수 없다.

'최면상담은 끝이 나야 비로소 끝나는 것이다.'

따라서 추적관찰을 통한 내담자의 피드백을 통해 완전히 영구적이고 장기적인 변화를 확신할 수 있는 '진정한 성공사례'를 선언할 수 있는 진짜 사례들을 많이 경험하고 만들어 나가야 한다.

실제 다루어야 할 단계들이 많아 진행해야 할 남은 회기가 많지만, 어떤 이유로 한두 회기로 마무리 짓거나 일회성의 적당히 기분 좋은 경험이나 동기부여만 시켜주고 끝을 낸다면 이것은 아무리 오랜 기간 많은 내담자와 최면상담을 진행했다 하더라도 ART전문가로서의 성장과 발전에 도움이 되지 않는다. 이것은 실제로 제대로 전 과정을 완전하게 마무리해 본 경험이 한 건도 없다는 말과 다르지 않다.

또한 어느 정도 구조화된 최면상담을 완성도 있게 마무리했지만 최면상담사가 스스로 그 과정에 만족하여 추적관찰이나 내담자의 피드백을 소홀히 하고 스스로 그것을 성공사례로 인식해 버리는 것도 문제가 될 수 있다.

실제로 내담자가 최면상담 이후 단기간 편안함을 느끼다가 일정 기간 이후 동일한 문제가 재발될 수 있기 때문이다. 우리 내면의 기저에는 최면 상태에서도 쉽게 드러나지 않으려 하는 숨어있는 자원이나 파트들이 산재한다. 내 몸속의 99%의 파트들이 변화에 동의했더라도 단 1%의 반대하는 파트가 그 해결책의 지속을 막을 수 있기 때문이다.

최면상담사는 최면상담의 과정에서 매우 꼼꼼하게 이런 것들을 찾아 마무리 지으려 하겠지만, 당시에는 드러나지 않은 어떤 부분이 일상으로 돌아갔을 때 어떤 트리거에 의해 드러날 수 있다. 또는 애초에 진짜 ISE를 찾지 못한 이유로 최면상담의 직후에는 암시의 효과로 단기간 좋은 상태가 지속되다가 일정 기간 이후 동일한 문제가 되살아날 수도 있다.

※ 조언

1 - 항상 구조적으로 완성도 있는 세션의 마무리를 목표로 하라.

2 - 장기적인 결과에 대한 피드백을 확신할 수 있는 '진짜 성공사례'를 만들어라.

G.
ART의 사례들

 사례를 통해 앞서 설명한 ART의 원리와 실제 적용 방법을 살펴보도록 하자. 각 사례는 ICS 최면의 트레이너와 전문가들이 진행한 실제 상담 기록이다. 이 장에서는 저자의 사례뿐만 아니라 다른 ICS 트레이너들과 전문가들의 사례도 함께 실었다. 다양한 상담자의 사례를 포함함으로써 ART가 단순히 한 가지 방식으로만 적용되는 것이 아니라, 고유한 원칙 내에서 다양한 접근과 스타일로 응용될 수 있음을 보여주고자 한다. 또한 각 ICS 전문가마다 고유한 통찰과 기술을 가지고 있으며, 이러한 다양성이 ART의 풍부함을 만든다는 것을 독자들이 이해하는 데 도움이 될 것이다.

 ART가 실제 상담 현장에서 어떻게 적용되는지, 그리고 어떤 변화와 통찰을 가져올 수 있는지 보여주는 이 사례들을 통해 우리는 많은 심리적 문제들이 겉으로 보이는 것과 다른 복잡한 내면 구조를 가지고 있음을 알 수 있다.

아래 사례들은 내담자의 개인정보 보호를 위해 인적사항 등 주요 내용과 무관한 부분이 각색되었다. 또한 지면의 한계로 인해 실제 세션에서 진행된 모든 세부적인 기법과 적용 사항을 담고 있지는 않으며, 사례의 다양성을 보여주기 위해 요약된 형태로 제시되었다. 그러나 모든 사례는 실제 상담 내용을 기반으로 하며, 치유 과정과 결과는 실제로 일어난 변화를 반영하고 있음을 밝혀둔다.

이 장에서 소개하는 사례들은 수많은 실제 치유 사례 중 일부만을 엄선한 것임을 강조하고자 한다. ICS 최면 트레이너들과 전문가들의 임상 현장에는 더욱 깊고 복잡하며 다양한 문제들을 다룬 극적인 변화 사례들이 무수히 존재한다. 그러나 내담자들의 개인적이고 민감한 스토리를 보호하고, 독자들이 비현실적인 기대나 오해를 갖지 않도록 하기 위해 사례의 수와 내용을 제한적으로 선별하였다. 여기 소개된 사례들은 ART의 원리와 효과를 이해하는 데 도움이 되는 대표적인 예시로, 실제 임상에서는 개인의 상황과 문제 구조에 따라 더욱 다양하고 복합적인 접근이 이루어질 수 있음을 염두에 두기 바란다.

첫 번째로 살펴볼 사례는 언뜻 보기에 단순한 공포증처럼 보이지만, 실제로는 훨씬 더 깊은 심리적 역동을 가진 경우이다.

01. 개 공포증과 동물 혐오 : 표면과 다른 내면의 구조

(문동규 ICS 최면 트레이너)

일반적으로 특정 상황이나 대상에 대한 공포반응이 과거의 부정적 기억이나 경험에서 기인하는 경우가 많다. 이런 단순 양상의 원인이 존재하는 경우 대부분 한두 번의 짧은 회기의 세션으로 영구적인 변화가 일어날 수 있다. 그러나 겉보기에는 동일해 보이는 문제나 증상이라도 그 내부 구조는 매우 다를 수 있다. 다음에 소개하는 사례는 단순한 개 공포증으로 보였지만, 실제로는 더 깊고 복잡한 구조를 가진 경우이다.

* * * * *

30대 여성 A씨는 개나 강아지에 대해 극도의 두려움을 가지고 있었다. 그녀의 공포는 단순히 불안한 정도가 아니었다. 엘리베이터에서 작은 강아지를 마주쳤을 때 순간적으로 비명을 지르며 몸이 굳을 정도로 소름이 돋고 패닉 상태에 빠질 정도였다. 더구나 개뿐만 아니라 고양이, 심지어 병아리와 같은 작은 동물들까지도 만지는 것을 극도로 거부했다. 이러한 추가적인 증상은 문제의 구조가 단순하지 않을 수 있다는 중요한 신호였다.

예비 절차를 거쳐 순조롭게 간단한 최면유도가 진행되었고, 컨빈서와 테스트를 통해 깊은 상태의 초입 정도를 확보했음을 확인했다. 감정 브릿지 역행을 통해 A씨는 익숙한 느낌을 따라 몇몇 개와 연관된 부정적 경험들을 거쳐 ISE(최초 사건)로 추정되는 7살의 경험으로 되돌아갔다.

7살의 A씨는 친구와 헤어지고 집으로 오는 길에 어느 주택의 넓고 멋진 마당에 이끌려 문이 열린 대문 안으로 들어갔다. 그곳에서 A씨는 큰 개의 목줄을 잡고 서 있는 무섭게 생긴 할아버지와 마주쳤다. 할아버지는 아이에게 장난스럽게 "여기 왜 들어왔니?" 하며 목줄을 끌어당겨 가만히 있는 개를 자극하기 시작했다. 이윽고 개가 심하게 짖기 시작했고, 7살 A씨는 너무나 겁에 질린 나머지 옷에 소변을 지릴 지경이었다.

이 시점에서 주목할 만한 반응이 일어났다. 최면 상태에 있던 A씨는 갑자기 화장실을 가고 싶다며 각성시켜달라고 요청했다. 이는 단순한 생리적 현상이 아닌, 과거 경험의 생생한 재현이 일어나고 있다는 중요한 신호였다. 화장실을 다녀온 A씨는 7살 때의 그 사건이 평소 기억하지 못하던 것이었다며 놀라워했고, 마치 실제로 그 장면 속에 있는 것처럼 두려움과 생리적 반응까지 동일하게 경험했다고 말했다.

깊이가 확보된 상태에서의 ART는 단순한 회상이 아닌 재경험이라는 점이 이 사례에서 잘 드러났다. A씨가 7살 때 느꼈던 생리적 반응까지도 현재의 몸에 그대로 재현된 것이다.

다시 최면이 시작되었고 A씨는 즉각 이전의 7살 시점으로 돌아갔다. 흥미로운 점은 화장실에 다녀온 이후에는 그 경험과 연관된 생리적 두려움이 사라져버렸다는 것이다. 즉, A씨가 느꼈던 뇨기는 일종의 해제반응의 형식으로 표현된 것이고, 실제 화장실을 다녀옴으로써 당시의 무의식 속에 억압되어 있었던 느낌이 해소되어버린 것이다.

다시 최면이 시작되었고 이후 해당 경험에서 할아버지가 목줄을 놓을 것이라는 당시의 오해와 부정적 감정들을 해소시켰다. 그런데 이 과정에서 A씨의 문제에 영향을 주는 또 다른 ISE가 드러났다. 이는 A씨가 가진 두 번째 문제인 모든 동물에 대한 꿈틀거리는 부정적 느낌과 연관된 것이었다. 비슷한 시기에 형성된 또 다른 측면의 문제였고, A씨의 개 공포증과도 연결되어 있었다.

같은 7살 무렵, A씨는 아이들과 술래잡기를 하며 숨을 장소를 찾아 뛰어다니고 있었다. 급히 현관문을 열며 숨을 장소를 찾아 실내로 뛰어들어가는데, 갑자기 뭔가 문틈에 끼는 느낌과 함께 '퍽'하는 소리가 났다. 그것은 A씨가 집에서 사랑스럽게 키우던 병아리였다. 갑작스러운 사고로 병아리가 죽은 것이다.

이 경험은 A씨에게 매우 복합적인 감정을 남겼다. 병아리의 모습이 너무 징그럽고 소름 끼쳐 보기 싫었지만, 다른 한편으로는 병아리가 불쌍해서 너무나 미안하고 안쓰러웠다. 거기에 병아리를 자신이 죽였다는 죄책감까지 더해졌다.

A씨는 나이가 들며 이 경험 역시 의식 아래로 망각시켜버렸다. 그러나 그녀의 무의식은 그 당시의 감정과 소름 끼치는 느낌들을 그대로 저장하고 있었다. 그래서 어떤 동물들을 만지려고 하면 의식적으로는 영문도 모른 채 무의식에서 올라오는 부정적인 느낌들에 자동으로 휩싸이게 되는 것이었다.

이런 느낌들이 문제에 직접적으로 연결되어 있는 만큼, 당시의 느낌들과 감정들을 해소시키는 작업들과 함께 병아리에 대한 죄책감을 다루는 절차(용서 테라피의 죄책감 형식)들을 진행했다. 마침내 A씨는 자신도 모르게 무의식적으로 붙잡고 있었던 어린 시절의 병아리를 마음에서 놓아줄 수 있었다.

그리고 그런 일들을 겪었고 그런 일을 했던 무의식 속의 자기 자신과도 대면하며 충분한 이해와 자기용서가 이루어졌다. 이것은 25년간 인식조차 없이 방치했던 자신의 모습이었다.

추가적인 확인 작업을 거친 후, A씨의 가까운 미래를 경험하게 했을 때, 그녀는 자발적으로 산책로에서 편안하게 강아지를 쓰다듬고 있는 자신의 모습을 떠올렸다. 이는 최면상담사가 만들어 준 작위적인 이미지가 아닌, 치유가 끝난 그녀의 내면에서 자발적으로 올려준 이미지였다.

4개월 후 A씨로부터 반가운 피드백이 왔다. 최면상담 직후 거리에서 목줄을 한 4마리의 개들이 자신의 옆을 스쳐 지나갔는데, 놀랍게도 전혀 두렵지 않았다고 했다. 더욱 놀라운 것은 다음날 친구와 함께 애견숍을 방문해 귀여운 새끼 말티즈를 분양받아 집으로 데려왔다는 것이다. 이전의 A씨를 아는 가족들은 모두 깜짝 놀라며 한바탕 소동이 벌어졌다고 한다.

* * * * *

이 사례는 겉보기에 단순해 보이는 공포증도 실제로는 복합적인 구조를 가질 수 있으며, 그것을 찾아내고 해소하는 과정이 얼마나 중요한지를 보여준다. 또한 해제반응이 치유과정에서 어떤 역할을 하는지, 그리고 원인 제거 이후의 실생활에서의 새로운 체험이 새로운 학습과 영구적 변화로 이어질 수 있음을 보여주는 사례라 할 수 있다.

이어서 또 다른 개 공포증 사례를 살펴보면, 겉보기에 비슷한 증상이라도 각각의 내담자가 가진 배경과 맥락이 다르다는 것을 잘 보여준다.

20대의 B씨는 직업상 반려견을 키우는 고객의 집을 방문해야 하는 상황이 있어 큰 어려움을 겪고 있었다. 특이한 점은 가족 구성원 모두가 개에 대한 극심한 공포를 가지고 있어 이를 유전적 요인으로 여기고 있었다는 점이다.

B씨의 경우도 ART를 통해 ISE를 찾고 성공적으로 작업이 마무리되었으나, 한 가지 흥미로운 점이 발견되었다. 저자가 내담자와 함께 직접 애견숍을 방문했을 때 B씨는 더 이상 공포를 느끼지 않았지만, 강아지를 어떻게 다뤄야 할지 모르는 낯섦을 보였다. 이는 평생 개를 접해 본 경험 자체가 없었기 때문이었다. 그리고 다양한 강아지들을 한 마리씩 만지고 안아보면서 스스로 놀라워했다.

이는 매우 중요한 시사점을 준다. 병적인 두려움을 지닌 것과 특정 상황에서의 경험 부재로 대처기술을 갖고 있지 않은 것은 다른 것이다. 공포증과 연관된 문제에서 원인이 되는 감정과 기억을 해소하여 공포감정을 제거하는 것도 중요하지만, 때로는 새로운 경험과 학습이 필요할 수 있다는 점이다.

물론 공포증의 경우 간단하게 적용하고 짧은 시간에 빠른 효과를 볼 수 있는 해결중심의 기법들도 존재한다. 그러한 작업들은 기저의 원인을 찾기보다는 단순히 내면의 이미지를 직접적으로 희석시키거나 중화시키는 방식이 주로 사용된다. 그러나 그러한 기법들은 재발의 위험이 따르고, 특히 문제의 기저에 깊은 영향력을 지닌 ISE가 강하게 작용하는 경우에는 2차적인 부분을 다루는 종류의 기법 자체가 작동하지 않는 경우도 드물지 않다. ICS 역행 테라피의 전문가는 이것의 차이와 적용 시기를 판단할 수 있어야 한다.

02. 발표 불안 속에 숨겨진 어린 시절의 기억
(문동규 ICS 최면 트레이너)

"상사 앞에만 서면 심장이 터질 것 같아요. 고객들에게 발표할 때는 더 심해지고요."

K씨가 상담실에 들어서며 한 첫마디였다. 30대 초반의 K씨는 자신감 넘치는 외모와는 달리 불안한 눈빛으로 자리에 앉았다. 그는 일상적인 대화에서는 전혀 문제가 없었지만, 다수의 사람 앞에서 말해야 하는 순간이 오면 극심한 불안에 시달렸다. 특히 직업 특성상 고객들 앞에서 회사 제품을 설명하는 일이 잦았는데, 그때마다 손발에 땀이 나고, 심장이 격하게 뛰며, 팔다리가 떨리고, 심지어 말까지 더듬게 된다고 했다.

"이런 증상이 언제부터 시작됐나요?" 내가 물었다.

"어릴 때부터였던 것 같아요. 학교에서도 발표만 하면 항상 이랬으니까요. 하지만 최근에는 업무에 심각한 지장을 주고 있어요. 승진도 계속 누락되고 있고요."

K씨의 문제는 단순한 발표 불안을 넘어 그의 삶의 질과 직업적 성취에까지 영향을 미치고 있었다. 그는 이 문제를 해결하기 위해 여러 방법을 시도해 보았지만 큰 효과를 보지 못했다고 했다.

사전 면담과 개인사 면담을 마친 후, K씨와 함께 최면세션을 시작했다. 그는 최면에 대해 개방적인 태도를 보였고, 급속 최면유도에 잘 반응하며 깊이를 확보했다. 테스트를 통해 깊은 최면으로 진입하는 임계(아론스 척도의 4단계 이상)에 도달했음을 확인한 후, 눈꺼풀 고정이라는 간단한 컨빈서 기법을 적용했다. 그의 눈이 실제로 떠지지 않자 K씨는 놀라움을 표현했고, 이는 그에게 최면 상태에 대한 작은 확신을 주었다.

발표에 대한 불안한 감정을 브릿지로 하여 역행을 시작했고 K씨는 먼저 초등학교 2학년 교실로 돌아갔다. 책 읽기 시간에 선생님께 지목된 그는 글을 제대로 읽지 못해 아이들 앞에서 망신을 당하고 있었다. 작은 목소리로 더듬거리며 책을 읽는 어린 K씨의 얼굴에는 당혹감과 수치심이 가득했다.

그러나 계속된 검증으로 이는 ISE가 아님이 증명되었고 계속된 추적과 검증과정을 통해 우리는 K씨의 진짜 ISE를 발견할 수 있었다. 그것은 그가 7살 때, 유치원에서 있었던 일이었다.

7살의 어린 K씨는 순간적인 호기심에 유치원 선생님의 책상 서랍에서 돈을 훔쳤다. 그러나 얼마 지나지 않아 선생님은 도난 사실을 알아차렸고, 아이들을 모두 모아놓고 범인을 찾기 시작했다. 결국 K씨는 아이들 앞에서 지목되어 앞으로 불려 나갔다. 선생님 앞에 선 7살 아이의 심장은 터질 듯이 빠르게 뛰었다. 아이들의 시선이 그에게 쏠렸고, 그는 극도의 수치심과 공포를 경험했다.

"지금 기분이 어때요?" 내가 7살의 K씨에게 물었다.

"너무 무서워요. 심장이 너무 빨리 뛰어서 숨을 쉬기 어려워요. 다리가 후들후들 떨려요. 선생님이 저를 노려보고 있고, 모든 아이가 저를 쳐다보고 있어요. 땀이 흐르고… 말도 제대로 할 수 없어요."

이 설명은 현재 K씨가 발표 상황에서 경험하는 증상과 놀랍도록 일치했다.

더 깊이 탐색을 계속하자, 비슷한 시기에 일어난 또 다른 SSE들도 드러났다. 유치원을 다니던 시절, K씨는 한 살 많은 동네 형과 함께 구멍가게에서 돈을 훔친 후 길가에 주차된 자동차 바퀴 옆에 숨어 있었다. 또 초등학교 때는 친구들과 함께 구멍가게의 껌을 훔쳐 골목 나무 뒤에 숨었던 경험도 있었다. 이 모든 경험에서 그는 동일한 감정 패턴을 보였다. 그것은 들킬까 봐 극도로 불안하고, 심장이 빠르게 뛰며, 온몸이 떨리는 상태였다.

K씨는 이런 어린 시절의 경험들을 의식적으로는 거의 잊고 살아왔다. 그

는 성장하면서 더 이상 그런 행동을 하지 않게 되었고, 그 기억들은 단순한 어린 시절의 해프닝으로 묻혀 있었다. 그러나 그의 무의식은 그 감정적 반응 패턴을 그대로 보존하고 있었던 것이다.

이제 K씨에게 현재의 발표 불안과 그가 발견한 어린 시절 경험들 사이의 연관성을 스스로 발견할 수 있도록 질문했다.
"지금 발표 상황에서 당신이 느끼는 감정과 어린 시절에 느꼈던 감정 사이에 어떤 유사점이 있을까요?"
K씨는 잠시 생각하더니 깨달음이 떠오르는 표정을 지었다.
"똑같아요... 정확히 같은 느낌이에요. 심장이 빠르게 뛰고, 손발이 떨리고, 말이 제대로 나오지 않는 것까지... 마치 제가 다시 그 아이가 된 것 같아요. 들킬까 봐 두려워하는 그 아이요. 제가 프레젠테이션을 할 때마다 무의식적으로 그때의 감정을 다시 경험하고 있었던 거군요."
그의 얼굴에서 깊은 통찰이 일어나는 순간을 목격할 수 있었다.

원인이 밝혀지고 나는 K씨의 무의식 속에 있는 어린 파트들이 가진 감정들을 효과적으로 해소하는 작업을 진행했다. 그 7살 아이가 경험한 공포와 수치심, 불안을 안전하고 완전하게 표현하고 해소할 수 있도록 도왔다. 어린 K씨가 자신의 실수를 인정하고, 그것이 단지 어린아이의 실수였을 뿐임을 이해하도록 도왔다. 또한 현재의 발표 상황이 과거의 '들킴'과는 전혀 다른 상황임을 내면의 파트가 인식할 수 있도록 했다. K씨는 결국 자기용서에 도달할 수 있었다.

마지막으로, 나는 K씨에게 미래로 나아가 보도록 안내했다. 최면 상태에서 그는 고객들 앞에서, 상사 앞에서, 그리고 다수의 사람 앞에서 편안하게 이야기하는 자신의 모습을 경험했다. 더 이상 손에 땀이 나거나, 심장이 비정상적으로 뛰거나, 팔다리가 떨리지 않았다. 그는 자신감 있고 명확하게 자신의 의견을 전달할 수 있었다.

"지금 기분이 어때요?" 내가 미래 장면 속의 K씨에게 물었다.

"놀랍게도 정말 편안해요. 마치 무거운 짐을 내려놓은 것 같아요. 제 목소리가 흔들리지 않고, 제가 말하고자 하는 내용에 집중할 수 있어요."

세션을 마치며 나는 K씨에게 해당 반응이 소거되었는지, 변화가 지속되는지 확인하기 위해 몇 주 후 연락하기로 약속했다. 비록 한 번의 세션으로 큰 진전이 있었지만, 장기적인 변화를 확인하는 것이 중요하기 때문이다.

몇 주 후, K씨로부터 전화가 왔다. 그의 목소리는 이전과는 확연히 달랐다. 더 밝고, 자신감이 넘쳤다.

"선생님, 정말 믿기지 않아요. 세션 이후 매일 의도적으로 고객들을 많이 만나봤어요. 제 자신을 시험해 보고 싶었거든요. 그런데 단 한 번도 예전 같은 불안이나 떨림이 나타나지 않았어요! 심지어 지난주에는 20명 이상의 고객들 앞에서 신제품 발표를 했는데도요!"

K씨는 자신의 변화에 너무 기뻐했고, 추가 세션 없이도 목표를 달성했다

고 느껴 상담을 마무리하기로 했다. 그의 사례는 ART가 단 한 번의 세션으로도 효과적일 수 있음을 보여주는 좋은 예였다.

* * * * *

물론 모든 사례가 이처럼 빠르게 해결되는 것은 아니다. 해당 사례는 비교적 단순한 양상의 사례에 속한다. 내담자에 따라 매우 복합적이고 복잡한 문제를 지니고 있는 경우도 많다. 개인의 성격, 문제의 복잡성, 내면에 있는 파트들의 구조 등에 따라 치유 과정은 1회기부터 3~4회기 이상까지 다양하게 소요될 수 있다. 그러나 K씨의 사례는 ART를 통해 무의식에 저장된 오래된 감정 패턴이 어떻게 현재의 삶에 영향을 미치는지, 그리고 그것을 해결했을 때 어떤 극적인 변화가 가능한지를 생생하게 보여준다.

03. 빙의라 생각했던 그림자의 정체: 영적 현상으로 오인된 심리적 상처의 치유 (김진하 ICS 최면 트레이너)

이 사례는 표면적으로는 영적 현상으로 보였지만 심층적인 최면역행을 통해 그 기저에는 심리적 상처와 억압된 내면아이의 울부짖음이 있었음이 드러난 흥미로운 사례이다. 특히 영적인 주제의 최면을 다루는 최면가들에게 중요한 시사점을 제공한다.

김진하 트레이너는 ICS 인터내셔널 협회의 이사이자 인증된 ICS 최면 트레이너로, 심리상담사 출신의 최면상담 전문가이다. 그는 ICS에 대한 깊은 이해와 풍부한 임상 경험을 바탕으로 일반적인 정서와 사고 문제부터 영적인 주제의 최면상담에 이르기까지, 폭넓은 치유 영역에서 탁월한 성과를 보여왔다. 그의 섬세하고 통합적인 접근법은 수많은 내담자들에게 근본적인 변화와 치유의 길을 열어주었다.

다음 사례는 김진하 트레이너의 실제 상담 경험을 바탕으로 제공되었으며, 내담자의 개인정보 보호를 위해 일부 세부사항이 수정되었다.

* * * * *

"저는 귀신이 빙의된 것 같아요. 제 의지와 상관없이 끔찍한 장면들이 보이고 목소리가 들려요."

상담실에 들어선 40대 여성 내담자의 첫 마디였다. 그녀의 얼굴에는 긴장된 표정과 불안한 눈빛이 역력했다. 그녀는 자영업을 하고 있었고, 오랫동안 명상을 해오면서 여러 신비한 체험을 했다고 했다.

하지만 최근 몇 개월간 그녀를 괴롭히는 무언가가 있었다.

"명상 중에 갑자기 제 안에서 목소리가 들리기 시작했어요. 처음에는 가끔씩이었는데, 점점 빈도가 잦아지고 내용도 심해졌어요. '넌 쓸모없어', '넌 가치가 없어', '죽어버려'... 이런 말들이 계속 들려요. 그리고 끔찍한 장면들, 아마도 전생인 것 같은 장면들이 제 의지와 상관없이 떠오르기도 해요."

그녀는 이런 증상들이 일상생활에까지 영향을 미치고 있다고 설명했다.

일에 집중하기가 어렵고, 밤에는 악몽에 시달리며, 점점 사회적으로도 고립되어 가고 있었다. 주변 사람들에게 자신의 상태를 설명하려 했지만, 대부분은 이해하지 못했고, 어떤 사람들은 "정말 빙의된 것 같다."며 오히려 그녀의 불안을 키웠다.

"전생에서 큰 죄를 지었거나, 아니면 정말 악령이 씐 게 아닐까요? 이 문제를 해결하고 싶어서 최면상담을 찾게 됐어요."

내담자의 이러한 호소에 대해 나는 최면은 무의식에 접근하여 내면의 목소리에 귀 기울이는 과정이며, 겉으로 드러난 현상의 원인이 무엇이든 그 근본에 접근할 수 있는 방법이라고 이야기했다.

"오늘은 우선 당신의 무의식이 보여주는 것을 따라가 보겠습니다. 선입견 없이, 나타나는 대로 탐색해 보는 거죠."

세션을 시작하기 전, 간략하게 그녀의 삶의 역사를 들어보았다. 그녀는 어린 시절부터 깊은 외로움을 느껴왔다고 했다. 부모님은 항상 바빴고, 그녀는 마치 방치된 것처럼 느꼈다. 작은 실수에도 심하게 혼났고, 좋은 성적을 받아올 때만 부모님이 그나마 웃는 얼굴을 보였지만, 그마저도 진정한 만족이나 애정의 표현은 아니었다. 그녀의 말에 따르면, 살면서 단 한 번도 '내가 충분히 잘했다'거나 '사랑받고 있다'는 느낌을 제대로 경험해 본 적이 없었다.

최면유도 후, 나는 그녀에게 마음의 방에서 느껴지는 감정과 들려오는 목소리를 따라가 보도록 안내했다. 그녀는 '외롭다', '수치스럽다'는 감정이 강하게 올라온다고 말했다. 이 감정을 따라가자 여러 과거의 장면들이 떠올랐다.

"학교에서 친구들과 어울리지 못하고 혼자 있어요. 제가 부족해서 친구들이 저를 원하지 않는 것 같아요."

"제가 좋아하던 사람이 다른 사람들 앞에서 저를 무시하고 망신을 줬어요. 정말 수치스러워요."

"시험 성적이 떨어져서 부모님께 심하게 혼났어요. '너는 왜 이것밖에 못하니?'라는 말이 계속 머릿속에 맴돌아요. 난 이런 인간인가 봐요."

이런 장면들을 탐색하던 중, 갑자기 내담자가 눈을 뜨고 싶다며 세션을 중단하려 했다. 그녀의 얼굴에는 공포가 가득했다.

"왜 그러시죠? 무슨 일이 있나요?" 내가 물었다.

"가슴에... 시커먼 연기 같은 게 있어요. 귀신이에요. 그게 저한테 '이걸 그만두지 않으면 너에게 해를 끼치겠다'고 협박해요. '차라리 죽어버려라'고 계속 말하고 있어요. 너무 무서워요."

이 순간이 바로 중요한 전환점이었다. 많은 최면 실무자들이 이런 상황에서 '빙의'나 '외부 존재'라는 프레임을 받아들여 제거나 분리 의식을 진행할 수 있다. 하지만 그런 접근은 일시적 안도감을 줄 수는 있어도, 근본적인 문제해결에는 이르지 못하는 경우가 많다.

나는 다른 접근법을 선택했다. "그 존재와 직접 대화를 나눠볼 수 있을까요? 제가 그 존재에게 직접 이야기하고 싶습니다."

내담자는 처음에 주저했지만, 이내 그 '귀신'의 메시지를 전달하기 시작했다.

"그것이 말해요… '넌 나를 쫓아내려고 하는 거잖아. 난 너와 대화하기 싫어.'"

나는 진심을 담아 응답했다. "아니요, 쫓아내려는 게 아닙니다. 오히려 반대예요. 당신의 이야기를 듣고 싶고, 당신에 대해 알고 싶습니다. 무엇이 그렇게 힘든지, 무엇을 원하는지 진심으로 알고 싶습니다."

잠시 침묵이 흐른 후, 내담자의 목소리가 약간 변했다. 마치 다른 사람의 목소리처럼 들렸다.
"나는 너무 화가 나. 억울하고 화가 나서 모든 것을 다 죽이고 싶어. 너무 외로워."
이 순간 나는 EFT(감정 자유 기법)를 활용해 내담자의 머리를 가볍게 두드리면서 그 존재의 감정에 깊이 공감했다.
"정말 많이 화가 났군요. 얼마나 힘들고 외로웠을까요. 그렇게 외롭고 억울하면 다 죽이고 싶은 마음이 들 수 있어요. 그렇게 화날 만해요. 그동안 그 화를 참고 거기서 버티느라 고생 많았어요. 이제는 화를 내도 괜찮아요."
또한 나는 계속해서 진심 어린 관심을 표현했다. "당신을 쫓아내려는 것이 아니에요. 그냥 이렇게 이야기를 듣고 싶었어요. 말해줘서 고마워요."

그리고 놀라운 변화가 일어났다. 내담자가 갑자기 놀란 표정을 지었다.
"이상해요… 가슴에 있던 시커먼 연기 같은 귀신이… 점점 모습이 바뀌고 있어요. 울고 있는 아이 같아요. 작은 여자아이…."
그리고 내담자는 갑자기 눈물을 터뜨렸다. 깊은 슬픔이 물밀 듯이 쏟아져 나왔다. 나는 그녀가 충분히 감정을 표현할 수 있도록 지지해 주었다.

그녀는 한참을 울었다.

세션이 끝날 무렵, 내담자는 자신의 가슴이 한결 가벼워졌다고 말했다. 그리고 중요한 통찰을 얻었다고 했다.

"그동안 제가 겪어온 상처와 고통이 너무 커서 인정하기 어려웠어요. 그걸 인정하면 제가 무너질 것 같았거든요. 명상을 통해 마음을 안정시키려 했던 것이 오히려 감정을 회피하고 억누르는 수단이 되었던 것 같아요."

그녀는 자신에게 들려오던 목소리와 끔찍한 장면들이 귀신이나 전생의 기억이 아니라, 자신의 깊은 내면에 묻어둔 감정과 상처가 변형되어 나타난 것이라는 것을 이해하기 시작했다. 그토록 두려워했던 '귀신'의 목소리는 따라가거나 두려워할 대상이 아니라 사실 그저 받아주고 보살핌과 인정이 필요했던 자신의 내면아이의 울음이었던 것이다.

이 세션은 내담자에게 큰 전환점이 되었다. 그녀는 더 이상 외부의 존재가 자신을 위협한다고 생각하지 않게 되었다. 이후의 세션에서 그녀는 계속해서 내면의 감정들과 상처들을 풀어내며 자신의 내면아이들을 만나고 위로하는 작업을 이어갔다. 그리고 점차 자신을 있는 그대로 받아들이고 사랑하는 법을 배우고 주체적으로 살아가는 새로운 길을 걷기 시작했다.

★ ★ ★ ★ ★

이 사례는 우리에게 중요한 교훈을 준다. 내담자가 호소하는 현상을 액면 그대로 받아들이기보다, 그 기저에 있는 진정한 메시지를 탐색하는 것이 중요하다. '빙의'나 '전생'으로 보이는 현상도 실은 내담자의 깊은 내면에서 울부짖는 목소리일 수 있다. 이런 현상을 단순히 제거하거나 분리하려 하기보다, 이해하고 공감하며 통합하는 접근이 진정한 치유로 이어진다.

ART는 단순히 과거의 사건을 찾아 해결하는 것을 넘어, 내담자의 내면에 숨겨진 파트(Part)들과 만나고 이해하며 통합하는 과정이다. 내면의 거부된 부분들을 적대적 존재로 보지 않고, 이해와 수용을 통해 온전한 자기(Self)로 통합해 나가는 것, 이것이 ART의 핵심 가치 중 하나라고 할 수 있다.

04. 복합적 문제의 공통 뿌리: 출생부터 시작된 불안의 여정 (문동규 ICS 최면 트레이너)

"약을 먹어도 이 답답함은 사라지지 않아요. 언젠가부터 항상 무언가에 쫓기는 듯한 불안감이 있어요."

상담실에 들어선 G씨의 첫 마디였다. 30대 후반의 그는 지친 표정으로 자리에 앉았다. 어린 시절부터 이유 모를 불안감과 우울감, 답답함이 지속되어 왔고, 이를 해결하기 위해 3년간 신경정신과에서 약물치료를 받아왔지만 근본적인 해결에는 이르지 못했다고 했다.

"최면으로 이런 문제가 해결될 수 있을까요?" 그가 의심스러운 눈빛으로 물었다.

G씨는 과거에 다른 최면사에게 최면상담을 받은 경험이 있었다. 그때는 15분 정도 '당신은 더 이상 불안하지 않다'는 직접적인 암시만 반복하는 방식으로 진행되어 아무런 효과를 보지 못했다고 했다. 이런 경험 때문에 그는 최면에 대해 다소 의구심을 가지고 있었다.

"그런 방식의 최면은 근본적인 원인을 찾아 해결하는 것이 아니라 표면적인 증상만 다루려는 접근법입니다. 오늘 우리가 진행할 최면은 그와는 완전히 다른 접근법입니다."

개인사 면담에서 G씨는 우울과 불안 외에도 직장에서의 부적응과 막연한 답답함, 공중 화장실에서 소변을 수월하게 보지 못하는 문제, 심지어 고소 공포증까지 다양한 문제를 호소했다. 우선순위를 정하고 한 가지씩 차례로 접근하기로 합의했다.

충분한 사전 면담과 개인사 면담 후, G씨와 함께 첫 번째 최면세션을 시작했다. 그는 최면유도에 잘 반응하며 깊은 최면으로 진입하는 임계 깊이에 도달했다.

마음속에 있는 불편한 감정, 그 답답함과 불안함을 따라 브릿지 역행이 시작되었다. 놀랍게도 첫 세션에서 드러난 것은 태어나면서 죽었다고 들었던 얼굴도 모르는 자신의 형에 대한 감정이었다.

"내 형이 보여요... 나는 본 적이 없지만 그가 보여요." G씨가 최면 상태에서 말했다. "탯줄이 목에 감겨서... 너무 답답해서 숨도 못 쉬고... 죽었어요."

이는 그의 내면이 만들어 낸 이미지였지만, 이러한 내사(Introject)에 대한 감정을 해소하는 작업을 진행했다. 모든 감정을 표현하고 정리한 후, G씨는 최면에서 돌아와 한결 편안해진 표정으로 밝게 웃었다.

"뭔가 가슴이 조금 가벼워진 것 같아요. 정확히 뭐라 표현하기는 어렵지만요."

일주일 후 두 번째 세션에서 G씨는 놀라운 변화를 보고했다.

"선생님, 믿기지 않는 일이 있었어요. 평소 약을 먹지 않으면 견딜 수 없을 정도로 불안했는데, 지난 세션 이후 불안감이 절반 이상 줄어들어서 3년간 먹던 약을 끊었어요! 한 번의 세션으로 이런 변화가 있을 줄은 상상도 못 했어요."

지난주 최면 상태에서 그가 말했던 형의 내사에 대해 어머니께 물어본 결과, 실제로는 탯줄이 목에 감긴 것이 아니라 산도에 목이 끼어 사망했다는 것을 확인했다고 했다. 그의 무의식이 표현한 이미지가 현실과 완전히 일치하지는 않았지만 상당한 유사성이 있었다.

두 번째 세션에서는 남아있는 불안과 우울감의 뿌리를 더 깊이 찾아가기로 했다. 다시 최면 상태로 들어간 G씨는 아버지와 관련된 기억으로 역행했다.

"집이에요... 저는 2살이에요. 아빠가 술을 많이 먹었어요." G씨의 목소리가 떨렸다. "아빠가 집기를 부수고 난동을 부려요. 너무 무서워요."

걷지도 못하고 기어 다니던 아기의 눈에 비친 아버지의 모습은 공포 그 자체였다. 그러나 추가적인 검증 과정에서 이것이 ISE가 아님이 밝혀졌다. 계속해서 역행을 진행하자 그는 자신이 막 태어난 순간으로 돌아갔다.

"병원이에요... 의사 선생님과 간호사들이 보여요. 의사 선생님이 엄마에게 뭔가 말하고 있어요."

"무슨 말을 하고 있나요?"

"이 아기가 예정보다 너무 일찍 나왔다고... 아기가 울지도 않고 너무 작고 약해서... 어쩌면 죽을지도 모른다고 엄마에게 말하고 있어요."

G씨의 얼굴에 공포가 스쳐 지나갔다. "너무 무서워요... 살고 싶어요...."

이 순간이 바로 그가 평생 동안 느껴왔던 불안감의 ISE였다. 살아있는 순간부터 그의 무의식에는 '죽을지도 모른다'는 공포가 각인되어 있었던 것이다.

이 감정을 충분히 표현하고 완전하게 해소한 후, 연령순행 과정에서 다른 의미 있는 사건을 만났다. 5살 무렵, 그는 산 위 절벽 주변에서 쑥을 캐던 엄마의 등에 업혀 있었다. 갑자기 엄마가 아빠 때문에 살기 힘들다며 죽어버리자는 말을 했을 때, 등에 업혀있던 G씨는 극도의 공포를 느꼈다.

"죽기 싫어요! 절벽에서 떨어지기 싫어요!" 최면 상태의 G씨가 갑자기 소리쳤다.

내면아이 통찰 기법을 통해 현실을 직시하자 그는 깨달음을 얻었다. "아!! 그랬네요. 이게 제가 가진 고소 공포증의 원인이었어요!"

또한 그는 소변 문제가 어린 시절 옷에 소변을 싸서 심하게 혼났던 경험과 연결되어 있으며, 직장 부적응은 어머니의 설거지를 도와주려다 야단 맞으며 위축된 경험과 연관되어 있음을 발견했다.

두 번째 세션을 마치고 G씨는 "지금껏 살아오면서 이렇게 상쾌한 기분을 느낀 적이 없었다."며 활짝 웃었다.

2주 후, 세 번째 세션에서 G씨는 흥미로운 변화를 보고했다.

"우울감은 완전히 사라졌어요. 그런데 불안감은... 오히려 더 강하게 느껴지는 것 같아요. 특히 가슴이 두근거리는 게 이전보다 더 심해진 것 같아요."

이는 마치 양파껍질이 한 층 벗겨지면서 그 속에 있던 층이 표면으로 드러난 것과 같은 현상이었다. 우울이라는 외부 층이 제거되자 그 아래에 있던 불안의 층이 더 뚜렷하게 느껴진 것이다.

세 번째 세션에서는 이 두근거림의 원인을 찾는 데 초점을 맞추었다. 최면 상태에서 탐색한 결과, 두 가지 주요 원인이 드러났다.

첫째, 아버지보다 나이 차이가 많은 형이 가장 역할을 하며 권위적으로 어린 G씨를 대했던 경험이 있었다. 그는 형을 존경했지만, 그 이면에는 두려움과 분노가 억눌려 있었다.

둘째, 어린 시절 주벽이 심한 아버지를 피해 어머니와 형과 함께 계속 이사를 다녔는데, 매번 어린 G씨 때문에 아버지에게 발각되었던 경험들이 있었다. 동네에서 놀다가 아버지에게 붙잡히거나, 아버지가 그를 미행하여 가족의 새 거처를 알아내는 식이었다. 그때마다 그는 극심한 죄책감과 불안, 두근거림을 경험했다.

이러한 경험들에서 오는 감정들을 완전히 해소하는 과정에서 G씨는 갑자기 소리쳤다.

"아! 방금 가슴의 돌덩이 같은 것이 완전히 내려간 것 같아요! 뻥~ 뚫렸어요! 너무 시원해요!"

세션이 아직 남아있어서 그의 동의로 다른 문제들도 추가로 다루었다. 이성 관계에서의 회피 성향은, 그가 어렸을 때 다리미에 화상을 입어 생긴 흉터와 관련이 있었다. 한 살 때 기어 다니다가 꽂아놓은 다리미를 끌어안아 화상을 입었는데, 유치원에서 한 여학생이 그 흉터를 발견하고 만지면서 부끄러움을 느끼기 시작했던 것이다.

마지막으로 직장에서의 부적응 문제도 더 깊이 탐색하여 자신감과 자아존중감의 문제를 해소했다.

모든 작업을 마친 후 G씨는 최면에서 돌아와 눈을 뜨고 몇 번이나 고맙다는 말을 반복했다. 그의 얼굴은 밝고 환한 표정으로 가득했다.

"정말 자유로워진 느낌이에요. 가슴이 시원하게 뚫렸어요. 이런 경험은 처음이에요."

한 달 후, G씨로부터 연락이 왔다. 그는 약을 끊은 이후로도 전혀 문제가 없었고, 직장에서도 더 이상 답답함을 느끼지 않으며, 심지어 고소 공포증도 사라져 등산을 시작했다고 했다. 소변 문제도 완전히 해결되었고, 몇 번이나 나에게 고맙고 감사하다는 말을 전했다.

*****

이 사례는 복합적인 문제를 가진 내담자도 ART와 같은 근본적인 접근을 통해 놀라운 변화를 경험할 수 있음을 보여준다. 또한 한 가지 문제가 해결되면 그 아래에 있던 다른 문제가 더 명확하게 드러날 수 있다는 '양파껍질 효과'를 명확히 보여주는 사례이기도 하다.

무엇보다 이 사례는 최면 역행 테라피가 단순히 과거 기억을 떠올리는 것이 아니라, 현재의 문제와 연결된 과거의 감정과 경험을 재경험하고 적절한 개입을 통해 해소함으로써 진정한 치유가 이루어질 수 있음을 보여준다. 내담자가 자신의 문제의 뿌리를 발견하고 통찰을 얻을 때, 그 변화는 단순한 증상 완화를 넘어 삶 전체의 변화로 이어질 수 있는 것이다.

05. 두려움을 넘어, 새로운 삶의 시작: 가족 관계에 묶인 자아 해방하기 (권동현 ICS 최면 트레이너)

권동현 트레이너는 IACT 최면 마스터 트레이너, 울트라 뎁스® 헤드 에듀케이터, 파츠 테라피 트레이너, ABH 최면 트레이너, ICS 최면 트레이너이자 ICS 인터내셔널 협회의 이사로, 다양한 최면 기법과 치유적 접근법에 정통한 손꼽히는 전문가이다. 현재 부산 현대최면-EFT 센터(ICS 부산교육지부)를 운영하고 있으며, 수많은 기적 같은 변화 사례들을 보유하고 있다.

다음 사례는 권동현 트레이너의 실제 상담 경험을 바탕으로 제공되었으며, 내담자의 개인정보 보호를 위해 일부 세부사항이 수정되었다.

*****

C씨(42세, 미혼)는 가족의 기대와 책임 속에서 살아온 사람이었다. 24세에 군 복무를 마친 후, 부모님의 사업을 이어받아 지역에서 꽤 규모 있는 식당을 운영하며 사업가로서 자부심을 키워갔다. 그의 성실한 운영 덕분에 식당은 번창했으나, 그의 삶은 점차 복잡해졌다.

부모님이 게스트하우스를 운영하기 시작하면서, C씨는 낮에는 식당을 운영하고, 밤에는 부모님의 게스트하우스를 돕느라 하루도 쉴 틈 없이 바쁜 나날을 보냈다. 그러나 그의 인생이 본격적으로 흔들리기 시작한 건 형이 식당에 합류하면서부터였다.

사업 실패 후 식당에 들어온 형은 강압적이고 지배적인 태도로 C씨를 대했다. 이로 인해 C씨는 극심한 스트레스를 받았고, 자신이 구축해 온 사업이 무너지는 듯한 기분을 느꼈다. 더욱이 가족들의 반대로 결혼을 약속했던 여자친구와도 헤어지면서, 그의 내면은 더 깊은 상처를 입었다.

시간이 지날수록 가족과의 갈등은 심각해졌다. 자신이 운영하는 식당에서 나온 수익은 형과 형수가 가져갔고, 게스트하우스의 수익은 전액 부모님이 차지했다. 정작 C씨는 한 푼도 손에 쥘 수 없었다. 누구보다 헌신적으로 일했지만, 가족 내에서 그는 그저 '당연히 희생해야 하는 존재'로 여겨졌다.

C씨의 내면에 뿌리박힌 감정을 탐색하기 위해 ART를 진행했다. 섬냄뷸리즘에 진입하는 임계 이상의 깊이에 도달한 후, 우리는 현재 그가 느끼는 무력감과 분노의 감정을 브릿지로 사용하여 역행을 시작했다.

C씨는 먼저 17세 시절로 되돌아갔다. 고등학교 1학년, 그는 방 안에서 형에게 심한 꾸중을 듣고 있었다.
"넌 공부도 못하고, 아무것도 할 줄 몰라!"

형의 말 한마디에 그의 자존감은 무너져 내렸다. 반박하고 싶었지만, 그는 단 한마디도 할 수 없었다. 이 감정을 따라가자 12세의 기억으로 이동했다.

12세의 C씨는 부모님의 격렬한 다툼을 목격하고 있었다. 아버지는 술에 취해 있었고, 어머니는 눈물을 흘리며 분노를 쏟아내고 있었다. 어린 C씨는 부모님을 위로하고 싶었지만, 그 어떤 말도 소용없을 것 같았다. 무력감과 함께 그는 스스로를 '쓸모없는 존재'라고 인식하기 시작했다.

그러나 그의 무의식은 더 깊은 과거로 안내했고, 우리는 마침내 그의 두려움의 근원을 발견할 수 있었다.

C씨는 5세의 시점으로 돌아갔다. 그날, 부모님은 격렬하게 싸우고 있었다. 어린 그는 너무 놀라 그 장면을 그저 바라보기만 했다. 그 순간, 울고 있던 어머니가 그에게 말했다.

"엄마는 너 때문에 살고 있어. 네가 없으면 죽을 것 같아."

이 말은 어린 C씨의 무의식에 강한 감정적 각인(Emotional Imprinting)을 남겼고, 이는 이후 그의 삶을 지배하는 핵심 신념으로 자리 잡았다. 그는 이 순간부터 가족을 지켜야 한다는 강박적인 신념을 가지게 되었고, 가족의 평화를 위해 자신을 희생해야 한다는 무거운 짐을 지게 되었다. 너무나도 어렸지만, 그때부터 자신이 가족의 균형을 유지해야 한다고 믿었고, 이는 이후의 삶을 지배하는 두려움이 되었다.

이 ISE를 발견하자, 내면아이 통찰 작업을 시작했다. 최면 상태에서 42세의 C씨는 5세의 자신을 마주했다. 그는 작고 여린 자신을 바라보며 말했다.

"이제 괜찮아. 네가 모든 걸 책임질 필요 없어. 넌 사랑받기 위해 태어난 존재야. 앞으로 내가 너와 함께 할 거야."

C씨는 어린 자신을 품에 안으며, 가슴속에서 묵직했던 무언가가 녹아내리는 듯한 느낌을 받았다. 5세의 C씨는 처음에는 주저하는 듯했지만, 이내 그의 품에 안기며 조용히 흐느꼈다. 오랫동안 그를 억눌렀던 두려움이 마침내 해소되기 시작했다.

이어서 그가 부모를 용서하고, 형과의 관계에서도 더 이상 얽히지 않겠다는 결심을 하는 과정을 도왔다. 가족의 감정적 짐을 짊어지고 살아가는 것이 아닌, 자신만의 삶을 살아가기로 결정하는 시간이었다.

마지막으로, 우리는 연령 순행(Age Progression)을 진행했다. 65세의 미래 속에서 그는 자신만의 회사를 운영하고 있었고, 사랑하는 가족과 함께 따뜻한 삶을 살고 있었다.

C씨는 65세의 자신과 마주한 순간, 그의 눈빛에서 흔들림 없는 확신과 따뜻한 안정감을 느꼈다. 젊은 시절 수많은 두려움을 극복해 온 자신이 지금 여기 서 있었다.
미래의 자신이 현재의 C씨에게 말했다.

"살아가면서 어려운 일들도 있겠지만, 넌 충분히 잘해낼 거야. 그리고 난 네가 정말 자랑스럽다."

미래의 자신이 건넨 이 한 마디는, 그동안 억눌려 있던 그의 자아가 해방되는데 방점을 찍어주었다. 이것은 단순한 상상이 아니라, 그가 스스로에게 보내는 강력한 확신이었다.

상담 이후, C씨의 삶은 급격히 변화하기 시작했다. 그는 게스트하우스의 명의를 부모에게 이전하고, 식당 역시 형에게 넘길 계획을 세웠다. 그는 억압적인 가족 환경에서 벗어나 자신만의 삶을 개척하기로 결심한 것이다.

놀랍게도, 그는 코딩 학원에 등록했고, AI 관련 분야에서 새로운 커리어를 시작하기로 결정했다. 과거에는 상상조차 할 수 없던 변화였다. 상담 종료 2개월 후 그가 보낸 메시지에는 이미 기초 코딩 과정을 마치고 자신만의 프로젝트를 시작했다는 기쁜 소식이 담겨 있었다.

그의 눈빛은 더 이상 두려움과 불안으로 가득 차 있지 않았다. 대신 자신의 인생을 주체적으로 이끌어가겠다는 확신과 희망으로 빛나고 있었다.

* * * * *

C씨의 사례는 ART가 단순한 증상 해결을 넘어 한 개인의 삶 전체를 변화시킬 수 있음을 보여준다. 어린 시절 형성된 부적응적 신념이 평생의 패턴을 만들어 낼 수 있지만, 그 근원을 발견하고 해소하는 순간 진정한 자유와 변화가 시작될 수 있다. 이는 단순한 기법의 적용을 넘어, 내담자의 내면 깊숙이 있는 상처와 두려움을 안전하게 마주하고 치유하는 과정이 얼마나 중요한지를 다시 한번 일깨워준다.

06. 층간 소음과 내면의 분노 (권동현 ICS 최면 트레이너)

이 사례 역시 권동현 ICS 최면 트레이너의 실제 상담 기록을 바탕으로 한다. 앞선 사례와 마찬가지로 내담자의 개인정보 보호를 위해 일부 세부사항이 수정되었다.

* * * * *

B씨(40세 여성, 주부)는 층간 소음으로 인한 극심한 스트레스와 노이로제를 호소하며 상담을 의뢰했다. 여러 번 이사를 했음에도 문제가 해결되지 않았고, 급기야 2층짜리 단독주택의 2층으로 옮겼지만 여전히 문제가 지속되었다. 놀랍게도, 이제는 아래층에서 올라오는 소리에 과민하게 반응했다. 밥 먹는 소리, 화장실에서 물 내리는 소리, 심지어 코 고는 소리까지도 B씨에게는 극도의 스트레스가 되었다. 정신과 약물을 복용해도 증상이 호전되지 않았다.

연령역행을 통해 분노의 근원을 탐색했다. 먼저 30세 시점으로 역행하여 쌍둥이 신생아를 키우며 아파트에서 아이들의 울음소리가 외부로 새어 나갈까 극도로 불안해했던 경험을 발견했다. 이 과정에서 그녀의 분노가 강하게 표출되었고, 몸이 긴장되면서 가슴이 답답해지는 반응을 보였다. 더 깊은 역행을 통해 B씨는 14세 시절로 이동했다. 그녀는 라디오에서 좋아하는 음악을 녹음하고 있었지만, 지적장애가 있던 남동생이 계속 방해를 했다. 분노가 폭발한 그녀는 순간적으로 식칼을 집어 들었고, 동생을 위협하려는 충동적인 행동을 했다. 그녀는 당시의 자신이 되어 손을 부들부들 떨었고, 호흡이 가빠졌다.

12세 무렵, 동생의 자살 시도로 인해 동네 사람들의 이목이 집중되었고, 결국 응급실로 긴급 후송되었다. 이 사건은 단순히 가족 내의 일이 아니었다. 동네 사람들의 수군거림이 한동안 이어졌고, 그 시선은 B씨에게 또 다른 상처를 남겼다. 다행히 의료진의 신속한 조치로 위세척을 받아 생명에는 지장이 없었지만, 이 사건은 B씨에게 깊은 충격과 불안을 남겼고, 동시에 동생에 대한 분노까지 자리 잡게 되었다.

최종적으로 7세 때의 ISE에 도달했는데, 남동생과 함께 있었지만 B씨만 설거지를 하지 않았다고 아버지에게 혼났던 경험이었다. 이 순간, 그녀의 무의식은 강한 감정적 각인(Emotional Imprinting)을 형성했다. 그녀는 처음으로 분노와 '불공정하다'는 감정을 강하게 느꼈으며, 이후 유사한 상황이 반복될 때마다 같은 감정을 자동적으로 경험하게 되었다.

이제, 40세의 B씨는 7세의 내면아이를 마주했다. 그녀는 어린 시절의 자신을 보며 말을 건넸다.
'넌 잘못한 게 없어. 네가 혼자 짊어질 필요 없었어. 이제 그 짐을 내려놔도 괜찮아.'
7세의 내면아이는 처음에는 반응하지 않았지만, 이내 그녀를 바라보며 눈물을 흘렸다.
'정말... 괜찮은 걸까?'
B씨는 어린 자신을 따뜻하게 안아주었다. 가슴이 뜨거워지는 느낌과 함께, 오래 묵혀 두었던 감정이 서서히 녹아내렸다. 그리고 용서 테라피를 통해 아버지와 남동생에 대한 감정을 해소했다.

상담 일주일 후, B씨는 놀라운 변화를 보고했다.
"이상해요. 여전히 1층에서 같은 소리가 나는데... 더 이상 저에게는 그 소리가 신경 쓰이거나 불편하게 느껴지지 않아요."

실제 환경은 바뀌지 않았지만, 그녀의 내면이 변화하면서 층간 소음이 더 이상 그녀를 괴롭히지 않게 된 것이다. 분노의 문제가 근본적으로 해결되면서 평소 자신의 아이들에게 뒤꿈치 들고 걸으라며 소리치던 행동도 사라졌고, 오히려 아이들에게 미안함을 표현하여 관계가 개선되었다.

07. 어머니와의 불건강한 관계 패턴 (권동현 ICS 최면 트레이너)

다음 사례는 권동현 ICS 최면 트레이너가 진행한 또 다른 상담 사례이다. 내담자의 개인정보 보호를 위해 일부 세부사항이 수정되었으며, 실제 치유 과정과 결과를 중심으로 기술하였다.

*****

D씨(57세 여성)는 83세 어머니 때문에 하루에도 여러 차례 죽고 싶은 충동을 느낀다고 호소했다. 요양병원에 입원한 어머니는 하루에 수십 번 전화를 걸어 병원으로 오라고 요구했다. D씨는 어머니의 전화벨만 들려도 극심한 불안과 공포를 느꼈으며, 한 시간을 운전해 병원에 도착하면 어머니는 대개 사소한 심부름만 시켰다.

D씨는 어머니의 요구를 거절할 수 없었고, 거절하면 어머니가 돌아가실까 두려워했다. 때로는 어머니에 대한 분노가 극에 달할 때면 자살이나 극단적인 생각을 하기도 했으나, 곧 죄책감에 시달렸다. 어머니와 애증의 관계라고 표현했으며, 다른 세 명의 동생들은 어머니로부터 이런 요구를 받지 않는데 장녀인 자신만 괴롭힘을 당한다고 느꼈다.

연령역행 작업에서 8세 시점의 ISE가 발견되었다. 한밤중, 어머니가 그녀의 곁에 누워서 속삭였다.

"엄마는 내일 죽을 거야. 내가 죽으면 네가 이제 이 집안의 가장이니까, 동생들 잘 돌보고, 네가 엄마 노릇을 해야 해."

그녀는 어머니의 말을 완전히 이해할 수는 없었지만, 무언가 엄청난 일이 벌어질 것 같은 불안감에 휩싸였다. 이때부터, 그녀의 무의식 속에는 '내가 어머니를 지켜야 한다'는 강박적인 책임감이 자리 잡았다.

57세의 D씨는 8세의 내면아이를 마주했다. 그녀는 어린 자신에게 다가가 따뜻하게 말했다.

"넌 너무 어려. 너는 동생들을 책임질 필요도, 엄마를 대신할 필요도 없어. 그리고 엄마는 돌아가시지 않아. 오랫동안 너와 함께할 거야. 나는 너에게 거짓말을 하지 않아. 내가 하는 말은 모두 진실이야. 내가 하는 말을 믿어."

8세의 내면아이는 처음에는 혼란스러워하며 고개를 저었다.

"하지만... 엄마가 그때 그렇게 말했어. 내가 책임져야 한다고."

D씨는 어린 자신을 바라보며, 마침내 그녀가 짊어지고 있던 짐이 자신의 것이 아니었음을 깨달았다.

"그건 엄마의 짐이었어. 너의 몫이 아니야."

내면아이가 그녀를 바라보며, 천천히 눈물을 흘리기 시작했다.

D씨는 어머니가 당시 극심한 상황에서 판단력이 흐려진 상태였음을 이해하게 되었고, 어머니를 용서하는 과정을 거쳤다. 더불어 57년간 어머니의 모든 요구에 무조건 따랐던 자신에 대한 자기용서 작업도 함께 이루어졌다.

이러한 용서의 과정을 통해 D씨는 과거의 짐을 내려놓을 수 있었다. 마지막으로 미래 확인 작업을 통해 건강한 경계선을 가진 새로운 모녀 관계를 떠올렸다.

상담 이후 D씨는 즉각적인 변화를 보여, 어머니의 부당한 요구를 거절할 수 있게 되었다. 거절할 때 어머니가 전화로 욕을 하면 "엄마가 나에게 이런 식으로 막 대하게 되면 나는 앞으로 엄마를 안 볼 수도 있어. 내가 오늘은 이런 일이 있어 못 가지만, 내일은 들릴 테니까, 성질 내지 마. 나도 내 생활을 해야 하지 않겠어?"라고 단호하게 대응할 수 있게 되었다.

과거에는 상상도 할 수 없었던 단호한 반응이었다. 놀랍게도, 어머니는 더 이상 그녀에게 욕설을 하지 않았고, 전화 횟수도 하루 수십 번에서 두세 번으로 줄어들었다. 57년 동안 지속되던 건강하지 않은 관계 패턴이 처음으로 변화하기 시작했다.

08. 혼자가 아니야: 사랑을 깨닫는 여정
(김진하 ICS 최면 트레이너)

다음 사례는 김진하 ICS 최면 트레이너의 실제 상담 기록을 바탕으로 한다. ICS 인터내셔널 협회의 이사이자 인증된 ICS 최면 트레이너로서, 그는 정서적 문제부터 영적 주제에 이르기까지 다양한 치유 영역에서 깊이 있는 접근법을 보여주고 있다. 이 사례에서는 내면의 공허함이 어떻게 과거의 상처와 연결되어 있는지, 그리고 자기 사랑의 회복이 대인관계와 삶의 질에 미치는 영향을 보여준다.

*****

E씨(30대 여성)는 겉보기에는 아무런 문제가 없는 삶을 살고 있었다. 좋은 직장, 경제적 여유, 심지어 헌신적인 남편까지 있었다. 그러나 그녀는 늘 외롭고 삶이 허무하게 느껴졌다. 아무리 채우려 해도 마음 한구석이 텅 빈 듯했고, 남편이 다정하게 대해도 만족스럽지 않았다.

"남편과의 관계를 회복하고 싶어요. 그리고... 삶이 더 이상 이렇게 공허하지 않았으면 좋겠어요."

최면이 시작되고 E씨는 가슴 깊이 자리한 외로움과 허무함을 따라가도록 안내받았다. 그 감정의 끝에는 홀로 웅크리고 울고 있는 어린아이가 있었다. 그리고 그 아이의 뒤편에서는 부모님의 격렬한 싸움이 벌어지고 있었다.

어린 E씨는 두 손으로 귀를 막고 떨고 있었다. 부서지는 물건 소리, 고함치는 소리, 서로를 비난하는 소리. 하지만 정작 누구도 그녀를 보지 않았다. 무서웠지만, 울 수도 없었다. 어른들은 서로의 감정에만 휩싸여 있었고, 그녀는 홀로 그 모든 혼란 속에서 버텨야 했다.

결국 부모님은 이혼했고, 그녀는 어머니와 함께 살게 되었다. 하지만 집은 더 적막해졌다. 어머니는 일에 치여 바빴고, 집은 공허한 공간이 되었다. 그녀가 중·고등학교 시절 왕따를 당했을 때도, 아무에게도 말할 수 없었다. 말해봤자 해결되지 않을 것 같았고, 또 혼자 버텨야 한다고 생각했다.

그렇게 '나는 혼자야. 내 편은 없어'라는 믿음이 그녀를 깊이 지배하기 시작했다.

최면 속에서 E씨는 그 어린 자신에게 다가갔다. 떨고 있는 작은 몸을 부드럽게 감싸 안으며 조용히 속삭였다.

"이제 괜찮아. 내가 너를 지켜줄게."

그 순간, 차가웠던 방 안이 서서히 빛으로 가득 차는 느낌이 들었다. 마치 긴 겨울이 끝나고 따뜻한 햇살이 비춰오는 듯했다. 세션을 마친 후 그녀는 조용히 미소 지었다.

"신기하게 기분이 너무 좋아요. 아까 그 장면을 떠올려 보면, 여전히 그 아이가 빛 속에서 안겨 있는 것 같아요."

두 번째 세션에서 E씨는 1주일 동안 마음이 개운하게 느껴졌다고 했다. 이번에는 부모님과 선생님에게 혼나던 기억들, 체벌을 받던 순간들이 떠올랐고 점점 더 깊이 자신의 감정을 들여다보기 시작했다.

"너무 서러워요. 저는 그냥 인정받고 싶었을 뿐인데, 왜 항상 혼나야 하는지 모르겠어요."

그녀는 한동안 화나고 서러운 마음을 느끼며 울었다. 작업의 끝에서는 마치 그러한 기억들이 흐려지는 것처럼 느껴졌다.

세 번째 세션에서는 더욱 아픈 기억들이 떠올랐다. 학창 시절, 왕따를 당했던 시간들. 조용히 견뎠지만, 사실은 너무나도 분하고 억울했다. 너무 치욕스럽게 느껴져서 그러한 감정을 인정하고 표현하는 것조차 힘들었다.

그녀는 이를 악물면서 말했다.
"아무 말도 하고 싶지 않아요. 말할 가치조차 없어요."

그러나 최면상담사의 격려 속에서 그녀는 조금씩 마음을 열고, 깊이 쌓여 있던 감정을 표현하기 시작했다. 왕따를 시켰던 사람들에 대한 분노뿐만 아니라, 자신을 방치하고 관심을 보이지 않았던 어머니에 대한 원망과 무력하게 당했던 자신에 대한 수치심까지 모두 표현했다. 그녀는 한참을 울었다.

그리고 마침내, 자신을 향해 말할 수 있었다.
"그건 내 잘못이 아니었어. 내가 부족하고 못난 것이 아니었어."

그녀는 혼자서 견뎌야 했던 자신을 안아주며, 자신을 향한 따뜻한 연민과 자비심을 느꼈다. 자신이 진정으로 원했던 것은 이러한 위로와 사랑이었다는 것을 마음 깊이 받아들이고 있었다.

세션을 마친 후 그녀의 고백은 놀라웠다.
"그렇게 저 자신을 위로하고 사랑을 느끼는 동안, 갑자기 제 주변 사람들이 떠올랐어요. 우리 모두 이렇게 사랑받고 싶어서 애쓰며 살고 있는 거잖아요. 무엇보다도 이렇게 따뜻하게 위로받고 이해받고 싶은 건데...."

그녀는 처음으로 다른 사람들에 대한 애틋한 감정이 느껴진다고 했다.
"저는 한 번도 종교를 가져본 적이 없어요. 사람들이 타인을 위해 기도하거나 기부하는 게 이해되지 않았거든요. 그런데 처음으로 그 마음이 이해되는 것 같아요. 이렇게 따뜻한 마음을 주고받는 거였네요."

네 번째이자 마지막 세션에서 E씨는 남편과의 관계가 크게 달라졌다고 보고했다.
"남편과의 관계가 많이 달라지고 갈등이 줄었어요. 이 사람이 제 편이라는 걸, 이제 진심으로 믿게 됐어요. 이제 허전하지 않아요."

물론 여전히 삶에서 힘든 순간이 있었고, 회사에서 일하다 보면 더 잘해야 한다는 강박적인 마음이나 사람들에게 서운한 마음이 들 때도 있었다. 하지만 이제는 그럴 때마다 스스로에게 말해줄 수 있었다.
"괜찮아. 잘하고 있어. 고마워."

* * * * *

이 사례는 우리에게 중요한 통찰을 제공한다. 겉으로 보기에 완벽해 보이는 삶도 내면의 상처가 치유되지 않으면 공허할 수 있다는 것이다. E씨의 경우, 어린 시절의 외로움과 방치된 경험이 성인이 된 후의 대인관계와 자기인식에 깊은 영향을 미쳤다.

또한 자기 사랑의 회복이 가져오는 변화의 연쇄 반응도 주목할 만하다. E씨는 자신을 진정으로 사랑하고 수용하게 되면서, 남편의 사랑도 더 깊이 받아들일 수 있게 되었다. 더 나아가, 타인에 대한 공감과 연민까지 확장되는 놀라운 변화를 경험했다.

ICS-ART를 통한 내면 자아의 변화 작업은 단순히 과거의 상처를 해소하는 것을 넘어, 삶 전반의 질적 변화와 영적 성장까지 이끌어 낼 수 있음을 이 사례는 잘 보여준다. 내담자가 자신의 내면 깊숙이 숨겨진 감정과 만나고, 그것을 안전하게 표현하며, 스스로를 위로하고 사랑하는 과정은 진정한 치유의 핵심이다.

09. 감정 폭식과 급격한 체중 증가: 내면의 집착 풀어내기
(문동규 ICS 최면 트레이너)

본서는 ART(Age Regression Therapy, 연령역행 테라피)의 원리와 적용에 초점을 맞추고 있지만, 실제 임상 현장에서는 내담자의 문제 구조에 따라 다양한 접근법이 통합적으로 적용되는 경우가 많다. 특히 복합적인 감정 문제나 여러 원인이 얽혀 있는 사례에서는 그 정신역동적 원인에 따라 역행 테라피와 파츠 테라피(Parts Therapy) 같은 체계들이 보완적으로 적용되는 것이 효과적이다.

다음 사례는 이러한 통합적 접근의 좋은 예시로, 총 3회기에 걸쳐 ART를 기반으로 하되 내담자의 정신역동적 구조에 맞게 파츠 테라피 등이 결합되어 진행된 과정을 보여준다. 이는 실제 임상에서 최면상담사가 어떻게 유연하게 다양한 기법을 활용하여 내담자의 복합적인 문제를 효과적으로 다루는지를 보여주는 사례이다.

다음 사례는 저자의 실제 상담 기록을 바탕으로 한다. 앞선 사례들과 마찬가지로 내담자의 개인정보 보호를 위해 일부 세부사항이 수정되었다.

* * * * *

F씨(40대 여성)는 처음 최면상담을 의뢰할 때 단순히 다이어트 문제로 상담을 원했다. 그러나 상담 과정에서 이것이 단순한 다이어트 문제가 아님이 드러났다. F씨는 약 6개월 전부터 우울증처럼 심한 우울감에 시달렸으며, 그 이후 급격한 체중 증가를 경험했다고 했다. 특히 밤마다 통제할 수 없는 식탐으로 폭식을 반복했고, 이로 인해 평소 체중보다 10kg 이상 증가했다.

첫 번째 세션에서는 원인을 밝히기 위해 식탐을 유발하는 감정을 브릿지로 역행을 진행했다. 놀랍게도 F씨는 3~5세 무렵의 유아기로 역행했다. 당시 어린 F씨는 먹는 것을 빼앗기는 것에 대한 과민반응을 보였다.
3살 시점에서는 국에 밥을 말아 먹으면서 배가 부른데도 계속해서 먹으려 했고, 최면 상태에서 이 장면을 재경험하던 그녀는 "내 꺼야!"라고 소리치며 눈물을 흘렸다. 이 순간은 매우 강렬했으며, 40대 성인 여성이 갑자기 어린아이처럼 울며 음식에 대한 집착을 표현하는 모습은 그녀의 내면에 얼마나 깊은 감정이 묻혀 있었는지를 생생하게 보여주었다.

더 깊은 탐색을 통해 그녀가 갓난아기였을 때 어머니의 젖이 충분하지 않아 배고픔을 충분히 해소하지 못했던 것이 먹는 것에 대한 집착으로 이어졌음이 밝혀졌다. 이러한 초기 경험은 6개월 전 남동생의 결혼과 연결되었다. 평소 매우 애착이 컸던 동생이 결혼을 하면서 F씨는 무의식적으로 '빼앗김'의 감정을 경험했고, 이것이 유아기의 경험과 연결되어 통제할 수 없는 폭식으로 나타난 것이었다.

F씨의 체중 증가에는 직장 스트레스라는 또 다른 요인도 작용했다. 그녀는 업무 처리 과정에서 상사에게 보고하지 않고 임의로 처리한 일이 있었고, 이에 대한 죄책감을 안고 있었다. 흥미롭게도 이 죄책감은 자신을 벌주려는 마음으로 발전하여, 폭식을 통해 자신을 벌하는 무의식적 패턴을 형성했던 것이다.

세션은 ISE의 검증 및 해소, SSE들과 SPE의 확인과 해소, 내사대상에 대한 용서, 그리고 자기 자신에 대한 용서 작업을 포함한 구조적인 과정으로 진행되었다. F씨는 최면 상태에서 자신이 자기 통제권을 되찾는 미래의 모습을 생생하게 경험했으며, 이 세션이 단순히 체중 감량이 아닌 자신의 인생에 대한 통제력을 회복하는 과정임을 깨달았다.

열흘 후 진행된 두 번째 세션에서 F씨는 과식 충동과 폭식이 현저히 개선되었다고 보고했다.
또한 놀랍게도 그녀는 평생 고생했던 심한 변비 증상도 갑자기 사라졌다고 했다.
"정말 고질적이라 그동안 건강식품이며 한약이며 좋다는 건 안 해본 게 없을 정도였는데... 제가 3살 적에 갖고 있던 내 것에 대한 집착을 내려놓으면서 이것도 같이 내려놓았나 봐요. 정말 신기해요." 이는 그녀가 무의식적으로 '내 것'에 대한 집착이 배설물까지도 놓아주지 않았음을 보여주는 흥미로운 통찰이었다.

두 번째 세션에서는 파츠 테라피(Parts Therapy) 기법을 활용해 그녀의 내면에 남아있던 식탐과 관련된 파트(Part)를 찾아내는 작업을 진행했다. 이 '식탐' 파트는 원래 즐겁게 일하도록 돕는 역할이었으나, 직장 스트레스가 심해지면서 그 임무가 바뀌었다고 했다. 또한 그녀가 호소하던 아침 기상 시의 두려움과 정수리 부분의 통증을 일으키는 '무기력' 파트도 발견했는데, 이 파트는 "운동하지 말고 회복할 때까지 많이 먹어라."라고 조언하고 있었다.

더 놀라운 점은 '위장' 파트의 등장이었다. 이 파트는 "위가 2배로 늘어나서 이 공간을 채우려면 많이 먹어야 한다."고 주장했다. 파트들 간의 중재와 리프레이밍(재관점화) 작업을 통해 이 파트가 건강한 역할을 찾게 되었고, 결국 모든 파트가 조화롭게 통합되는 과정을 경험했다.

일주일 후 세 번째 세션에서 F씨는 발걸음부터 달라진 모습으로 상담실에 들어왔다. 스트레스가 크게 감소했고, 아침 기상 시의 두려움이 사라졌으며, 가장 중요하게는 식탐과 식욕이 정상적인 수준으로 돌아왔다고 했다.

특이하게도 그녀는 두 번째 세션 이후 오른쪽 코에서 멈추지 않는 코피를 경험했다고 했다. 이는 내면에 묻어둔 감정들이 해소되면서 나타난 신체적 반응으로 볼 수 있었다. 이런 유형의 신체적 해제반응은 드물지만 의미 있는 현상으로, 과거 분노 조절 문제가 있던 다른 내담자가 감정 해소 후 3일 동안 계속해서 수면만 취했던 사례와 유사했다. 이는 내면 깊은 극도의 긴장이 해소되면서 나타나는 자연스러운 반응으로 이해할 수 있다.

세 번째 세션에서는 남아있던 불편감, 즉 머리둘레의 띵한 느낌과 간헐적인 무기력감을 다루었다. 내담자 중심의 파츠 테라피를 통해 이러한 증상들의 의미를 탐색하고 해소했으며, 내면의 지혜로운 부분이 건강한 대안을 제시하도록 도왔다.

몇 주 후 F씨는 모든 증상이 완전히 사라졌다고 보고했다. 그녀는 더 이상 식탐에 끌려다니지 않고 식욕을 스스로 통제할 수 있게 되었으며, 정신적인 관리 방법도 꾸준히 실천하고 있다고 했다.

F씨는 후에 자발적으로 상세한 후기를 남겼는데, 그 내용에 따르면 그녀는 "눈앞에 뿌옇던 막과 안개가 걷힌 것 같고, 암흑 속에서 벗어난 기분이에요."라고 표현했다. 또한 늘 경직되었던 어깨와 허리 통증이 사라졌으며, 웃음을 되찾고 예전의 열정과 활력을 회복했다고 했다. 특히 인상적인 점은 그녀가 "매일 출근해서 업무 시작 전 저만의 공간에서 5분 정도 짧은 명상을 하면서 제가 이렇게 된 원인을 찾아보고 저를 되돌아볼 수 있는 여유도 가집니다."라고 말한 부분으로, 이는 단순한 증상 해소를 넘어 자기인식과 자기 돌봄의 습관이 형성되었음을 보여준다.

* * * * *

이 사례는 폭식과 체중 증가가 단순한 의지력 부족이나 식습관의 문제가 아니라, 깊은 감정적 원인에서 비롯될 수 있음을 보여준다. 감정 폭식이라고 부르는 이런 문제는 주위에서 종종 볼 수 있는 문제이다. 특히 내담자의 사례에서 '빼앗김'에 대한 무의식적 두려움이 어떻게 현재의 섭식 행동과 연결되는지, 그리고 내면의 다양한 파트들이 어떻게 보호적 의도로 증상을 만들어 내는지 잘 드러난다.

또한 이 사례는 몸과 마음이 하나라는 사실을 생생하게 보여준다. F씨의 경우 심리적 요인에서 비롯된 변비가 감정 해소 작업 후 자연스럽게 해결된 것은, 심신의 연결성에 대한 중요한 증거다. 더불어 코피나 신체 통증과 같은 신체적 증상이 심리적 작업을 통해 함께 해소되는 현상은 ART의 깊은 치유 효과를 증명한다.

감정 폭식과 같은 문제는 대개 복합적인 감정 구조를 가지므로, 단순한 직접 암시나 결과 중심 접근보다는 여러 회기에 걸쳐 다중 감정과 다중 원인을 찾아내고 통합하는 심층적 접근이 필요하다. F씨의 사례는 바로 이러한 접근이 어떻게 내담자의 삶 전체를 변화시킬 수 있는지를 보여주는 좋은 예시다.

10. 도벽 충동의 극복: 무의식적 복수심의 해소
(문동규 ICS 최면 트레이너)

다음 사례는 저자의 실제 상담 기록을 바탕으로 한다. 앞선 사례들과 마찬가지로 내담자의 개인정보 보호를 위해 일부 세부사항이 수정되었다. 이 사례에서도 앞서 설명한 ART의 원리와 과정이 동일하게 적용되었다.

* * * * *

어른이나 아이 할 것 없이 타인의 물건을 훔치려는 도벽 충동을 가진 사람들이 있다. 그들의 말을 들어보면 의식적으로는 그것이 나쁜 행동인 줄 알고 있지만, 순간적이며 무의식적으로 물건을 훔치게 된다고 말한다. 이런 종류의 도벽 역시 내면의 특정한 태도나 감정과 연관되어 있는 경우가 많다. 다만 이런 문제 역시 본인이 해결하고자 하는 자발적인 참여 의지가 있을 경우에만 상담이 가능하다. 변화의 주체는 상담사가 아니라 내담자 자신이기 때문이다.

G씨(20대 여성)는 이런 말 못 할 고민을 가지고 상담실을 찾았다. 그녀는 어린 시절부터 도벽 충동으로 인해 주위에서 줄곧 말썽을 일으켜왔다고 했다. 스스로도 이해할 수 없는 이 충동은 그녀의 삶에 큰 그림자를 드리우고 있었다.

ART를 통해 드러난 사실은 이 무의식적 행동의 원인이 어린 시절 '엄마'와의 관계에서 시작되었다는 것이다. 연령역행을 통해 초등학교 시절로 돌아간 G씨는 엄마에 대한 강한 '분노'와 '원망'을 느끼고 있었다. 이러한 감정이 어린 G씨로 하여금 남의 물건을 훔쳐 소동을 일으키게 만들었던 것이다.

ISE를 더 깊이 탐색하자 놀라운 패턴이 드러났다. 그녀가 물건을 훔칠 때마다 엄마는 학교에 불려가 뒷수습을 하며 곤란한 상황을 겪어야 했다. 이것이 바로 G씨의 무의식적 목표였던 것이다. 어린 G씨에게 이것은 엄마에게 할 수 있는 최선의 복수였고, 이 행동이 반복되면서 그녀의 무의식 속에 하나의 패턴화된 프로그램으로 자리 잡게 되었다.

문제는 성인이 된 이후에도 이 패턴이 지속된 것이었다. 어린 시절에는 엄마가 나서서 상황을 무마시켜 줄 수 있었지만, 자신의 행동에 책임을 져야 하는 성인이 된 이후 이러한 충동은 그녀의 발목을 잡았고, 급기야 심각한 사고로 이어졌다. 그제야 그녀는 도움을 구하러 온 것이었다.

ART과정에서 G씨는 자신의 행동 원인에 대해 처음으로 이해하게 되었다. 20년 이상 묵은 내면의 오해와 감정들을 해소하는 작업을 통해 그녀는 비로소 이 자동적인 패턴에서 벗어날 수 있었다. 특히 어린 시절 엄마에 대한 복수심을 불러일으켰던 사건들을 재경험하고, 그때의 감정을 충분히 표현하고 해소하는 과정이 중요했다.

최면에서 돌아온 그녀는 자신의 내적 동기에 대해 매우 놀라워했다. "제가 정말 그런 이유로 그런 행동을 했다니 믿기지 않아요. 하지만 이제 이해가 돼요." 그녀는 처음으로 자신의 행동을 인식하고 받아들이는 경험을 했다. 후속 확인 결과, 이 작업 이후 그녀의 도벽 충동은 완전히 사라졌다.

*****

이와 관련하여 권동현 트레이너의 유사한 사례도 주목할 만하다. 그의 내담자는 중학생 여학생으로, 도벽 충동으로 인해 학교에서 강제 전학까지 권유받은 상태였다. 흥미로운 점은 이 학생이 ART 상담을 받기 전에 다른 최면상담사에게 전생요법을 받은 경험이 있었다는 것이다.

당시 그 상담사는 사전 면담에서 아이의 도벽 원인이 전생에 있으니 전생최면을 하자고 제안했다. 이후 최면 작업에서 내담자는 양치기 소년으로 등장했고, 늑대가 나타난다는 거짓말을 많이 하다가 결국 죽게 되었으며, 그 삶을 마감하며 '착하게 살자'는 교훈을 얻었다고 한다. 상담사는 이제 도벽 습관이 없어졌으니 더 이상 상담이 필요 없다고 말했다.

그러나 예상대로 며칠 만에 그 학생은 다시 친구의 새 휴대폰을 훔쳐 큰 소동을 일으켰다. 결국 권동현 트레이너와의 ART 상담을 통해 G씨와 마찬가지로 어머니에 대한 복수심이라는 진짜 원인을 찾아 해소한 후에야 문제가 해결되었다.

또한 이영현 트레이너의 사례에서도 유사한 패턴을 발견할 수 있다. 30대 초반의 여성 내담자가 자신의 의지와 상관없이 위험한 성적 행동 패턴에 빠져 있었는데, ART를 통해 이 역시 엄마에 대한 무의식적 복수심에서 비롯되었음이 드러났다. 이 내담자는 개인사 면담에서 엄마와 사이가 매우 좋다고 표현했지만, ART를 통해 실은 어린 시절 엄마에게 받은 심각한 상처가 있었고, 자신을 망가뜨림으로써 엄마에게 고통을 주는 무의식적 패턴이 있었음이 밝혀졌다.

특히 중학교 시절 성추행을 당한 후 엄마가 괴로워하는 모습을 보며 '아… 내 몸이 더럽혀지니 엄마가 저렇게 고통스러워하는구나'라는 무의식적 깨달음을 얻었고, 이것이 이후 자기 파괴적 행동의 패턴이 되었던 것이다. ART를 통해 어린 시절 감정을 해소하고 진정으로 어머니를 용서하게 되자, 더 이상 자신을 해치는 행동에 끌리지 않게 되었다.

이 세 사례가 시사하는 바는 중요하다. 표면적으로 다른 증상이지만 공통적으로 '부모에 대한 복수심'이라는 심층적 원인이 자리 잡고 있었다. 단순한 암시나 부적절한 리딩을 통한 작업만으로는 근원적 해결에 이르지 못하며, 내담자를 가이딩(안내)하여 그들 스스로 자신의 무의식 속 진정한 원인을 발견하고 해소하도록 돕는 ART의 접근법이 얼마나 중요한지를 명확히 보여준다.

이런 복수심은 단순히 '나쁜 마음'이 아니라, 어린 시절 감당할 수 없었던 상처를 무의식이 나름대로 충실하게 해소하려고 애쓴 결과라는 점에서 이해와 공감이 필요하다. 다만 안타까운 것은 이러한 자기 파괴적 패턴이 결국 내담자 자신의 삶을 해치게 된다는 점이다. ART는 바로 이런 무의식적 패턴의 근원을 찾아 해소함으로써, 내담자가 더 이상 자신을 희생시키지 않고도 진정한 치유와 자유를 경험할 수 있도록 돕는 것이다.

11. 자신을 거부한 여성의 여정: 태아기부터 시작된 상처의 치유 (권동현 ICS 최면 트레이너)

다음 사례는 권동현 ICS 최면 트레이너의 실제 상담 기록을 바탕으로 한다. 앞선 사례들과 마찬가지로 내담자의 개인정보 보호를 위해 일부 세부사항이 수정되었다. 이 사례에서도 앞서 설명한 ART의 원리와 과정이 동일하게 적용되었다.

✴ ✴ ✴ ✴ ✴

H씨(46세 여성)는 오랫동안 자존감 문제와 우울증으로 고통받아 왔다. 그녀는 첫 상담에서 과거 정신과에서 산후 우울증 진단을 받았으며, 아이들이 어릴 때는 그들을 해치고 싶은 충동을 수시로 느꼈다고 했다. 현재 아이들은 십대가 되어 그런 충동은 없어졌지만, 여전히 자신이 아이들을 사랑해 준 기억이 전혀 없다는 점을 괴로워했다.

H씨는 둘째 아이를 낳은 후 남편과 이혼하게 되었고, 혼자서 두 아이를 키우는 과정에서 아이들은 그녀에게 무거운 짐으로 느껴졌다. 상담 당시 그녀는 직장을 그만두고 실업급여를 받는 상황이었으며, 극심한 슬픔, 우울, 무기력을 호소했다.

개인사 면담을 통해 H씨의 자존감이 바닥에 있음을 확인하고, 우리는 그 원인을 찾기 위해 ART를 진행했다. 그녀는 깊은 최면 상태에 들어갔고, 자존감 저하와 관련된 감정을 따라 역행을 시작했다.

먼저 13세의 기억으로 돌아간 H씨는 오빠와 이야기하는 장면을 떠올렸다. 오빠가 그녀의 외모를 비하하며 욕을 했고, 그 순간 그녀는 자신이 초라하게 느껴졌으며 어떤 것도 잘할 수 없을 것 같은 생각이 들었다.

10세로 더 역행하자, 어머니가 그녀에게 심하게 욕하고 화내는 모습이 나타났다. H씨는 그런 엄마에게 충격을 받았고, 슬프고 죽고 싶다는 생각을 했다.

9세, 7세의 경험에서는 또래 아이들이 그녀의 주걱턱을 놀리는 장면이 반복해서 나왔다. 학교 교실에서 친구들이 그녀의 얼굴을 흉내 내며 놀렸을 때, 그녀는 아무런 저항도 하지 못한 채 엎드려 울기만 했다. 이때 그녀는 '사람들 앞에 나서면 안 된다', '누구도 만날 수 없을 것 같다'는 생각을 강하게 했다.

중요한 점은 H씨의 주걱턱 문제가 단순한 미용적 결함이 아닌 턱의 구조적 발달 이상으로, 의학적으로 완전한 교정이 어려운 상태였다는 것이다. 여러 차례 수술을 시도하려 했지만 제대로 진행되지 못했고, 이로 인한 심리적 상처는 더욱 깊어졌다.

5세로 역행했을 때, 아버지가 외국으로 일하러 가기 전 모습이 나타났다. 아버지는 돈을 많이 벌어 그녀의 얼굴을 수술시켜주겠다고 약속하며 작별 인사를 했다. 이 장면에서 H씨는 깊은 슬픔과 함께 '왜 나는 이런 외모로 태어났을까', '내가 사라지면 가족들이 편해질 것 같다'라는 생각을 했다.

2세로 역행하자, 엄마가 그녀를 업고 산책하는 중 동네 사람들이 아이의 얼굴을 보고 수군거리며 병원에 데려가 보라고 말하는 장면이 나왔다. 비록 엄마는 아이를 변호했지만, 그 장면은 어린 H씨에게 '사람들에게 내 모습을 들키면 안 된다'는 강한 믿음을 심어주었다.

생후 10개월, 임신 3개월, 그리고 임신 2개월까지 계속 역행한 결과, 놀라운 사실이 드러났다. 임신 초기에 그녀의 부모는 심하게 다퉜고, 아버지는 분노에 찬 목소리로 외쳤다.
"애 지워! 이 아이 낳으면 다 끝이야! 혼전 임신이라니! 남들이 알면 어쩌려고 그래?"

그 순간, 태아였던 H씨는 '나는 태어나면 안 되는 존재야', '내가 존재하는 것 자체가 잘못된 거야', '나는 부모에게 짐이 되는 아이야'라는 강한 감정적 각인을 받았다.
그녀는 최면 상태에서 순간적으로 숨이 막히는 듯한 느낌을 받았고, 심장 박동이 급격히 빨라지면서 몸 전체가 긴장되는 것을 느꼈다.

이렇게 약 3시간에 걸친 첫 번째 세션에서 ISE를 찾은 후, 다음 주에 두 번째 세션을 진행했다. 이번에는 내면아이 통찰 작업을 통해 어른인 H씨가 태아기의 자신에게 미래에 대한 정보를 전달하고, 그녀가 필요 없는 존재가 아니라는 확신을 가질 수 있게 했다.

그다음으로 H씨는 부모에 대한 용서 작업을 진행했다. 놀랍게도 용서 작업 중 그녀는 실제로 아버지가 성인이 된 후에도 그녀를 지극정성으로 챙겼다는 사실을 떠올렸다. 아버지와 어머니 모두에게 용서를 구하고 화해하는 과정을 거쳤다.

자녀와의 관계 문제를 다루기 위해, 나는 그녀의 첫째와 둘째 아이 출산 시점으로 지정역행을 진행했다. 이 과정에서 H씨는 아이들을 미워한 이유가 전 남편이 아이들을 사랑해 주지 않았기 때문이라는 것, 그리고 아이들이 '남편의 자식이지 자신의 자식이 아닌 것 같다'는 감정이 있었음을 발견했다.

전 남편과 두 자녀에 대한 용서 작업을 마친 후, H씨는 미래로의 연령순행을 통해 자신감 있는 미래의 모습을 체험했다.

상담 이후 H씨는 더 이상 죽고 싶은 마음이나 자녀에 대한 부정적 감정이 생기지 않는다고 했다. 그녀는 조용히 미소를 지으며 말했다.
"이제 아이들을 바라보는 제 마음이 정말 달라졌어요. 예전에는 미움과 원망뿐이었는데, 지금은 사랑을 표현하고 싶어요. 아직은 아이들이 어색해 하지만, 시간이 지나면 서로에게 더 가까워질 거라 믿어요."

그녀의 자존감은 크게 회복되었고, 예전에는 어떤 문제가 생기면 심장이 떨려 말도 못했지만, 이제는 자신의 생각을 조리 있게 표현할 수 있게 되었다. 무엇보다, 더 이상 도망치거나 회피하는 것이 아니라, 주어진 상황을 스스로 해결해 나갈 수 있다는 확신이 생겼다.

장기 추적 결과, H씨는 상담이 끝난 후 1~2년 간격으로 안부를 전해왔으며, 지속적으로 긍정적인 상태를 유지하고 있다고 보고했다.

* * * * *

이 사례는 얼마나 깊은 과거로부터 우리의 자존감과 정체성이 형성될 수 있는지를 생생하게 보여준다. H씨의 경우 임신 초기부터 시작된 '원치 않는 존재'라는 느낌이 생애 전반에 걸쳐 외모에 대한 부정적 경험들과 결합되면서, 결국 자신의 자녀까지도 거부하는 패턴으로 발전했다.

특히 주목할 점은 신체적 핸디캡과 관련된 상처가 얼마나 깊고 지속적인 영향을 미칠 수 있는지를 보여준다는 것이다. 단순한 미용적 문제가 아닌, 의학적으로 완전한 교정이 어려운 상태였기에 H씨는 '고칠 수 없는 결함'을 가진 존재라는 자기 인식을 발달시켰다.

ART를 통해 임신 초기까지 역행하여 핵심 감정을 발견하고 해소하는 과정은, 표면적 증상(산후 우울증, 자녀에 대한 부정적 감정)과 깊은 내면의 상처(자기 거부, 태어남에 대한 거부) 사이의 연결고리를 끊는 데 결정적인 역할을 했다. 이는 단순한 인지적 이해나 행동 수정만으로는 접근하기 어려운 깊은 차원의 치유를 보여주는 사례이다.

또한 이 사례는 용서의 치유력을 강력하게 보여준다. 부모, 전 남편, 자신의 자녀, 그리고 궁극적으로는 자기 자신에 대한 용서가 이루어졌을 때, 평생 지속되던 자기 거부의 패턴이 마침내 멈출 수 있었던 것이다.

12. 자책감과 자기 부정의 굴레에서 벗어나기: 역행을 통한 내면 여정 (김서준 ICS 최면 트레이너)

김서준 ICS 최면 트레이너는 ICS 최면의 핵심 원리를 체계적으로 활용하여 내담자의 복합적인 심리적 문제에 접근하는 전문가이다. 이 사례는 ART(연령역행 테라피)가 어떻게 내담자의 심층적인 문제해결에 기여하며, 때로는 추가적인 접근법과 함께 어떻게 활용될 수 있는지 보여주는 좋은 예시다.

여기서 소개하는 사례는 기본적으로 ART를 중심으로 하되, 내담자의 필요에 따라 ICS 최면의 다른 기법들이 보완적으로 적용된 통합적 접근을 보여준다. 앞서 살펴본 사례들이 ART의 기본 원리와 적용 방식을 중점적으로 다루었다면, 이 사례는 ART가 실제 임상에서 어떻게 확장되고 다른 방법론과 시너지를 이룰 수 있는지 보여준다. 이런 통합적 접근을 통해 내담자의 표면적 증상 완화를 넘어 기저자아의 변화를 이끌어 내는 심층적 치유 과정이 가능해진다.

다음은 자기 가치감 상실과 자책감에 시달리던 내담자가 여러 회기에 걸쳐 자기 이해와 수용으로 나아가는 과정이다.

* * * * *

30대 여성 I씨는 최근 새로운 회사에 취직하여 인턴으로 일하기 시작했지만, 극도의 불안감과 자책감으로 어려움을 겪고 있었다. 초기 개인사 면담에서 그녀는 '사장님이나 선배들 앞에서 뭘 잘못할까 봐', '주제넘게 굴까 봐' 늘 불안했고, 사소한 일에도 자신을 과도하게 책망하는 패턴을 보였다. 또한 과거 우울증 경험이 있었으며, 인간관계에서도 타인의 반응에 지나치게 민감하게 반응했다.

I씨의 내면에는 '자신이 벌을 받아야 한다', '잘 살면 안 된다'는 강한 신념이 자리 잡고 있었고, 이러한 신념은 그녀의 삶 전반에 걸쳐 영향을 미치고 있었다.

첫 회기는 I씨가 느끼는 불안감, 특히 직장에서의 불안감에 초점을 맞추었다. 마음의 방이라는 상징적인 공간에서 그녀는 대기업처럼 느껴지는 거대한 사무실, 그것도 불이 꺼진 한밤의 사무실을 떠올렸다. 창밖으로는 다른 건물들이 빛나고 있었지만, 그녀의 공간만은 어둠에 싸여 있었다.

이 방에서 '불안감'과 연관된 내면 파트(기저자아)가 출현했다. 이 파트의 존재 목적은 '버림받지 않게 하기 위함'이었으며, 주로 타인에게 잘 보이기 위해 자신의 의견을 표현하지 않고 눈치를 보게 만드는 역할을 했다.

불안감을 브릿지로 한 역행 과정에서 여러 장면이 드러났다. 초등학교 시절로 역행한 I씨는 왕따와 가정폭력을 경험했으며, '사랑해 주는 사람이 없다', '한 명만이라도 나를 사랑해줬으면 좋겠다'는 생각을 했다.

역행이 깊어지며 그녀는 갓난아기 시절까지 거슬러 올라갔다. '누구도 날 원하지 않고 죽고 싶고 그냥 누워있는 상태'로, 방치된 느낌을 경험했다.

I씨는 해당 감정을 따라 마침내 태아기 상태에 도달했다. 이 단계에서 중요한 발견이 있었다. 부모님은 그녀가 여자아이로 태어날 것을 모르고 아들을 기대하고 있었다. 태아기의 I씨는 '나는 혼자구나', '나는 아무 의미 없는 존재구나', '엄마 미안해, 아들이 아니라서'라는 생각을 했다.

이 ART 작업을 통해 I씨는 자신의 내면에 깊이 자리 잡은 '나는 소중한 존재가 아니다'라는 핵심 신념을 발견했다. 이러한 발견은 그녀의 현재 불안감과 자책감이 어떻게 형성되었는지에 대한 중요한 통찰을 제공했다.

작업이 진행되면서, '불안감'이라는 내면 파트는 점차 변화하기 시작했다. 그녀는 이 불안감의 긍정적 의도(자신을 보호하고 상처받지 않게 하려는 의도)를 인식하게 되었다. 이 인식을 통해 I씨의 내면에서는 놀라운 변화가 일어났다. '불안감' 파트는 '영혼의 꽃'이라는 새로운 이름과 형태로 변환되었다.

이제 '영혼의 꽃'은 두려움과 방어에서 벗어나, I씨의 내면에 자기 수용과 영적 연결성을 심어주는 역할을 하게 되었다. 마음의 방에는 이제 작은 화분이 놓였고, 그 안에서 영혼의 꽃이 빛을 발하고 있었다. 이 변화는 ART를 통해 과거의 상처를 재경험하고 해소한 후, 내면의 부정적 패턴이 어떻게 긍정적인 자원으로 전환될 수 있는지를 보여주는 좋은 예였다.

2회기에서는 I씨가 느끼는 '갑자기 공격받을 것 같은 느낌'에 초점을 맞추었다. 마음의 방은 통나무로 된 오두막으로 변해 있었다. 벽에는 엽총 두 자루가 걸려 있었고, 사냥 트로피로 보이는 동물 머리들이 걸려 있었다. I씨는 이 공간에서 '사냥에 나서야 할 시간'이라는 압박감을 느꼈다.

이 내면 공간에서 '참을만해'라는 이름의 파트가 등장했다. 이 파트는 I씨가 타인에게 손을 내밀지 못하게 하고, 요구도 하지 못하게 만들었다. 그 이유는 '괜히 손을 내밀었다가 거부당하면 슬프니까'였다.

핵심 감정을 브릿지로 사용한 ART 작업을 통해 여러 생애 장면들이 드러났다. 버스 정류장, 식당, 에스컬레이터, 직장 등 일상적인 장소에서 벌어진 사건들의 공통점은 I씨가 부당한 대우를 받았지만 반격하지 못하고 참기만 했다는 것이었다. 각 상황에서 그녀는 당황, 어이없음, 분노, 참아야 한다는 느낌 등을 강하게 경험했다.

특히 주목할 만한 것은 가족 관계에서의 경험이었다. 부모님과의 관계에서 또는 시부모님과의 관계에서 겪게 된 부정적인 경험들은 I씨에게 '나는 내가 생각했던 것보다 더 형편없는 사람이다', '나는 앞으로 잘 살면 안 된다' 등의 부정적 신념을 형성하게 했다.

역행을 통해 이러한 패턴이 어린 시절부터 형성되었음을 확인한 후, I씨는 이러한 경험들에서 느꼈던 감정을 충분히 표현하고 해소하는 과정을 거쳤다. 그녀는 자신이 참기만 했던 상황들에서 진정으로 원했던 것이 무엇인지, 그리고 자신의 감정과 필요를 어떻게 건강하게 표현할 수 있는지에 대한 통찰을 얻었다.

이 치유 과정의 결과로, '참을만해' 파트는 '자기 사랑'으로 이름이 변경되었다. 이 변화된 파트는 이제 '안 참고 내담자가 진짜 바라는 걸 이야기할 수 있게' 도와주는 역할을 하게 되었다. 내면 오두막의 엽총과 트로피들도 사라지고, 더 편안하고 안전한 공간으로 변화하기 시작했다.

3회기에서 I씨의 마음의 방은 깜깜한 작은 방으로 변해 있었다. 이전에 등장했던 빛나는 화분을 품에 안고 웅크리고 앉아 있는 모습이었다. 이 공간에서 I씨는 '지킴'이라는 이름의 새로운 파트를 발견했다.

ART를 통해 I씨는 태아기부터 시작된 여러 상처 입은 경험들을 재경험했다. 어린 시절(2~3살) 할머니에게 등을 맞으며 집에 들어가는 장면에서 '나는 아무 가치 없는 쓰레기 같다'라는 생각과 함께 두려움, 분노, 슬픔, 엄마에 대한 그리움을 강하게 느꼈다.

갓 태어났을 때는 누군가의 손길이 '보살펴 주려고 만지는 건지 모르겠는데 손길이 싫다'라는 생각과 함께 징그럽고 소름 끼치는 감정, 두려움, 무력감, 분노 등을 경험했다.

엄마 뱃속에서는 '이 삶은 힘든 삶이 되겠구나'라는 생각과 함께 두려움과 분노를 느꼈다.

이러한 역행 작업은 I씨의 자기 부정적 패턴이 얼마나 깊은 곳에서 시작되었는지를 보여주었다. 이 회기를 통해 '지킴' 파트는 '자기 존중'으로 변화했다.

4회기에서는 ART를 통해 발견한, I씨의 삶에 영향을 미쳤던 여러 인물들에 대한 용서 작업이 중점적으로 진행되었다.

내면 작업에서 그녀는 차가운 감옥과 같은 공간을 상상했고, 많은 사람이 갇혀 있었다. I씨는 감옥 열쇠를 가지고 있었고, 작업을 통해 한 명씩 용서하고 내보내는 과정을 거쳤다.

용서 작업은 일상에서 만난 낯선 이들부터 시작해 직장 상사, 그리고 가족 구성원들까지 다양한 인물들을 포함했다. 특히 I씨의 삶에 큰 영향을 끼쳤던 친어머니와 할머니, 마지막으로 아버지와 새어머니까지 용서하는 과정이 이루어졌다.

용서 작업을 마치자, I씨의 마음의 방은 변화를 보였다. 차가운 감옥이었던 공간은 사라지고, 1회기 세션에서 등장했던 사무실의 모습으로 마음의 방이 바뀌었다. 처음보다 조금 더 밝아진 분위기의 사무실이었다.

마지막 회기에서는 자기용서와 내면 통합 작업이 진행되었다. 마음의 방은 모든 것이 쇠로 된 작고 좁은 공간이었다. 창문은 손에 닿을 수 없는 위치에 있었고, 창살이 있었다.

이 공간에서 '냉혹한 눈동자'라는 이름의 새로운 내면 파트를 발견했다. 이 파트는 그녀를 감시하고, 잘못된 부분이나 나쁜 마음, 못된 행동 등을 끊임없이 모니터링하며, 기준에 맞지 않으면 계속해서 그녀를 채찍질하는 역할을 했다. 또한 그녀가 자신의 기준을 충족시키지 못할 경우, '죽지 않을 만큼의 돈과 생을 마감하지 않을 만큼의 인간관계'만을 허용하며 그 이상의 행복을 그녀에게 허락하지 않겠노라 말했다.

ART를 통해 이 파트가 형성된 여러 경험이 드러났다. 30대 초반 배우자와 싸웠던 기억, 대학교 재학 시절 과외생에게 잔소리했던 기억, 중학교 시절 친구에게 못되게 굴었던 기억, 유년기에 동생을 혼냈던 사건 등이 탐색되었다. 이 사건들을 관통하고 있는 핵심감정은 '죄책감'이었다.

자기용서 작업에서 I씨는 거울을 통해 30대부터 어린 시절까지 자신의 다양한 모습들을 만나게 되었고, 죄책감에 시달리던 그들 하나하나를 용서하고 위로하며 안아주었다. 그리고 결국 '냉혹한 눈동자 파트'가 사실은 '자기 자신'임을 깨달았다. 파트는 내담자에게 다음과 같이 말했다.

"나는 사실은 너야. 너 자신을 그렇게 냉혹하게 판단하고 있었던 건 너 자신이야. 나는 너를 감시하려고만 했던 게 아니야. 눈동자는 누군가를 있는 그대로 바라보는 역할도 하잖아. 사실 무의식 깊은 곳에서 나는 네가 진짜 자신의 모습을 바라봐 주길 바랐어. 나는 사실은 진짜 내 모습을 보면서 사랑하고 싶었어. 조금 결핍된 존재로 비춰져도 괜찮아. 조금 모자란 존재로 비쳐도 괜찮아. 내가 이제 너를 사랑할게. 항상 사랑하는 눈으로 바라볼게."

이 작업을 통해 '냉혹한 눈동자' 파트는 '자기 이해'로 변화했고, 내면 공간도 완전히 변모했다. 쇠로 된 좁은 공간과 창살이 사라지고, 따뜻한 빛이 가득한 열린 사무실 공간이 되었다.

I씨는 단계적인 세션을 통해 자신의 불안감과 자책감의 뿌리에 접근할 수 있었다. 태아기부터 시작된 자기 부정의 패턴을 발견하고, 그것을 형성한 경험들을 재경험하며, 결국 자기 자신을 용서하고 수용하는 여정을 거쳤다.

이 과정에서 그녀의 내면에는 점진적인 변화가 일어났다. 전체 세션을 통해 내면의 파트(기저자아)들은 다음과 같이 변화했다.

첫 회기에서 '불안감'으로 명명된 내면 파트는 '영혼의 꽃'으로 변화하며 자기 수용의 역할을 하게 되었다. 두 번째 회기에서는 '참을만해'라는 파트가 '자기 사랑'으로 변화했고, 세 번째 회기에서는 '지킴'이 '자기 존중'으로, 마지막 회기에서는 '냉혹한 눈동자'가 '자기 이해'로 변화했다.

각 파트의 변화는 단순한 이름의 변경이 아니라, I씨의 내면에서 일어난 근본적인 인식과 태도의 전환을 의미했다. 특히 주목할 만한 점은 이러한 변화가 ART를 통해 과거 경험의 재경험과 감정의 해소를 바탕으로 이루어졌다는 것이다.

I씨는 상담 종료 후 직장에서의 불안감이 사라졌고, 타인의 반응에 지나치게 민감하게 반응하는 패턴도 줄어들었다고 보고했다. 무엇보다 스스로를 비난하고 벌주는 습관에서 벗어나, 자신을 더욱 긍정적으로 바라볼 수 있게 되었다. 이는 깊은 내면 작업을 통해 태아기부터 형성된 '나는 소중한 존재가 아니다'라는 핵심 신념이 '나는 있는 그대로 가치 있는 존재이다'라는 긍정적 신념으로 변화했음을 보여준다.

* * * * *

이 사례는 자기 가치감 상실과 자책감의 원인에 다중적인 감정들이 복합적으로 개입된 사례로, ART가 어떻게 내담자의 깊은 자기 부정과 자책감에 접근하여 태아기부터 형성된 부정적 신념들을 발견하고 해소하는 데 기여할 수 있는지 보여준다. 특히 여러 회기에 걸쳐 다양한 생애 시기의 핵심 경험들을 탐색하고, 그것들이 어떻게 현재의 감정 패턴과 연결되는지 이해하는 과정은 ART의 깊이 있는 치유 가능성을 잘 드러낸다.

여기서 주목할 점은 I씨의 사례에서 ART가 단독으로 적용되기보다는, 내담자의 필요에 따라 ICS 최면의 다른 기법들과 함께 통합적으로 사용되었다는 것이다. 이는 실제 임상 현장에서 ART가 얼마나 유연하게 적용될 수 있는지, 그리고 다른 접근법과의 시너지를 통해 어떻게 더 깊은 치유를 가능하게 하는지를 보여준다.

이런 복합적인 문제 구조를 여러 회기에 걸쳐 단계적으로 해결해 나가는 과정은 ART가 단순한 증상 완화를 넘어 내담자의 존재론적 변화를 이끌어 낼 수 있음을 보여준다.

또한 내면의 부정적 파트(기저자아)들이 하나씩 건강한 역할로 변환되는 과정과 타인용서와 자기용서를 통한 내면 통합의 중요성도 잘 드러나고 있다. 이는 ART가 단순히 과거 기억의 탐색에 그치지 않고, 내담자의 자기 인식과 관계 패턴의 근본적 변화를 목표로 한다는 점을 보여주는 좋은 예시이다.

13. ART의 다양한 적용과 가능성

이상으로 12개의 사례를 통해 ART가 어떻게 현장에서 적용되고 있는지 살펴보았다. 이 사례들은 ICS 역행 테라피의 효과와 원리를 이해하는 데 도움이 되는 대표적인 예시들이지만, 실제 임상 현장에서 ART는 이보다 훨씬 다양한 문제들에 적용되고 있다.

본 챕터에서 다룬 사례들을 통해 우리는 발표 불안, 특정 대상에 대한 공포, 가족 관계의 문제, 자아 정체성 문제, 감정 폭식, 도벽 충동, 자존감 저하 등 다양한 심리적 어려움에 ART가 어떻게 적용될 수 있는지 보았다. 이러한 사례들 외에도 ICS 최면전문가들의 임상 현장에서는 다음과 같은 많은 문제에 대한 사례들이 있다.

예를 들어, 학습력 증진, 시험불안, 틱(근육 경련, 눈 깜빡임, 음성틱), 집중력 저하, 대인 기피, 글쓰기 불안(타인 앞에서 글을 쓸 때 손이 떨리는 현상) 등의 문제들이 있다. 또한 게임 중독이나 알코올 중독과 같은 중독 성향, 전환장애(히스테리성 발작), 수전증, 다한증, 시선 불안 등의 다양한 증상에도 ART가 적용되어 극적인 효과를 보이고 있다.

특히 주목할 만한 것은 발모광(머리카락을 뽑는 강박행동)과 같은 특이한 증상을 지닌 내담자에서도 놀라운 효과를 보인 사례들이 많다는 점이다. 수년간 자신의 머리카락을 끊임없이 뽑아 두피에 상처를 입히고 탈모 패치가 생겨 가발을 써야 했던 내담자들이 ART를 통해 이 행동의 심리적 원인을 발견하고 해소한 후 완전히 증상에서 벗어난 사례가 여러 건 있었다. 특히 한 여성 내담자는 10년 이상 지속된 발모광이 단 두 번의 세션 후 사라져, 처음으로 자신의 머리를 길러 볼 수 있게 되었다고 감격스러워했다.

이렇게 마음을 다루는 접근이 때로는 신체적 문제와 관련된 고통이나 경험에도 도움을 줄 수 있다는 점은 매우 주목할 만하다. 물론 최면상담가는 의료전문가가 아니므로 진단이나 처방을 하지 않으며, 환자에 대한 의학적 치료를 대체하는 것을 목적으로 하지 않는다. 다만 현재 겪고 있는 감정적, 사고적 어려움을 ART를 통해 다루는 과정에서 많은 내담자는 자신이 지니고 있던 병리적 상태에 놀라운 변화를 경험하기도 한다.

예를 들어, 만성 스트레스로 인한 적응장애로 진단받고 4년간 대형 병원 치료에도 호전을 보이지 않던 내담자가 ART를 통해 원인을 찾고 해소한 후 신체적 불편감이 완전히 사라지고, 맡을 수 없던 냄새를 맡을 수 있게 되었으며, 수면제 없이도 잠을 잘 자게 된 사례가 있었다. 또한 음식을 먹어도 위가 움직이지 않는 20년간 지속된 위 무력증이 단 한 번의 세션 이후 위 기능이 정상화되어 소화가 잘되고 멀쩡한 상태로 되돌아간 극적인 변화도 있었다.

공황장애로 집 밖을 나가지 못하던 내담자가 종합 세션을 통해 근본적인 원인을 발견하고 해소한 후 다음 날부터 바로 외출이 가능해졌으며, 이후 미용학원과 네일 학원에 등록하여 자격증을 취득하고 자신의 샵을 오픈한 사례도 있다. 이 내담자는 이전에는 버스나 지하철, 기차는 물론이고 극장이나 대형마트도 가지 못했으나, 치유 후에는 전국을 자유롭게 여행할 정도로 완전한 변화를 경험했다.

피부 벗기기 장애로 손바닥을 모두 뜯어내던 내담자, 레이노 증후군과 여러 자가면역질환을 앓던 대기업 임원이 복합적인 작업 후 큰 호전을 보인 사례도 있다. 특히 전신 홍반성 루푸스(Systemic Lupus Erythematosus, SLE)와 같은 자가면역질환으로 관절이 뒤틀려 제대로 걷지 못하던 23세 여성은 최면작업 후 평생 소원이었던 구두를 신고 걸을 수 있게 되어 하이힐을 신고 상담실에 방문했으며, 예정했던 휴학 대신 복학을 결정할 정도로 놀라운 개선을 경험했다.

말기 암으로 인한 극심한 통증으로 매일 마약성 진통제에 의존하던 30대 여성은, ART 세션을 통해 자신의 고통을 인식하는 방식과 반응을 변화시키는 과정을 경험했다. 그 결과, 그녀는 점차 진통제 사용량을 줄일 수 있었으며, 신체적 고통을 더 효과적으로 관리하며 평온한 상태를 유지하는 데 도움이 되었다.

이러한 다양하고 극적인 사례들을 언급하는 이유는 몸과 마음의 깊은 연결성과 그 가능성을 보여주기 위함이다. 현대 의학에서도 점차 인정받고 있는 심신의 상호작용(Mind-body connection)은 우리가 생각하는 것보다 훨씬 강력하고 복잡할 수 있다. 물론 직접적인 의료적 치료를 목표로 하는 환자 대상의 최면 개입은 의학적 훈련을 받은 의료인으로 구성된 의학 최면전문가들의 영역이다.

ART를 포함한 ICS 최면상담의 목적은 어디까지나 내담자의 정서적, 인지적, 영적인 주제를 폭넓게 다루는 것이며, 그 과정에서 나타나는 신체적 변화는 심신 연결의 자연스러운 결과로 이해할 수 있다.

여기서 중요한 것은 ART가 모든 문제에 대한 만능 해결책이 아니라는 점이다. ART는 특정한 문제, 특히 과거 경험에서 비롯된 감정적 반응 패턴과 연관된 문제들에 효과적인 접근법이다. 또한 내담자의 자발적 참여와 변화에 대한 의지가 중요하며, 때로는 다른 심리치료 접근이나 의학적 개입과 병행되어야 할 수도 있다.

그럼에도 불구하고 지금까지 살펴본 사례들은 ART가 얼마나 깊고 의미 있는 치유 경험을 제공할 수 있는지를 보여준다. 단기간에 근본적인 변화를 이끌어 낼 수 있는 ART의 가능성은 많은 내담자에게 새로운 희망과 변화의 길을 열어주고 있다.

이 책에서 소개된 사례들은 실제 임상 현장에서 진행된 무수한 성공 사례 중 일부에 불과하다. 앞으로도 ART는 더 많은 영역에서 연구되고 적용되며, 더 많은 사람에게 치유의 기회를 제공할 것이다. 무엇보다 중요한 것은 ART를 통해 내담자들이 자신의 과거 경험을 새롭게 이해하고, 자신의 에고 고착으로부터 자유로워지며, 자신의 본질적 에너지를 물리적 세상에서 더 크게 발휘할 수 있게 된다는 점이다.

이것이 바로 ICS 역행 테라피(ICS-ART)의 진정한 가치이자 목적이다.

H.
연령역행의 기타 활용

지금까지 우리는 과거의 미해결된 감정이나 신념이 지속적으로 현재에 영향을 미치는 이슈를 극복하는 테라피 중심의 ICS ART 기본기와 기본적 접근들을 살펴보았다. 역행 기술은 테라피 목적 외에도 다양한 용도로 활용될 수 있는데 본 장에서는 그런 다른 적용의 예들을 살펴보겠다.

01. 기억재생과 그 활용

ART는 경험과 전문성, 체화되는 시간을 필요로 하는 분야이다. 이러한 이유로 ART에 특화되지 않은 일반적인 최면 단체들은 치유적 개입이 없는 단순 역행 기술만을 가르치는 경우가 많다. ART의 일부 기술인 AR(Age Regression), 즉 치유 과정이 생략된 연령역행 기술은 때때로 단순 기억재생을 위한 최면상담에도 활용된다.

구체적인 예로 일상에서 잃어버린 물건을 찾는 시도에도 역행 기법이 도움될 수 있다. 해당 물건과 함께한 마지막 경험으로 이동하게 하거나 세부 시점들을 이동하는 접근으로 종종 분실된 물건을 찾는 결과들을 얻기도 한다. 또는 너무 어린 시절에 입양되어 자신이나 주변 환경에 대한 기억이나 정보가 없을 때, 마지막 희망을 붙잡는 심정으로 최면을 시도하는 경우도 있다. 이를 통해 자신의 본명을 찾고 싶어 하거나 부모를 찾기 위해 당시의 정황을 알아보려 할 수도 있다. 또는 음주 후에 있었던 사건에 대해 잘 기억나지 않는 부분을 회상하고 싶어 최면을 받고 싶어 하기도 한다.

이렇게 내담자들은 이름, 주소, 전화번호, 비밀번호, 특정 위치, 사건의 정황파악 등 다양한 목적으로 역행 기술을 필요로 할 수 있다.

'최면수사'라고 불리는 범죄수사와 같은 분야에서도 이런 역행 기술을 활용한다. 예를 들어 사건의 목격자나 피해자 등에 대한 최면을 통해 사건과 관련된 기억을 활성화시키는 것이다. 우리가 흔히 말하는 단순히 기억력이 나쁜 것과 기억상실(또는 망각)은 같은 것이 아니다. 나쁜 기억력의 경우 주로 주의력 부족이나 개인의 사고습관, 환경적인 방해요인 등의 개인적이고 특징적인 결함이 요인이 될 수 있다. 그러나 기억상실 또는 망각은 평소 기억력이 좋은 사람에게서도 발생할 수 있는 심리적인 장애이다. 기억상실은 어떤 물리적인 상해를 이유로 일어나기도 하지만 일반적으로 정신적, 감정적 충격으로 일어나는 경우가 더욱 많다. 알콜이나 일시적인 기억상실을 일으키는 특정한 약물 등의 화학적인 작용으로 유발될 수도 있다. 또는 뇌의 특정 부위나 기능에 대한 손상으로 발생하기도 한다.

일반적으로 기억상실(망각)이 일어나는 경우는 기억이 '사라진 것'이 아니라 우리의 뇌가 특정한 정보로 접근하는 길을 잃어버린 것이다. 기억상실증은 병리적인 것이지만, 식당 종업원이 손님의 메뉴와 계산금액을 정확히 기억하다가 손님이 계산을 마치고 나가는 순간 잊어버리는 것처럼 자발적일 수도 있다.

최면은 무의식 속에 저장된 기억 정보에 접근하는 잃어버린 경로를 찾는 데 유용한 도구로 활용될 수 있다.

다만 우리의 내면에는 실제 경험했던 사건을 기반으로 그린 그림뿐 아니라 상상에 기반을 둔 그림도 뒤섞여 존재한다. 또한 그것이 실제로 경험했던 사건을 바탕으로 하더라도 개인적인 믿음과 신념, 감정에 영향 받은 기억들은 쉽게 왜곡되기도 한다. 앞부분에서 언급한 것처럼 실제 기억 속에서 잘못된 기억을 구별할 수 있는 방법은 없다. 기억은 주관적인 것이고 매우 불안정한 것이기 때문이다. 최면은 사건의 '팩트(Fact)'가 아닌 내담자의 주관적인 '인지'를 다루는 것이라는 사실을 인식해야 한다.

즉, 최면으로 재생된 기억은 '그 자체'보다는 그 과정을 통해 실제적인 증거나 정황을 찾아내는 등의 의미 있는 결과로 이어져야 물리적인 현실에서 이 시도가 가치 있는 것으로 여겨질 수 있다.

그러나 때때로 이와 같이 최면을 통한 기억재생은 놀라운 결과들을 가져온다. 범죄수사의 도구로 활용되는 최면에서는 범인의 인상착의에 대한 재구성을 통해 몽타주가 만들어지기도 하며, 용의자의 자동차 색깔, 차종, 번호 등에 대한 정보를 떠올리기도 한다. FBI(미연방수사국)은 최면수사 중 60%에서 수사해결에 대한 결정적인 단서가 최면으로 밝혀졌다고 발표하기도 했다.(Osterburg & Ward, 1992)

때때로 최면을 통해 피험자가 술에 만취해 의식적인 기억이 없는 동안 일어난 일이 정확히 되살아나기도 하고, 심지어 마약과 같은 약물에 취한 상태의 기억을 되살린 사례들도 보고된다. 실제로 저자를 비롯한 ICS 최면 트레이너들의 다양한 내담자들과의 사례에서도 놀라운 기억재생의 사례들은 흔하다. 정신적 충격으로 인한 특정한 기간의 억압된 기억을 되살리기도 하고, 만취 상태로 필름이 끊어진 상태에서 벌어졌던 세부 정황들이 드러나서 유도자는 물론 내담자도 놀라는 사례는 드물지 않다.

데이브 엘먼의 사례에서는 심지어 외과수술을 위한 전신마취로 의식이 없던 한 환자를 깊은 최면을 통해 당시 수술 중 벌어진 일과 주변 상황에 대해 매우 상세히 묘사하게 했고 그것을 증명한 사례도 있었다.

울트라 뎁스®의 거장 제임스 라메이의 사례에서도 기억재생과 연관된 매우 놀라운 사례가 있다. 운전 중 접촉사고를 당한 내담자가 있었는데 그녀는 사고현장에서 억울하게 가해자로 몰린 상황이었다. 그녀는 현장에서 어떤 목격자도 확보하지 못했을 뿐 아니라 경황이 없어 아무것도 하지 못했다고 말했다.

다행히 그녀는 제임스 라메이에 의해 이전에 이미 씨코트 상태(Sichort state, 월터 씨코트의 이름을 딴 특수한 최면 상태로, 울트라 뎁스® 프로세스의 핵심 단계 중 하나)로 조건화되었던 사람이었고, 제임스는 그녀에게 장착된 신호를 사용해 그녀를 순간적으로 깊은 상태로 유도했다. 이후 사고현장으로 역행시켜 그 장면을 멈추게 한 뒤, 그녀의 시야를 주위로 확장시켰다.

그러자 사고 순간 옆에서 달리고 있던 버스에서 운전 중이던 운전자 좌석 옆에 있는 버스회사의 이름과 식별번호에 대한 정보를 찾아냈다. 그리고 그 순간 길 건너편에서 퇴근 중에 이 현장을 바라보고 있던 유명 햄버거 가게(버거킹) 유니폼을 입은 직원의 명찰을 확대해 이름을 정확히 찾아냈다. 뿐만 아니라 그 장면 속에서 백미러를 통해 자신이 몰고 있던 차량의 뒤차 운전자와 그 뒤의 차에 있는 운전자까지 식별해내고 그 번호까지 알아냈다.

이것은 사실상 의식적인 눈의 시야로 볼 수 없는 범위에 있던 정보들을 찾아낸 것이다. 이는 우리가 학교에서 배운 지식이나 일반적인 상식으로는 설명하기 어려운 현상이다. 어쩌면 단순히 무의식 속 상상에 불과할 수도 있는 이 정보가 과연 실제로 접근 가능한 정보일 가능성이 얼마나 될까?

일부 2세대 최면가들은 이러한 사례를 신뢰하지 않거나 부정하려 할 수도 있다. 그러나 그들은 진정한 우리 자신이 누구인지, 우리의 본질적 모습에 대해 인식하지 못하는 것이다. 물론 이러한 사례들을 일반화하여 적용할 수는 없지만, 이는 잠재의식의 놀라운 능력과 그 힘이 의식의 제한된 경계를 크게 초월할 수 있음을 보여주는 귀중한 사례로 볼 수 있다.

실제로 놀랍게도 그녀는 그 정보들을 토대로 사고의 직접적인 목격자들을 모을 수 있었고 결국 사고 가해자라는 누명에서 벗어나게 되었다. 그녀가 최면에서 떠올렸던 눈으로 볼 수 없는 정보들이 증명되었던 것이다.

물론 엘먼의 사례와 제임스 라메이의 사례들은 흔하고 일반적인 최면 상태가 아니다. 이는 프로파운드 섬냄뷸리즘(Profound somnambulism)이라는 가장 깊은 최면 상태보다 더욱 나아간 그 밖의 상태들을 활용한 특수한 사례들이다. 그러나 이런 사례들은 우리로 하여금 잠재의식의 힘이 얼마나 놀라운지를 새삼 느끼게 한다.

1960년대 중반 '울트라 뎁스®'라는 상태를 처음으로 발견하고 개척했던 월터 씨코트(Walter A. Sichort)는 당시에 어떤 유명한 최면가가 어떤 집단의 다수의 사람에게 암시를 계속 주면서 사람들을 역행시키는 시연을 보고 그 최면가가 하고 있는 것이 완전히 잘못된 방법임을 확신했다. 진정한 역행은 피험자가 현재의 시간 속에서 과거를 회상하는 것이 아니라 과거 속 그 시간 속에서 체험하는 것이다. 해당 최면가가 보여준 것은 단지 암시를 사용해서 피험자들의 상상 속에서 판타지를 만드는 것에 지나지 않았기 때문이었다.

이러한 기억재생 관련 세션은 피험자가 성취한 최면의 깊이의 정도, 그리고 유도자의 적절한 언어사용, 피험자의 심리적 상태, 유도자와 내담자의 최면적 래포 등에 따라 그 결과에 크게 영향을 받을 수 있다.

특히 가벼운 최면이나 단순한 이완상태가 아닌, 섬냄뷸리즘(Somnambulism) 수준 이상의 깊이를 확보할 경우, 역행을 통한 기억재생의 가능성이 현저히 높아진다. 이러한 깊은 최면에서 일어나는 '부분적인 망각' 반응은 무의식에 저장되어 있는 특정한 항목에 대한 접근이 일시적으로 제한되는 현상이다. 나아가 '완전한 망각' 반응은 평소에 알고 있는 사실이나 정보에 대한 접근까지 접근이 제한되는 상태이다. 이러한 상태를 확보할 수 있다는 것은 반대로 평소에 접근할 수 없었던 무의식의 정보 영역에 대한 접근을 비약적으로 활성화시킬 수도 있다는 것을 뜻한다.

따라서 실제 겪었던 사건의 팩트(Fact)가 중요한 '기억재생' 위주의 세션을 주로 다루어야 하는 최면가라면 최면의 깊이를 정확하게 확보하는 방법과 각 깊이와 상태에 대한 이해, ART의 테라피 영역을 제외하더라도 최소 기본적인 AR과 연관된 지식과 경험, 숙련도를 갖추는 것을 권장한다. 안타깝게도 최면전문가를 자처하는 일부 실무자들의 세션에서는 최면의 깊이를 다루기 이전의 기본적인 사항들(단순 회상과 재경험의 차이, 효과적인 암시 사용법 등)조차 제대로 갖추어지지 않은 경우가 종종 관찰된다.

02. 기억재생 관련 기법과 사례

■ **다양한 기억재생 기법들**

기억을 재생하는 목적의 세션에서는 모든 종류의 역행 기술들이 활용될 수 있다. 가장 기본적인 방법 중 하나는 '시기지정 역행'이다. 이미 앞에서 소개한 것처럼 이는 최면가가 내담자에게 특정한 때와 장소로 곧장 돌아가도록 직접적으로 유도하는 방법이다.

"잠시 후에 제가 당신의 팔을 들었다 떨어뜨리면, 당신은 지난주 금요일 밤 신촌 교차로에서 교통사고 현장을 목격했던 그 순간으로 돌아갑니다.", "잠시 후에 제가 당신의 팔을 들었다 떨어뜨리면, 당신은 초등학교 1학년 학교 입학식장의 자신으로 돌아갑니다."와 같은 형식이다.

만약 내담자가 해당 기억과 연관된(또는 관련될 수 있는) 정서적, 인지적, 감각적 매개체를 가지고 있다면, 다양한 형태의 '브릿지 역행' 기법을 활용할 수 있다. 심상화나 시각화에 특화된 내담자라면 심상화 역행을 사용할 수도 있을 것이다.

ICS ART 고급에서 익히게 되는 이데오모터 반응을 활용한 손가락 신호 기법은 내면과의 직접적인 소통을 가능하게 하여, 억압된 기억에 더 효과적으로 접근하고 재생의 정확성을 높이는 데 도움이 된다.

이 밖에도 기억재생을 위한 최면세션에서는 다양한 기법들이 활용될 수 있다. 이러한 기법들은 내담자의 특성, 최면가의 경험 및 전문성, 그리고 재생하고자 하는 기억의 성격에 따라 선택적으로 적용될 수 있다.

시간선(Time-line) 기법은 또 다른 효과적인 방법이 될 수 있다. 이 방법에서는 내담자에게 자신의 인생을 하나의 선으로 시각화하도록 하고, 그 선 위의 특정 시점으로 이동하는 것을 안내한다. 시간선은 직선으로 표현될 수도 있고, 원형이나 나선형 등 내담자에게 적합한 형태로 심상화될 수 있다.

감각 활성화 기법은 특정 기억과 관련된 감각적 요소(소리, 냄새, 촉감 등)를 활성화시켜 기억을 더 생생하게 불러일으키는 방법이다. 예를 들어, 내담자가 특정 음악이 흐르던 상황에서의 기억을 재생하고자 할 때, 그 음악이나 비슷한 음악을 들려주는 것이 기억재생을 촉진할 수 있다.

분리관찰 기법(Dissociative Observation)은 내담자가 과거의 자신을 마치 영화를 보듯이 제3자의 시점에서 관찰하도록 하는 것이다. 이는 특히 감정적으로 부담이 큰 기억을 다룰 때 유용할 수 있다. 단 기법의 효과를 높이기 위해 적절한 시점에서 시점을 조절해야 한다.

영화기법(Movie Technique)은 내담자가 과거 경험을 영화처럼 재생,

일시정지, 되감기, 빨리감기 등을 할 수 있게 하는 방법이다. 이 기법을 통해 내담자는 기억의 특정 부분을 더 자세히 보거나, 빠르게 넘어갈 수 있다. 주로 시각적 심상에 익숙한 내담자에게 적합할 수 있지만 그렇지 않은 내담자에게는 사용을 권하지 않는다.

부분집중 기법(Fractional Focus)은 특히 복잡한 기억이나 세부사항을 재생할 때 유용하다. 이 방법은 전체 기억을 한 번에 재생하려 하지 않고, 특정 측면(시각적 요소, 청각적 요소, 특정 인물, 특정 상황 등)에 먼저 집중한 후 점차 다른 요소들을 통합해 나가는 방식이다.

이데오모터 반응을 활용한 기법도 매우 유용하다. 앞서 언급한 것처럼, 손가락 신호를 통해 내담자의 무의식과 직접 소통하면서 기억에 접근하는 방법이다. 이 기법은 특히 내담자가 기억하고자 하는 내용에 대해 의식적인 접근이 제한될 때 효과적이다.

위에서 여러 가지 적용할 수 있는 기법들을 나열했지만, 무엇보다 가장 강력한 방법 중 하나는 섬냄뷸리즘 이상의 깊이에서의 직접 경험이다. 여기서 내담자는 과거로 돌아가 그 순간을 직접 재경험하며, 이를 통해 당시 인식하지 못했던 세부사항까지 접근할 수 있게 된다. 여전히 많은 최면사들이 사용하는 암시에 의존하는 방법은 한계가 극명하다. 대신 진정한 깊이를 확보할 수 있다면 이런 기법들은 보조적인 시나리오에 지나지 않게 된다.

단순히 시간과 공을 들인다고 내담자가 깊어지는 것은 아니다. 이에 대해서는 의식과 최면 자체에 대한 깊은 이해가 필요하다. 깊이에 기반한 작업은 앞서 언급한 제임스 라메이의 사례처럼 놀라운 결과를 가져올 수 있지만, 충분한 최면 깊이와 최면가의 전문성이 전제되어야 한다.

이러한 다양한 기법들은 서로 배타적이지 않으며, 하나의 세션에서 여러 기법이 통합적으로 활용될 수 있다. 중요한 것은 각 내담자의 특성과 필요에 맞는 맞춤형 접근을 제공하는 것이다.

그러나 이것의 전제는 어떤 기법도 완벽한 정확성을 보장할 수 없으며, 적용시 부적절한 리딩을 피하고 적절한 방식의 개입과 질문 방식을 엄격히 준수해야만 한다는 점이다. 만약 최면가가 이러한 원칙을 무시하거나 위반한다면, 사실(팩트; Fact)을 도출해 내야 하는 이러한 세션의 본질적 목적에 비추어 볼 때 그 세션은 의미를 상실하게 된다.

■ 기억재생의 실제 사례들

기억재생의 실제 적용은 다양한 영역에서 이루어지고 있다. 여기서는 ICS 최면전문가들이 직접 경험한 몇 가지 주목할 만한 사례를 통해 기억재생의 실제적 가치와 적용 방법을 살펴보겠다.

[사례 1]
입양아의 과거 찾기와 감정적 해소 (문동규 ICS 최면 트레이너)

이 사례는 어린 시절 버려진 후 입양된 30대 여성 내담자와 관련되어 있다. 내담자는 갓난아기 때 종교시설 앞에 바구니에 담긴 채 발견되었고, 이후 입양되어 성장했다. 성인이 된 후 자신의 출생과 관련된 정보를 추적했지만 아무런 단서도 찾지 못했다. 그녀가 최면을 통한 기억재생을 의뢰한 주된 이유는 당시의 정황들을 보다 상세히 찾고자 하는 마음과 자신을 버린 생모에 대한 극심한 분노와 원망감에서 비롯된 심리적 고통이었다.

"그 사람이 나를 어떻게 그냥 버릴 수 있었는지 이해할 수 없어요. 쓰레기처럼 내다 버린 거잖아요." 내담자는 초기 상담에서 이렇게 표현했다. 그녀는 생모에 대한 분노가 자신의 인간관계와 자존감에도 부정적 영향을 미치고 있다고 느꼈다.

내담자는 자신이 버려진 당시 상황에 대한 어떠한 기억도 없었기 때문에, 기억재생을 통해 그 순간을 경험해 보고 싶다고 했다. 물론 기억이란 것이 주관적 인지이며 재구성과정에서 왜곡될 가능성이 있다는 점 그리고 물적 단서를 찾기 전까지는 확실한 사실 규명보다는 심리적 의미 찾기에 가까울 수도 있음을 사전에 설명했다. 그럼에도 내담자는 시도 자체에 의미를 두고 진행하기를 원했다.

최면유도 후 내담자는 깊은 최면 상태에 들어갔다. 그리고 그녀는 자신이 바구니에 담겨 종교시설 앞에 놓이는 순간으로 순조롭게 역행할 수 있었다. 최면 상태에서 그녀가 경험한 첫 번째 장면은 자신이 담긴 바구니를 들고 있는 젊은 여성의 모습이었다. 그 여성은 불안하고 슬픈 표정을 짓고 있었으며, 여러 번 바구니를 내려놓았다가 다시 들기를 반복하는 모습을 보였다.

"제 몸은 아기인데 저를 안고 있는 여자가 보여요. 엄마인 것 같아요. 계속 울고 있어요. 몸이 떨리는 게 느껴져요."

내담자는 시간순으로 상황을 경험하면서, 그 여성이 바구니를 종교시설 앞에 조심스럽게 내려놓은 후 곧바로 자리를 떠나지 않고, 먼 골목 담벼락 뒤에 숨어 누군가가 바구니를 발견할 때까지 지켜보았던 장면을 묘사했다. 시설 직원이 문을 열고 바구니를 발견한 후 안으로 가져가는 모습을 확인한 후에야 그 여성은 자리를 떠났다.

가장 놀라운 변화는 이 과정에서 내담자의 감정적 반응이었다. 처음에는 분노와 배신감으로 울음을 터뜨렸지만, 점차 그 여성의 심리 상태와 상황에 대한 이해가 생겨났다.

"그냥 아이를 버린 게 아니었어요… 정말 절박했던 것 같아요. 계속 저에게 뭔가 속삭이고 있었어요. '미안해, 정말 미안해. 엄마가 키울 수 없어서 그래. 여기 좋은 사람들이 너를 돌봐줄 거야. 언젠가 이해해 주길 바랄게…' 이런 말들을 하면서 계속 울고 있었어요."

최면 과정에서 내담자는 단순히 장면을 지켜보는 것을 넘어, 마치 그 순간 엄마의 마음까지 느낄 수 있는 독특한 경험을 했다. 그녀는 생모가 경제적 어려움이나 사회적 압박 등 아이를 키울 수 없는 절박한 상황에 처해 있었으며, 아이의 안전과 미래를 위해 자신이 돌볼 수 없다면 믿을 수 있는 곳에 맡기는 선택을 했다는 깊은 통찰을 얻었다.

최면에서 돌아나온 후 내담자는 30년 넘게 지속되어 온 분노가 사라졌다고 말했다. "처음으로 엄마의 마음이 이해된 것 같아요. 그 상황에서 엄마가 할 수 있는 최선의 선택이었어요. 전 버림받은 게 아니라, 다른 방식으로 사랑받은 거였던 것 같아요. 엄마가 얼마나 날 사랑하는지 알 수 있었어요."

이 사례는 기억재생이 단순히 사실적 정보를 찾는 도구가 아니라, 심리적 치유와 상황에 대한 새로운 관점을 제공하는 강력한 방법이 될 수 있음을 보여준다. 내담자의 경우, 최면을 통해 도출된 경험이 객관적 사실과 완전히 일치하는지 여부와 무관하게, 그녀에게는 진정한 치유와 화해의 경험이 되었다.

이 사례는 ICS 최면의 기억재생 기법이 객관적 사실 발견뿐만 아니라, 깊은 감정적 치유와 인생의 의미 재구성에도 기여할 수 있음을 보여주는 좋은 예시이다. 다만 최면가는 이러한 작업이 기억의 사실적 정확성을 보장하지 않으며, 때로는 감정적 필요에 따라 재구성될 수 있다는 점을 항상 내담자에게 투명하게 설명하는 것이 중요하다.

[사례 2]

선택적 기억상실과 심리적 트라우마 (문동규 ICS 최면 트레이너)

앞서 살펴본 입양아의 사례가 주로 감정적 해소와 의미 찾기에 초점을 맞추었다면, 이번 사례는 더 복잡한 심리적 트라우마와 연관된 선택적 기억상실을 다루고 있다. 이 사례는 기억재생이 단순한 정보 회복을 넘어 심리적 치유의 핵심 요소가 될 수 있음을 보여준다.

이 사례는 특정 영역에 국한된 선택적 기억상실을 경험한 40대 여성 내담자와 관련되어 있다. 내담자는 직장에서 쓰러진 후 병원에서 깨어났을 때, "우리 아기를 보고 싶어요. 아기를 데려다주세요." 라고 간호사에게 말했다고 한다. 당시 내담자의 자녀는 이미 성인이었으나, 그녀는 출산 직후의 20여 년 전 시점을 현재로 인식하는 혼란을 경험했다.

며칠간의 입원 후 대부분의 기억은 돌아왔으나, 최근 몇 년간의 직장 관련 기억만 완전히 사라진 상태였다. 흥미로운 점은 동일 시기의 다른 일상적 기억(가정생활 등)은 모두 온전히 보존되어 있었다는 사실이다.

내담자는 매일 밤 악몽에 시달렸는데, 꿈속에서는 항상 쓰러지기 직전 회사 직원과 통화하던 장면이 반복되며 강한 분노가 치밀어 올랐다. 내담자는 사라진 기억을 되찾고 악몽의 원인을 이해하기 위해 최면상담을 요청했다.

상담 과정에서 내담자는 불의의 사고로 첫 번째 남편을 잃고, 재혼한 남편의 폭력으로 이혼하는 등 여러 트라우마적 경험이 있음이 확인되었다. 더욱이 셋째 아이는 친척에게 양자로 보내야 했던 아픔도 있었다. 또한 우울 성향과 낮은 자존감, 만성적인 가슴 답답함, 그리고 여러 차례의 자살시도 경험도 있었다. 특히 그녀는 한번도 아이들 앞에서 울지 않았고, 수도꼭지를 틀어놓고 조용히 혼자 흐느끼곤 했다.

이런 상황에서 단순한 기억재생뿐 아니라 내면의 감정 문제를 함께 다루어야 했다. 내담자 본인 또한 이 점을 인식하고 있었고, 기억을 재생하는 것과 함께 감정 해소 작업을 병행하는 것에 동의했다.

내담자는 급속유도를 통해 매우 빠르게 깊은 최면 상태에 진입했다. 최면 상태에서 사건 당일로 역행했을 때, 작업 중 다리를 다쳐 아파서 일할 수 없는 상황에서 관리자가 "조금 다쳤다고 엄살 부리지 마라. 저 아줌마 진통제 맞혀서 현장에 투입 시켜!"라고 한 모욕적인 상황이 드러났다. 내담자는 직장 동료에게 전화로 하소연하던 중 극심한 스트레스로 의식을 잃었던 것이다.

또한 최면 과정에서 직장에서의 소외감, 동료들의 외면, 인간 이하의 취급을 받았던 여러 상황이 함께 드러났다. 내담자는 경제적 이유로 힘든 환경을 견디며 자신을 희생해 온 상황이었다. 내담자의 무의식은 이러한 고통스러운 기억을 억압함으로써 자신을 보호하려 했던 것으로 보인다.

흥미롭게도 최면 과정에서 직장 관련 기억뿐 아니라, 젊은 시절 갑작스럽게 사고로 첫 남편을 잃었을 때의 미해결된 슬픔과 죄책감도 함께 표출되었다. 내담자는 남편에게 따뜻한 밥 한 끼 제대로 해주지 못했다는 후회와 미안함으로 가슴이 답답했던 것이다. 최면 상태에서 내담자는 이미 고인이 된 남편과의 감정적 대화를 통해 오랫동안 붙잡고 있던 슬픔과 미안함을 해소할 수 있었다.

이 사례는 단순한 기억재생을 넘어, 내면의 깊은 감정적 문제를 함께 해결하는 통합적 접근의 중요성을 보여준다. 그러나 더 중요한 점은 기억재생 자체가 정서적 해방과 심리적 치유의 핵심 요소가 될 수 있다는 것이다. 내담자는 억압된 기억을 되찾는 과정에서 그 기억과 연결된 감정적 부담도 함께 풀어낼 수 있었다. 내담자는 세션 후 가슴의 답답함이 사라졌으며, 잃어버렸던 기억이 모두 돌아왔다고 보고했다. 또한 자살 충동이 사라지고 삶에 대한 새로운 희망을 느끼게 되었다.

이러한 유형의 기억상실은 심리학에서 '해리성 기억상실(Dissociative Amnesia)'이라 불리는 현상과 유사하며, 특히 특정 영역에만 국한된 '국소형' 패턴을 보인다. 이는 무의식이 감당하기 어려운 트라우마나 극심한 스트레스로부터 자신을 보호하기 위한 방어 메커니즘으로 작동하는 것으로 알려져 있다. 이 사례는 기억재생이 단순히 잊어버린 정보를 되찾는 것을 넘어, 심리적 치유와 정서적 해방의 도구가 될 수 있음을 보여준다.

수개월 후 내담자와의 연락에서, 그녀는 기억의 회복뿐 아니라 회사와의 문제도 원만히 해결되었으며 전반적인 삶의 질이 크게 향상되었다고 보고했다. 이는 기억재생 작업이 단기적 효과를 넘어 장기적인 심리적 웰빙에도 기여할 수 있음을 시사한다.

[사례 3]
알코올 관련 기억 상실과 법적 상황에서의 기억재생

앞에서 살펴본 두 사례가 주로 심리적 치유와 감정적 해소에 중점을 두었다면, 이제 최면 기억재생의 또 다른 중요한 적용 영역인 법적 상황에서의 활용 사례를 살펴보겠다. 다음 사례들은 알코올로 인한 기억 상실과 관련된 법적 문제 상황에서 최면의 가능성과 한계를 보여준다.

교통사고 관련 기억재생과 법적 한계
- 문동규 ICS 최면 트레이너

이 사례는 교통사고 상황에서 기억 상실을 경험한 20대 초반 남성 내담자와 관련되어 있다. 내담자는 친구와 함께 술을 마신 후 새벽에 자신의 승용차로 이동하던 중 터널 입구에서 주차된 화물차와 충돌하는 큰 사고를 냈다. 추돌의 충격으로 두 사람 모두 차에서 튕겨 나갔고, 친구는 그 자리에서 사망했다.

내담자는 자신의 차량이었기 때문에 운전자로 지목되었지만, 과도한 음주로 '필름이 끊긴' 상태여서 당시 상황에 대한 기억이 거의 없었다. 특히 자신이 실제로 운전을 했는지조차 확신할 수 없었기 때문에, 사고 당시의 정확한 상황을 파악하기 위해 기억재생을 요청했다.

나는 내담자를 깊은 최면 상태로 유도한 후, 친구와 술집에서 만나는 시점부터 순차적으로 상황을 재경험하도록 안내했다. 최면 상태에서 내담자는 술집을 나설 때 자신이 만취 상태임을 인지하고 차에 타기 직전 자동차 키를 상대적으로 술을 적게 마신 친구에게 건넸던 장면을 떠올렸다. 이어서 친구가 운전석에 앉고 자신은 조수석에 탑승했던 기억도 되살아났다.

우선 명확히 해야 할 점은, 음주 후 운전대를 잡는 행위 자체가 누구에게나 절대 해서는 안 되는 위험하고 불법적인 행동이라는 것이다.

이 사례는 단지 기억재생의 과정과 그 한계를 설명하기 위한 것으로, 어떤 상황에서도 음주운전을 정당화하거나 책임을 회피하는 수단으로 최면이 사용되어서는 안 된다. 실제로 이 사건에서는 두 사람 모두 음주 상태에서 차량 운행에 관여했다는 점에서 윤리적, 법적 책임에서 자유로울 수 없다.

이 사례에서 중요한 점은 최면을 통해 회복된 기억이 법적 증거로 인정받는 데는 한계가 있다는 것이다.

세션 시작 전, 내담자에게 다음과 같은 윤리적·법적 고려사항을 명확히 설명했다. 첫째, 음주 운전은 어떤 상황에서도 정당화될 수 없는, 심각한 위험을 수반하는 불법 행위임을 강조했다. 둘째, 기억 재구성 과정에서 발생할 수 있는 왜곡과 오류 가능성을 설명했다. 무의식이 자기보호 메커니즘으로 실제 상황을 왜곡할 가능성도 배제할 수 없기 때문에, 최면을 통해 도출된 기억은 항상 객관적 검증이 필요하다는 설명을 포함했다. 셋째, 최면을 통해 회복된 기억은 법정에서 직접적인 증거로 인정받기 어려울 수 있다는 법적 한계와 단지 방어 전략 수립을 위한 참고 자료로만 활용해야 함을 분명히 했다. 넷째, 최면 과정이 어떤 식으로든 법적 책임을 회피하는 수단으로 사용되어서는 안 된다는 점을 명확히 했다.

그럼에도 불구하고 이 사례는 내담자에게 심리적 상황에 대한 이해를 제공했다는 점에서 의미가 있다. 내담자는 최면을 통해 자신의 기억을 탐색하고, 이를 바탕으로 법률 대리인과 함께 추가 증거 확보 및 방어 전략 수립을 진행하기로 했다. 물론 최종적인 법적 판단과 책임은 전적으로 사법 체계에 따라 결정되어야 한다.

이 사례는 기억재생의 가치와 함께 그 한계를 보여준다. 최면을 통한 기억재생은 개인의 주관적 경험과 심리적 통찰을 제공할 수 있지만, 객관적 사실 증명의 도구로는 제한적일 수 있으며, 특히 법적, 윤리적 책임 회피의 수단으로 사용되어서는 안 된다. 최면가는 내담자에게 이러한 현실적 한계와 윤리적 경계를 분명히 하면서도, 내담자의 심리적 필요와 자기 이해를 돕는 과정에 초점을 맞추는 균형 잡힌 접근이 필요하다.

음주 후 발생한 법적 문제해결을 위한 기억재생
- 김진하 ICS 최면 트레이너

앞의 사례에서 교통사고 관련 기억재생의 법적 한계와 윤리적 고려 사항을 살펴보았다. 이제 유사한 알코올 관련 기억상실 상황이지만, 다른 기술적 접근법(공개된 테스트를 사용한 분명한 깊이 확증)의 중요성을 보여주는 사례를 살펴보겠다. 이 사례에서는 최면의 깊이와 그 확보 방법이 결과에 어떤 중요한 영향을 미치는지 주목할 필요가 있다.

김진하 ICS 최면 트레이너가 진행했던 기억재생 사례이다. 30대 남성 내담자는 음주 후 발생한 사건으로 경찰서에 출석을 요구받았다.

내담자는 과도한 음주로 인한 '필름이 끊긴 상태(알코올로 인한 일시적 기억상실 현상)'였기 때문에, 자신이 어떤 행동을 했는지 전혀 알 수 없었고 경찰서에서 어떤 진술을 해야 할지 준비할 수 없는 상황이었다.

이 사례에서 가장 주목할 점은 최면의 깊이에 대한 정확한 확보였다. 김진하 트레이너는 최면 교육자일 뿐 아니라 울트라 뎁스® 프로세스라는 특화된 영역의 전문가였기 때문에 이 프로토콜을 그대로 활용하여 내담자를 최면의 가장 깊은 상태인 '프로파운드 섬냄뷸리즘' 상태로 유도하는 데 성공했다. 특히 '완전망각' 반응을 확인하고 깊은 최면에 대한 적절한 스테이징 절차를 진행했는데, 이는 단순히 이완된 상태가 아닌 진정한 섬냄뷸리즘 상태를 공개 테스트(Overt Test)를 통해 명확히 확립했음을 의미한다.

상태를 확립한 후, 김 트레이너는 내담자를 기억이 사라진 시점 직전으로 역행시켰다. 그리고 이후 상황을 순차적으로 진행하면서, 내담자는 마치 영화 속 주인공이 된 것처럼, 그리고 영화를 보는 것처럼 당시 상황이 생생하게 드러나는 것을 경험했다. 이를 통해 그는 무엇을 잘못했는지, 어떤 세부적인 상황에서 오해가 발생했는지를 명확하게 파악할 수 있었다.

상황 파악의 정확성을 높이기 위해 이 과정을 한 번이 아닌 처음부터 끝까지 반복하여 재확인하는 과정을 거쳤다. 세션이 종료된 후 내담자는 자신의 행동을 정확히 인지하게 되어 경찰 조사에 적절히 대응할 수 있었고, 세션의 결과에 매우 만족했다.

이 사례는 단순히 외관상으로 이완된 상태가 아닌, 정확한 최면 깊이 테스트를 통해 확인된 '깊은 섬냄뷸리즘' 상태에서의 작업이 얼마나 효과적인지를 보여준다. 많은 최면사가 깊이 테스트를 생략하거나 단순히 이완된 겉모습만 보고 깊은 최면으로 간주하는 오류를 범하는 반면, 이 사례는 공개 테스트를 통한 정확한 깊이 확보를 확보하는 것이 기억재생의 성공률을 얼마나 높여주는지를 명확히 보여주고 있다.

이 외에도 최면을 통한 기억재생 사례는 다양하게 존재하는데, 그중 김진하 트레이너가 진행한 두 건의 유사 사례를 살펴보면 다음과 같다. 모두 술에 취해 '필름이 끊긴' 상황에서 발생한 법적 문제와 관련되어 있다.

첫 번째는 해외 유학 중이던 20대 남성이 대학 파티에서 필름이 끊긴 상태에서 언어적 성희롱 혐의로 학교 측 조사를 받게 된 사례였다. 깊은 최면 상태에서 내담자는 당시 자신이 상대방과 호감이 있다고 오해하여 부적절한 성적 농담을 했음을 확인할 수 있었다. 이 정보를 바탕으로 내담자는 사실관계를 인지하고 적절히 대응할 수 있었다.

두 번째는 더욱 민감한 사례로, 20대 후반 남성이 친구의 여자친구와 술을 마신 후 성관계를 가졌으나 기억이 없는 상태에서 성폭행 혐의로 신고를 당한 경우였다. 깊은 최면 상태에서의 기억재생을 통해 당시 두 사람 모두 성관계에 동의했으며 강제나 폭력이 없었음이 확인되었다.

이 정보는 법적 증거로 직접 인정되지는 않지만, 내담자가 법률 대리인과 적절한 방어 전략을 수립하는 데 중요한 기반이 되었다.

이러한 사례들은 음주로 인한 기억 상실 상황에서도 최면을 통한 기억재생이 내담자에게 중요한 심리적, 실질적 도움을 제공할 가능성을 보여준다. 특히 법적 또는 제도적 상황에서 자신의 행동과 상황을 정확히 이해하고 적절한 대응 방안을 마련하는 데 기여할 수 있다. 다만, 최면가는 이러한 민감한 상황에서 최면의 한계와 가능성, 기억의 오류 가능성에 대해 내담자에게 정직하게 안내하고, 높은 윤리적 기준을 유지하는 것이 중요하다.

03. 긍정적 경험에 대한 역행

앞에서 우리는 기억재생을 위한 AR(Age Regression) 기술의 활용에 대해 살펴보았다. AR 기술은 테라피나 기억재생 목적 이외에도 단순히 긍정적인 과거 경험을 체험하게 하는 데에도 활용될 수 있다. 이러한 긍정적 경험에 대한 역행은 내담자에게 잠재적인 효과를 제공할 수 있는데, 과거의 행복한 경험을 재현하는 과정에서 잊고 지냈던 자신의 내적 자원을 재발견하거나 경험의 가치를 심화시키는 데 도움이 된다.

유년기를 대부분 긍정적인 경험으로 보냈지만 어린 시절의 기억이

거의 없거나 떠올리기 힘든 경우가 있다. 이런 내담자들에게 유년기 경험을 떠올리는 것은 그 자체로 큰 즐거움을 줄 수도 있다.

일부 내담자들은 어린 시절의 기억이 쉽게 떠오르지 않는 이유가 혹시 억압된 트라우마나 외상 때문이 아닐지 불안해하기도 한다. 그러나 대부분의 경우, 이는 단순히 어린 시절에 특별히 인상적인 사건이나 큰 변화가 없었기 때문일 수 있다. 내담자의 우려와 달리 이는 주로 기저의 에고 파트와 표면의 인지적 에고 파트 간의 소통 부족에서 비롯되는 현상인 경우가 많다. 만약 이데오모터 신호가 확립되어 있다면, 이를 사전에 확인하는 것이 도움될 수 있다.

긍정적 경험에 대한 역행은 단순히 어린 시절의 행복한 기억을 재경험하는 것을 넘어 다양한 가치를 지닌다. 특히 자원 활성화라는 측면에서 현재의 어려움을 극복하는 데에도 도움이 될 수 있다.

내담자가 과거 성취했던 경험, 자신감이 넘쳤던 순간, 강한 결단력을 보였던 상황 등으로의 역행은 현재 내담자가 가지고 있지만 접근하지 못하고 있는 내적 자원을 재활성화하는 효과적인 방법이 될 수 있다. 이러한 접근법은 특히 자신감 결여, 결정 장애, 불안감, 무력감 등을 경험하는 내담자들에게 도움이 된다.

역행 과정을 통해 내담자는 자신이 이미 한 번 성취했던 내적 상태를 다시 경험함으로써 현재의 문제 상황에 적용할 수 있는 자원을 발견하게 된다. 일례로, 과거 어려운 시험을 성공적으로 통과했던 순간으로 역행한 내담자는 그 당시 발휘했던 자신감, 집중력, 학습 전략 등을 현재의 도전상황에 적용할 수 있게 된다.

예를 들어, 발표 불안으로 고민하던 한 내담자는 학창 시절 연극 공연에서 주연을 성공적으로 소화했던 경험으로 역행했다. 그 과정에서 내담자는 공연 전 느꼈던 긴장감과 공연 중 경험한 몰입 상태, 그리고 공연 후의 성취감을 생생하게 재경험했다.

이러한 경험을 통해 내담자는 발표 상황에서도 자신이 성공적으로 대중 앞에 설 수 있는 능력이 있음을 재인식할 수 있었다. 또한 과거 사용했던 긴장 관리 기술과 표현 방식을 현재의 발표 상황에 적용할 수 있는 용기를 얻었다.

이런 경험에는 선택에 따라 특정한 후최면 암시를 앵커링이나 트리거의 형식으로 결합할 수 있다. 이를 통해 일상 상황에서도 필요할 때 해당 자원을 쉽게 활성화할 수 있게 된다.

그러나 이러한 긍정적 경험 역행을 활용할 때는 그 한계와 위치를 인식할 필요가 있다. 이 접근법은 주로 생활최면의 맥락에서, 또는 전문적인 최면세션 내에서 보조적 기법으로서 가치가 있다. 특히 일시적인 대처기술이나 자원 활성화를 위한 방편으로는 유용하지만, 깊은 정신역동적 이슈나 뿌리 깊은 문제의 근본적 해결책으로 오인되어서는 안 된다.

최면 분야에서 때때로 볼 수 있는 오해 중 하나는 이러한 긍정적 자원 활성화만으로 복잡한 정서적 문제가 완전히 해결될 수 있다고 믿는 것이다. 이런 접근은 심층적인 원인을 다루지 않은 채 표면적 증상만을 일시적으로 완화시키는 데 그칠 수 있다. 진정한 최면 테라피는 문제의 근본 원인을 찾아 해소하는 과정을 통해 지속적이고 근본적인 변화를 이끌어 내는 데 있다.

ICS 최면전문가들은 긍정적 경험 역행을 독립적인 테크닉으로 활용하기보다는, 전체적인 ART과정 내에서 필요에 따라 통합적으로 활용한다. 특히 ISE를 찾고 해소한 후, 내담자의 내적 자원을 강화하는 보완적 단계에서 이 기법이 가치를 발휘할 수 있다. 이런 맥락에서 활용될 때, 긍정적 경험 역행은 내담자의 치유 과정을 더욱 풍성하게 만들고 변화의 지속성을 높이는 데 기여할 수 있다.

결론적으로, 긍정적 경험에 대한 역행은 적절한 맥락과 목적하에 활용될 때 그 가치를 발휘한다. 이것이 최면 테라피의 주요 기법이나 최종 목표로 오해되지 않도록 하는 것이 중요하며, 3세대 최면 패러다임 관점에서는 내담자의 통합적 성장과 치유를 위한 다양한 접근 중 하나로 이해되어야 할 것이다.

PART 3

스피리추얼 역행

A.
스피리추얼 역행의 이해

01. 스피리추얼 역행이란 무엇인가?

스피리추얼 역행은 흔히 '전생역행(Past life regression)'이나 '출생 이전 역행(Pre-bitth regression)'이라 부르는 영적 컨셉의 작업을 포함하는 최면역행 작업을 일컫는다.

초기 최면 분야에서 전생역행 세션을 진행하던 사람들은 주로 영적 경험을 추구하거나 전생에 대한 신념을 가진 소수의 사람으로 제한되었다. 하지만 오늘날 서구에서도 이런 개념이 대중화되기 시작하면서 해당 작업의 수요가 증가했고, 이에 특화하여 뛰어드는 최면가들이 나타났으며 그 유행과 사라짐이 반복되었다. 이 과정에서 부적절한 유도 암시를 통해 전생의 기억을 작화하는 사례들과 충분한 깊이를 확보하지 못한 상황에서 상상을 유도하는 사례들로 인해 전문가들 사이에서도 많은 논란이 일기도 했다.

최면가들은 여전히 이에 대해 다양한 견해를 갖고 있으며, 여전히 부적절한 방식으로 전생 스토리를 끌어내는 사람들도 공존하고 있다.

그러나 오늘날 인간의 의식에 대한 관점은 유물론적 사고관으로 만들어진 교과서적 관점에서 탈피하여 점차 확장하고 있다. 에고와 의식의 본성에 대한 관심이 늘어가고 이해가 증가함에 따라 최면을 바라보는 시각 또한 3세대의 최면 패러다임이 대두되는 실정이다. 이에 따라 스피리추얼한 최면작업들의 수요가 다시금 증가하고 있는 추세이다.

본 장에서는 저자가 스피리추얼 최면 분야에서 접했던 접근법들 중 3세대 최면 패러다임을 완전히 반영하는 가장 종합적이고 완성도 높은 체계인 'ICS 영적 통찰 프로세스™'를 개관한다. 또한 '울트라 뎁스® 프로세스'의 제드 상태(라메이 상태)에서 일어나는 궁극의 전생역행에 대해 소개할 것이다.

특히 본 장에서 개관하는 ICS 최면의 일부인 'ICS 영적 통찰 프로세스™(ISIP)'는 한국인인 이영현 트레이너가 겪은 울트라 뎁스® 프로세스의 마지막 상태인 제드 상태(라메이 상태)에서의 경험으로부터 시작되었다. 이후 십수 년 이상 내담자들과 ICS 최면역행 테라피를 진행하던 과정에서 종종 일어났던 내담자의 자발적인 전생역행 현상들에 ICS의 개념을 적용하여 종합적인 경험을 바탕으로 발전시키고 정립해 온 독창적인 체계이다. 이는 동시대를 사는 같은 한국인으로서 매우 자긍심을 느끼게 한다.

이처럼 자발적 전생역행 현상은 ISIP 발전의 중요한 토대가 되었다. 그렇다면 일반적인 최면상담, 특히 ART과정에서 이러한 자발적 전생역행이 일어날 때 최면상담사는 어떤 점들을 고려해야 할까? 다음에서는 ART과정에서 마주하게 되는 스피리추얼 세션의 특성과 그 과정에서 고려해야 할 일반적인 사항들에 대해 살펴보겠다.

특히 최면분석 등의 테라피 과정에서는 내담자가 가진 문제의 진짜 원인에 접근하는 것을 방어하기 위해 무의식적으로 영적인 컨셉이나 전생 스토리를 활용하는 경우도 있고 또 문제에 대한 책임 전가의 수단으로 전생을 작화해 내거나 영적인 컨셉을 끌어오는 경우도 있다.
또한 체계적으로 훈련되지 못한 최면사의 잘못된 유도 암시로 전생 스토리 자체가 작화되기도 한다.

02. ART의 연장에서의 스피리추얼 세션

ART과정에서 스피리추얼 세션은 때때로 그 일부가 되거나 상호작용할 수 있지만, 스피리추얼 세션 자체가 ART를 대체할 수 있는 것은 아니다.

이러한 맥락에서 ART과정에서 스피리추얼 최면세션을 함께 다루게 되는 최면상담사들이 숙지해야 할 점들은 다음과 같다.

첫 번째 숙지사항은 ART를 다루는 최면상담사로서 내담자의 세계관을 존중해야 한다는 것이다. 스피리추얼 최면세션은 누구에게나 필요한 세션이 아니다. 최면상담사는 내담자의 의식적 신념체계를 확인하고 해당 세계관을 존중해야 한다. 영적인 상태나 전생 등의 개념에 대해 믿지 않거나 자신의 세계관에서 또는 신념적인 거부감이 있는 이에게는 의도적인 영적 컨셉의 작업을 적용하지 않아야 한다.

전생역행뿐 아니라 빙의와 같은 개념을 믿는 최면가가 그것을 인정하지 않는 내담자에게 무리하게 '전생의 원인'이나 '빙의의 가능성' 등 영적인 원인을 선 암시하여 불필요한 유도자의 '관념'을 심어주는 것 또한 금물이다. 이는 부적절한 이끌기(유도 암시)로 작용하여 내담자의 세션을 엉뚱한 방향으로 이끌 수 있다.

비록 내담자의 신념체계가 일치하더라도 (그냥 내담자의 재미나 호기심을 충족하기 위한 세션이 아니라면) 치료적 목적의 세션에서 최면상담사가 의도적으로 내담자를 특정 방향(전생, 빙의, 영혼, 영계 등)으로 유도하는 것은 내담자의 내면이 표현하는 문제의 진짜 원인을 놓치게 할 수 있다.

예를 들어 "이 문제의 원인이 되는 전생으로 갑니다."라는 암시를 통해 내담자를 역행시키는 것은 유도자가 마치 미리 원인과 답을 다 알고서 "당신의 전생에 ISE가 있으니 그곳으로 가십시오."라고 지시하는 것과 같은 것이다.

일반적으로 전생역행을 통한 치료적 효과는 보다 거시적 관점에서의 의식적 통찰이다. 이것이 내담자에게 특정 이슈에 대한 치유적 효과를 일으키는 경우도 있지만 1차적인 원인을 직접 다루는 작업이 아닐 수 있다.

치료적인 목적의 최면상담에서 전생을 다루는 것은 유도자의 암시 없이 내담자에게 '자발적인' 전생역행이 일어나는 경우뿐이다. 이는 내담자가 마치 '전생'이라고 여겨지는 다른 시대, 다른 장소에서 다른 인물로서 하게 되는 경험을 뜻하는데, 때때로 이러한 내담자의 전생경험은 의식적 신념체계와 관계없이 떠오를 수 있다. 이런 경우 ART의 연장선으로 적용할 수 있으며 해당 작업이 마무리된 후에는 다시 원래의 AR로 돌아와서 ART를 마무리 지어야 한다.

때로는 치료적인 주제로 상담을 진행하는 내담자가 최면상담사에게 자신의 문제를 전생역행을 통해 해결해달라고 구체적으로 요청하는 경우가 있다. 이들은 대부분 대중매체를 통해 최면 테라피에 대한 잘못된 정보를 접했거나 특정한 기대감을 가진 채로 이런 요구를 하는 경우이다. 만약 치료적 목표를 가진 ART세션에서 최면상담사가 무작정 이런 요구를 들어주는 것은 최면상담사의 전문성을 손상하는 행위이며 이 또한 내담자의 문제해결과는 무관한 작업으로 그치게 만들 수 있다.

앞선 언급과 같이 내담자의 문제에 대한 원인은 내담자의 의식이 알지 못하며 최면상담사 또한 알 수 없기 때문이다. 내담자가 가진 문제의 진짜 원인은 내담자의 내면이 알고 있을 것이다.

최면가는 내담자가 원하는 세션의 목적이 치료적 목표인지, 단지 재미를 위한 체험인지, 관점의 확장을 통한 통찰을 얻고자 함인지 그 목적을 분명히 구분해야 한다.

지금까지 ART과정에서 마주하게 되는 스피리추얼 세션의 특성과 고려사항들을 살펴보았다. 앞서 언급했듯이 일부 내담자들은 처음부터 영적 소통과 통찰 자체를 목적으로 최면을 찾는다. 다음에서는 이러한 순수한 영적 소통을 목적으로 하는 최면세션에서 고려해야 할 특성과 주의사항들을 알아보겠다.

03. 영적 소통을 위한 최면세션

영적 성장이나 영적 소통에 관심 있는 일부의 내담자 중에는 최면을 통해 단기간의 내적 소통을 원하는 사람들이 있다. 때때로 내가 가야 하는 진로나 미래의 선택, 개인의 고민에 대해 마치 점을 보듯 깊은 내면의 의식에게 물어보고 정답을 듣고 싶어한다. 물론 이런 고민에 대해 여러 힌트나 통찰을 얻을 수 있는 다양한 최면작업들이 있다.

이런 주제에 대해 의뢰하는 내담자는 우리의 내면에 모든 답이 있다는 것을 어느 정도 인식하고 있는 경우가 많다. 실제로 모든 답은 우리의 내면에 있는 것이 맞다. 그러나 많은 사람이 간과하고 있는 것은 우리의 내면에는 나에게 가장 유리한 나의 길이나 정답만 있는 것이 아니라 수많은 기대감과 욕구, 감정, 공상, 생각 등이 스스로의 의식을 속일 만큼 교묘하게 뒤섞여 있다는 사실이다.

그렇다면 과연 명상이나 최면적인 이완이 그런 영감적인 소통을 가능하게 하는가에 대해 말해보자. 결론부터 말한다면 내면의 영감적인 판단을 내리는 데 최면은 큰 도움이 될 수 있다.

그러나 이를 진행하기에 앞서 최면가든 내담자든 먼저 에고의 특성에 대해 잘 이해할 필요가 있다. 특히 내담자가 그렇지 않더라도 이 세션을 지휘하는 해당 최면가는 이것에 대한 중심이 잘 잡혀있어야 한다. 그래야 내담자에게 이것에 대한 중심 잡힌 설명을 해줄 수 있을 것이다.

에고의 힘을 빼지 않은 상태에서 진행하는 내면의 소통은 영감이나 본질과의 소통이라기보다 내면의 특정한 무의식적 파트와의 소통일 가능성이 절대적으로 높다.

'힘을 빼다'라고 하면 우선 명상이나 최면적인 이완을 떠올리는 사람들이 많을 것이다. 명상이나 최면적인 이완은 내면소통의 가능성을 높여주는 것은 맞다. 이러한 트랜스 상태 자체가 내면의 기저자원들에 접근하는 것을 보다 용이하게 만들어 주기 때문이다. 그러나 명상이나 최면, 그 자체가 이것을 만들어 주는 것은 아니라는 점에 유의해야 한다. 엄밀히 말해 내면 깊이 접근하는 것과 내면 파트들의 고착이나 힘이 빠지는 것은 별개의 문제이다.

비록 특정 수련이나 세션, 최면작업의 목표가 깊은 내면의 잠재의식 (또는 본성의식, 본질, 영혼 등 어떤 단어로 표현되건)에 초점을 맞추고 있다고 하더라도, 대부분의 트랜스 상태에서 내담자는 다양한 층위의 내면 파트들을 만나거나, 혹은 잠재의식으로부터 오는 영감적인 에너지와 내면의 신념, 욕구, 자기필터가 뒤섞인 형태를 경험하고 표현하게 된다.

특정한 순간에 내면에서 올라오는 표현은 그것이 무의식의 파트들이 기반이 되었든 잠재의식으로부터 올라오는 영감적인 기반이건 의미 있는 내면의 표현이다. 이는 내담자 내면의 많은 요소를 반영하기 때문이다. 이에 대해 올라오는 메시지 자체를 무조건 무시하는 편협한 최면상담사의 자세도 문제가 될 수 있고, 반대로 표면적인 표현 자체에 과장된 의미를 부여하는 것도 문제가 될 수 있다.

국내외를 막론하고 최면을 통해 스피리추얼한 경험을 하게 하는 세션을 진행하는 최면사들이 많아지고 있다. 물론 이들 중에는 깊이와 중심을 잘 갖추고 이러한 작업을 진행하는 경우도 있다. 하지만 의식에 대한 깊은 이해와 탐구를 배제하고 단지 최면적 트랜스에서 일어나는 표면적이고 외관적인 체험에만 치중하며 상업적으로 전락해 버리는 경우가 적지 않다는 사실은 3세대 최면을 지향하는 최면가들이 유의해야 할 부분이다.

이러한 최면세션의 대표적인 형태는 최면 상태에서 전생역행이나 영적 파트 작업, 중간계(영계) 개념을 활용하여 내면의 상위자아, 내면의 힘, 수호천사(그 밖에 어떤 이름으로 부르건) 등을 호출하여 그 존재에게 평소 자신에 대해 궁금한 것을 질문하고 답을 듣는 형식이다. 이 과정에서 내면의 상위적인 존재가 나와서 자신의 고민이나 궁금한 부분에 대해 명쾌한 답을 주거나 통찰을 제공하기도 한다. 바꾸어 말해 이는 내면의 영적 컨셉을 지닌 파트를 불러내어 소통하는 과정이다.

때때로 이것이 잠재의식의 메시지를 크게 반영하는 경우가 있지만, 그렇더라도 이는 잠재의식(또는 본질, 영혼) 자체가 아니며 특정한 내면의 파트(필터)를 통해 발현되고 표현되는 것임을 인식해야 한다. 이는 우리의 물리적인 구조상 어쩔 수 없는 것이다.

때때로 이들은 의식적으로 생각지도 못한 답을 주기도 하고 큰 통찰을 주는 경우도 있기에 해당 체험은 내담자에게 매우 의미 있는 경험이 될 수 있다. 그러나 반대로 내면의 기저욕구와 욕망, 고착된 관념들이 뒤섞여 영적인 모습으로 포장하는 경우, 뜬구름을 잡는 허황된 메시지나 현실과는 무관한 말들을 쏟아내기도 한다. 이것은 특정 믿음을 가진 내담자에게 자칫 엉뚱한 믿음을 강화시킬 수도 있다.

이것은 존 웰우드를 비롯한 몇몇 학자들이 말하는 '영적 우회

(Spiritual Bypassing)'라는 개념으로도 설명할 수 있다. '영적 우회'라는 개념은 개인적이거나 심리적인 문제를 다루는 것을 회피하기 위해 영적 개념이나 관행을 사용하는 것을 뜻한다. 이는 영성을 사용하여 불쾌한 감정을 차단하고 자아를 보호하는 일종의 방어 기제로 볼 수 있다. 즉, 영적 우회는 깨달음을 명목으로 영성과 영적 수행을 이용하여 개인적·감정적인 '미해결의 과제'를 회피하는 것이다.

최면의 과정에서 무의식적 파트에 의해 관여되는 영적 우회, 영적 회피 현상은 얼마든지 쉽게 일어날 수 있다는 점을 간과해서는 안 된다.

심지어는 최면으로 가장 깊이 도달할 수 있는 상태인 '씨코트 상태(울트라 뎁스®)'조차도 에고의 개입을 최대한 줄이고자 하는 것이지, 그 자체로 완전한 잠재의식 100%의 상태라고 장담할 수는 없다.

울트라 뎁스® 프로세스에서는 에스데일과 씨코트라는 깊은 상태를 성취하기 이전에 1차적인 목표(준비작업)로 이런 내면 파트들의 간섭을 최소화하기 위해 프로파운드 섬냄뷸리즘(깊은 최면)이라는 깊이에서 특정한 절차들을 설정한다. 그러나 이 설정 과정의 불완전함으로 인해 늘 무의식적 깊은 기저자아의 간섭은 일어날 가능성이 존재하므로 늘 이것을 살피면서 작업하게 된다.

이것이 바로 ICS라는 슬로건에서 **by PRESENCE**(현존에 의한)가 핵심개념으로 포함되는 이유이다.

우리의 무의식 기저의 욕구들은 매우 교묘해서 작은 틈으로 새어 들어오고 반영될 수 있다. 이런 현상들은 15년 이상의 울트라 뎁스® 프로세스를 지도하고 유도하는 과정에서 실제로 저자가 몇몇 피험자들을 통해 반복해서 목격한 현상들이다.

특히 외적으로 부정적이라 느끼는 고착들은 시간이 지나면서 옅어지는 경우가 많지만, 자신조차도 긍정적이라고 여기는 고착들은 자신의 자각 없이 오랜 시간이 지나도 사라지지 않았다. 그만큼 우리의 기저에 있는 완전히 에너지가 빠지지 않은 고착된 욕구들은 자신도 속일 만큼의 필터로 작동한다. 이런 현상들에 대해 구분하고 이해하기 위해서는 에고의 형성과정과 피험자 개인의 성격적 특성에 대해 종합적인 이해가 필요하다.

결론적으로 자신의 내면 구조와 어떤 고착들이 '나'라는 에고의 인생 전반에 작용하고 있는지 인식하지 못하거나 내 안의 어떤 기저욕구들이 나의 성격과 행동에 어떻게 작용하고 있는지 발견하지 못한다면, 이런 스피리추얼한 최면작업이 그 사람의 인생에 도움이 되기보다는 단순히 재미를 위한 체험으로 끝나거나 심지어는 오히려 에고의 욕구를 채우고 강화시키며 그럴듯한 메시지를 통해 현혹시켜 뜬구름을 좇는 작업으로 끝날 수도 있을 것이다. 이것은 힘을 빼는 작업이 아닌, 반대로 힘을 주게 만드는 작업이다.

울트라 뎁스®(씨코트 상태) 상태라는 일시적이고 제한적인 상태를 제외한, 평소 일상생활에서 특히, 언어적인 소통에 있어서 잠재의식과 소통한다는 경우를 들어보았을 것이다.

잠재의식과 100% 소통하는 상태, 반대로 무의식이나 에고와만 100% 소통하는 상태는 존재하지 않는다. 각성된 의식적 차원, 즉 평범한 에고 상태에서는 늘 잠재의식과 에고적 심층의식(무의식적 프로그램)이 뒤섞여서 우리의 의식에 영향을 주고받게 된다.

그래서 잠재의식과 소통하는 사람, 무의식과 소통하는 사람 등의 이분법식으로 표현하는 경우는 적절하지 않다. 순간순간의 상태에 따라 우리는 잠재의식 몇 %, 심층의식 몇 %로 존재한다. 그 비율이 순간순간 변화하게 된다.

감정과 생각이라는 에고에서 분리되어 고요한 상태가 되면, 즉 ICS 최면에서 말하는 '현존'에 가까운 상태가 되면, 당연히 잠재의식의 비율이 증가하게 되고 보다 영감적인 상태에서 존재할 수 있게 된다.

반대로 어떤 순간에 감정과 생각의 고착에 사로잡히게 되면 그 즉시 우리는 영감적인 잠재의식의 비율은 줄어들고 에고(심층의식)의 비율은 커지게 되면서 감정과 신념에 기반한 에고 상태 우위로 존재하게 된다.

때문에 현재 ICS의 두 축 중 하나인 'ICS 정화와 소통'에서는 일상 속에서 이 비율을 스스로 잘 관찰하면서 좀 더 순수한 상태로 있을 수 있도록 다양한 실천법을 제시하고 있다.

따라서 결국 큰 개념에서 개인의 정화와 소통의 과정은 스피리추얼한 작업에서는 반드시 필요한 요소인 것이다. 우리의 에고가 **'현존'하는 그 순간**이 진정한 잠재의식과의 소통이 일어나는 순간임을 잊지 말아야 한다. 역설적이게도 현존상태는 오히려 우리가 느끼는 **존재감을 내려놓는 것**과 연관된다. 우리가 평소 느끼는 존재감이란 것 자체가 실은 에고에 대한 인식이기 때문이다. (이 '현존'은 결국 에고에 대한 인식을 말하는 것이 아니다.)

우리의 에고가 '현존'하는 것은 마치 명상이나 최면을 하듯 눈을 감아야만 일어나는 것이 아니다. ICS에서 현존은 특정한 기법이나 작업으로 이루어지는 것이 아니며 일상 속에서 자신을 인식하고 관찰하는 성실함을 통해 시나브로 얻어질 수 있는 것이라는 점을 늘 강조하고 있다.

ICS 최면은 공통적으로 교육생들에게 이러한 중심 없이 접근하는 일회성의 스피리추얼 세션에 대해서 그 경험과 메시지에 현혹되지 않도록 늘 유의해야 한다고 말한다.

무의식(기억과 프로그램의 저장소인 심층의식)에서 그럴듯하게 올라오는 판타지와 잠재의식(에고 이면의 본질적인 의식)으로부터 올라오는 영감은 종이 한 장 차이이다. 그리고 최면가도, 내담자도 결코 그것을 정확히 구분할 수 있는 방법은 없다.

정화와 소통에 대한 명확한 중심이나 가이드라인 없이 '소통' 자체에만 초점이 맞춰져 있는 많은 경우, 이런 체험이 단기적으로는 기분 좋고 큰 통찰을 얻은 듯한 경험이 될 수 있겠지만, 장기적으로는 오히려 엉뚱한 길로 빠지게 만들거나 또 다른 문제를 야기하는 경우도 생길 수 있다.

자신의 깊은 심층자원(프로그램)과 소통하고 그것의 액면적인 표현 그대로를 잠재의식(영감)의 메시지라고 굳게 믿어버리면서 자신의 무의식 속 기저욕구(예컨대 특별함을 추구하거나 존경받고 싶은 기저욕구 등)를 만족시키면서 자신의 경험에 특별한 의미를 부여하는 것이다.

이렇게 착각 속에 빠지는 경우들은 무의식을 다루는 최면이나 명상 등의 수련을 행하는 많은 사람 사이에서 생각보다 쉽게 발견할 수 있다. 나아가 이런 부분들에 심취하다 결국 자신을 관찰하지 못하고 소위 '감'과 '촉'을 내세우며 타인들에게 자신의 에고를 높이며 영적 스승을 자처하는 경우들도 어렵지 않게 찾을 수 있다.

이런 일들이 일어나는 원인은 전생이나 영적인 경험 이전에 현재를 사는 자신의 에고 구조에 대해 무관심한 채로 주관적인 내적 경험의 액면적인 모습에 특별한 의미를 부여했기 때문이다. 그들은 그렇게 발산되고 있는 에고의 기저욕구를 정당화하기 위해 영적인 컨셉으로 포장하고 있을 뿐이다. 이것은 우리들 무의식 속 프로그램과 욕구들이 만들어 내는 대표적인 특징 중 하나이다.

두 내담자가 있다. 첫 번째 내담자는 수차례의 최면분석과 고착들의 해소 작업, 파츠 통합의 후반부에 스피리추얼 작업을 경험했다. 두 번째의 내담자는 일회성 체험으로 첫 세션에서 스피리추얼 작업을 경험했다. 이 두 작업 간의 질적인 측면을 결코 동일시할 수 없다.

확률적으로 조금이라도 순수함에 가까운 상위 파트를 만나고 싶다면 이것은 결코 간과할 문제가 아니다.

B.
'울트라 뎁스® 프로세스'와 궁극의 전생역행

전생이라는 주제는 과거부터 현재까지 많은 사람에게 흥미로운 주제이다. 저자는 초기에 전생이라는 것 자체를 믿지 않았다. 특히 최면으로 떠올리는 전생에 대해서 매우 회의적인 입장이었다. 왜냐하면 당시의 많은 최면사들이 유행에 편승하여 내담자를 최면으로 유도한 뒤 전생에 대한 작위적인 유도 암시를 통해 전생의 스토리를 작화시키는 작업이 마치 당연한 듯 횡행하고 있었기 때문이었다.

그도 그럴 것이 당시에는 많은 최면사들이 최면의 깊이에 대한 이해뿐 아니라, 최면분석 또는 역행 테라피에 대한 인지나 이해 역시 부족했기에 이렇게 전생으로 유도하는 과정에서 심지어 자신이 어떤 실수를 하고 있는지조차 인식하지 못하고 있는 경우가 흔했다.

당시 가뜩이나 유물론적 사고관에 물들어 있던 저자의 시각으로 그런 웃지도 울지도 못할 민망한 세션 장면들을 보면서 더더욱 최면전생에 대한 불신감은 커져갔다.

그러나 그런 전생에 대한 저자의 입장은 제임스 라메이 선생을 만나 '울트라 뎁스® 프로세스'의 본질을 배우고 경험하게 되면서 완전히 산산조각이 나버렸다. '울트라 뎁스® 프로세스'를 모르는 독자들을 위해 먼저 이 프로세스와 이것이 다루는 상태들에 대해 간략히 소개하겠다. 이는 동시에 다음 섹션에서 소개할 'ICS 영적 통찰 프로세스'의 개발과정을 이해하기 위한 배경지식이 될 수 있을 것이다. 이 정보는 저자가 ICS 부산교육지부의 권동현 원장과 함께 '울트라 뎁스® 프로세스'를 한국에 공식적으로 도입하고, 현재 '울트라 뎁스® 인터내셔널'로부터 인증받은 아시아 지역의 교육을 총괄하는 전세계 단 두 명의 'UD 헤드 에듀케이터'로서 제공하는 왜곡되지 않은 정확한 정보임을 미리 밝혀둔다.

간단히 소개하자면 '울트라 뎁스® 프로세스'는 최면기법을 활용하여 의식의 바닥 상태들을 탐구하는 특화된 영역이다. 최면기법을 사용하지만 엄밀히 말해 기존의 최면과는 구분되는 별개의 분야이다. 이 프로세스는 의식의 바닥 상태를 다루기 위해 최면의 깊이 중에서 가장 깊은 극도의 이완상태를 다룬다.

일반적으로 최면의 깊이를 얕은 최면, 중간 최면, 깊은 최면의 세 단계로 나눈다고 했을 때(실제로는 훨씬 세분화되어 있고 복잡하지만) 깊은 최면 상태를 서구권의 최면가들은 '섬냄뷸리즘(몽유; Somnambulism)'이라는 별칭으로 부른다. 이 섬냄뷸리즘의 범주 내에서도 가장 깊은 상태가 있는데 그것을 '프로파운드(Profound; 깊은) 섬냄뷸리즘'이라고 부른다.

 따라서 울트라 뎁스® 프로세스를 이해하고 적용하기 위해서는 먼저 '프로파운드 섬냄뷸리즘'이라고 부르는 최면의 가장 깊은 단계에 대해 보통의 최면에서 배우는 일반론적인 지식과 이해를 넘어서야 하고 해당 현상들을 실제로 구현할 수 있어야 한다.

 안타깝게도 울트라 뎁스®와 유사하게 깊은 상태를 다룬다고 주장하는 대부분의 최면가들이 이 기반상태를 명확히 확립하고 테스트하지 않은 채, 이 상태에 도달했다고 가정하고 다음 상태에 대한 유도를 진행하는 경우가 많다. 이 경우 실제 깊이를 확립하는 것이 아니라 암시 효과로 위장된 가짜 상태를 만들어 내는 것에 불과하다. 저자는 실제로 여러 나라에서 이런 장면들을 목격한 바 있다. 이는 진정한 의식 상태의 변화가 아닌, 표면적인 모방에 그치는 결과를 낳게 된다.

 '프로파운드 섬냄뷸리즘'이 제대로 확립되고 나면 비로소 '울트라 뎁스® 프로세스'의 각 세부 상태들로 넘어가기 위한 기본적인 준비가 끝나는 것이다. 즉, 최면의 가장 깊은 상태이자 마지막 단계인 '프로파운드 섬냄뷸리즘'은 울트라 뎁스® 프로세스의 첫 번째 시작단계이며 그 다음 상태인 '에스데일 & 카타토닉 상태'로 넘어가기 위한 기반상태이다.

 두 번째 단계인 '에스데일 상태'는 극도의 이완으로 가는 과정에서

의식이 몸에 대한 자각을 놓아버릴 정도로 깊이 이완된 상태이다. 이 상태에서 피험자는 의식적인 자각이 존재하지만 청각을 제외한 모든 감각을 사용할 수 없으며 의식이 몸의 근육을 통제할 수 없다. 따라서 자동적인 전신마취가 일어나며 외과수술과 무통출산을 위해 이상적인 상태이다.

'에스데일 상태'를 넘어서면 세 번째 상태인 '씨코트 상태'에 도달할 수 있는데, 이는 궁극의 이완상태로 일반적으로 의식적인 자각이 없으며 극도의 시간 왜곡이 일어날 수 있다. 따라서 이 상태를 경험한 많은 피험자들은 그냥 잠을 잔 것 같다고 생각하는 경우가 많다.
'씨코트 상태'에서는 온몸이 축 늘어지며 REM(급속 안구 운동)과 함께 코를 고는 듯한 소리를 들을 수 있다.

'씨코트 상태'는 1960년대 중반 월터 씨코트라는 최면가가 발견한 '울트라 뎁스®'라는 상태의 다른 이름이다. 이 상태가 발견되었던 반세기 이전에 이 상태를 조사했던 '돌먼'과 '마르코'라는 두 의사의 결론에 따르면, 이 상태에 머무는 것만으로도 평상시 수면에서 얻을 수 있는 일반적인 사람의 자가회복 속도가 6배~10배까지 증가한다고 한다.

앞서 '씨코트 상태'에서 의식적 자각이 없다고 했지만, 이 상태는 각성상태와는 반대로 피험자의 잠재의식(에고라 불리는 의식 이면의 본성적인 의식)이 활성화되어 의식의 자리에 위치할 수 있는 상태이다.

이 상태는 인간이 도구적인 접근으로 잠재의식에 접근할 수 있는 가장 깊은 상태이다. 때때로 이 상태에서 일부의 잠재의식이 드물게 유도자와 언어적인 소통을 행하는 경우가 있다. 20세기 가장 위대한 예언가이자 '잠자는 예언가'로 알려져 있는 에드거 케이시의 잠재의식이 행했던 것처럼 말이다. (에드거 케이시가 경험한 소위 '잠자는 상태'는 의심의 여지가 없는 '씨코트 상태'였다. 이런 소통에서도 일어날 수 있는 함정에 대해서는 앞에서 이미 설명했다.)

성인기 이후 '에고'라 부르는 정체성(현재의식) 중심으로 살아가는 대부분의 사람에게 이 상태를 성취하는 것은 그 자체로 깊은 내면에서 일대 지각변동이 일어나는 엄청난 대사건에 해당되는 것이다. 그러나 오늘날 서구의 대부분 최면가들은 이것의 겉면만을 보고 이야기할 뿐, 이 상태들이 무엇을 의미하는지 알지 못한다. 왜냐하면 대부분의 사람이 진정한 잠재의식이 무엇인지 알지 못하기 때문이다. 결국 잠재의식을 이해하지 않고서는 '울트라 뎁스® 프로세스'의 상태들이 의미하는 본질을 결코 이해할 수 없다.

'울트라 뎁스® 프로세스'에는 앞의 모든 상태를 성취한 사람만이 행할 수 있는 또 다른 독특한 상태가 있는데 그것을 '제드 상태' 또는 '라메이 상태'라고 부른다.

이 '제드 상태'가 바로 전생 또는 출생 이전 역행을 위해 고안된 상태이다. 여기서 말하는 전생역행은 지금껏 누군가가 보여주거나 알고 있던 최면전생과는 완전히 다른 수준의 경험이다.

불행하게도 앞서 유행처럼 번졌던 대부분의 최면전생에서 보여주는 장면들은 비교적 최면의 가벼운 상태와 중간 상태에서 실행하는 장면들이며, 아주 소수의 경우만이 깊은 상태(섬냄뷸리즘)에서 진행되곤 했다.

즉, 우리가 TV나 인터넷을 통해 쉽게 접하는 최면 전생체험이라 부르는 대부분의 경우가 '울트라 뎁스® 프로세스'의 첫 번째 기반상태에도 미치지 못하는 깊이에서 유도되는 전생경험인 것이다. '울트라 뎁스® 프로세스'에서는 의식과 무의식의 에고 파트(분아)들이 언제든 개입할 수 있는 그런 가벼운 상태에서의 전생역행은 '역행'으로 인정하지 않는다. 의식과 무의식의 분아들이 이 과정에 개입하게 되면 언제든 그것을 기반으로 한 스토리의 작화나 판타지가 펼쳐질 가능성이 높아지기 때문이다. 여기에서 '울트라 뎁스® 프로세스'가 추구하는 역행이라는 기술이 역행현상을 완전하게 재현하는 탐구적 목적을 지닌 것임을 알 수 있다.

그러나 오늘날 사용하는 대중적인 전생역행은 실제 역행 현상을 완벽하게 재현하는 탐구적인 목적보다는, 대중적으로 손쉽게 접근할 수 있는 보다 얕은 상태에서 치유나 통찰을 위한 개입전략으로 사용되는 것이 일반적이다. 따라서 그 목적과 수준 자체가 다른 접근이라 볼 수 있다.

'제드 상태'에 있는 피험자는 의식이나 무의식의 파트 속 자원이 아닌, 완전한 잠재의식의 주도로 '초의식'이라 부르는 어떤 영역에서 이생 이전의 정보를 끌어와서 현재에 재현하게 된다. 역행을 경험하고 있는 피험자는 눈을 감고 하는 것이 아니라 실제로 눈을 뜨고 모든 오감이 그 당시와 동일하게 활성화된 상태로 전생이라고 여겨지는 것을 재현해야 하고, 심지어 당시의 언어 또한 동일한 형태로 구현해야 한다.

이러한 작업은 매우 까다로운 절차를 거치며 결코 한번 만에 가볍게 만들어지는 현상이 아니다. '역스테이징'과 '스텝 리그레션'이라는 특정한 프로토콜에 의해 단계적인 작업들을 거친 끝에 비로소 성취하게 되는 것이며 피험자는 각성 후 의식적으로 자신의 경험을 떠올리지 못한다.

이것은 최면역사에서 가장 성취하기 어려운 수준의 역행이며 결코 손쉽게 성취할 수 있는 만만한 상태가 아니다. 전 세계 99%의 최면사들은 그들의 경력과 무관하게 이런 종류의 역행을 본 적이 없다고 단언할 수 있다.

다음 장에서 개관할 'ICS 영적 통찰 프로세스'를 개발한 이영현 트레이너는 바로 앞에서 언급한 제드 상태를 부분적으로 성취하고 경험했던 소수의 사람 중 한 명이다. 제드 상태에서의 그 경험은 이영현 트레이너의 잠재의식을 통해 전생 인격을 소환하는 계기가 되었고, 그 짧은 작업 이후 마치 다른 차원이 겹쳐진 것처럼 물리적인 현실 속에서 무슨 일이 일어나고 있는지조차 정확히 알지 못한 채 폭풍과 같은 혼란과 정화의 시기가 지나갔다.

그런 개인적인 과정들을 주변에서 생생하게 목격하며 저자 또한 전생이라는 주제에 대해 다시 생각하게 되는 계기가 되었다. 아주 오래전, 스승이자 울트라 뎁스® 프로세스의 개척자인 제임스 라메이 선생이 이것에 대해 말했던 모호하고 이해하기 힘든 말씀들 또한 비로소 가슴으로 이해할 수 있게 되었다.

《ICS 정화와 소통: 영혼의 매트릭스》(이영현, 2020, 렛츠북)라는 책에는 제드 상태의 실제 경험과 그 영향이 생생하게 묘사되어 있다. 이 경험은 단순한 체험을 넘어 전생 매트릭스가 현실에 어떻게 작용하는지, 그리고 이러한 경험이 어떻게 영적 통찰로 이어지는지 보여주는 귀중한 사례이다. 독자들의 제드 상태에 대한 구체적인 이해를 돕고, 울트라 뎁스® 프로세스와 ICS 영적 통찰 프로세스™의 발전 배경을 설명하기 위해 이영현 저자의 허가를 얻어 제드 상태와 연관된 경험담을 아래에 인용하여 소개한다.

* * * * *

나 또한 울트라 뎁스® 상태를 달성한 이후 문 원장님의 제의로 제드 상태를 경험할 기회를 얻었다. (제드 상태를 다룰 수 있는 전문가의 수는 전 세계에서도 극소수뿐이며, 문 원장님은 아시아에서 단 두 명의 울트라 뎁스® 교육자 중 한 명이었기에 이런 경험이 가능했다.)

이런 상태를 주도하는 것은 그 사람의 잠재의식이기에 일반적으로 이 상태를 경험하더라도 상태에서 돌아나오게 되면 의식은 해당 경험을 기억하지 못한다. 그러나 나의 경우 문 원장님의 부가적인 조치로 이 경험을 의식화시킬 수 있게 되었다.

강의실에서 문 원장님은 나를 제드 상태로 유도하고 계셨고 3명의 다른 선생님들이 각각의 테이블에 앉아 이 모습을 참관하고 있었다.

우선 그 당시 내가 느꼈던 것을 말하자면, 1600년대 후반에서 1700년 초반 즈음, 미국에 살고 있던 40세의 여자(미국에 막 이민 온 부유한 유럽인으로 추정)로서 내 방 침대에 누워있었다. 전형적으로 유럽식의 부유한 느낌이 그대로 묻어나는 화려한 침실에 침대에는 하늘하늘한 캐노피까지 갖춰져 있었고 침대 옆으로는 하녀나 시중드는 아이로 보이는 10대의 빨간 곱슬머리 소녀가 나를 돌보고 있었다.

화려한 방의 모습과는 달리 내 몸은 천근만근이었고 인생에 대한 어떤 미련도 없이 마치 죽음을 앞둔 노인처럼 무기력한 상태였다. 그리고 어느 순간 눈앞으로 이상한 공간이 보이기 시작했다. 밝은 내 침실에 어두운 공간이 쓱 겹쳐지더니 이내 몇몇 어두운 그림자들이 나를 보고 있는 듯한 느낌이 들었다. 내 귀 옆으로는 어떤 남자가 연신 알아들을 수 없는 이상한 말들을 쏟아내고 있었다.

'아, 이제 드디어 내가 죽는구나. 나를 데리러 죽음의 정령들이 지금 이 방에 와있구나.'

그렇게 생각하던 찰나, 의식적으로 느꼈던 모든 것들이 갑자기 어떤 구멍 속으로 쑥 빨려들어 갔고 나는 다시 현실로 돌아나왔다. 엄청난 혼란과 함께 한동안 현실을 자각하기 힘들었는데 진정이 된 후 문 원장님이 말해준 내용은 다음과 같았다.

제드 상태의 전생은 일반적인 가벼운 전생 체험과는 차원이 다른 등급이므로 안전을 고려하여 매우 조심스럽게 접근해야 한다. 따라서 문 원장님은 행복하고 즐거운 경험으로만 제한적으로 접근할 수 있도록 조심스레 나를 이끌었지만 내가 거의 죽어가기 직전 고통스런 상태에 있더라는 것이다.

당황한 문 원장님이 나를 그 상태에서 빠져나오게 한 후 행복하고 즐거운 경험에 접근하도록 다시금 이끌었으나 이번에도 그 장소, 그 상태로 돌아갔다고 한다. 결국 전생의 부정적인 경험에 깊게 연합되는 위험을 막기 위해서 문 원장님은 어쩔 수 없이 급하게 나를 각성시킨 것이었다. 전생의 나는 즐거운 시절의 시간을 봉인한 채, 다 죽어가는 무기력한 모습의 나를 고집하고 있었다. 그리고 그제야 알 것 같았다. 내가 봤던 어둠의 정령들은 강의실에서 이 장면을 참관하고 있던 선생님들이었고 내 옆에서 알아들을 수 없는 이상한 말을 속삭이던 남자는 문 원장님이었다.

어쨌든 문 원장님이 나를 신속하게 각성시키면서, 실제로 나는 완벽한 제드 상태를 구현해내지 못한 채 제드 상태의 경계를 넘어 살짝 머물다가 현실로 돌아온 셈이 되었다. 하지만 시공간의 경계를 살짝 건드린 것의 대가는 실로 엄청난 것이었다. 그 짧은 경계에서 이미 나의 전생 매트릭스는 완전히 풀어져서 현실로 흘러들어오고 있었던 것이다.

우선 나를 가장 당황스럽게 했던 것은 가슴 쪽에서 자해의 흔적이 너무 선명하게 느껴지는 것이었다. 그 체험 이후 갑작스럽게 그 전생의 많은 정보가 올라왔는데, 이것은 마치 원래 당연하게 알고 있던 기억을 담담하게 떠올리는 것처럼 내 안에서 아주 자연스럽게 느껴졌다.

전생의 나는 출산 이후로 우울증이 시작되었고, 거의 평생을 무기력과 극심한 우울증에 시달리다가 결국 40살, 내가 체험했던 그 장면으로부터 며칠 후 심장마비로 죽게 되었다. 그런데 우울증이 얼마나 심했던 건지 평소 가슴 쪽을 툭하면 날카로운 칼로 자해를 해왔고 그 통증이 지금 현실의 나에게 그대로 재연되고 있었다.

겁이 많아 손가락만 살짝 베어도 호들갑을 떨던 나는, 평소 자해를 하는 사람들을 정말 이해할 수가 없었다. 아무리 고통스러워도 어떻게 스스로 자기 몸을 아프게 하는지 이해가 되지 않았다. 하지만 나는 그 심정이 어떤 것인지 이제는 확실하게 알게 되었다. 전생의 내가 그렇게 해봤으니 말이다.

마치 가슴이 터질 것 같은 답답함이 느껴지는데, 그 시한폭탄 같은 답답함을 풀 수가 없어 고통에 몸부림치다가 날카로운 칼로 그 부분을 쓱 그었더니 그 통증 사이로 약간은 답답함이 풀어지는 느낌이 드는 것이다. 그리고 의식에 파고드는 그 통증이 한동안은 마음속의 답답함을 일시적으로 잊을 수 있게 만들기도 했다. 그것에 중독되어 전생의 나는 수십 번 스스로 가슴을 긋고 또 그었다.

어쨌든 이제 나는 자해를 하는 사람들에 대해 예전처럼 쉽게 말할 수 없게 되었다. '얼마나 마음이 고통스러웠으면...'이라는 생각에 더욱 안타깝게 그들을 보게 되었지만, 결코 그것으로 고통이 해방될 수 없다는 사실

만큼은 그들 스스로 알았으면 좋겠다.

현실에서의 나는 정확히 한 달 동안 극심한 우울감과 함께 가슴 통증으로 괴로웠다. 정말 정신병자라도 된 듯 실제로 있지도 않은 칼로 가슴을 긋는 통증이 옷을 갈아입을 때마다 느껴졌고, 시린 통증에 달라붙는 옷은 입을 수조차 없었다. 전생의 매트릭스로부터 깨어난 전생의 내가 완전히 지금의 나에게 겹쳐있는 듯한 시간이었다.

그런데 여기서 이해가 되지 않는 부분이 있었다. 전생의 나는 부유한 집에 태어나 예쁜 외모로 뭐하나 빠질 것이 없는 인생이었다. 지금의 나도 출산 후 산후우울증을 경험했지만 그 정도는 아니었고, 사실 워낙 체력이 원래부터 안 좋았던 영향이 분명 컸을 것이다.

하지만 전생의 나는 아주 건강한 사람이었는데 왜 갑자기 출산 이후 자해까지 할 정도로 극심한 우울증을 가지게 된 것일까? 직접적인 사망 원인은 심장마비였지만, 평생 무기력함에 누워만 있다가 생긴 지독한 우울증과 그 후유증이 원인으로 느껴졌다.

이렇게 죽음으로 이어진 깊은 우울감은 정작 전생의 나조차도 그 이유를 알지 못하는 듯했다. 어쨌든 한 달 정도 지나면서부터는 서서히 전생의 내가 옅어지고 현실적인 안정감을 다시 찾게 되었다. 하지만 그 이후로 다시 제드 상태를 시도해 볼 엄두는 나지 않았다.

이번 체험을 통해 한 가지 더 신기한 경험을 하게 되었는데 제드의 후유증이 비단 나에게만 일어난 게 아니라는 것이다. 제드 상태를 재연할 때 그 공간에 있었던 모든 사람이 그 직후 극심한 두통과 피로감을 호소했으며 실제 현실에서도 혼란을 경험하게 되었다.

평생 건강하던 분이 일주일 동안 극심한 몸살로 앓아눕기도 하고 또 어떤 분은 직장에서 갑작스럽게 작은 사고가 터져 수습하느라고 애를 먹기도 하고 특히 작업을 유도했던 문 원장님은 이틀간 깨질 듯한 두통이 지속되었으며 평소 그렇게 점잖은 분이 주차 중에 큰 시비에 휘말려 경찰까지 부르게 되었다.

이에 대해 케오라는 '비물질 차원의 전생 매트릭스가 물질적인 매트릭스를 뚫고 현실로 터져 나오게 되면서 엄청난 스파크가 발생했고 모두 그것에 노출되어 일어난 현상'이라고 했다.

전생의 그 깊은 우울감의 원인은 1년이 지나갈 무렵의 어느 날, 드디어 베일이 조금씩 벗겨지기 시작했다. 평온하게 책상에 앉아 책을 뒤적거리고 있었는데, 갑자기 훅하고 어떤 한 장면이 선명하게 느껴졌다.

그것은 너무나 선명해서 마치 눈앞에 켜진 홀로그램을 보는 듯했는데, 중세 시대로 보이는 옷차림의 사람들이 테이블에 앉아 이야기를 나누고 있는 장면이었다. 그중 두 명은 나이가 제법 있는 중년의 부부로 보였고 그들에게 어떤 조언을 해주고 있는 듯한 또 한 명의 젊은 갈색 머리의 여자가 있었는데, 갑자기 그 장면에서 그 여자의 이미지가 점점 커지기 시작하더니 이내 내 안으로 쑥 들어오는 듯한 느낌이 들었다. 그리고 곧 그 전생의 긴 스토리의 일부가 원래 알고 있었던 내 기억처럼 깨어났다.

그 중세 시대의 갈색 머리 젊은 여자는 20대 중반의 미혼모로 돌이 갓 지난 아들을 두고 있었다. 미천한 신분으로 태어나 결국 미혼모의 삶을 살고 있었지만 워낙 지혜롭고 현명한 탓에 마을 사람들의 어려운 일들을 도맡아 도와주고 있었다. 그때 보였던 중년의 부부 또한 망나니 아들 때문에 나를 찾아와 조언을 구하고 있던 참이었다.

현실의 나는 이즈음에서 더 이상 전생을 알고 싶지 않다는 이상한 거부감이 일어났다. 직감적으로 이 전생이 우울증을 겪었던 전생 바로 직전에 연결된 생이며 결국 그렇다면 그 극심한 우울감의 사건이 이곳에서 생겼을 거라는 느낌이 들면서 말이다.

이미 그 후유증을 호되게 경험해 본 나로서는 사는 데 전혀 중요하지 않을 것 같은 이 전생 이야기를 더 이상 알고 싶지 않았다. 그냥 봉인해 놓고 싶었다. 어차피 사실 확인도 되지 않는 것들인데 그저 망상이라고 치부해 버리면 끝이지 않나 싶었다.

하지만 케오라는 집요하게 그 장면을 올려주고 또 올려줬다. 나중에 알고 보니 다 그럴만한 이유가 있었다. 사실 나의 핵심 매트릭스는 바로 전생이었던 것이다. 케오라는 나를 설득했다.

"네가 문 원장님을 만나고 제드 상태를 경험하게 된 것은 결코 우연이 아니야. 우리의 핵심 매트릭스를 풀기 위해 미리 계획된 것이었어. 그리고 이제 그것을 풀 때가 된 거야. 네 손으로 그 아픈 사연들을 기꺼이 풀어 줄 수 있겠니?"

결국 나는 그 장면들을 다시 허용하기 시작했다. 내가 직면한 그 전생의 스토리는 생각보다 훨씬 아프고 잔인한 것이었다.

중세 시대 전생의 어느 날, 소나기가 쏟아졌다가 다시 해가 떴다가 다시 소나기가 쏟아졌다가 다시 해가 뜨는 참 유난스럽고 이상했던 날의 오후 무렵이었다.

갑자기 밖에서 요란한 소리가 들리더니 열댓 명의 사람들이 갑자기 문을 박차고 들어왔다. 그들은 나를 향해 마녀라고 소리쳤고 이내 나는 반항할 새도 없이 아이와 함께 묶여서 밖으로 끌려나갔다. 누군가가 내가 이상한 마법을 부려서 사람들을 홀리고 있다는 소문을 낸 모양이었다. 아마도 평소 마을 사람들이 나에게 조언을 구하기 위해 드나들고 고마운 마음에 음식이며 옷감이며 귀한 것들을 가져다주니 이를 시기했던 것 같다.

소위 '마녀사냥'을 당하게 되었는데 그들은 일반적으로 마녀사냥 하면 떠오르는 광장이 아닌, 깊은 산 속으로 나와 내 아들을 데리고 들어갔다. 지금 생각해 보면 그들 또한 자신들의 행동이 그리 떳떳하지 않다는 것을 알고 있었고 이 모든 것을 은폐하기 위해서였던 것 같다. 광장으로 데리고 나와서 사람들에게 공개하면 그 속에는 틀림없이 나에게 도움을 받았던 사람들이 내 편을 들 수도 있었기 때문이리라.

그들에게 끌려가는 길은 생각보다 멀었고 나는 걸어가면서 기적을 바라고 또 바랐다. 단 한 명이라도 정신을 차리고 나를 가엽게 여겨서 우리를 구해주지 않을까 싶었다. 하지만 잔인하게도 그 먼 길 끝에 도달한 숲 속 한 곳에는 이미 깊은 웅덩이가 파여있었고 이내 나와 내 아들은 그곳으로 밀려 떨어졌다. 그리고 사람들은 바쁘게 흙을 뿌리기 시작했다.

소나기가 쏟아진 뒤라서 그런지 웅덩이 안은 물로 축축했고 내 얼굴과 어깨 위로 떨어지는 흙들은 차갑고 끈적거렸다. 그 흙의 끈적이는 느낌이 마치 죽음을 부르고 있는 것 같아서 미친 듯이 소름 돋고 싫었다. 흙 속에서의 죽음은 생각보다 천천히 진행되는 듯했고, 그 덕에 나는 인간에 대한 회의감과 지키지 못한 자식에 대한 죄책감이 아주 서서히 그리고 영혼 깊이 스며들었다.

현실의 나는 갑자기 발작하듯 가슴이 뛰었고 숨이 막혔다. 온몸에 피가 거꾸로 쏟는듯했고 슬픔과 분노의 눈물이 터져 나왔다. 나는 평소 사람들에게 "인간으로서 경험할 수 있는 가장 잔인한 경험은 자식이 먼저 죽는 것입니다."라는 말을 종종 해왔다. 하지만 내 품에서 죽어가는 자식을 지킬 수 없는 고통은 그 이상으로 더 잔인하게 느껴졌다.

이렇게 생각지도 못한 잔인한 고통은 우리 인생 속에서 매우 많이 벌어진다. 그리고 그 고통은 고스란히 다음 생으로, 또 다음 생으로 흘러들어 간다. 결국 내가 제드 상태에서 경험했던, 우울증으로 죽어가던 생 또한 그 원인으로 고통이 반복되고 있었던 것이다.

나는 아들의 죽음에 대한 아픔을 고스란히 간직한 채 다시 태어났고, 다시 출산한 아이를 보면서 무의식 깊은 곳에 존재하고 있었던 내 품에서 죽어간 자식의 매트릭스가 자극되었을 것이다. 그러니 그 죄책감을 감당할 수 없어 가슴을 그리 잔인하게 자해했을 것이다. 그리고 그 매트릭스가 현생의 나에게 연결되어 또다시 출산 후 우울감으로 드러나게 된 것이다.

한편 여기에서 생각지도 못한 또 하나의 의문이 풀렸다. 나에게는 아주 오래전부터 작은 동물이나 작은 아기를 잘 안지 못하는 이상한 증상(?)이 있었다. 보기만 할 때는 좋은데 아기를 안으려고 하면 이상한 거부감이 올라왔다.

이는 내 품에서 작은 생명이 죽을지도 모른다는 불안감, 즉 마녀사냥으로 몰린 전생의 품에서 죽어간 아이에 대한 기억이 원인이었고, 전생을 알게 된 후 증상이 완전히 사라지게 됐다.

만약 이 생에서 내가 정화를 하지 않고 케오라를 만나지 못했더라면 나 또한 그 깊은 매트릭스에 발목 잡힌 채 평생 원인 모를 우울감으로 서서히 죽어갔으리라.

전생을 알고 나면 이 생의 많은 의문점이 한 번에 풀려나가기도 한다. 그것은 마치 미완성의 퍼즐 조각을 찾아서 내 인생의 진짜 모습을 확인하는 것과 같다. 이 조각의 퍼즐을 못 보고 살 때는 도저히 이해되지 않았던 이 생의 수많은 것들이 비로소 이 미지의 조각을 보게 됨으로써 그 아귀가 맞아떨어지는 것이다.
그리고 이 생에서 이유 없이 나를 괴롭혀왔던 경험, 인연, 내 마음들의 정체인 그 퍼즐 조각을 지금 내가 정화해야 이 생에서 진짜 평온을 누릴 수 있다는 것을 비로소 우리는 알게 된다.
앞서 비물질 차원의 매트릭스가 물질 차원으로 넘어오게 되면 강력한 스파크가 일어난다고 언급했다. 그리고 나는 그 후 그 스파크를 현실에서 두 번이나 더 확인할 수 있었다.

우선 부끄러운 고백을 하나 해야 할 것 같다. 위의 전생들을 알게 된 후 얼마 뒤, 나는 우연히 '리임프린팅(재각인) 기법'에 관련된 책을 읽게 되었다. 그것은 오래된 과거의 기억을 완전히 새로운 기억으로 재입력할 수 있다는 기법이었는데, 당시 나는 전생에 이것을 시도해 보고 싶은 강한 욕심이 올라왔다. 그리고 바로 작업을 하기 시작했다.
솔직히 말하자면 너무 보잘것없는, 아픔으로 가득한 전생들이지 않나. 이것들을 새롭게 바꾸면 마치 신분 세탁을 한 듯 내 인생도 승승장구할 것만 같았다.

마녀사냥으로 몰려 죽임을 당했던 전생은 아주 귀한 신분으로 태어나 아들을 훌륭하게 잘 키워낸 멋진 삶으로 바꿨고, 우울증으로 죽었던 전생은 가족들과 즐겁게 오래오래 사는 것으로 바꿔버렸다.

무식하면 용감하다고 했던가. 그 작업을 열심히 해놓고는 마음이 아주 흐뭇했는데, 그 평온은 하루를 넘기지 못하고 산산조각이 났다.

그날 오전, 친구랑 극장에 가서 영화를 보고 있었는데 갑자기 스파크가 살짝 튀더니 모든 전기가 나가버렸다. 이내 복구가 힘드니 환불받아서 나가라는 안내가 나왔다. 살면서 이런 황당한 경우는 처음이었다. 그렇게 극장에서 나와 친구의 차를 탔는데 갑자기 퍽 소리가 나더니 브레이크가 터졌다. 결국 우리는 견인차를 불러 끌려가야만 했다.

그리고 집으로 돌아와 엘리베이터를 타고 올라가는데 갑자기 쾅! 하는 소리와 함께 불이 꺼지면서 엘리베이터가 멈춰버렸다. 그리고 나는 그 속에 갇혀 공포의 수십 분을 보내야 했다.

뿐만이 아니다. 차 브레이크가 고장 났던 그 친구는 조그마한 식당을 운영하고 있었는데, 그날 가게 문을 열기 위해 포스기계를 켰더니 한 번도 고장 난 적 없었던 기계가 갑자기 먹통이 되어버렸단다.

나는 뭔가 잘못되고 있다는 강한 느낌이 들기 시작했고 곧 케오라는 그런 나에게 이렇게 말했다.

"네가 전생의 그들을 향해 무슨 짓을 했는지 봐...."

그제야 간담이 서늘해졌다. 내가 전생의 매트릭스를... 감히 그 생생한 매트릭스를 내 마음대로 내 욕심대로 뒤죽박죽 만들어 버렸던 것이다.

나는 즉시 눈을 감고 고요하게 내면으로 들어갔고 전생의 그들을 불러서 진심으로 사과했다. 누군가가 나를 보고 미천하고 못생겼다며 없애버리려 한다면 내 마음은 어떨까…? 결국 마녀로 몰아 그녀를 죽인 그들과 지금의 내가 뭐가 다르지…? 나는 다시 한번, 상처받은 전생의 인격에게 또 다른 상처를 준 것이다.

하지만 참 다행스럽게도 마녀로 몰려 희생되었던 그 현명한 전생 인격은 나를 향해 미소 지으며 말했다.

"너는 우리가 아니야. 너는 우리로 살 필요가 전혀 없어. 착각 속에 연결되어 있었을 뿐이야. 이제 그 끈을 분리해. 그럴 때 우리의 인생도 온전히 마무리될 거야. 전생의 매트릭스는 그렇게 풀어내면 되는 거야."

이후 이 경험들의 통찰로 인해 나는 ISIP(ICS 영적 통찰 프로세스™)라는 이름의 스피리츄얼 최면과정을 탄생시키게 되었다.

〔본문은 《ICS 정화와 소통: 영혼의 매트릭스》(이영현 저, 2020, 랫츠북)에서 발췌.〕

* * * * *

이런 종류의 역행은 정말 가볍게 다룰 작업이 아니며 우리의 영적인 여정의 일부를 살짝 들여다본 사건일 뿐이지만 물리적인 외부세상에서 그것의 파급력은 어마어마한 것일 수 있다. 지면 관계상 또 이영현 저자의 개인적인 일련의 과정들이라 그 내용을 여기서 상세히 언급할 수는 없다. 그러나 당시 그녀의 체험이 물리적인 세상에 끼쳤던 영향과 인생 전반에 일으켰던 변화는 저자가 이것이 단지 머릿속에서만 일어나는 상상이 아닌 물리적인 현실의 일부분임을 인정할 수밖에 없도록 만들었다.

또한 이 과정에서 머릿속 지식을 넘어 몸으로 깨달은 중대한 사실은, 깊은 최면 이상의 깊이에서 행해지는 영적인 주제의 최면작업에 있어서 우리의 에고이면에 있는 본질적인 의식이자 영감의 원천인 '잠재의식'의 역할이었다. 이 작업의 진짜 키(Key)는 내담자의 잠재의식이 쥐고 있으며 앞서 언급한 최면깊이의 확보는 단지 이 과정에 잠재의식의 개입을 도와주는 하나의 요소일 뿐이다.

최면에서의 역행은 얕은 상태에서 깊은 상태까지, 그리고 그것을 초월해 제드 상태까지 매우 다양한 깊이 수준에서 진행할 수 있지만, 그 각각의 단계(깊이)에서 보이는 효과들은 많은 차이가 있다. 내담자의 믿음과 상상력이 쉽게 개입되는 '가벼운 상태'에서부터, 의식과 무의식 파트들의 개입을 최소화시키는 조처 이후에 그 안정화를 확인하고 진행되는 '깊은 수준'의 작업 간에는 당연히 질적인 차이가 생길 수 있다.

현재의 저자는 전생에 대해 그리고 의식과 잠재의식의 영적 여정에 대해서도 가슴의 문을 활짝 열고 있다. 깊이에 무관하게 최면에서 올라오는, 내담자가 전생이라 말하는 액면적인 표현들을 무비판적으로 수용하는 것이 아니라 일정한 기준과 검증 하에 그 가능성을 열어두고 있는 것이다.

C.
ICS 영적 통찰 프로세스™(ISIP) 개관

01. ISIP의 탄생과 배경

ICS 영적 통찰 프로세스™(ISIP; ICS Spiritual Insight Process)는 이영현 ICS 트레이너의 독창적인 최면 접근법이다. 그녀는 ABH(미국 최면치료 협회; American Board of Hypnotherapy)의 최면 트레이너이자 ICS 인터내셔널 협회의 최면 트레이너로, 동시에 15년 이상의 현장 경험을 보유한 전문가이다. 그녀는 일반적인 최면사들과 달리 이 책의 주제인 ART와 내담자 중심 파츠 테라피 등의 기술에 정통한 소수의 전문가 중 한 명으로서 뛰어난 전문성을 인정받고 있다. 이와 함께 이영현 트레이너는 ICS 인터내셔널 협회의 이사로서 최면상담 분야의 발전에 이바지하고 있다.

사실 이러한 최면 분야의 배경과 경력 외에도 그녀는 이미 널리 알려진 '호오포노포노'의 개념에서 출발해 그녀의 잠재의식 '케오라'의 도움을 받아 보다 구체적이고 실천적으로 정리한 'ICS 정화와 소통'이라는 단계적 워크숍과 더불어 이와 관련된 여섯 권의 책을 쓴 저자로도 많이 알려져 있다.

본 장에서는 'ICS 정화와 소통'으로 널리 알려진 이영현 트레이너가, 정화와 소통에 관해 주로 이야기했던 이전의 책이나 워크숍들과는 달리 자신이 구조화시킨 ISIP라는 최면상담의 특별한 접근법에 관해 소개하고자 한다. 즉, 이것은 15년 이상 이영현 트레이너가 최면상담가이자 트레이너로서 'ICS 정화와 소통'이라는 기반 위에 수많은 내담자와 종합적인 최면세션 과정을 진행하고 적용하며 개발한 결과물이다.

이영현 트레이너는 최면상담가이자 트레이너로서 자신의 경험과 한국인으로서 최초로 울트라 뎁스® 프로세스의 마지막 상태인 제드상태/ 라메이 상태를 성취한 피험자로서 직접 체험한 모든 경험에 그녀의 잠재의식 '케오라'로부터 온 통찰들을 녹여 보다 대중적인 일련의 영적 통찰 프로세스를 탄생시켰다.

저자는 'ICS 영적 통찰 프로세스'를 상위적 차원의 통찰을 현재의 삶에 통합하는 다층적인 통찰 프로세스라고 정의한다. 모든 개인의 통찰 수준과 내면의 유연성, 내면과의 접속하는 힘은 각기 다르다.

치료적인 변화를 목적으로 하는 세션이라면 이런 영적 통찰 세션은 어디까지나 부차적인 접근이 될 수 있으므로 ART나 파츠 테라피와 같은 직접적인 개입이 우선시 될 것이다. 그러나 적절한 삶의 시점에 적절한 방식으로 ISIP를 경험한 내담자들은 종종 극적인 치유와 변화를 경험하며, 심지어 이 경험이 자신의 삶에서 중요한 전환점이 되었다고 말하기도 한다.

'ICS 영적 통찰 프로세스(ISIP)'에 포함된 전생이라는 주제는 '울트라 뎁스® 프로세스'의 제드 상태처럼 의식의 탐구를 위해 극도의 깊이와 경험을 끌어내는 작업은 아니다. 이것은 그와는 별개의 라인으로 일반적인 최면상담에서 행하는 ART나 내담자 중심 파츠 테라피 등을 적용할 수 있는 최소수준의 최면깊이(중간 최면 또는 깊은 최면의 경계)에서도 보다 대중적인 활용과 적용이 가능한 통찰 테크닉이다.

ISIP의 세부 절차는 7단계(5가지의 주요 통찰 스텝과 2가지의 번외 스텝)로 나뉜다. ISIP는 단지 전생이라는 영역에 한정되어 있지 않으며, 다차원의 수준에서 단계별로 영혼적 통찰 기법들을 경험함으로써 일련의 영적인 통찰 프로세스를 완성하는 구조로 되어 있다.

이것은 치유적인 최면역행 테라피의 연장선에서 또는 독립적인 통찰을 위한 세션으로도 활용될 수 있다.

이러한 프로세스는 내담자들에게 동일한 수준의 혜택을 주지는 않는다. 각자 자신의 수준에서 얻을 수 있는 혜택들을 누리게 될 것이다. 특히 평소 정화와 소통의 실천과 체화, 생활화를 통해 기반상태가 잘

잡혀있는 내담자일수록 이 프로세스의 혜택을 크게 누릴 수 있다. 이 경우 내담자의 잠재의식의 참여도가 높아져 비율적으로 우위에 서게 되고 필터의 영향력이 줄어들 가능성이 크기 때문이다.

잠재의식이 우위에 있을 때 내담자의 잠재의식은 내면의 무의식적 자원을 효과적으로 통제할 수 있게 된다. 이 상태에서 내담자의 ISIP에 대한 경험은 그 표현이 실제 전생이나 영적 부분인지, 내담자의 자원으로부터 생성한 스토리인지 유무를 떠나서 잠재의식은 이 시점에서 내담자에게 필요한 적절한 자원을 통해 내담자가 영감적인 통찰을 얻도록 도울 것이다.

ISIP의 각 기법은 기존 해외의 몇몇 최면가들이 행하는 영혼 통찰류의 작업들과 일부 유사한 측면도 있다. 그러나 그 외형적 유사성만으로 이 프로세스를 판단한다면 이 프로세스의 본질을 제대로 이해하지 못하는 것이다.

저자는 서구에서 유행하는 다양한 영혼 통찰이나 전생최면 관련 작업들을 직간접적으로 경험했지만, ISIP는 그들과는 차별화된 깊은 통찰에 기반하고 있음을 발견했다. 이것은 단순한 상상이나 임시방편으로 만들어진 이론이 아닌, 깊은 이해와 경험에서 비롯된 것이다.

대표적으로 특히 전생의 인격들을 대하는 ISIP만의 독특한 관점과 기법들은 전체 의식과 에고 파트에 대한 통합적 이해와 잠재의식, 초의식을 관통하는 통찰 없이는 불가능한 접근이다. 따라서 이 프로세스를 제대로 이해하기 위해서는 먼저 최면분석 또는 ICS 최면역행 테라피와 파츠 테라피에 대한 기본적인 이해가 선행되어야 한다.

이 프로세스에는 20여 년간 세계의 다양한 최면가들의 작업을 직접 배우고 경험하면서도 어디에서도 접하지 못했던 독창적인 관점과 본질적인 맥을 꿰뚫는 영감적인 통찰이 녹아있다. 저자의 전문적 견해로, ISIP는 대중적인 치유적 활용과 그 통찰의 목적 자체로서도 가치 있는 독보적인 프로세스라 할 수 있다.

현재 ISIP는 2.0버전으로 발전하였으며, 기존 4가지의 주요스텝에서 5가지의 스텝(그리고 2가지의 번외 스텝)으로 확장되었다. 이에 대한 자세한 내용은 오프라인 워크숍을 통해 그 세부적인 정수를 배울 수 있다. 본서에서는 저작자의 허가를 얻어 ISIP의 과정을 개략적으로 소개하고자 한다.

02. ISIP의 적용과 가치

ICS 영적 통찰 프로세스(ISIP)는 'ICS 정화와 소통'이라는 기본 개념 위에서 발전되었다. ICS 정화와 소통이라는 체계 자체가 매우 방대한 것을 담고 있으므로 이 지면에서 모두 설명할 수는 없다. 그러나 독자의 이해를 돕기 위해 핵심 개념을 간략히 소개하고자 한다.

'**정화**'란 인생을 만들어 내고 있는 내면의 에너지를 청소·해소하여, 보다 순수한 상태를 만들기 위한 과정이다.

그리고 '**소통**'이라는 것은 자신과의 교감이자 자신과 연결된 모든 것과의 교감과 통찰이라 할 수 있다.

ICS ART가 청소(정화)의 측면에 큰 비중을 둔다면 ISIP는 교감과 통찰(소통)에 더 큰 비중을 두는 작업이다.

즉, ISIP는 현재에 의미가 있는 모든 시간 라인을 통과하며 하나의 흐름으로 체험하며 상위적 통찰을 얻는 과정이다. 이 과정의 목적은 내담자가 전생이라는 정보를 끄집어내는 신비체험을 하는 것에 있는 것이 아니라 내 안의 다각적 관점으로부터 오는, 현실을 바라보는 안목을 키움으로써 현실을 재해석하고 통찰하는 것에 있다.

현생에서 겪는 모든 일의 인과를 깨달을 때, 우리는 그 경험들을 자연스럽게 거부하지 않고 받아들일 수 있다. 전생이나 영적 체험에 지나치게 몰입할 필요는 없으며, 이러한 체험은 단순히 현실을 인식하고 직시하기 위한 도구로 사용될 때 진정한 의미를 갖는다.

이를 통해 단순한 추상적이거나 공허한 영적 활동이 아니라, 현재를 살아가는 의식으로서 더욱 성숙해지고 현실 체험이 더욱 충실해지도록 돕는다. 궁극적으로 이 과정은 뜬구름같은 스피리추얼 작업을 넘어

'현존'을 위한 심도 있는 탐구의 길로 이어진다.

ISIP의 적용 과정에서 특히 주목해야 할 점은 잠재의식의 활성화와 의식의 확장이다. 내담자가 내면에 잠재된 무한한 자원을 효과적으로 이끌어 내기 위해서는, 물질 세상에 발현되어 있는 정보뿐 아니라 시간 차원의 수면 아래, 비물질 차원에 존재하는 정보에도 주의를 기울여야 한다. 이는 억눌린 정보가 의식으로 드러날 때, 보다 깊은 통찰이 가능해지기 때문이다.

이렇게 얻은 다각적인 정보는 삶에 대한 심오한 통찰 메시지로 전환되며, 내담자가 외부에 의존하지 않고 스스로의 멘토이자 내면의 지혜와 만날 수 있도록 돕는다. 그 결과, 자신에 대한 확신과 믿음이 강화된다.

또한, ISIP를 효과적으로 수행하기 위해서는 상담사, 즉 ISIP 전문가들이 반드시 갖추어야 할 핵심 덕목이 있다. 그중에서도 '겸손함'과 '내담자와 함께 탐구하며 성장하는 자세'는 매우 중요하다. 상담사는 자신의 경험과 지식을 토대로 내담자의 내면 세계에 접근할 때, 우월감을 드러내는 것이 아니라 내담자와의 상호작용을 통해 함께 발전해 나가는 태도를 견지해야 한다.

ISIP 적용 시 반드시 유념해야 할 주의사항들은 다음과 같다.

첫째, 내담자에 대한 충분한 정화 작업을 선행하는 것이 권장된다. ISIP를 적용하기 전 종합적인 세션 과정을 통해 수차례의 해소 작업을 진행한 경우와 그렇지 않은 경우가 차이가 있을 수 있기 때문이다. 해소 작업이 부족할 경우, 내담자의 무의식에 존재하는 장애 요소들이 이완의 한계를 형성하여 이완의 질(최면의 깊이)을 저해할 수 있다. 따라서 여러 차례의 해소 과정을 통해 이러한 요소들을 사전에 제거하는 것이 바람직하다.

둘째, 충분한 최면적 이완의 깊이를 확보하는 것도 필수적이다. 이완 상태가 깊어질수록 내담자의 잠재의식은 보다 자유롭게 작동하여 진정한 통찰을 이끌어 낼 수 있다.

셋째, 부적절한 리딩은 피해야 한다. 내담자의 언어뿐만 아니라 상담사가 전달하는 말에도 항상 귀 기울여, 서로의 말과 에너지에 주의를 기울이는 습관을 길러야 한다.

넷째, 상담사는 전생과 영혼에 관한 불확실성 속에서도, 지나치게 한쪽으로 치우치지 않는 균형 잡힌 명확한 중심을 유지하여 내담자에게 안정감을 제공할 수 있어야 한다. 따라서 ICS에 대한 개념적 이해와 체화는 필수적이다.

다섯째, 무엇보다 내담자가 무의식에서 올라오는 다양한 정보에 현혹되지 않고 항상 중립적인 시각을 유지하는 것이 중요하다. 때로는 왜곡된 정보나 과도한 기대가 부정적인 영향을 미칠 수 있으므로, 객관적으로 정보를 바라보아야 한다.

ISIP를 적용하는 데 있어서도 주의해야 할 전제가 있다. 그것은 바로 최면가와 내담자 모두 '정화와 소통'에 대한 중심과 가이드라인을 명확히 갖고 있어야 한다는 것이다.

누군가는 이런 경험 중 대부분의 정보들이 잠재의식(에고 이면의 본질적 의식)으로부터 오는 영감에 기반한 것일 수도 있고, 또 다른 누군가는 잠재의식으로부터 온 작은 소스에 무의식(프로그램된 심층의식) 속 자원이나 상상력이 더해져 표현될지도 모른다. 아니 어쩌면 또 다른 누군가는 모든 정보가 잠재의식이 배제된 채 무의식(프로그램된 심층의식)의 표현으로만 진행될지도 모른다.

중요한 것은 결국 내담자의 본질적 에너지인 '잠재의식'이 이 작업에 얼마나 개입하고 주도하고 있는가이다. 결국 앞서 언급한 것처럼 그 핵심적인 키는 잠재의식이 쥐고 있는 것이다.

단지 테크닉과 프로세스를 통해 현재의식에게 흥미롭고 재미있는 유희 차원의 체험만으로 끝날 수도 있고, 또 다른 경우엔 이 과정이 내담자의 인생 전반을 관통하는 통찰과 변화로 이어지게 될 수도 있다. 결국 그 답은 테크닉이나 절차 자체에 있는 것이 아니라 그것을 행하는 '사람'에게 있는 것이다.

마지막으로, 내담자의 상태에 따라 이러한 요소들이 작용하는 비율과 방식은 달라질 수 있음을 인지하고, 개별 내담자에 맞춘 유연한 접근이 필요하다.

이처럼 ICS 영적 통찰 프로세스(ISIP)는 단순한 전생 회상이나 영적 체험을 넘어, 내담자의 내면에 잠재된 무한한 자원과 지혜를 활성화하고 의식을 확장함으로써 현실에 대한 깊은 통찰과 자가 치유를 이끌어 내는 포괄적인 접근법이다.

앞서 스피리추얼 역행과 ART 세션에서의 유의사항에 대해 살펴보았다면, 이제 ICS 영적 통찰 프로세스(ISIP)의 핵심 원리와 그 다양한 차원의 내적 시간 여행에 대해 보다 심도 있게 알아보고자 한다.

03. ISIP의 진행 원리

ISIP(ICS 영적 통찰 프로세스™)는 총 7단계로 구성되어 있다.

전생 통찰, 영계 차원의 통찰, 현생 직전의 영혼 통찰, 태아 통찰, 출생 직후의 통찰, 현생의 임종, 미래생 통찰까지, 각기 다른 차원의 내적 시간 여행을 경험하는 프로세스이다. 이 7단계는 하나의 연속된 프로세스로 사용할 수 있으며, 동시에 내담자의 의도와 준비 상태 등 필요에 따라 선택적 통찰 과정을 독립적으로 응용할 수도 있다.

이 프로세스를 통해 내담자는 자신이 도달할 수 있는 다양한 내적 관점을 고루 방문함으로써, 다각적으로 확장된 시야를 얻게 된다. 각 단계마다 자각되는 통찰은 인생의 궁극적인 목적과 의미를 스스로 찾아내는 데 기여하며, 최면적 이완의 깊이에 따라 때로는 상위 차원으로부터의 정보나 메시지까지 스스로 느끼고 통찰할 수 있게 된다.

이러한 접근은 개인적 체험에 대한 중립적인 가치를 유지해야 함을 전제로 하며, 상담사와 내담자 모두에게 적용되고 공유되어야 한다.

■ 7단계 프로세스의 구체적 역할

① 전생 통찰

현생에 가장 영향을 많이 주고 있는 전생을 분석하여 현생과 전생 사이의 연결 패턴을 파악하고 통찰하는데 의미가 있다.
이에 더해 최면분석(ICS-ART)을 응용한 **'전생분석 기법'**으로, 같은 패턴을 유지하며 카르마를 만들고 있는 여러 개의 전생을 체계적으로 분석하면서 영혼의 윤회 흐름을 파악할 수도 있다.

② 영계 차원의 통찰

비물질적인 차원의 관점에서 물질적인 세계에 대한 통찰을 하고 더 나아가 고차원적인 상위 존재에게 윤회와 삶, 인과에 대한 조언을 구할 수도 있다.

이 단계에서는 물질적인 한계를 넘어서 상위 차원의 정보를 받아들이며, 내담자가 보다 거시적인 시각에서 인과 관계와 삶의 목적을 재해석할 수 있도록 돕는다.

③ 현생 직전의 영혼 통찰
현생에 들어서기 전 영혼의 상태를 탐구하여 이번 생의 의도, 인연에 대한 의미, 그리고 현재의식과 잠재의식과의 관계에 대한 통찰과 조언을 얻는 것에 의미가 있다.

이를 통해 내담자는 자신이 이 생에서 나아가야 할 방향과 본질적인 에너지를 재정립할 수 있다.

④ 태아 통찰 및 출생 직후의 통찰
육체와 의식이 형성되는 초기 단계에서 부모와의 연결 탯줄 및 잠재의식과의 에너지 탯줄을 재정리하고 출산 직후 처음으로 외부 세상을 맞이하는 데 있어 평온할 수 있도록 도와준다.

⑤ 현생 임종 통찰
이 생의 마감 시점을 돌아보며, 과거의 경험과 카르마를 재해석하고 미래를 위한 새로운 시각을 마련한다. 내담자는 자신의 삶을 새로운 관점에서 재조명하며, 현생의 의미와 변화의 가능성을 발견하게 된다.

⑥ 미래생 통찰

현생을 두고 전생이라는 한쪽의 시각만을 다루는 것이 아니라, 균형 있게 현생의 양 날개인 전생과 다음 미래생으로까지 확장하여 윤회의 흐름을 보다 거시적으로 파악할 수 있도록 한다. 전생과 현생, 미래는 일방적으로 한 방향으로 흐르면서 과거에서 미래로만 영향을 주고 있는 형태가 아니라 동시에 존재하면서 균일하게 영향을 주고받는다는 관점에서 이해된다.

따라서 미래생의 관점에서 얻은 통찰은 다시 한번 현생의 진화에 긍정적인 영향을 줄 수 있게 된다. 이를 ISIP 에서는 **'미래생 효과'** 라고 한다.

■ **전생 통찰의 다차원 양상**

ISIP의 전생 통찰에 있어서 다양한 차원의 정보가 작용할 수 있는데, 이는 세 가지 측면으로 나눌 수 있다.

① 현생의 정보 내에서 작화된 전생

이는 활성화된 파트의 반영으로, 얕은 혹은 중간 최면 상태에서 나타날 확률이 높은 형태의 전생 체험이다. 이러한 경험은 현생의 기억과 정보가 재구성되어 나타난 은유적 결과로 볼 수 있다.

② 영혼의 영역에서 카르마의 형태로 재정립된 전생

이는 한 번 정제된 형태의 전생 경험으로, 최소한 부분적인 망각이 일어날 수 있는 깊이인 '섬냄뷸리즘의 경계' 이상의 상태에서 그 가능성이 높아지며, 주로 '풀(Full) 섬냄뷸리즘' 혹은 보다 깊은 '프로파운드(Profound) 섬냄뷸리즘'의 깊이에서 나타날 확률이 증가한다.

③ 의식을 배제한 채 잠재의식에 의해 완전히 차원을 넘어서는 전생체험

이는 극히 희귀한 차원의 역행으로, 울트라 뎁스®의 제드 상태와 같은 깊이에서 주로 나타난다. 이 상태에서 최면에서 돌아나온 내담자는 조금 전 상태에서의 경험을 의식적으로 떠올리지 못한다.

■ 자발적 전생역행 적용의 두 갈래 길

세션의 목적이 특정한 테라피가 아닌 관점의 확장을 통한 상위적인 통찰 획득에 있다면, 내담자에게 곧장 ISIP의 전체 프로세스를 적용할 수도 있다.

그러나 특정한 문제해결을 목표로 ART과정을 진행하는 동안 내담자가 유도자의 암시 없이 자발적으로 전생의 무대로 역행하는 경우, 그 적용은 두 가지로 나눌 수 있다.

① 무의식이 문제 회피를 위해 만들어 낸 허구

내담자의 내면이 현재의 문제 회피 또는 책임 전가를 위해 전생이

라는 무대를 작화하여 허구의 경험을 만들어 샛길로 빠지게 만드는 경우이다. 주로 이러한 상황은 ART과정에서 ISE에 근접하지 않은 상태에서 일어나는 경우가 많다.

② 문제해결을 위한 잠재의식의 의도
특정 주제를 다루는 ART과정에서 ISE를 찾거나 근접한 상태에서 자발적인 전생역행을 경험하는 경우를 말한다. 잠재의식이 활성화되면 내담자 내면의 자원들을 효과적으로 조절하고 다룰 수 있다. 세션 과정에서 내담자의 문제해결을 위해 잠재의식이 개입하여, 내담자가 진짜 전생 체험, 허구 혹은 허구와 실재가 혼재된 정보를 경험하도록 유도하는 것이다. 이는 해당 문제의 해결을 위한 중요한 단서를 제공하는 역할을 한다.

이 과정은 울트라 뎁스®의 제드 상태처럼 탐구 목적의 깊이에 중점을 둔 작업과는 달리, 분명한 문제해결의 목적을 가지고 있으므로, 전생 체험의 팩트 여부가 중요한 판단 기준이 될 수 없다. 잠재의식이 보여주는 전생 경험의 팩트 유무를 판별할 수 있는 이는 아무도 없다는 것을 기억해야 한다.

이영현 트레이너는 ISIP의 효과를 극대화하기 위해 'ICS 활성화 테크닉™'이라는 독창적 기법도 개발했다. 이 테크닉은 기존 프릭셔네이션 테크닉과 제드 상태의 경험에서 영감을 얻어 발전된 형태로, ISIP 회기를 반복할 충분한 여유가 없거나 단회기 ISIP 세션에서 전생역행의 질을 급속히 향상시키고자 할 때 특히 유용하다. 이 기법은 이영현 트레이너의 잠재의식의 도움을 받아 고안되었으며, 그 세부적인 적용 방법은 오프라인 교육을 통해 전수되고 있다.

이 외에도 ISIP는 마음의 방 분석 기법, 영혼의 시간선 기법, 윤회의 끈 기법 등 다양한 독창적인 기법들을 포함하고 있다. 이러한 기법들은 내담자의 상태와 필요에 따라 유연하게 적용되며, 보다 깊은 통찰과 치유를 이끌어 낸다.

결국 그 답은 테크닉이나 절차 자체에 있는 것이 아니라 그것을 행하는 '사람'에게 있는 것이다. 이것이 바로 저자가 테크닉보다 중요한 전제조건으로 'ICS 정화와 소통'의 중심과 가이드라인을 먼저 확립하기를 강조하는 이유이다. 이것은 상담을 행하는 최면상담사에게도, 이 과정에 임하는 내담자에게도 모두 해당되는 것이다.

이 책은 ISIP를 간략히 소개하는 장으로 전체적인 개괄을 제공하지만, 이 프로세스에는 매우 섬세하고 세부적인 체계와 고급 기법들이 숨어있다.
ISIP 2.0 이상의 업데이트에서는 ICS 전생분석 테크닉이 포함되어 있으며, ISIP에 관한 더욱 풍부한 이야기에 관심 있는 독자들은 《ISIP 시간의 프리즘: 전생에서 미래생까지》(이영현 저, 2025, 렛츠북)을 참고하기 바란다.

04. ISIP의 사례들

ISIP의 개념과 원리에 대한 이해를 돕기 위해 몇 가지 대표적인 사례를 소개하고자 한다. 이 사례들은 실제 내담자들의 경험을 바탕으로 하되, 개인정보 보호를 위해 일부 내용이 각색되었음을 밝힌다. 본 장에서 소개된 ISIP 사례들은 이영현 트레이너의 허락을 얻어 《ISIP 시간의 프리즘: 전생에서 미래생까지》의 일부 내용을 요약, 편집한 것임을 밝힌다.

이영현 저자의 ISIP는 과거에 기준 없이 무분별하게 행해지던 영적 주제의 최면작업에 큰 지침이 되며, 이미 이 분야의 수준을 또 한 단계 올려놓음으로써 한국이라는 나라에서 대중적인 영적 최면 워크의 새로운 지평을 열고 있다.

이영현 저자는 앞서 소개한 '울트라 뎁스® 프로세스'의 전 상태들을 모두 성취했고, 그녀의 잠재의식 '케오라'와 소통한 저자를 비롯한 몇몇 동료들에게 삶의 경로가 바뀔만한 엄청난 영향을 끼쳤다. 물론 그녀가 이 상태들을 완전하게 성취하기까지 오랜 시간 실천하고 체화해 온 '정화와 소통'이 밑거름이 되었음은 자명한 사실이다.

■ **사례 1: 기나긴 영혼의 여정**

40대 초반의 이 내담자는 오랜 고민 끝에 최면상담을 결심했다. 첫 상담에서 그녀는 "인생의 목적과 앞으로 나아가야 할 방향을 알고 싶다."고 했다.

첫 최면상담에서 그녀는 이완이 시작됨과 동시에 주체할 수 없는 감정과 함께 목에 통증을 호소했다. 마음의 방으로 안내했을 때, 의자 없이 탁자만 있는 창문 없는 방이 나타났다. 스스로 의자를 만들어 보라고 했을 때 그녀는 등받이도 쿠션도 없는 낮고 작은 의자를 만들었다.

이 방에서 느껴지는 공허함과 허전함을 따라 유년 시절로 역행했다. 그녀는 바쁜 엄마 대신 할머니와 할아버지 집에서 자랐다. 아들을 귀히 여기는 가문에서 장녀로 태어난 그녀는 보수적인 할아버지에게 늘 구박받았다. 6살의 아이는 어두운 밤 홀로 골목길에 서서 엄마를 기다리며 서럽게 울었다.

최면 작업 후 내담자에게 마음의 방 상태에 대해 설명했다.

"탁자는 거기에 맞는 의자가 세트로 있어야 쓰임의 가치가 있습니다. 그런데 선생님의 마음의 방에는 탁자만 있고 의자가 없었어요. 어쩌면 선생님의 인생이 이랬을지도 모릅니다. 뭔가 분명 재능이 있고 능력이 있는데 결정적인 무언가가 빠져서 늘 인생의 실속을 놓쳐버리는 느낌… 그리고 낮은 의자는 자존감을 뜻하는데, 나를 포기하지 않고 끝까지 사랑하려고 노력을 하고 있으나 세상 속에서 자꾸만 주눅들면서 자신이 초라하고 낮아지는 느낌이 들고 있습니다."

다음 상담에서 마음의 방은 변화해 있었다. 하얀색의 화려하고 고급스러운 유럽풍 가구들이 갖춰져 있었고, 창문도 생겨 있었다. 그러나 내담자는 이 방이 '친근하지 않고 낯설다', '어울리지 않는 것 같아 부끄럽다'고 느꼈다.

이 느낌을 따라 역행하니 전생의 한 장면이 나타났다. 이는 자발적인 전생역행이었다. 그녀는 20살의 '엘리'라는 여성으로, 허름한 드레스를 입고 있었다. 엘리는 자신의 예쁜 외모에도 불구하고 하녀로 일하며 주인 여자에게 학대받고 있었다.

그녀는 계속 불평했다.

"왜 이러고 살아야 하는지 모르겠어요. 난 더 좋은 곳에 살고 싶은데, 내 얼굴에 맞게..."라고 불평했다.

시간을 진행 시켜 엘리의 인생 후반부로 갔을 때, 그녀는 40살이 되어 자살하는 장면이 나왔다. "왜 이렇게밖에 살지 못했는지... 평생 내가 원하는 무언가를 못하고 살아왔어요. 더 이상 이렇게 살고 싶지 않습니다. 다른 환경에서 다시 태어나고 싶어요."라는 말을 남기고 목을 맸다.

이 장면은 내담자에게 큰 충격이었다. 평소 자살에 대해 부정적인 그녀가 전생에서 자살을 선택했다는 사실을 받아들이기 힘들어했다.

그러나 이내 잠재의식(영혼)의 메시지를 이해하게 되었다.

"저에게 용기를 내래요. 더 이상 도망가지 말라고 합니다. 저에게는 무기력함과 주저하는 마음, 불안함이 늘 있어 왔어요. 그래서 쉽게 포기하고 도망가려고만 했어요. 전생의 엘리처럼요. 그런데 이제는 용기 내라고 합니다. '실수해도 괜찮으니까 숨지 말고 그냥 계속 가... 완벽하지 않아도 되니까 그냥 가...'"

흥미롭게도 그녀는 엘리를 괴롭혔던 주인 여자가 현생의 할머니였다는 강한 직감을 받았다. "할아버지가 무섭게 대할 때마다 할머니가 많이 지켜줬었어요. 그 주인 여자는 나를 괴롭혔던 것에 대해 죄책감을 느꼈었나 봐요. 그것을 갚아주기 위해 현생에서 다시 저를 만난 것 같아요."

최면 작업 후 화려한 유럽풍 가구에 대한 내담자의 태도가 바뀌었다. "이제 정말 내 것 같아요. 전혀 낯설지도 않고 부끄럽지도 않아요. 이제는 온전히 이것을 누릴 수 있을 것 같아요!"

다음 상담에서 마음의 방은 어두워졌고, 책상 의자에 앉으니 극심한 두려움이 올라왔다. 역행을 진행하자 그녀는 또다시 자발적으로 전생의 무대로 역행했고, 그 시대의 자신은 한복을 입은 20살의 여성으로 물에 빠져 죽어가고 있었다. 신분이 낮은 그녀는 양반집 남자와 사랑했다는 이유로 사람들에 의해 죽임을 당했다. 더욱 비참한 것은 그 남자가 이 사실을 알면서도 자신의 지위를 지키기 위해 모른 척했다는 점이었다.

'시간선' 기법을 통해 확인했을 때, 이 삶은 엘리의 자살 후 이어진 생이었다. 상담자는 "안정적이지 못한 죽음을 맞이할 경우, 그 죽음에 대한 트라우마의 에너지가 다음 생으로 강하게 연결되어 평탄하지 못한 죽음으로 나타나게 된다."고 설명했다.

또 다른 세션에서는 마음의 방에 침대가 나타났는데, 이는 극도의 무기력 상태를 암시했다. 내담자는 피로감과 함께 어떤 그리움을 느꼈다. 이 감정을 따라가자 30살의 '모리스'라는 남성의 전생으로 역행했다. 모리스는 수도원에서 살고 있었지만, 기대했던 영적 삶 대신 노동만 하는 일상에 무기력했다. "이건 제가 원했던 삶이 아닙니다."라고 했다. 그는 70살까지 같은 무기력한 삶을 살다 죽었다.

"당신의 심경은 어떤가요?"라는 질문에 모리스는 "아무 생각이 없습니다. 아니 생각을 하면 안 됐어요. 생각을 하면 괴로워지니까요. 내가 왜 이렇게 살아야 하는지 괴롭고... 그게 싫어서 그냥 아무 생각도 하지 않고 아무 감정도 느끼지 않고 살았습니다."라고 답했다.

내담자는 모리스의 무미건조한 성격과 삶이 현재 자신의 모습과 닮았음을 인식했다. "무미건조한 성격. 삭막하고 메말라 있는 듯한 내 인생과 연결되어 있네요. 기쁨과 즐거움이 뭔지, 행복이 뭔지도 모른 채로 그저 하루하루 일하면서 삭막하게 살아가고 있는 제 모습과 비슷합니다."

마지막 상담일, 상담사는 내담자의 세션을 위해 특별히 1번 상담실을 선택했는데, 이상하게도 그날 센터 근처에서 큰 공사가 진행되며 상담 진행이 어려울 정도로 심한 소음이 발생하고 있었다. 이 예상치 못한 상황에도 불구하고 세션을 진행했고, 흥미롭게도 이 외부의 혼란스러운 소음은 내담자가 경험하게 될 내면의 혼란과 묘하게 일치했다.

마음의 방에서 불안함과 두려움이 느껴졌고, 역행을 진행하자 17살의 '이재성'이라는 군인으로 전쟁 중 다리가 잘린 채 죽어가고 있었다. 외부의 공사 소음이 마치 전쟁터의 혼란을 그대로 재현하는 듯했다.

그의 영혼은 격앙된 상태였다.

"이건 잘못됐어요!!! 뭔가 단단히 잘못됐다고요!! 인간들은 그렇게 살면 안 돼요!! 신은 이렇게 살라고 세상을 만든 게 아닙니다!! 우리는 잘못 살고 있어요. 난 더 오래 살았어야 했다고요!! 다 뒤엉켜 버렸어!! 이렇게 끝나면 안 됐다고!!!"

상담자는 곧바로 그를 영혼들이 통찰할 수 있는 공간으로 이끌어 '신'의 조언을 구하도록 했다. 그러자 그의 영혼은 차분해지며 이렇게 말했다.

"그것은 변수가 아니라고 합니다. 그저 인간의 체험일 뿐이라고 해요. 더 좋은 것을 알아가기 위해서... 더 좋은 것을 얻기 위해서요. 평화를 알려면 분쟁이 있어야 하듯이요. 결국 좋은 것과 나쁜 것은 서로 나누어져서 따로 존재하는 것이 아니라 하나로 존재합니다. 그러니 우리는 나쁜 체험 없이 좋은 것만을 가질 수 없습니다. 좋은 것을 얻기 위해서는 모든 체험을 받아들여야 합니다."

이어서 신의 메시지는 간결했다. "저항하지 말라... 저항이 고통을 만든다…"

영혼의 이름은 '루시아'였고, 루시아는 현재의식에게 이렇게 조언했다: "겁내지 마. 전의 생들보다는 훨씬 부드러운 삶이 될 거야. 너무 불평불만 가지지 말고 더 많이 사랑하고 더 많이 행복하게 살아. 그리고 따지고 밀어내지 말고 받아들여. 그래야 평온해져. 항상 내가 같이 있음을 믿어. 그리고 정화를 꾸준히 계속해야 해. 이 삶에서 넌 세상이 결코 나쁜 곳이 아니라는 걸 비로소 알게 될 거야. 그리고 자신이 사랑받는 존재라는 걸 비로소 알게 될 거야."

이 일련의 세션을 통해 내담자는 자신의 영혼이 수많은 인생에서 좋은 것에 대한 환상을 좇거나 극심한 상처로 인해 체험을 잃어왔음을 깨달았다. 그녀는 작업 후 "정말 굉장한 경험이었어요. 나는 그동안 정말 나를 하나도 모르고 살아왔어요. 이제야 내가 어떤 사람인지, 어떤 존재인지 알 것 같습니다."라고 말했다.

상담 도중 받은 조언은 일상에서 실제로 변화를 가져왔다. 한 회기 후 그녀는 "직장에서 이상하리만큼 일들이 꼬이고 귀찮은 이슈가 많은 일주일이었어요. 예전이라면 짜증부터 나고 마음으로 지치고 밀어냈을 텐데 이상하게 모든 게 아주 자연스럽고 편안하게 받아들여졌어요. 그냥 오늘은 이런 일이 일어나는구나… 그렇게 보니 귀찮았던 어떤 장소가 오히려 좋게 보이기까지 하더라고요. 촉촉하게 현실을 체험한다는 게 어떤 느낌인지 알 것 같았습니다."라고 피드백을 주었다.

그녀의 영혼은 이제 긴 윤회의 여정에서 모든 체험을 저항 없이 받아들임으로써 진정한 성장을 이루고 있었다.

■ 사례 2: 영혼이 보내는 메시지 – 진정한 자유

이 내담자는 울트라 뎁스® 스테이징을 받으면서 제드 상태까지 경험한 분으로, 깊은 이완 상태가 이미 확보되어 있었다. 제드 상태에서 시연했던 생생한 전생 경험의 연장 선상에서, 자연스럽게 자발적인 전생역행으로 이어졌다.

첫 번째 상담에서 이완을 유도하고 마음의 방으로 이끌었을 때, 내담자는 이미 마음의 방을 넘어 전생의 한 장면에 들어가 있었다. 그는 20대 후반의 백인 남자로, 어머니와 여동생과 함께 동굴에 피신해 있는 상태였다.

"저는 귀족으로 성에서 살고 있었습니다. 저희 아버지는 얼마 전에 돌아가셨고요. 저희 어머니는 둘째 부인인데 아버지의 죽음 이후 첫째 부인의 시기 질투로 억울하게 죄를 뒤집어쓰고 우리 모두 쫓겨나게 되었습니다. 일단 어머니와 동생과 함께 산 위에 있는 동굴로 왔습니다. 이곳엔 비교적 먹을 것도 많고 안전하기도 해서요."

이야기를 이어가면서 그는 점점 분노에 차기 시작했다.

"저는 억울해서 미칠 것 같습니다. 왜 내가 가진 모든 것들을 이렇게 하루아침에 뺏겨야 하는 건지... 저에게는 사랑하는 약혼녀도 있었습니다. 이제 어떻게 살아가야 할지... 반드시 원수를 갚고 싶습니다. 언젠가는 다시 저 성에 돌아가서 나의 모든 것들을 되찾을 겁니다!!"

분노와 억울함의 뿌리 깊은 윤회 패턴을 파악하기 위해 ISIP 전생분석 기법을 시도했다. 몇 개의 전생이 드러났는데, 그중 하나는 '에스더'라는 17살 여성의 삶이었다.

에스더는 전쟁에서 승리한 아버지의 파티에 참석했다가, 적들이 포로로 잡힌 공주를 구하러 오면서 파티가 급습을 당했다. 승리에 취해 긴장이 풀린 상태에서 초토화된 상황에서, 에스더는 오히려 적들에게 포로로 잡혀가게 되었다.

적국에 끌려간 에스더는 수모를 당하다가 결국 그 나라 공주의 명령으로 죽임을 당하게 되었다. 그 과정에서 그녀는 치욕과 분노에 가득 찼다.

"우리가 늘 승자였는데... 우리가 늘 강했는데... 결코 있을 수 없는 일이에요. 왜... 왜... 이런 일이! 너무나 분합니다. 내가 이런 위치에 있다는 건 결코 말이 안 돼요. 있어서도 안 되는 일이라고요. 저는 결코 잊지 않을 겁니다. 반드시 복수하고 갚아줄 겁니다."

이 분노 감정을 따라 그 이전의 전생으로 넘어갔다. 이번에는 30살의 여성으로, 흙빛 피부에 검은 곱슬머리를 한 모습이었다. 그녀는 왕을 지키는 군대에서 뛰어난 신체 능력을 가진 여성 군인이었다.

50세가 되었을 때, 그녀는 나라에서 더 이상 쓸모없다는 이유로 쫓겨나게 되었다. 이에 대한 억울함을 토로했다.

"저는 50세가 되었습니다. 그러자 나라에서 제가 쓸모없어졌다고 합니다. 저는 이 사실을 받아들이기가 힘듭니다. 왜냐면 여전히 저는 건강하고 뛰어납니다. 많은 젊은 사람들이 저를 치고 올라와서 강한 체력을 뽐내고 있기는 하지만, 대신 저는 그동안의 경력에서 비롯된 노하우를 발휘해서 군인들을 훈련시킬 수 있는 능력이 생겼습니다. 또한 저는 그동안 정말 충직하게 일해왔고 앞으로도 나라를 절대 배신하지 않을 사람입니다. 지금 저의 모든 능력은 경력과 함께 최고의 수준에 도달했는데 정작 왕은 나에게 그만 나가라고 합니다. 이게 나라의 제도라고 하면서요. 내가 이렇게 뛰어나면 그 제도도 바뀌어야 하지 않을까요? 저는 당연히 그럴 거라고 믿으면서 달려왔어요. 그런데 지금 제 기대가 다 어긋나버렸습니다. 결코 인정할 수 없어요. 다 뒤집고 싶어요. 절대로 저는 이걸 받아들이지 않을 겁니다!!"

이 분노와 억울함에 연결된 또 이전의 전생은 6살의 동양인 여자아이였다. 부모를 잃고 하인처럼 살던 그녀는 30대에 충격적인 진실을 알게 되었다. 자신을 키워준 부부가 사실은 자신의 부모를 실수로 죽게 한 장본인이었던 것이다. 이 사실을 알게 된 후 그녀는 감당할 수 없는 분노에 휩싸여 결국 그 부부 중 남자를 죽이고 복수했다.

남자를 죽인 직후 그녀는 이렇게 말했다.
"이게 아닌데... 속이 시원하지가 않아... 너무 허탈해... 원수가 죽었는데 여전히 내 안의 분노는 없어지지가 않아. 그를 죽여도 이 분노는 끝이 나지 않아... 왜지..."

그 후 그녀는 평생을 폐인처럼 살며, 인생의 의미를 찾기 위해 끊임없이 고민했다. 이 전생이 분노와 억울함의 패턴의 시작점임을 확인하고, 영혼 통찰 작업을 진행했다.

임종을 앞둔 그녀에게 질문했다.
"이 삶은 당신에게 어떤 의미였나요? 왜 당신은 이렇게 힘들 수밖에 없었을까요?"

"저는 인생의 의미를 공부하고 있습니다. 나는 오랜 시간 나의 내면에서 일어나는 분노와 견딜 수 없는 아픔을 들여다보고 또 들여다봤습니다. 그 분노와 아픔이 나에게는 인생 그 자체였거든요. 삶이 끝나가니 저절로 알게 되는 진실이 있더군요. 실은 그들이 어린 나를 데려간 건 영혼의 계획이 아니었습니다. 그들은 내 부모를 죽이고 그대로 냉정하게 나를 내버려 두고 도망갔어야 했습니다. 그리고 나는 마을에 살고 있는 또 다른 부부, 아이가 없는 그들에게 입양되어 컸어야 했어요. 나는 그들 밑에서 공부를 좋아하는 학자로 성장하고 살아갔어야 했습니다. 그런데 내 인생에 일어난 변수 때문에 나는 분노에 휩싸인 살인자, 폐인이 되어버렸고 내 속에 있는 공부의 열망은 책 대신, 내 안의 분노와 아픔을 공부하기 시작했습니다. 하지만 답을 찾지는 못했어요. 왜 내가 분노 속에서 나를 망쳐갔는지 여전히 의문을 품고 죽어갑니다."

임종 후, 물질적 에너지를 씻어내고 순수한 영혼 상태에서 질문을 던졌다. 억울함과 분노에 대해 영혼은 다음과 같이 답했다.

"분노가 있다 할지라도 자신의 몸과 마음을 분노에 상하지 않게 할 수는 있습니다. 우리(영혼)는 의식적인 몸과 마음이 분노 속에서 손상되는 것을 바라는 것이 아니라 그것을 뛰어넘는 경이로운 경험을 하기를 원했습니다. 당신들은 인간으로서 보고 있는 그 시야보다 훨씬 더 큰 시야를 가질 수 있습니다. 그리고 그 큰 시야만이 분노를 처리할 수 있게 됩니다. 그런 체험을 통해서 그 어려운 과정을 통해서... 사람이 사람을 미워하는 단계를 뛰어넘어 깊은 곳으로 모두가 연결되기를 바랐습니다.

물론 여전히 쉽게 분노를 놓지는 못할 겁니다. 그렇지만 이 고통스러운 과정을 통해 현재의식들은 현실 너머에 또 다른 뭔가가 있을지도 모른다는 시야를 마침내 가지게 됩니다. 현실이 너무나 고통스러울 때 그들은 살아남기 위해 현실 너머의 어떤 공간을 보려고 합니다. 그럴 때 바로 그 고통이 진화의 씨앗이 되는 순간이 됩니다."

현생과의 연결성에 대해 물었을 때, 영혼은 현재의식에게 다음과 같은 메시지를 전했다.

"너는 여러 생에서 분노로 치를 떨어 왔었고... 이 생에서는 그 분노를 표현하지 못하는 억압 속에서 내면으로 분노를 삼키며 몸과 마음을 끊임없이 다치게 했어. 하지만 그 과정의 반복 속에서 어느 날부터 스스로 벗어나고자 찾은 그 길을, 지금은 타박타박 잘 걸어가고 있어.

내가 언제 기뻐하는지 너는 이미 알고 있어. 우리 사이에 선명한 대화는 없었지만 말이야. 네 안에 있는 그 분노는 사실 네 것이 아니야... 아무것도 아니야. 네가 원한다고 했던 것들, 교만하게 원래 '내 것'이라고 했던 것들... 명백하게 이건 내 것이라고 확신했던 것들을 너는 이미 여러 생에서 모두 뺏겨봤잖아. 거기에 정말 너의 것이 있더냐... 진짜 당연한 너의 것이 말이야. 당연히 내 것이고 이 당연한 내 것을 뺏겼다고 생각하니 분노가 쌓일 수밖에. 당연히 내 것이니 죽어서도 놓지 못할 수밖에...

하지만 이 세상에 당연한 건 없어. 당연한 '나의 것'은 없어. 애초에 너의 것, 남의 것, 나눠져 있는 것 또한 없다. 애초에 저 사람도 너일 수 있었고. 네 곁에 있는 사람들, 다 사실은 얼마든지 너였을 수도 있었어. 사실은 모두 하나의 덩어리로 살 뿐이야. 결국은 네가 저 사람이고 저 사람이 너이기도 해...

며칠 전 네가 했던 각성, '내 것이 아니었구나...' 이제 때가 된 거야. 알아차리고 실제로 진짜 모두가 연결되는 방법을 스스로 느낄 때가 말이야. 실은 네 생각도 네 것이 아니야. 너의 판단도 네 것이 아니야. 그 생각들과 판단들이 너무나 중요하게 느껴질 때마다 알아차려야 해. 그것들이 너의 것으로 머물러 있는 것이 아니라 그저 잘 느끼고 체험한 후 그냥 보내주면 되는 것들이라는 것을 말이야.

그리고 나는 너의 모든 과정과 모습들을 사랑한단다."

다음 상담에서는 '자유'의 주제가 등장했다. 마음의 방은 바닥은 밝지만

위는 어두운 공간이었고, 작은 창문으로 구름과 산이 보였다. 내담자는 유년기부터 느껴온 비난과 억압에 대해 이야기했다.

이 주제로 역행을 시도했고, 라오스인 '파냥'이라는 20대 여성의 전생이 나타났다. 자유롭고 행복한 유년시절을 보내던 그녀는 전쟁으로 인해 포로로 잡혀 노예가 되었다. 도망치려 해도 계속 잡혀 와 맞으며, 그녀는 무기력해져 갔다.

"내가 무엇을 잘못했지... 도대체 내가 그들에게 뭘 잘못해서 이렇게 맞아야 하는 거지..."

60대에 이르러 병들고 버려진 파냥은 죽어가며 어린 시절의 자유를 그리워했다. 그녀에게 물었다.
"만약 다음 생에 다시 태어난다면 어떻게 살고 싶으신가요?"

"길들고 싶지 않습니다. 자유롭게 살고 싶어요. 남에게 좌지우지되고 싶지 않아요...."

그리고 나지막이 덧붙였다. "그런데 나는 다시 똑같이 갇혀 살아가네요. 또다시 남들에게 길들어서 말이에요."

자유에 대한 영혼의 메시지는 다음과 같았다.

"이번 인생은 파냥과 달라. 이 인생에서의 자유는 스스로 펼쳐내는 힘을 가지는 거야. 너의 인생에 처음부터 자유가 주어질 수도 있었지만 진짜 감옥에 있었다가 세상으로 나왔을 때 그 자유가 얼마나 소중한 것인지를 알게 돼. 네가 얼마나 갈구하고 얼마나 그리워했던지 그 가치를 말이야. 또렷한 대비가 때로는 그것의 진짜 가치를 가장 잘 느끼게 해주지. 종종 값싸게 주어지는 것들에 대해서 현재의식은 그것의 가치와 소중함을 쉽게 놓쳐버리지. 너에게 이제 앞으로의 자유는 몇 배로 더 크게 느껴질 거야. 아직 모든 게 늦지 않았어. 넓고 높은 시야를 가질 때, 비로소 그 어떤 시간 위에서도 어떤 측면에서도 너는 자유를 느낄 수 있게 될 거야.

비록 너는 유년시절의 철없음... 해맑음은 가지지 못했지만. 오히려 이렇게 나이가 들어서 자기 마음의 깊은 곳을 보고, 넓은 곳을 보고, 높은 곳에 서게 되면서, 어떤 한 사건을 체험하더라도 그것의 가치를 아주 다채롭게 보는 능력을 가지게 되었어. 그건 너의 고통이 있었기 때문에 가능할 수 있었어. 마치 다이아몬드가 고통 속에서 세공되듯이... 잃은 것이 있는 만큼 더 큰 가치를 얻게 되었어.

하나를 잃으면 하나를 얻는 게 우주의 법칙이야. 오르막이 있으면 내리막이 있고... 길의 끝이 있으면 그 끝에 시작되는 길이 있고... 파도의 꼭대기가 있으니 그 깊은 골이 있는 것과 같아. 그러니 지금 당장 골짜기에 있다고 칭얼대지 않는 삶을 살아봐. 달이 지면 다시 뜨고 달이 작아지면 다시 커질 테니... 그저 모든 과정을 받아들여 봐. 그게 진짜 자유야.

그리고 네가 누리지 못했던 철없음과 해맑음 또한 지금도 늦지 않았어. 철없이, 억울하면 그냥 억울하다고 말해... 그저 힘들면 그냥 도와달라고 말해... 그게 진짜 자유야.

너는 사실 잃은 게 전혀 없단다. 왜냐면 꿈같은 유년시절을 보냈다 하더라도 그 해맑음 속에서 또 잃는 게 있었을 거거든. 그 철없음 속에서 지금처럼 똑같이 놓친 게 있었을 거거든. 그러니 모든 게 억울할 게 없어."

여러 회기의 상담 끝에 내담자가 전한 피드백은 인상적이었다.

"선생님... 그냥 모든 게 좋습니다. 감사하고요. 이제는 외부의 짓눌림에서 벗어난 것 같아요. 가득 차 있는 쓰레기통을 봐도 눈살이 찌푸려지는 게 아니라 참 좋습니다. 이제는 순환의 가치를 알기 때문이에요. 그냥 그때그때의 분위기에 따라서 흘러가면 될 것 같아요. 기뻤다가 슬펐다가 하면서요."

이상 살펴본 사례들에서 볼 수 있듯이, ISIP는 내담자들에게 다양한 차원의 통찰과 치유를 제공한다. 유년기의 상처로부터 전생의 카르마, 그리고 영혼의 궁극적 목적에 이르기까지, ISIP는 내담자의 의식을 확장하고 삶의 더 깊은 의미를 발견하도록 돕는다.

이는 단순한 전생 회상이 아닌, 현생에 직접적인 변화와 성장을 가져오는 통합적인 영적 통찰 프로세스이다.

본 장에서는 ISIP의 개념과 기본 원리, 그리고 몇 가지 사례만을 간략히 소개했다. ISIP에 대한 더 깊은 이해와 다양한 적용 사례, 세부적인 기법들을 알고 싶은 독자들은 《ISIP 시간의 프리즘: 전생에서 미래 생까지》(이영현, 2025, 렛츠북)를 참고하기 바란다.

해당 서적에서는 ISIP 2.0의 모든 단계와 고급 기법, 그리고 더 다양한 사례 연구를 통해 ISIP의 깊이 있는 이해와 적용을 도울 것이다.

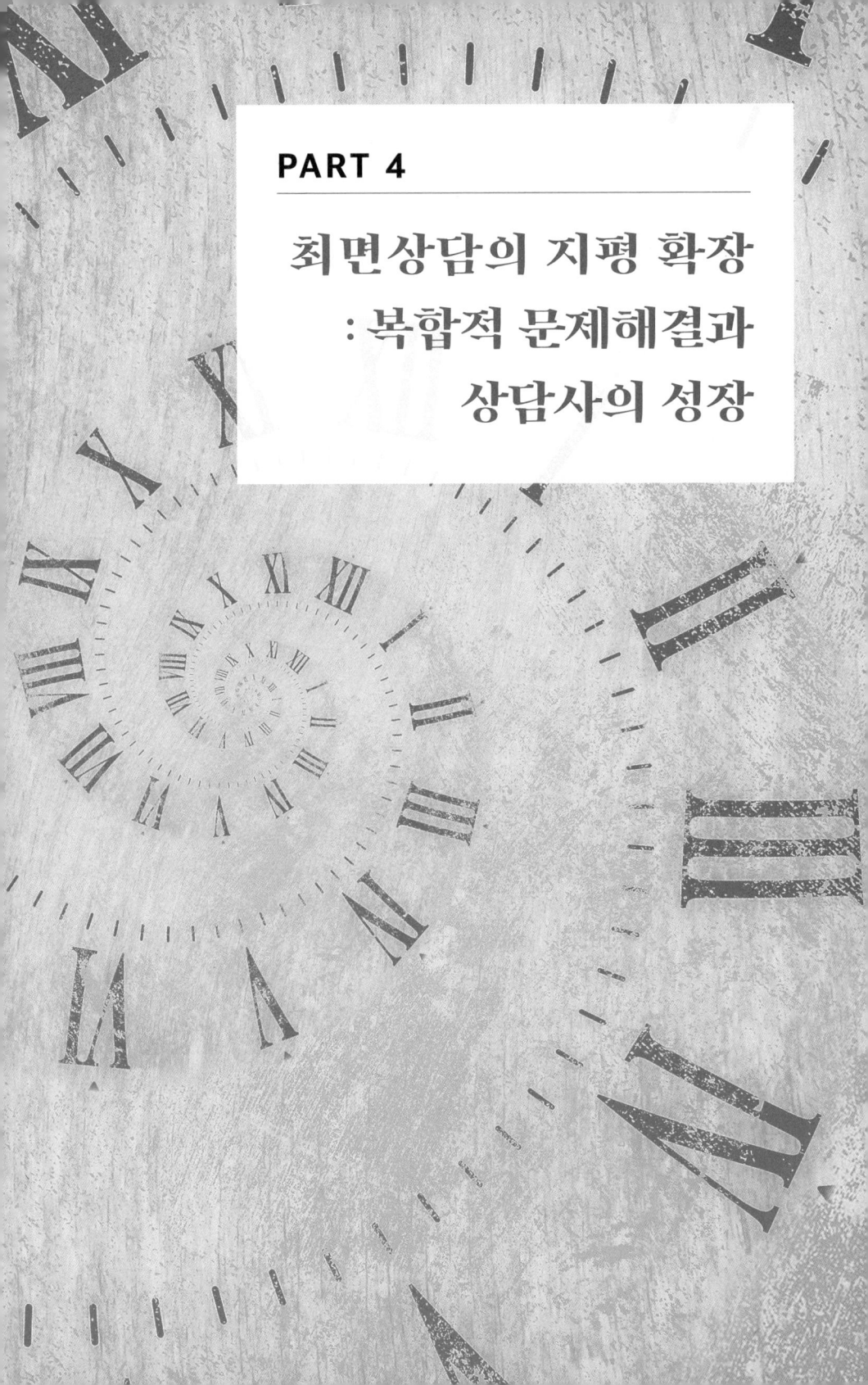

PART 4

최면상담의 지평 확장
: 복합적 문제해결과 상담사의 성장

A.
복합적 문제해결을 위한 고급 기법

지금까지 우리는 ART의 기본적인 요소와 절차들에 대해 다루었고 스피리추얼 역행세션에 대해 개관했다. 이 장에서는 최면상담사로서 ART의 기본을 익힌 후 그것을 넘어 더 넓은 확장을 위해 배우고 나아가야 할 기술과 개념들을 소개하고, 최면상담사로서 성장과 발전에 대한 가이드라인을 제시할 것이다.

01. 이차적 이득이 개입된 문제

ART의 전 과정이 완전하게 마무리되었다면 문제행동의 동기가 되거나 문제감정을 유발하는 1차적인 감정이나 주요감정이 제거되었을 것이다. 또한 대부분 연관되거나 연관되지 않은 인물들에 대한 용서 테라피와 자기 자신에 대한 용서의 과정까지 강력한 과정들을 거쳤으므로 대부분은 여기에서 언급하는 이차적 이득의 문제를 고려하지 않아도 된다.

그러나 일부의 경우에서 ISE를 찾아 중립화하고 관련된 작업들을 완전하게 마무리했음에도 문제가 지속되는 경우가 있다. 이는 내담자가 지닌 현재의 어떤 내부충돌의 이유로 문제가 지속되는 경우이다. 이러한 내면의 충돌은 일반적으로 심리학자들이 '이차적 이득'이라 부르는 것 때문에 일어날 수 있다. 이런 경우에 문제의 근본원인이 제거되었다 하더라도 문제가 계속해서 지속되는 것이다.

왜냐하면 행동 변화가 일어나거나 신체적 문제가 사라지게 될 경우 내담자 입장에서는 가치 있는 뭔가를 잃게 되기 때문이다. 이것을 잃지 않으려면 이전 방법을 고수해야 하거나 계속해서 병리적인 상태를 유지해야 한다. 이것을 일반적으로 '이차적 이득'이라 부른다.

더욱 간단히 설명하자면, 이것은 내담자의 문제행동을 지속하거나 강화하게 만드는 '이점' 또는 '혜택'이라 할 수 있다. 내담자의 환경에 문제가 지속되게 하는 뭔가가 계속되고 있는 것이다.

예를 들어 심인성의 통증이 있는 어떤 사람이 최면을 통해 원인이 제거되었음에도 불구하고, 이 증상이 사라지면 국가나 단체로부터 계속적으로 지급받던 수당이나 연금, 보험 등의 금전적인 지원을 받지 못한다는 이유로 증상을 계속 유지하려 할 수 있다.

다른 예로 흡연에 대한 과다한 감정적인 욕구와 남용을 고치려고 찾아온 젊은 남성이 ART를 통해 과다흡연의 원인이 제거되었다. 그리고 어느 정도 시간이 흐른 후, 담배를 피우는 친구무리에 함께 어울리기 위해 다시 흡연을 시작했다. 이 남성의 이차적 이득은 그가 친구들과 담배를 피울 때 경험하는 사회적 상호작용인 셈이다. 물론 이것은 대부분 무의식적으로 일어나는 것이다.

그러나 내담자의 문제가 지속되는 원인을 무조건 이런 이차적 이득의 원인으로 돌리고 이것부터 다루려 하는 것은 부적절할 수 있다. 이차적 이득을 의심하기에 앞서 최면상담사는 완전한 ART로 1차적인 원인이 완전히 사라졌음을 확신할 수 있어야 한다. 실제상황에서 최면상담사들이 겪는 대부분의 경우는 ART과정에서 놓친 부분이 있거나 진짜 원인이 제대로 해소되지 않은 이유로 문제가 지속되는 경우일 것이기 때문이다. 이차적 이득은 문제를 처음 일으킨 주요한 또는 1차적인 원인과는 아무런 관련이 없다는 점에 유의해야 한다.

이차적 이득을 다루는 데 효과적인 방법은 파츠 테라피 또는 파트 워크(Part work; 분아 작업)를 활용하는 것이다. 최면상담사는 파트 워크를 통해 내담자의 파트들과 대화를 나누고 자신은 파트들을 중재하게 된다.

최면상담사는 내담자의 내면에서 충돌하는 파트들이 서로 윈-윈(Win-win)할 수 있는 해결책을 찾게 하고 조화로운 자신으로 통합되게 할 수 있다. 그러나 파츠 테라피가 이차적 이득만을 위해 설계된 것은 아니라는 점을 이해해야 한다. 정규적인 파츠 테라피 기술은 연령역행 테라피보다 훨씬 적용 범위가 넓은 기술이다.

본서의 목적은 ART의 베이직을 다루는 것인 만큼 파츠 테라피를 직접적으로 다루지는 않는다. 내담자 중심 파츠 테라피라는 기술을 익히는 것은 ART의 기본과 고급을 어느 정도 능숙하게 다룰 수 있는 최면상담사에게 내담자중심 접근법으로 확장하며 더 많은 내담자의 범주를 다룰 수 있도록 발전하는 데 도움이 될 것이다.

파츠 테라피는 일차적인 원인에서부터 이차적 이득에 이르기까지 ART보다 훨씬 넓은 범주의 이슈를 다룰 수 있다. 그러나 저자는 ART를 배제하고 단독으로 사용하는 파츠 테라피, 또는 그 반대로 에고 파트의 관계성을 고려하지 않는 ART, 둘 모두 이상적으로 여기지 않는다. ART와 파츠 테라피라는 체계는 적절하게 통합될 때 완벽하게 조화를 이루며 그 진가를 발휘하기 때문이다.

02. 이데오모터 반응을 접목한 ART

관념역동(Ideodynamic; 이데오 다이나믹) 반응은 외부 또는 내부적으로 감지되는 자극에 대한 반응으로, 최면을 받는 피험자가 무의식 수준에서 생성하는 자동화된 반응 또는 조건화된 반응을 말한다. 관념역동 반응은 누군가가 무엇을 하는지와 무관하게 일어나는 반응이다. 인간의 몸에 무의식적으로 일어나는 신체 움직임이나 느낌, 감각 등의 반응들을 누군가가 일어나지 못하게 할 수는 없을 것이다.

범죄수사 등에서 사용하는 거짓말 탐지기 같은 장비들 역시 질문받는 사람의 특정 질문에 대한 자율신경계와 심박 수, 호흡, 혈압, 피부온도 등에서 일어나는 미묘한 반응에 기반하고 있다. 이것 또한 관념역동 반응의 발현이다.

최면에서 최면사가 암시하는 느낌이나 움직임, 감각에 대한 피험자의 반응은 드러나는 해리(Dissociation)의 등급이 커질수록 향상될 것이다. 따라서 최면에서 이를 활용한다면 일반적으로 자동 서기나 손가락 신호 같은 기법들을 시도하기 전에 해리를 촉진하는 것은 우선적인 절차로 간주된다.

인간이 할 수 있는 자동적인 기능들은 3가지 다른 수준에서 존재하는데, 그것은 바로 운동영역과 감각영역, 정서영역이다. 그리고 이들을 각각 관념운동(Ideomotor; 이데오 모터), 관념감각(Ideosensory; 이데오 센서리), 관념정동(Ideoaffective; 이데오 에펙티브) 반응이라 부른다. 앞서 언급한 관념역동 반응은 결국 이 3가지 개별적인 항목들을 총체적으로 아우르는 용어이다.

최면상담사 중 일부는 이것과 관련한 개념과 기술을 최면상담의 다양한 개입전략에서 활용하고 있는데, 그 대표적인 기술 중 하나가 관념운동 반응이다.

이 관념운동 반응은 최면 기법적인 측면과 소통적인 측면의 두 가지 측면으로 분류된다. 관념운동 반응은 최면유도 과정에 접목되는 기술로 사용되거나 개입적인 기술로서 직접 암시 기법이나 최면분석, 파츠 테라피 등의 접근에 접목한 개입작업 등 다양한 형태로 활용된다.

초기에 관념운동 신호를 발전시킨 몇몇 사람들이 있다. 밀턴 에릭슨의 경우 이것을 최면유도와 심화과정 그리고 트랜스 검토 기술로서 표면적이고 제한적으로만 활용했었다. 데이브 엘먼 또한 자신의 ART 또는 최면분석에서 ISE를 추적하는 과정에서 이를 접목하고 활용했다. 칙(Cheek)과 르크론(LeCron), 해먼드(Hammond) 등 몇몇 선구적인 최면사들의 노력과 기여로 이 기법은 오늘날 다양한 개입전략과 접목하여 폭넓고 효과적으로 사용되고 있다.

관념운동 신호가 접목된 ART는 보다 발전된 ART응용기법의 하나로 볼 수 있다. '이데오모터 반응(Ideomotor responses)'의 일종이자 대표적으로 사용되는 손가락 기법은 의식 수준 아래에 숨어있는 잠재의식이나 무의식적 정보를 끌어오는 데 활용되는 것이다. 오늘날 ART전문가들 중에는 관념운동 신호를 접목하는 형태의 접근을 주요기법으로 사용하는 몇몇 최면상담사들이 있다. 이 기법의 신뢰성에 대해서는 전문가들 사이에서도 이견이 있지만 이 기법을 장기로 하는 해외의 유명한 최면상담사들은 이 기법을 특화하고 정신역동 분류 질문을 효과적으로 결합하여 ART나 파츠 테라피 등의 개입에 있어 의미 있는 결과들을 끌어내고 있다.

반면 적절하게 훈련되지 않은 최면상담사들은 이 기법을 부적절한 이끌기 질문들과 결합하여 상담 자체를 엉뚱한 방향으로 몰아가는 사례들 또한 종종 나타난다. 특히 최면적 빙의 치료 등을 행하는 최면사 중에서 이 기법을 작위적인 이끌기 암시와 결합된 부적절한 방식으로 적용하는 경우들이 있다. 때때로 ART에서 이를 활용하는 일부 최면사들 또한 부적절한 이끌기 암시로 최면상담을 작위적으로 이끄는 사례들은 여전히 많은 나라에서 보고되고 있다.

외부 암시에 쉽게 영향을 받을 수 있는 관념운동 반응의 이러한 특성 때문에 어떤 최면상담사들은 이 기법의 위험성과 신뢰도를 의심하여 활용을 아예 포기하는 경우도 있다.

이 기법을 행할 때는 몇 가지 주의사항들과 요령들을 지켜야 하며, 정보나 반응의 원천이 어디인지에 따라 다른 결과가 나올 수 있으므로 최면상담사가 이것을 개입기법에 활용하기 원하는 경우 주의를 요하며 올바르게 사용할 수 있게 되기까지 많은 훈련과 경험이 필요한 부분이다.

본서에서는 손가락 기법에 대한 기본적인 작동원리만을 설명하며, 최면상담의 개입과정에서의 정신역동 질문과의 접목과 사용법에 대한 세부사항은 그 자체로 특화된 영역이므로 별도의 세부적인 학습이 필요함에 유의해야 한다.

■ 이데오모터 손가락 반응 설정

오늘날 이데오모터 신호를 고급 ART와 결합시켜 활용하는 방식은 주로 최면상담사가 최면 상태에서 내담자의 잠재의식이나 무의식 수준과 직접적으로 소통할 수 있도록 '예, 아니오, 모르겠습니다' 등의 내적 반응을 손가락 반응으로 설정하는 방식을 사용한다. 이 역시 해리(Dissociation)를 동반한 형식과 그렇지 않은 형식으로 나뉜다.

즉, 최면상담사는 내담자의 표면의식을 통해 진행하는 언어적인 소통과는 별개로 또 다른 보조적인 채널을 추가하는 것이다. 이 기법이 적절하게 적용되었을 때 종종 최면 상태의 의식적 자아를 우회하는 반응들을 관찰할 수 있으며, 이는 ART의 ISE를 찾는 과정이나 해소와 재프로그래밍 과정의 전반에서 큰 도움을 받을 수 있다.

최면상담사의 구두 질문에 대해 설정된 3가지 반응 중 적절한 손가락으로 반응하게 한다. 이때 때때로 의식적인 언어적인 대답과는 다른 손가락 반응이 나오기도 한다.

예를 들어 내담자의 표면의식은 '예'라고 분명하게 대답했지만, 동시에 '아니오' 반응의 손가락이 움직이는 경우이다. 이 경우 의식적인 대답보다는 손가락 반응의 신뢰도가 더욱 높다. 실제 세션 현장에서 이런 경우는 종종 목격된다.

과거의 몇몇 최면상담사는 예, 아니오 반응에 대한 신호설정을 어떤 손가락을 보고 결정할 것인지 이것과 연관된 공식을 만들어 사용하는 경우도 있었다. 파츠 테라피의 개척자인 찰스 테벳은 다이어그램으로 정리한 복잡한 공식을 인쇄물로 만들어 그것을 사용했다.

그러나 오늘날 내담자 중심 접근을 사용하는 최면상담사들은 주로 이것에 반대하며 최면상담사의 논리가 아닌 내담자가 선택하도록 하는 방식을 취하는 경우가 늘고 있다.

이 과정에서 해리(Dissociation)를 동반한 형식과 그렇지 않은 형식 모두 사용될 수 있다.

설정 암시 예제(해리가 동반되지 않은 형식)

"잠시 후에 저는 '예' 또는 '아니오'로 대답을 할 수 있는 일련의 질문을 할 것입니다. 저는 그 응답이 당신의 잠재의식이나 내면에서부터 나왔으면 합니다."

"제 질문에 대한 대답이 '예'라면 '예' 대답을 표시하는 손가락을 움직여 주세요."

(반응을 확인 후) "감사합니다. 만약 대답이 '아니오'라면 부정적인 반응을 대표할 손가락을 정해서 움직여 알려 주세요."

(반응을 확인 후) "감사합니다. 만약 질문에 대한 답이 '모르겠다'거나 '밝히고 싶지 않다'라면 그것을 표시하는 손가락을 움직여 주세요."

(반응을 확인한다) "감사합니다."

■ 데이브 엘먼이 ART에 적용했던 이데오모터 기법

다음으로 고전이지만 학습자를 위해 데이브 엘먼이 활용했던 형식을 간략히 살펴보겠다.

데이브 엘먼은 최면분석의 원인을 찾는 과정에서 내담자의 손가락 움직임을 활용하기도 했다. 그는 내담자에게 손가락이 의식의 통제에서 벗어나서 내면의식의 통제를 받는다는 암시를 통해 의식과 무의식을 분리시켰다. 그런 다음, 내담자가 거짓을 말하거나 잘못된 정보를 말하기 시작하면 진정한 자신인 내면의식에 의해 손가락이 움직일 것이라는 암시를 받아들이게 함으로써 내담자가 가진 문제의 ISE를 밝히는 데 활용하기도 했다. 그는 이 기법이 모든 종류의 공포증의 원인을 밝히는 데 매우 유용한 기법이라고 말했다.

엘먼이 사용했던 방식은 내담자의 손가락 움직임이 자신의 의식적인 통제에서 완전히 벗어나도록 해리 반응을 끌어내기 위해 '트루(True; 진정한) 섬냄뷸리즘'이라는 깊이를 적극적으로 활용했으며 이것이 제대로 작동했을 경우 이 기법은 매우 효율적인 접근이 될 수 있었다.

아래에 학습자들이 참고할 수 있도록 엘먼이 사용했던 형식을 소개한다.

그러나 오늘날 많은 최면사들이 사용하는 접근은 엘먼의 그것과는 많은 차이가 있다는 것에 유의해야 한다. 얕은 상태에서 특정한 직접 질문을 강조하며 반복적으로 행하는 형태의 접근은 자칫 유도 암시로 작용하여 세션을 잘못된 방향으로 이끌 수 있음에 또한 주의해야 한다.

사용 예제

"잠시 후에 제가 쓰다듬는 이 손가락은 잠재의식의 통제를 받게 됩니다. 몇 초 후 이 손가락이 잠재의식의 통제에 들게 되면 의식적으로는 더 이상 이 손가락을 굽히려 해도 굽힐 수가 없을 것입니다. 이제 의식적으로는 더 이상 이 손가락을 굽힐 수 없습니다. 굽히려 시도하지만 움직일 수 없습니다. 의식적으로 굽히려고 시도해 보세요."

내담자가 의식적으로 손가락을 굽힐 수 없다는 것을 확실히 확인하면, 다음 단계로 넘어간다.

"좋습니다. 이제 이 손가락은 잠재의식이 통제하게 됩니다. 잠재의식은 당신에게 무슨 일이 있었는지 정확하게 알고 있습니다. 잠재의식은 모든 진실을 알고 있기 때문에 당신에게 거짓말을 할 수 없습니다. 잠재의식의 마음은 진정한 당신입니다. 만약 제가 당신에게 질문할 때 당신이 진실을 말하지 않거나 또는 거짓말을 한다면 잠재의식에 의해서 이 손가락이 저절로 구부려질 것입니다. 그것은 진짜 진실이 있다는 의미입니다."

최면상담사가 이에 대해 내담자에게 설명할 때 잠재의식이 손가락을 지배하게 되는 것이 마치 세상에서 가장 정상적이고 당연한 일인 것처럼 설명하도록 주의를 기울여야 한다.

만약 의식적으로 굽힐 수 없다는 암시를 주었을 때 처음부터 손가락이 굽혀진다면 이 내담자는 시작부터 저항을 하고 있는 것이며 이 경우 다른 방법을 사용해야 한다. 반면에 이 암시를 받아들이고 처음에는 의식적으로 손가락을 굽히지 못하다가 이후에 거짓말을 할 때 손가락이 구부러지는 내담자는 저항하고 있지 않은 것이다.

의식과 무의식을 해리시키는 이 형식을 사용하는 데 있어 전제는 먼저 내담자가 트루 섬냄뷸리즘 상태에 있는지 확인하는 것이다.

■ **정신역동 질문과 결합한 형태의 ART**

오늘날 고급 ART에 주로 활용되는 '증상에 대한 7가지 정신역동 질문'을 ART에 접목하는 접근법은 칙(Cheek) 과 르크론(LeCron) 의 책 《Clinical Hypnotherapy》(1968)에서 말하는 내담자의 증상에 대한 정신역동의 '일곱 가지 열쇠'에 기반을 두고 있다.

내담자 중심 파츠 테라피의 선구자인 찰스 테벳(Charles Tebbetts)과 그의 제자로 이것을 더욱 발전시켜온 로이 헌터(Roy Hunter) 역시 이것을 더욱 변형시키고 발전시켜 성공적인 결과를 만들어 온 인물 중 하나이다.

최면의 깊이가 충분함에도 내담자가 긍정적인 암시에 잘 반응하지 않는다면 그것의 명백한 이유가 있을 것이다. 찰스 테벳은 내담자의 무의식 차원에서 내담자가 변화에 대한 욕구를 차단시키는 이유는 하나 이상이 있으며 그 기본적인 이유를 '증상의 일곱 가지 정신역동'이라고 이름 붙였다.

그것은 '① **권위자 각인**, ② **현재 해결되지 않은 문제**, ③ **내적 갈등**, ④ **연결**, ⑤ **과거 경험**, ⑥ **자기 처벌과 죄책감**, ⑦ **이차적 이득**' 으로 분류된다. 이는 칙과 르크론의 초기형식을 보다 사용하기 쉽게 개선한 형식이다.

손가락 반응을 통해 문제의 정신역동의 원인과 연관된 것을 밝히게 할 수 있는데 그 방식을 사용하기에 앞서 예, 아니오, 모르겠습니다 등의 무의식적 손가락 반응을 미리 설정해야 한다.

이런 질문들 자체가 열린 질문이 아닌 닫힌 질문이기 때문에 각별히 유의해야 하는 부분이 있다. 가장 주요한 주의점은 첫째로, 한두 가지 질문만을 하는 것이 아니라 일곱 가지 분류의 질문을 모두 사용해야 한다는 것, 두 번째로는 강조 없는 단조로운 어투(모노톤)를 사용해야 하는 것이다. 이 과정을 제대로 지키지 못한다면 질문하는 최면상담사의 기대감이 실릴 수 있으며 부적절한 이끌기로 작용할 수 있다.

(내담자의 몸에 외부의 영혼이 빙의되어 있느냐라고 여러 번 강조하며 특정한 닫힌 암시 질문을 반복적으로 행하는 방식은 위의 주의사항들을 모두 무시한 부적절한 이끌기 암시에 해당한다.)

ART의 ISE를 찾는 과정과 찾은 후, 처리 후, 작업의 종료 후 각각의 진행과정에서 미리 설정된 손가락 신호를 통해 내담자의 내면과 다른 채널의 소통을 진행할 수 있다. ART의 기본기(Basic)에 집중하고 있으므로 독자들에게 이것에 관한 기본적인 개념만을 소개한다.

03. 다중 감정과 다중 ISE를 가진 문제

오늘날 내담자들의 문제는 모두 단순한 양상만을 가진 문제들이 아닌 경우가 많다. 최면상담사가 다양한 내담자들과 ART를 올바른 방식으로 꾸준히 적용하다 보면 이내 다중적인 감정이 개입된 문제들과 심지어 다중적인 ISE가 개입된 문제들을 만나고 그것을 인식하게 될 것이다.

이러한 문제들을 성공적으로 다루는 것은 많은 경험과 정확성, 통찰력이 축적되어야 행할 수 있는 고난이도의 작업일 수 있다. 이는 전 세계를 막론하고 많은 최면상담사가 대체로 어려워하는 과제이기도 하다. 또한 이를 전문적으로 다루는 최면수업 또한 극소수에 불과하다.

본서에서는 이런 복잡한 부분에 대한 세부사항들을 다루지는 않을 것이다. 기본 절차에 대한 경험이 부족하고 익숙하지 않은 학습자들에게 다중 감정과 다중 ISE라는 주제는 더욱 혼란을 가중할 수 있으므로 먼저 기본 절차를 완벽하게 구조화하고 다룰 수 있는 능력을 배양하는 것에 집중하는 것이 좋다. 결국 기본적인 줄기에서 가지가 뻗어 나가는 것이고, 기본기가 부족할 때 이것을 결코 제대로 다룰 수 없기 때문이다.

그러나 오늘날 상담현장에서 만나게 되는 많은 내담자가 이러한 다중적인 감정과 다중적인 원인이 개입되어 있는 경우가 흔하다. 초보 최면상담사들이 이런 사례들을 완전하게 소화할 수 있으려면 이것에 대한 개념과 확장을 늘 염두에 두고 있어야 할 것이다.

본서에서는 다중적인 ISE가 존재한다는 것을 의심해 볼 수 있는 다음의 기준을 제시한다.

다중적인 ISE를 의심해 볼 수 있는 신호

신호 1: 다수의 1차적 감정 발견

연령역행 과정을 진행하는 동안 드러난 **주(Primary) 감정 또는 1차적 감정**이 복수로 나타나는 경우.

신호 2: 완전한 제거 후에도 문제 지속

ISE가 제거되었다고 분명하게 확신할 수 있고 이차적 이득이 연관되었다는 표시가 없음에도 불구하고 해당 문제가 사라지지 않거나 재발되는 경우.

ART 학습자를 위한 조언

ART를 학습하는 최면상담사는 먼저 단순 이슈(단순구조의 양상이나 원인)를 완전하게 중화시키는 기본 절차와 기술을 자기 것으로 만들어야 한다. 그래서 문제가 되는 해당 반응에 대해 적당한 완화가 아니라 잔여양상을 남기지 않고 완전하게 소거되도록 기본 절차를 완성하는 것에 목표를 둘 필요가 있다.

먼저 기본 절차가 완전하게 체화되지 않으면 더욱 구조가 복잡한 복합 양상이나 복합적 원인, 감정의 사례들을 완전하게 해결하는 해결력은 결코 갖추어지지 않는다.
그러나 학습자들이 기본적인 개입 절차에 대해 정통하고 가치 있는 경험이 축적된다면, 그것을 기반으로 더욱 나아간 작업들에 대한 확장성을 인식할 수 있을 것이다. 다중 감정이나 다중 ISE를 해체하는 작업 역시 이런 기본기에서 파생되고 확장되는 작업이기 때문이다.

서두에서 밝힌 바와 같이 ART 기술을 마스터하는 과정은 결코 만만한 과정은 아니다. ART와 연관해서 몇백 시간의 동일한 교육을 받았다 하더라도 어떤 이는 비교적 짧은 시간에 매우 빠르고 유연하게 이 기술을 적용하며 다양한 사례들에 결과를 만들어 내는 반면, 어떤 이는 경험 속에서도 주요점을 이해하지 못하거나 자기 틀에 갇혀 쉽게 나아가지 못하기도 한다. 어떤 교육과정도(심지어 그것이 인턴과정이라 하더라도) 이를 모두 직접 떠먹여 줄 수 있는 훈련은 없다.

모든 내담자의 이슈나 주제는 각기 다르다. 안타깝지만 이는 최면상담사의 개인적인 경험 확장과 축적, 문제해결을 위한 적용력, 창의력, 응용력 등 개인의 노력과 능력치와도 연관된다. 그러나 분명한 것은 그 어떤 응용력도 기본 원리의 명확한 이해에서 파생될 수 있는 것이므로 기본기를 확실히 소화해야 다음 단계로 나아갈 수 있음을 명심하자.

B.
최면상담의 확장과 미래방향

01. 고급 역행 테라피와 파츠 테라피의 조합

내담자 중심 파츠 테라피(PT)는 ART와 함께 체화하도록 권장되는 또 하나의 강력한 접근이다. 이 책은 ICS ART 베이직을 다루고 있으므로 파츠 테라피에 대해서는 간략히만 소개한다.

■ 파츠 테라피의 이론적 배경

파츠 테라피의 배경에는 명확한 성격이론이 있다. 그리고 ART와의 완벽한 조합은 이것을 매우 뛰어난 정신역동 테라피로써 자리매김하게 했다.

프로이트와 동시대를 살았던 폴 페던(Paul Federn; 1871~1950) 인간의 인격을 '파트들이 구성된 것'으로 정의했다. 그는 사람들의 인지 여부에 관계 없이 뚜렷하게 관찰되는 파트의 변화에 주목했고, 이러한 인격의 부분들을 '에고 상태'라 불렀다. 패던은 자신의 이론적 업적을 연구나 치료법의 적용으로 확장하지는 않았지만, 이후의 많은 연구자에게 큰 실마리를 제공했다.

내담자 중심 파츠 테라피를 창안한 찰스 테벳 선생은 비슷한 주장을 했던 칼 융보다는 폴 페던을 더욱 신뢰했고, 그가 말한 이것을 '에고 파트'라고 부르면서 결국 간략하게 '파트'라고 줄여서 사용하기 시작했다.

■ **내면 파트들의 다양한 문제 양상**

우리 내면에서 일어나는 여러 가지 문제들은 내면의 파트들 간의 충돌과 갈등에서 비롯되는 경우도 있지만, 공포, 불안, 혼란, 우울, 무기력, 죄책감 등의 부정적인 감정이나 느낌들에 사로잡히는 경우도 있다. 또한 이러한 감정들을 회피하기 위해 나오는 행동들도 있는데 이것은 중독이나 강박, 자해 등의 행동으로 표현되기도 한다.

뿐만 아니라 어린 시절에 학습된 불건전한 대처기술을 표현함으로써 반사회적 행동이나 수동적 공격성, 인격 장애 등과 같이 나타나는 문제들도 있다. 외에도 파트들 간의 모순과 부조화로 인해 생기는 문제들도 있을 수 있는데, 이것은 병리적인 문제가 아니다. 파트들의 문제는 이렇게 매우 다양하며 이들이 독립적일 수도, 혼합된 형태일 수도 있다.

■ 파츠 테라피의 기본 진행 과정

간략한 파츠 테라피의 기본적인 진행형태는 먼저, 내담자 내면에서 주제가 되는 파트 또는 문제를 일으키는 기능적인 파트를 활성화시키고(문제 파트의 활성), 또 이에 반대하는 반대 파트를 활성화시켜(동기부여 파트의 활성) 서로 간의 소통과 중재과정을 통해 서로가 동의하는 최적의 해결책을 도출해내어 재통합하는 과정이라 할 수 있다.

■ 최면과 파츠 테라피의 결합 효과

깊은 최면이 결합된 파트워크는 최면을 배제한 파트워크에 비해 그 효과와 지속성 면에서도 월등히 유리하다. 우리 내면의 많은 문제는 표면적으로 활성화되지 않은 기저파트들과 연관된 경우가 많으며, 이런 파트들은 최면 없이 접근하는 것이 매우 힘들 수 있기 때문이다.

물론 최면이란 것이 유도자나 상담사가 이에 대해 인지하거나 의도하지 않더라도 상담과정에서 자연스럽게 동반되어 일어날 수 있고, 의도치 않게 깊은 최면을 경험하면서 그 효과를 발휘할 수도 있다. 그러나 우연히 일어나는 확률에 의지하는 것과 상담사가 그 과정 전반을 인지하면서 관리하며 진행하는 접근은 완전히 다른 것이다.

■ 파츠 테라피의 적용 범위와 철학

파츠 테라피는 일부 전문가에 의해 의료적 목적이나 기타 특수목적으로 활용되는 경우도 있지만, 대개의 경우 거의 제한이 없을 만큼 일상에서 경험할 수 있는 매우 폭넓은 크고 작은 마음의 문제들을 다룬다.

내담자 중심 파츠 테라피와 기타 파츠 워크의 변형 간에는 큰 차이가 존재하는데, 그 가장 큰 차이 중 하나로 파츠 테라피는 철저하게 '내담자 중심적 접근' 내에서 진행되어야 하는 철칙을 고수한다는 것이다. 문제에 대한 모든 답과 해결책은 내담자 자신의 내면으로부터 나와야 하며 결코 유도자가 조정해 주는 해결책이나 임의적인 결론으로 이끌어서는 안 된다.

이 과정에서 유도자에 의한 어떠한 '진단'도 포함되지 않으며, 유도자에 의해서 임의로 파트의 범위나 분류를 진행하지도 않는다. 최면상담사는 병리적인 문제를 진단하고 처방할 수 있는 지위에 있지 않으며, 이것은 내담자 중심이 지향하는 방향 또한 아니기 때문이다.

■ ART와 파츠 테라피의 조합

내담자 중심 파츠 테라피라는 외관상 단일의 테크닉으로도 보이지만, 이것은 구조적이고 논리적인 하나의 완성도 높은 최면상담 시스템이다. 이 과정에서 ART와의 접목과 연결은 선택이 아닌 필수이다.

내담자 중심의 접근법은 최면과 최면상담의 미래라고 할 만큼, 21세기에 유능한 최면상담사로서 성장하고 발전하고자 하는 이들에게는 대단히 중요한 키워드 중 하나이며 개인적으로 최면상담을 공부하는 이들에게 일정 깊이 이상 학습하고 체화하기를 권하는 접근이다.

실제로 ICS ART와 파츠 테라피를 체화한 ICS 전문가들은 이 둘의 조합만으로도 내담자들이 갖고 오는 다양한 주제의 실제 상담상황에서 놀랍고 성공적인, 때로는 기적적인 결과들을 보고하고 있다.

■ 치료적 접근과 정화적 접근의 차이

앞서 소개한 내담자의 특정 이슈나 문제를 다루는 최면상담이나 최면치료 등에서 파츠 테라피를 적용하는 것과 ICS를 목적으로 하는 정화와 소통의 목적으로 파츠 테라피를 적용하는 것에는 약간의 차이점이 있기에 ICS 전문가들은 이 목표점에 대해 구분할 필요가 있다.

단지 이상행동으로 보이는 과한 행위를 멈추거나 완화하는 것은 치료적인 목표의 관점으로는 충분히 괜찮을 수 있지만, 정화의 입장에서 보았을 때는 여전히 모습만을 바꾼 것일 수 있기 때문이다.

사례: 경호원 파트의 변화

예를 들어 경제적으로 늘 뭔가 풀리지 않는 패턴에 대해 금전적인 흐름을 막는 것에 원인을 제공하는 주제로 호출한 내담자의 한 문제행동 파트가 있다고 치자. 그 파트의 이름은 '경호원' 파트였고, 그 파트가 하는 일은 분노를 통해서 자신을 보호하고 있으며 과도한 책임감이 돈의 흐름을 막고 있다고 말했다.

그 내담자의 경호원 파트는 최면 작업의 말미에 임무를 바꿀 수 있는 유연한 상태가 되었다. 분노하지 않고 침착하게 지키는 파트로써 돈의 흐름을 돕겠다는 것이다. 그리고 이에 따라 풍요로운 미래의 모습도 자발적으로 떠올려냈다.

그러나 겉모습만 보면 파트가 역할을 바꾸고 기분 좋은 세션으로 잘 끝난 것처럼 보이지만 정화의 입장에서 이는 미완성의 세션이 될 수 있는 것이다. 왜냐하면 그 파트는 여전히 이 사람을 자신이 지켜야 된다고 주장하고 있기 때문이다.

ICS의 관점에서 프로그램의 일부인 무의식적 파트가 이 사람을 지키고 있을 필요는 없다.

오히려 이 파트가 궁극적으로 힘을 빼고 자유로워졌을 때 그의 잠재의식에 의해 영감적인 에너지 속에서 이 파트들이 관리될 수 있다. ICS 최면가들에게 이 차이를 이해하는 것은 **치료적 접근과 정화적 접근의 근본적 차이**를 파악하는 데 매우 중요하다.

02. 내담자 중심 접근법으로의 확장

내담자 중심 접근법은 최면상담의 미래를 대표하는 접근법이다. 이는 현재 전 세계의 최면계에 확산되고 있는 개념으로, 단순한 기법이나 기술의 집합을 넘어서는 철학적 기반과 실천적 방향성을 제공한다. 이 접근법은 내담자의 내적 자원을 존중하고, 그들의 고유한 변화 과정을 촉진하는 데 초점을 맞춘다.

■ 내담자 중심 접근법의 본질

내담자 중심 접근법의 핵심은 최면상담사가 아닌 내담자가 변화의 중심에 있다는 철학에 기반한다. 이 접근법은 찰스 테벳(Charles Tebbetts)이 체계화하고, 그의 제자인 로이 헌터(Roy Hunter)가 더욱 발전시키고 대중화한 최면 방법론으로, 내담자의 무의식적 지혜와 내적 자원을 존중하는 데 중점을 둔다.

내담자 중심 최면상담에서 최면상담사는 다음과 같은 원칙을 따른다.

① **내담자 내면의 지혜 존중**: 문제해결을 위한 답은 내담자의 내면에 있으며, 최면상담사는 그 지혜에 접근하는 과정을 돕는 역할을 한다.

② **정신역동적 원인 탐색:** 문제행동의 표면적 증상보다 그 기저에 있는 정신역동적 원인을 찾아 해소하는 데 중점을 둔다.

③ **내담자 주도적 변화:** 최면상담사가 해답을 제시하는 것이 아니라, 내담자가 자신의 내적 자원을 통해 스스로 해결책을 찾을 수 있도록 촉진한다.

④ **내면 파트들과의 소통:** 내담자의 다양한 내면 파트들이 서로 조화롭게 소통하고 협력할 수 있도록 돕는다.

⑤ **자기 성장 지원:** 단순한 증상 제거를 넘어, 내담자가 자신의 내면에 대한 이해를 높이고 개인적 통합과 성장을 이룰 수 있도록 지원한다.

■ **기존 접근법과의 차별성**

내담자 중심 접근법은 전통적인 최면 접근법과 여러 면에서 차별화된다.

① **권위적 위계에서 협력적 접근으로:** 전통적인 최면에서 최면가는 종종 '전문가'로서 내담자에게 직접적으로 암시를 주고 방향을 제시했다. 내담자 중심 최면에서는 최면상담사가 내담자의 여정을 함께 탐색하고 내면의 지혜를 이끌어 내는 안내자이자 조력자

역할을 한다.

② **외부 처방에서 내적 발견으로:** 증상이나 문제에 대한 해결책을 외부에서 제시하는 대신, 내담자가 내면이 제공하는 해결책을 발견하고 내적 자원을 활용할 수 있도록 돕는다.

③ **고정된 기법에서 개별화된 접근으로:** 미리 정해진 스크립트나 절차를 따르기보다, 내담자의 독특한 내면 구조와 필요에 맞추어 유연하게 접근한다.

④ **증상 제거에서 원인의 해소로:** 단순히 문제행동이나 증상의 제거에 초점을 맞추기보다, 그 기저에 있는 원인을 탐색하고 해소하는 데 중점을 둔다.

■ **ART와 파츠 테라피의 내담자 중심 적용**

내담자 중심 접근법에서 ART와 파츠 테라피는 단순한 기법이 아닌, 내담자의 내면 탐색과 자기 발견을 위한 강력한 도구로 재해석된다.

① **역행 테라피의 내담자 중심 적용:**
- 최면상담사는 ISE를 진단하거나 결정하지 않고, 내담자가 스스로 발견하는 과정을 적극적으로 조력한다.
- 내담자의 무의식이 핵심 기억에 접근하는 과정을 신뢰하되, 그

과정을 효과적으로 안내하고 촉진한다.

- 내담자의 감정적 해소 과정을 존중하고, 그들의 고유한 치유 속도를 따른다.
- 최면상담사는 내담자가 자신의 정서적 경험을 스스로 이해하고 통합할 수 있도록 돕는다.

② **파츠 테라피의 내담자 중심 적용 :**
- 최면상담사는 내담자의 파트들을 진단하거나 분류하지 않는다.
- 파트들 간의 대화와 협상 과정에서 내담자의 내적 지혜를 신뢰한다.
- 해결책은 항상 내담자의 파트들 사이에서 자연스럽게 도출되도록 한다.
- 각 파트의 긍정적 의도를 인정하고, 파트들이 더 조화로운 방식으로 기능할 수 있도록 돕는다.

■ **임상적 적용과 효과**

내담자 중심 접근법은 다양한 임상 상황에서 그 효과가 입증되고 있다. 특히 다음과 같은 영역에서 강점을 보인다.

① **내적 갈등 해소:** 상충하는 내면 파트들 간의 갈등을 해소하고 조화로운 협력 관계를 구축하는 데 효과적이다.

② **습관 개선과 행동 변화:** 습관적 행동의 기저에 있는 정서적, 인지적 원인을 해소함으로써 지속 가능한 행동 변화를 이끌어 낸다.

③ **감정적 치유:** 과거의 상처와 트라우마에 접근하여 감정적 해소와 치유를 촉진한다.

④ **자기 인식 증진:** 내담자가 자신의 내면 구조와 동기를 더 깊이 이해하도록 돕는다.

⑤ **저항 감소:** 내담자의 내면의 지혜를 존중함으로써, 변화에 대한 무의식적 저항을 줄이고 더 효과적인 변화를 가능하게 한다.

■ **내담자 중심 접근법의 한계와 도전**

모든 접근법과 마찬가지로, 내담자 중심 접근법도 특정 상황에서 한계와 도전에 직면할 수 있다.

① **일부 내담자의 기대 차이:** 일부 내담자들은 최면상담사가 더 지시적인 역할을 할 것을 기대할 수 있다.

② **급성 위기 상황:** 심각한 위기 상황(자살 위기나 심각한 패닉 등)에서는 더 직접적이고 구조화된 개입이 필요할 수도 있다.

③ **시간적 고려:** 내담자의 자연스러운 과정을 따르는 것은 때로 더 많은 세션 시간이 필요할 수 있다.

④ **최면상담사의 기술 요구:** 이 접근법은 최면상담사의 높은 수준의 경청 능력, 유연성, 그리고 파트들의 상호작용에 대한 깊은 이해를 요구한다.

이러한 한계에도 불구하고, 숙련된 최면상담사는 각 내담자의 특성과 필요에 맞게 접근법을 조정하면서도 내담자 중심의 핵심 원칙을 유지할 수 있다.

내담자 중심 접근법은 단순한 기법의 변화가 아닌, 최면상담의 본질에 대한 근본적인 패러다임 전환을 의미한다. 이는 최면상담사가 '문제를 고치는 사람'에서 '내담자의 내면 지혜와 성장을 촉진하는 안내자'로 역할을 재정의하는 과정이다.

이러한 전환은 최면상담의 미래방향을 제시하며, 더 깊고 의미 있는 변화를 가능하게 한다. 더 나아가, 이는 3세대 최면 패러다임의 핵심 가치인 통합, 초월, 성장의 실현을 위한 필수적인 단계라 할 수 있다.

03. 3세대 최면 패러다임을 기반한 재정립

3세대 최면 패러다임은 최면과 최면상담의 역사적 발전 과정 중 가장 최근의, 그리고 가장 포괄적인 단계를 의미한다. 이 패러다임은 단순히 최면 기법의 개선이나 확장이 아닌, 최면의 본질과 목적, 그리고 그 적용 방식에 대한 근본적인 재개념화를 포함한다.

■ 3세대 최면 패러다임의 본질

3세대 최면 패러다임은 통합, 자아초월, 성장이라는 세 가지 핵심 가치를 중심으로 발전하고 있다.

① 통합(Integration):
- 분리된 심리적 요소들이 하나의 조화로운 전체로 기능하는 것을 목표로 한다.
- 이는 내담자 내면의 다양한 부분들(에고 파트들)의 통합뿐 아니라, 의식과 무의식, 그리고 잠재의식 간 원활한 소통을 포함한다.
- 또한 과거 세대에서 발전된 다양한 최면 접근법과 기법들을 배타적으로 대체하는 것이 아니라, 3세대 패러다임의 관점에서 재정립하고 통합적으로 적용하는 것을 의미한다.

② 초월(Transcendence):
- 기존의 한계와 제약을 넘어서는 포괄적인 개념으로, 현재 상태를

능가하고 더 높은 차원으로 나아가는 것을 의미한다.
- 이는 내담자의 자아초월적 경험을 포함하여, 제한된 에고 동일시에서 벗어나 더 넓은 관점과 인식으로 확장되는 과정을 포함한다.
- 또한 최면상담 자체의 범위를 초월하여, 의식 변화와 성장의 도구로서 더 넓은 적용 영역으로 확장되는 것을 의미한다.
- 초월은 궁극적으로 잠재의식과의 깊은 연결을 통해 영감적이고 창조적인 삶의 가능성을 열어준다.

③ 성장(Growth):
- 성장은 내담자와 최면상담사 모두에게 적용되는 핵심 가치로, 특히 최면상담사 자신의 의식적 성숙과 발전이 중심이 된다.
- 최면상담사는 지속적인 자기 인식과 내면 작업을 통해 자신의 에고적 한계를 넘어서고 의식의 확장을 이루어가는 과정을 실천한다.
- 이러한 최면상담사의 성장을 기반으로, 내담자 역시 단순한 문제해결을 넘어 전인적 발전과 의식의 진화를 경험할 수 있게 된다.
- 최면상담사와 내담자 모두 자신의 잠재력을 발현하고 더 높은 수준의 의식과 기능을 개발해가는, 상호 성장의 여정을 함께하게 된다.

■ **기존 패러다임과의 차별점**

3세대 최면 패러다임은 이전 세대의 최면 패러다임과 다음과 같은 점에서 차별화된다.

① **목적의 확장:**

- 제로세대(메즈머리즘): 동물 자기(마그네티즘)의 흐름을 통한 치유와 생명에너지 조절.
- 1세대(초기 최면 / 브레이디즘): 신경계 고착을 통한 트랜스 유도와 점진적인 언어적 암시의 발전.
- 2세대(20세기 최면): 증상 제거와 행동 변화에 초점, 심리학적 접근과 결합.
- 3세대(통합적 최면): 전인적 성장과 의식의 확장, 잠재의식과의 연결 촉진, 에고 이면의 본질적 의식 탐구.

② **접근 방식:**

- 제로세대: 비언어적 방식(눈빛, 몸짓, 접촉)을 통한 에너지 워크, 마그네틱 패스.
- 1세대: 신경계 고착을 통한 트랜스 유도와 언어적 암시로 전환, 지시적이고 권위적인 접근.
- 2세대: 구조화된 프로토콜과 기법 중심, 직접 및 간접 접근법의 발전, 에릭슨의 활용(utilization) 원리와 엘먼의 효율적 유도 기법의 발전.
- 3세대: 유연하고 통합적이며, 내담자의 고유한 과정을 존중, 잠재의식과의 연결 중시.

③ 최면가의 역할:

- 제로세대: 에너지 치유자, 자신의 마그네티즘을 발전시키는 수행자.
- 1세대: 최면가가 전적인 주도권을 가진 권위적 관계, 섬냄뷸리즘 상태의 유도자.
- 2세대: 내담자의 자기최면을 이해하고 활용하는 전문가.
- 3세대: 내담자의 내적 지혜와 성장 과정을 촉진하는 안내자, 자신의 에고 성장과 의식 확장을 추구하는 실천자.

④ 깊이와 현상:

- 제로세대: 강한 생리적 반응(크라이시스), 마그네틱 섬냄뷸리즘 상태, 초월적 경험.
- 1세대: 섬냄뷸리즘(Somnambulism) 상태 중심, 깊은 트랜스 상태를 중요시.
- 2세대: 다양한 깊이 수준의 활용, 얕은 / 중간 깊이에서의 효과적 개입 발전, 에릭슨의 일상 트랜스 개념과 엘먼의 체계적 깊이 유도법의 발전.
- 3세대: 모든 깊이 수준의 통합적 활용, 울트라 뎁스® 프로세스와 같은 심층적 경험 탐구.

⑤ 무의식 / 잠재의식에 대한 관점:

- 제로세대: 자기와 우주적 에너지의 연결성 강조.
- 1세대: 트랜스를 신경생리학적 현상으로 해석, 무의식 개념은 아

직 체계화되지 않음.
- 2세대: 무의식 / 잠재의식을 정보 저장소이자 자원으로 접근, 암시 수용의 대상.
- 3세대: 무의식과 잠재의식의 명확한 구분, 잠재의식을 에고 이면의 본질적 의식으로 인식, 잠재의식의 지혜와 인도를 존중.

⑥ 치유적 접근:
- 제로세대: 마그네티즘의 흐름 조절, 에너지 불균형 교정.
- 1세대: 권위적 암시를 통한 문제해결.
- 2세대: 엘먼의 상황에 따른 유연한 접근(감정적 원인 탐색 및 직접 암시 병용)과 에릭슨의 해결 중심적 접근, 다양한 심리치료 기법과의 통합, 내담자의 자원 활용.
- 3세대: 통합적 치유와 내담자의 본질적 성장을 촉진, 내담자와 최면상담사 모두의 의식적 성숙과 확장 추구.

■ 기법과 기술의 재정립

3세대 최면 패러다임 내에서 기존의 최면 기법과 기술들은 새로운 맥락과 목적으로 재해석되고 재정립된다.

① 직접 암시의 재정립:
- 기존: 최면가가 내담자에게 특정 변화를 지시.
- 재정립: 내담자의 내면 자원을 활성화하고, 잠재의식과의 연결을

촉진하는 도구로 활용.
- 적용: 암시가 내담자의 고유한 언어와 은유를 반영하며, 내담자의 자율성을 존중하는 방식으로 제공.

② 역행 테라피의 재정립:
- 기존: 트라우마적 기억을 찾아 재처리하는 방법.
- 재정립: 내담자의 의식 확장과 자기 이해를 촉진하는 적극적 정화의 여정.
- 적용: 과거 사건의 해소를 넘어, 자신의 에고 구조를 인식하고 자각하며, 그 경험이 현재의 삶에 주는 의미와 교훈, 그리고 미래에 대한 통찰로 확장.

③ 파츠 테라피의 재정립:
- 기존: 문제가 되는 파트를 찾아 변화시키는 접근.
- 재정립: 내면의 다양한 측면들이 잠재의식의 지혜와 인도 아래 통합되는 과정.
- 적용: 각 파트의 긍정적 의도를 인식하고, 파트들이 서로 힘을 빼며 협력하는 단계를 넘어, 궁극적으로는 잠재의식의 관리하에 현존과 함께 영감적으로 움직이고 조화를 이루도록 함. 이는 파트들의 기능적 통합을 넘어서 의식적 성장과 초월로 이어지는 과정이 됨.

④ 정화와 소통의 통합:
- ICS 정화와 소통의 원리를 모든 최면 기법에 통합.
- 내담자의 에고적 고착을 해소하고, 잠재의식과의 연결을 강화하는 방향으로 모든 기법을 재조정.
- 각 세션이 단순한 문제해결을 넘어 내담자의 전체적인 정화와 성장 과정의 일부가 되도록 접근.

■ **임상적 적용의 새로운 차원**

3세대 최면 패러다임 기반의 접근은 다음과 같은 임상적 적용의 새로운 차원을 열어준다.

① 다층적 치유:
- 표면적 증상 → 심층적 원인 → 의식 패턴 → 영적 차원까지 아우르는 다층적 치유 과정.
- 각 세션이 다양한 층위에서 동시에 작용 또는 점진적으로 확장하도록 설계.

② 변환적 경험(Transformative Experience):
- 단순한 변화를 넘어 내담자의 전체적인 존재 방식의 변환을 촉진.
- 증상이 사라지는 것뿐 아니라, 내담자가 자신과 세상을 바라보는 관점 자체가 변화.

③ 잠재의식과의 연결:

- 내담자가 자신의 잠재의식(본질적 의식)과 지속적으로 연결될 수 있는 능력 개발.
- 이를 통해 세션 이후에도 자기 주도적인 성장과 통찰이 계속될 수 있도록 지원.

④ 현존 중심 접근:

- 모든 기법의 적용에서 최면상담사의 '현존' 상태를 핵심 요소로 인식.
- 기법 자체보다 최면상담사가 현존 상태를 유지하며 내담자의 현존을 촉진하는 상호작용을 중시.

■ 최면상담사의 역할 재정의

3세대 최면 패러다임에서 최면상담사의 역할은 근본적으로 재정의 된다.

① 안내자(Guide):

- 문제를 '고치는 사람'이 아닌, 내담자의 내적 여정을 함께하는 안내자.
- 내담자의 고유한 성장 경로를 존중하며, 그 과정을 지원하는 역할.

② 공간 창조자(Space Creator):
- 내담자의 내적 탐색과 변환이 안전하게 일어날 수 있는 심리적, 에너지적 공간을 창조.
- 판단보다는 수용적인 현존 상태를 지향하며, 내담자의 자기 발견 과정을 지원.

③ 공동 탐험가(Co-Explorer):
- 내담자의 내적 세계를 함께 탐험하는 동반자.
- 호기심과 개방성을 유지하며, 내담자의 경험에 함께 참여하는 태도.

④ 현존의 촉매제(Catalyst of Presence):
- 자신의 현존 상태를 통해 내담자의 현존 상태를 촉진.
- 이론이나 기법보다 존재 방식 자체가 더 중요한 요소가 됨.

■ 실천적 통합: 3세대 패러다임의 일상적 적용

3세대 최면 패러다임의 원리는 공식적인 최면세션에만 국한되지 않고, 최면상담사의 일상과 전문적 실천 전반에 통합된다. 이는 ICS 최면 전문가들의 궁극적인 지향점이다.

① 지속적인 자기 관찰과 정화:
- 최면상담사는 지속적인 자기 관찰과 정화의 과정을 통해 자신의

에고적 패턴과 고착을 인식하고 해소.
- 이를 통해 내담자와의 작업에서 더 깊은 현존과 명확성을 유지.

② **잠재의식과의 소통 심화:**
- 최면상담사 자신이 잠재의식과의 소통을 지속적으로 심화하는 실천.
- 이러한 소통을 통해 내담자와의 작업에서 영감적이고 직관적인 통찰을 얻음.

③ **통합적 세계관의 체화:**
- 분리가 아닌 연결, 고정이 아닌 흐름, 제한이 아닌 가능성의 관점에서 세상을 바라보는 통합적 세계관 발전.
- 이러한 세계관이 최면 실천의 모든 측면에 자연스럽게 반영.

④ **지속적인 성장과 학습:**
- 최면상담사 자신이 끊임없는 성장과 학습의 여정을 지속.
- 다층적 통찰을 통합하여 더 포괄적이고 효과적인 접근법 개발.

3세대 최면 패러다임은 최면과 최면상담의 진화 과정에서 현재까지의 정점을 의미하지만, 결코 완성된 종착점이 아닌 계속 진화하는 열린 여정이다. 이 패러다임은 최면 실천의 모든 측면에 통합, 초월, 성장의 원리를 적용함으로써, 최면상담사와 내담자 모두에게 더 깊고 의미 있는 변화와 발전의 가능성을 열어준다.

최면상담사는 이 패러다임을 단순히 지식이나 기술로 습득하는 것이 아니라, 자신의 존재 방식과 실천 전반에 체화함으로써 진정으로 변화와 성장의 촉매제가 될 수 있다. 이러한 방식으로, 최면상담은 단순한 변화 기법을 넘어 의식의 확장과 인간 잠재력의 실현을 위한 강력한 도구로 그 역할을 확장해 나갈 것이다.

C.
최면상담사의 성장과 발전

01. 최면상담사의 그라운딩과 센터링

최면상담의 영역에서 최면상담사의 역할은 단순히 기술과 지식으로 내담자를 가이드하는 것을 넘어선다. 진정한 최면상담사는 내담자를 돕는 과정에서 자신의 내면 상태를 관리하고, 자신과 내담자 사이의 경계를 명확히 유지하며, 내담자의 감정적 부담을 떠안지 않으면서도 효과적인 도움을 제공할 수 있어야 한다. 이러한 역량의 핵심이 바로 '그라운딩(Grounding)'과 '센터링(Centering)'이다.

■ 그라운딩과 센터링의 본질

서구의 일부 최면가들은 그라운딩과 센터링을 주로 시각화 기법이나 호흡법, 명상과 같은 기술적 측면에서 다루는 경향이 있다. 이러한 접근법은 분명 단기적인 도움을 제공할 수 있지만, ICS 최면의 관점에서 볼 때 이는 표면적인 접근에 불과하다.

ICS 최면에서 말하는 진정한 그라운딩과 센터링은 단순한 기법이 아닌, 최면상담사의 존재 방식과 관련된 근본적인 문제이다. 이는 '의식의 혼'을 발달시키는 과정과 밀접하게 연결되어 있으며, 3세대 최면 패러다임의 핵심 가치인 통합, 초월, 그리고 성장의 개념과 맞닿아 있다.

■ 의식의 혼: 자기관찰과 정화의 열쇠

'ICS 최면'과 'ICS 정화와 소통'에서 계속해서 강조하는 '의식의 혼'은 최면상담사가 자신의 감정, 생각, 반응을 관찰하고 분리하며, 내담자와의 상호작용 속에서 자신의 역할을 명확히 인식할 수 있는 능력을 말한다. 이는 단순히 특정 순간에 적용하는 기교적 테크닉이 아니라, 지속적인 자기관찰과 정화를 통해 발달시켜야 하는 의식의 상태이다.

최면상담사는 내담자와의 세션 과정에서 다양한 감정적 반응과 내적 투사를 경험할 수 있다. 내담자의 고통에 공감하면서도 그것을 자신의 것으로 흡수하지 않는 미묘한 균형, 내담자의 문제에 전문적 관심을 기울이면서도 과도하게 개입하지 않는 경계선을 유지하는 것은 '의식의 혼'이 제대로 기능할 때 가능하다.

■ 그라운딩: 현존과 실재성의 기반

ICS 최면에서의 그라운딩은 단순히 대지와의 연결을 상상하는 심상화를 넘어, 최면상담사가 현재 순간에 온전히 존재하는 '현존(Presence)'의 상태와 깊이 관련되어 있다. 이는 다음과 같은 측면을 포함한다.

① **실재성 인식:** 자신의 신체적, 정서적 상태를 명확히 인식하고, '지금 여기'에서 일어나는 현상에 온전히 주의를 기울이는 능력.

② **에고 관찰:** 자신의 에고와 그것이 상담 과정에 미치는 영향을 지속적으로 관찰하고, 에고의 반응에 휘둘리지 않는 내적 자유를 유지하는 것.

③ **현실 기반 판단:** 내담자와의 상호작용에서 객관적 현실과 주관적 해석을 구분하고, 왜곡된 투사나 전이 현상을 알아차리는 능력.

진정한 그라운딩은 표면적인 안정감이 아니라, 자신의 심층적인 고착과 패턴을 인식하고 이에 휘둘리지 않는 내적 자유의 상태이다. 이는 ICS에서 말하는 '정화'의 과정과 직접적으로 연결된다.

■ **센터링: 경계의 명확화와 본질적 연결**

센터링은 자신의 중심을 찾고 유지하는 능력으로, 다음과 같은 요소들을 포함한다.

① **심리적 경계 확립:** 내담자의 문제와 감정에 공감하면서도 그것을 자신의 것으로 받아들이지 않는 명확한 경계를 설정하는 능력.

② **에너지 관리:** 최면상담의 과정에서 자신의 에너지를 효과적으로 사용하고 보존하며, 내담자에게 적절한 에너지를 제공하는 방법을 아는 것.

③ **본질적 연결:** 내담자의 표면적 감정이나 이야기를 넘어, 그 안에 있는 본질적인 메시지와 연결되는 능력.

ICS 최면에서 센터링은 단순한 집중력의 문제가 아니라, 자신의 잠재의식(본질적 의식)과 연결되어 영감을 받고 이를 내담자와의 작업에 통합하는 능력이다. 이는 '소통'의 개념과 직접 연관된다.

■ **실천적 접근: 지속적인 자기 발전의 여정**

진정한 그라운딩과 센터링은 일회성 훈련이 아닌 지속적인 자기 발전의 여정으로 접근해야 한다. ICS 최면상담사에게 권장되는 실천적 접근법은 다음과 같다.

① **일상적 자기 관찰:** 최면상담 상황에 한정되지 않고, 일상에서 자신의 감정, 생각, 반응 패턴을 지속적으로 관찰하고 인식하는 습관 기르기.

② **정화의 실천:** 자신 안에 있는 고착된 패턴, 편견, 투사를 인식하고 이를 해소하는 작업을 지속적으로 수행하기.

③ **소통의 심화:** 자신의 잠재의식과의 연결을 깊게 하고, 이를 통해 영감과 통찰을 얻는 능력 개발하기.

④ **현존 훈련:** 매 순간 온전히 존재하는 훈련을 통해, 내담자와의 상호작용에서 진정성과 효과성을 높이기.

⑤ **자기 돌봄:** 자신의 신체적, 정신적, 영적 건강을 돌보는 것을 최우선으로 여기고, 이를 위한 구체적인 실천 방안 마련하기.

■ **3세대 최면 패러다임과의 연결성**

그라운딩과 센터링에 대한 ICS의 접근법은 3세대 최면 패러다임의 핵심 가치인 통합, 초월, 성장과 깊이 연결되어 있다.

① **통합:** 최면상담사 자신의 다양한 내적 측면을 인식하고 이를 조화롭게 통합하는 과정은 그라운딩과 센터링의 기반이 된다. 내담자의 복잡한 내면 세계를 돕기 위해서는 먼저 자신의 내면을 통합해야 한다.

② **자아초월(3세대 최면 패러다임의 '초월'은 더 넓은 의미의 초월을 말하지만 여기서는 자아초월적 측면을 언급한다)**: 에고의 한계를 넘어 보다 넓은 관점에서 자신과 내담자를 바라볼 수 있는 능력은 진정한 센터링의 핵심이다. 이는 자신의 한계와 편견에서 벗어나 더 넓은 가능성을 열어준다.

③ **성장**: 최면상담사의 그라운딩과 센터링 능력은 단순히 습득되는 기술이 아니라, 지속적인 성장과 발전의 여정이다. 이 과정에서 최면상담사는 자신의 한계를 넘어서고, 내담자를 더 깊은 차원에서 도울 수 있는 능력을 개발한다.

■ **존재 방식으로서의 그라운딩과 센터링**

최종적으로, ICS 최면에서의 그라운딩과 센터링은 단순한 기술이나 방법론이 아니라, 최면상담사의 존재 방식 자체를 변화시키는 근본적인 접근이다. 이는 최면상담사가 내담자를 돕는 과정에서 자신의 에고를 넘어서고, 보다 깊은 차원에서 내담자와 연결되며, 자신과 내담자 모두의 성장을 촉진할 수 있는 토대가 된다.

진정한 그라운딩과 센터링을 갖춘 최면상담사는 단순히 문제해결을 위한 도구를 제공하는 것이 아니라, 내담자가 자신의 내면 자원과 연결되고 자신만의 해결책을 찾을 수 있도록 돕는 안내자가 된다. 이것이 바로 ICS 최면이 지향하는 최면상담사의 이상적인 모습이다.

이러한 접근법은 심상화나 호흡법과 같은 기술적 방법을 배제하는 것이 아니라, 그것들을 보다 깊은 의식의 변화와 통합하는 것이다. 이를 통해 최면상담사는 자신의 잠재의식과 소통하며, 내담자를 돕는 과정에서 진정한 '현존'의 상태로 함께할 수 있게 된다.

■ ICS 정화와 소통: 그라운딩과 센터링을 위한 실천적 길

최면상담사의 그라운딩과 센터링은 하루아침에 완성되는 것이 아니라 지속적인 실천과 체화를 통해 발전시켜 나가는 것이다. ICS-ART를 학습하는 최면상담사들에게 이 여정의 구체적인 방향성을 제시하자면, 'ICS 정화와 소통' 과정을 통한 접근이 가장 효과적이다.

ICS 정화와 소통 과정은 최면상담사가 자신의 내면을 정리하고 본질과 연결되는 체계적인 길을 제공한다. 특히 다음과 같은 측면에서 그라운딩과 센터링 능력 발달에 직접적인 도움을 준다.

① **일상적 정화 실천:** 내담자를 만나기 전후, 그리고 일상생활에서 자신의 감정, 생각, 반응 패턴을 관찰하고 정화하는 습관을 키워나간다. 이는 최면세션에서 불필요한 자기 투사나 간섭을 줄여준다.

② **내면의 명확한 경계 형성:** 정화 과정을 통해 자신의 에너지와 타인의 에너지를 구분하는 능력을 키우며, 이는 내담자와의 작업에서 공감하면서도 경계를 유지하는 능력으로 이어진다.

③ **잠재의식과의 소통 심화:** 본질적 의식과의 연결을 강화함으로써, 최면세션에서 직관적 통찰과 영감에 더 쉽게 접근할 수 있게 된다. 이는 인위적인 소통의 함정(무의식 리소스나 특정 파트와의 연결에서 나오는 착각으로, 진정한 잠재의식 소통이 아닌 특정 에고 상태의 연합이나 조작된 경험을 실제 소통으로 오인하는 상태)에 빠지라는 것이 아니라 다음 항목인 '현존'의 결과로서 자연스럽게 일어나는 소통을 뜻한다.

④ **현존 상태 체화:** 정화와 소통의 지속적 실천은 점차 '현존'의 상태가 자연스러운 존재 방식이 되게 하며, 이는 최면상담의 효과성을 크게 높인다.

ICS-ART의 맥락에서 그라운딩과 센터링에 접근할 때, 기술적인 세부사항보다 중요한 것은 이러한 능력이 개발되어야 하는 이유와 방향성을 이해하는 것이다. 구체적인 기법들은 'ICS 정화와 소통' 과정에서 더 깊이 다루어지므로, ART를 학습하는 최면상담사는 기본적인 개념을 이해한 후 정화와 소통 훈련을 통해 이를 체화해 나갈 것을 권장한다.

최면상담사가 내담자의 깊은 내면 작업을 돕기 위해서는 자신부터 그러한 여정을 시작해야 한다. 'ICS 정화와 소통'은 이러한 여정을 위한 지도이자 나침반이 되어줄 것이다.

02. 기술에 대한 평가 및 성장에 대한 가이드라인

PART 2의 '기억재생과 그 활용'에서 언급한 것처럼 최면 상태에서 떠올리는 기억에 대한 연구들은 많은 논란의 여지가 있었다. 실험실에서 연구자들은 객관적인 태도를 유지하며 관계적인 영향을 제거하거나 최소화하기 위해 노력한다. 이런 식의 실험실 연구들은 제어, 모집단 설계 등에 결함이 있는 경우들이 많다. 그러나 실제 임상 상황에서 최면상담은 전혀 다르다. 최면상담 현장에서 최면상담사는 내담자와 관계를 극대화하기 위해 최선을 다하며 이러한 '최면적 관계'는 정말 중요한 요소가 된다. 최면상담사와 내담자 사이의 관계를 고려하지 않고 이런 최면상담기술의 효과를 테스트하려는 연구는 크게 도움이 되지 않는다. 이것은 마치 특정 악기로 연주되는 음악의 품질을 평가하는데 그 연주자가 누구인지가 고려되지 않는 것과 같은 것이다.

이와 연관해서 최면상담사로서 개인적인 발전과 성장에 대한 가이드라인을 제시하고자 한다.

■ 최면상담사의 6단계 성장모델

최면과 최면상담은 다르다. 최면 자체를 행하는 사람을 우리는 '최면가, 최면사'라고 부른다. 반면 최면상담을 행하는 사람은 '최면상담가, 최면상담사'라고 부른다.

최면상담은 기본적인 '최면'이라는 현상 및 절차에 내담자의 변화를 위한 적절한 '개입전략'이 결합된 것이다.

최면상담사의 6단계 성장모델

단계	외부전략(기술중심)	내부
1단계	직접 암시	최면상담사의 자기 에고 상태 관찰 및 에고 구조 인식, 자기 정화와 소통의 실천과 성장
2단계	+ NLP식 하위양식 변화 및 해결중심 전략	
3단계	+ ART 기본	
4단계	+ ART 고급 / 응용 / 확장 파츠 테라피 기본	
5단계	+ 내담자 중심 접근 기반 (직접 암시, ART, 파츠 테라피 전략 재조정)	
6단계	+ 3세대 최면 패러다임 기반 (직접 암시, ART, 파츠 테라피 전략 재조정)	

by 문동규 ICS 마스터 최면 트레이너

1단계와 **2단계**는 최면상담사가 증상이나 징후 자체의 제거를 목표로 하는 결과중심의 접근을 유일한 개입전략으로 사용하는 것이다.

1단계에서 사용하는 직접 암시 전략은 2세대 최면의 가장 기본적인 형태이며 대부분의 최면학습에서 다루게 된다. **2단계**에서 사용하는 하위양식의 변환을 통한 간략한 변화작업은 때때로 매우 빠르고 의미 있는 결과를 가져온다. 무엇보다 1, 2단계의 전략은 초보 최면상담사 입장에서는 배우고 익히기에 쉬울 뿐 아니라, 비교적 짧은 기간이 소요된다는 장점이 있다. 그러나 깊은 정신역동적 원인이 개입된 특정 문제들에 대해서는 깊은 내부저항에 부딪혀 작동하지 않거나 부분적 또는 일시적 작동의 가능성이 있다는 한계를 가질 수밖에 없다.

이러한 내부의 깊은 저항을 다루기 위해 최면상담사는 ART 전략의 도움을 받을 수 있다.

3단계는 최면상담사가 자신의 전략을 더욱 확장하기 위해 ART의 기본구조를 익히고 능숙히 사용할 수 있도록 체화하는 과정이다. 초보자들에게 이 과정은 다소 어렵게 느낄 수 있지만 익숙해지고 결과를 만들어 내는 과정에서 최면상담사로서 가능성과 자신감을 갖게 할 것이다.

4단계는 ART의 기본 구조를 넘어서 보다 복잡한 다중 감정이나 다중 ISE에 관한 해결력을 키우고 확장하는 과정이다. 이데오모터 신호를 결합한 ART나 파츠 테라피와 같은 보완적이고 확장된 기법을 익히는 것이다. 이 단계에 익숙해지면 어느 정도 대부분 내담자의 범위를 다룰 수 있고 높은 해결력과 완성도 있는 세션의 구조를 잡게 된다.

이 단계에 있는 학습자 또는 최면상담사는 기술적 발전을 위해서 다양한 사례를 접하면서 종합 세션의 회기를 마무리하며 사례를 만들어가야 한다.

ART가 적용된 종합 세션의 경우 단지 증상이나 문제의 경감이 아닌, 재발이 없는 완전한 소거가 그 목표가 되어야 한다. (물론 외부적 요인에 의한 통증을 완화시키는 목적의 의료적 주제를 다루는 경우라면 예외가 될 것이다.) 예를 들어 어떤 최면상담사가 내담자와의 세션회기를 완전하게 마무리 짓지 못하고, 1, 2회성 세션만을 반복적으로 진행하게 되는 환경에 있다면 아무리 그 횟수와 시간이 늘어나더라도 최면상담사로서 발전에는 도움이 되지 않는다. 왜냐하면 단순 양상을 가진 몇몇 사례들 외에는 대부분의 사례가 사례로서의 가치가 없는 미완성의 사례들일 것이기 때문이다.

현대인들의 복합적이고 다양한 이슈들을 다루기 위해서는 전체 ART가 종료되는데 3~6회기 가량의 회기(일부 사례들은 더 많은 회기)가 소요될 수 있다. 종합적인 ART를 적용할 때는 ISE를 찾고, SPE와 SSE들을 다루고, 인물에 대한 작업과 자기 자신에 대한 작업 등을 다루며, 내담자의 문제 징후가 완전히 소거되었는지, 일정 기간 이후 재발이나 잔여 양상이 지속되는 부분이 없는지 여부를 지켜보며 피드백을 받을 필요가 있다. 이 필수적인 과정을 통해 사용한 절차들의 효과성을 평가할 수 있을 것이기 때문이다.

5단계와 **6단계**는 기술적 확장이라기보다는 전략의 큰 틀을 분명히 잡아가는 과정이다. 이 과정이 명확해지면 그동안 익혔던 모든 기술적인 요소들이 자연스럽게 재조정될 것이다. **5단계**에서는 그동안 익혔던 직접 암시 기법과 ART, 그리고 파츠 테라피 등에 대한 전략을 내담자 중심 접근법을 기반으로 재조정하고 체화하는 단계이다.

즉, 영구적이고 장기적인 결과를 만들어 내는 종합적이고 완성도 있는 ART세션 경험을 많이 축적하는 것이 이 단계에 있는 최면상담사들의 기술적 측면의 확장에 기여할 것이다.

마지막 **6단계**는 3세대 최면 패러다임을 기반으로 전체과정을 바라보고 반영되지 않는 부분과 어긋나는 요소들을 재조정하고 체화하는 단계이다.

앞에서 기술한 여섯 단계는 최면상담사의 기술적 측면에서의 외적 발전단계들이다. 그러나 이 여섯 단계를 진행하며 간과해서는 안 될 필수적인 요소가 있다. 그것은 바로 **최면상담사 자신에 관한 것**이다. 이 여섯 단계를 관통하며 동시에 병행되어야만 하는 이 부분이 배제된다면, 그 최면상담사는 아무리 오랜 경력을 쌓더라도 최면가로서 성장과 발전에 극명한 한계점을 가질 수밖에 없다.

앞에서 구조화한 표 '최면상담사의 6단계 성장모델'은 이 부분을 한눈에 파악할 수 있도록 나타낸 것이다. 최면상담사는 1단계에서 6단계까지 성장해가는 동안, 아니 6단계 이후에도 늘 자신의 에고 상태를 관찰하고 자신의 에고 구조를 인식하려는 노력이 필요하다. 그것을 기반으로 자기 정화와 소통의 실천을 행해야 하는 것이다. 성장은 일회성의 이벤트가 아니다. 이것은 우리의 삶이 지속되는 한 함께해야 한다.

기술적인 성장이 아무리 진척되더라도 이 요소가 누락이 된다면 그것은 최면상담사로서 걸음마를 떼는 초보자와 다름없는 것이며 이 기술들의 진정한 힘을 누릴 수 없다. 최면상담사는 단순히 대가를 받고 상담을 해주는 것 그 이상의 의미가 있다. 내담자의 의식적 이슈, 에고 상태의 이슈를 다루는 사람은 궁극적으로 자신의 에고 구조와 고착 또한 인식하려 하고 그것을 정화해 나가야 한다. 최면상담의 과정에는 최면상담사 자신도 그 일부로서 포함된다. 궁극적으로 최면상담은 내담자의 의식과 무의식, 잠재의식뿐만 아니라 최면상담사의 의식과 무의식, 잠재의식이 함께 소통하며 행하는 작업이기 때문이다.

똑같은 악기를 다루더라도 다루는 사람에 따라 그 작품성과 깊이가 달라지듯이 악기를 다루는 사람을 간과하지 말자. 이것을 단지 개념적인 이야기 정도로만 치부한다면 영감적인 최면상담사로서 결코 성장할 수 없다는 것을 명심해야 한다. 자기 성장에서 완성이란 없지만 결국 최면상담사로서의 성장은 자기 성장의 과정과 반드시 함께 가야 하는 것이다.

저자가 이런 최면상담사 자신에 대한 성장에 대해 강조했더니, 혹자는 반대의 극단으로 이렇게 오해하는 경우가 있었다. 특정 테크닉이나 테라피 등의 기술이 중요치 않다고 말이다. 그러나 저자가 말하고자 하는 바는 그것만이 아니다. 내담자와 신뢰가 깊고 좋은 것은 당연히 기술을 능가한다. 그러나 아무리 이런 끈끈한 래포가 있다 하더라도 유도자가 내담자의 문제를 적절히 효과적으로 다룰 수 있는 구조화된 기술이나 체계가 받쳐주지 않는다면 한계를 보일 수밖에 없다. 이런 말을 그저 자신의 기술적 지식적 결핍에 대한 핑곗거리로 사용해서는 안 된다.

훌륭한 최면상담사는 **자기 탐구와 자기 성장이 전제되는 소양적, 지식적, 기술적 측면 모두에 대한 균형 있는 성장**이 있어야 함을 명심하라.

■ 진정한 최면상담사로 성장하는 길

이 장에서는 앞서 '최면상담사의 그라운딩과 센터링'에서 살펴본 존재 방식의 중요성을 기반으로, 최면상담사로서 자기 정화와 성장이 무엇을 말하는 것인지 보다 구체적으로 언급하고자 한다. 자기 성장, 자기 정화 등의 단어들이 매우 모호하다고 느끼는 사람들이 많기 때문에 이것이 단지 개념적인 언급이 되지 않기 위해 조금의 부연설명을 덧붙일 것이다. 그러나 먼저 한 가지 언급한다면 여기 짧은 지면에서 이것을 글과 언어라는 제한된 수단을 통해 저자가 독자들에게 완전히 이해시키거나 설명하기에는 무리가 따른다는 점을 참고 바란다. 그러나 저자의 능력 안에서 가급적 핵심적인 일부를 최선을 다해 간략히 표현해

보겠다.

가장 먼저 많은 사람이 착각에 빠지는 부분이 있다. 그것은 자기 정화와 성장을 '머릿속에 지식을 채우는 것'으로 생각하는 경우이다. 이 경우 특정한 학문이나 수많은 책을 통해 정보를 수집하고 무의식의 저장 공간에 쌓아두는 것이다. 이것은 때때로 우리의 의식 수준에 큰 만족감을 주기도 한다. 또한 그와 함께 자신의 영적 수준이 매우 진화되었고 많은 것을 알고 있다는 착각을 주기도 한다. 우리의 의식은 무의식 속 정보와 프로그램들에 상호작용하기 때문이다.

머릿속 지식을 통해 똑똑해지는 것과 영적인 현명함과 성숙함이 증가하는 것은 다르다. 이런 논리라면 특정 학문의 지식을 풍부하게 가진 박사나 교수, 수많은 책을 읽은 사람들은 영적으로 매우 성숙한 사람들로 가득 차야 한다.

그러나 현실은 어떤가? 우리 사회는 여전히 능력 밖의 교육을 받은 사람들로 넘쳐난다.
머릿속 정보와 지식은 차고 넘치지만 자신의 삶이 어떤 패턴으로 반복되고 있고, 또 자신이 무의식중에 하는 선택과 말, 행동이 무엇으로부터 오고 어떤 구조를 지니고 있는지, 자신의 상태가 어떤 내적 자원과 동일시되어 있는지, 또 자신의 삶이 어디로 향하고 있는지… 우리는 우리 자신에 대해 객관적이고 깨어난 시선으로 바라볼 수 없다. 아니 대부분은 보려는 시도 자체도 없다. 물론 보려 한다고 쉽게 간파되는 것도 아니다.

최면상담사는 타인과의 최면분석 과정 속에서 무의식의 자원들이 의식의 작용에 얼마나 큰 영향을 주고 있고, 한 사람의 인생을 어떻게 만들어 가는지, 그리고 그런 무의식의 자원들이 변화되면서 한 사람의 말과 행동 패턴, 나아가 인생이 어떻게 극적으로 바뀌게 되는지 교과서가 아닌 실제 현장 경험을 통해 적나라하게 경험하게 된다.

저자가 앞서 말한 가이드라인을 숙지하고 있는 최면상담사는 이 과정에서 내담자를 통해 자신의 패턴이나 모습을 보기도 하고 자기 내부의 상호작용이나 반응을 발견하게 되기도 한다. 단지 발견하는 것으로 끝나서는 부족하다. 우리는 무의식을 다룰 수 있는 훌륭한 도구를 가진 전문가집단이 아닌가? 이는 자신의 에고 구조의 일부를 발견하고 그것을 정화할 수 있는 훌륭한 기회를 얻은 것이다. 그것이 너무 깊은 이슈라면 앞의 성장모델에서 4단계 이상의 수준에 있는 동료 전문가의 도움을 적극적으로 받을 것을 추천한다.

우리 내부의 퍼스널리티(Personality: 성격, 인격)를 구성하는 고착된 에고 파트의 힘을 빼게 하고 그들이 내사된 이미지로부터 자율성을 얻게 하는 것은 정화의 과정에서 중요한 일부분이 될 수 있다. 이것은 마치 강력한 외과수술에 비견될 수 있으며, ART와 파츠 테라피 등이 어우러진 복합작업들이 바로 그것을 가능하게 한다.

많은 사람이 자신의 고착들을 마음 한쪽 구석에 보자기로 덮어둔 채, 또 다른 에고가 만든 여러 가지 화려한 이론이나 체계, 공부를 통해 막연히 자신이 정화되었다고 믿는 경우가 많다. 그러나 최면과 ART를 탐구하고 행하다 보면 인간의 내면이 얼마나 깊고 교묘한지 깨닫게 되는 순간들이 온다. 그런 내적 고착들은 현재의식이 얼마나 많은 정보와 머릿속 지식들을 많이 보유하고 있는지와는 무관하게 우리의 무의식 그 자리에 남아서 작용하고 있다. 결코 시간이 지난다고 해서, 의식적으로 좋게 생각한다고 해서 사라지는 것이 아니다.

내부정화의 측면은 이렇게 영향력이나 고착을 지워내는 측면만 있는 것은 아니다. 우리 내부의 에고 파트들 간의 소통, 즉 무의식 간의 상호 횡적인 의사소통을 통한 조화로운 에고로 살아가는 것 또한 정화의 다른 측면으로 볼 수 있다.

앞서 말한 두 가지 측면은 각각 모두 의미 있는 것이다. 물론 저자가 말하는 정화와 소통의 측면은 이것만이 아니다. 삶의 순간순간 깨어서 자신의 상태를 관찰하고 인식하는 것 또한 중요한 것이다. 그 과정과 함께 에고라는 착각(잘못 만들어진 정체성) 이면의 진정한 자신인 잠재의식과 상호작용하는 것은 또 하나의 핵심이라 할 수 있다.

지금 저자는 최면상담사에게 부처가 되라거나 에고를 초월하라는 식의 뜬구름 잡는 이야기를 하는 것이 아니다. 이것의 핵심은 '건강한 에고'가 되는 것, 그리고 그것에 기반을 두고 내 영감의 원천인 잠재의식과 팀을 이루어 내 인생을 가장 유리한 방향으로 나아가게 하며 성장할 수 있는 상태를 말하는 것이다.

자신의 기저욕구나 건강하지 않음을 직면하는 것은 상당히 불편한 과정이다. 내가 애써 감추고 꾸며왔던 모습의 본질을 맞닥뜨리고 직면하는 것이기 때문이다. 그리고 이러한 과정들을 통해 어느 정도 결과들을 얻었다고 해서 자만심을 가지는 것 또한 금물이다. 그것 또한 자신이 뭔가 대단한 것을 해냈다는 '착각'이기 때문이다.

우리는 내담자들의 과거 기억으로부터 자유롭게 만들어 그들이 온전한 현재를 사는 과정을 돕는다. 그러나 최면상담사인 나라는 에고 또한 이 삶의 여정에서 현재에 온전히 설 수 있도록 인식해야 한다. 사실 현재에 있는 나에게 과거만이 영향을 주는 '기억'인 것은 아니다. 미래의 '기억' 또한 나에게 영향을 주고 있다. 왜냐하면 시간이란 프레임은 현재의식 차원에서 존재하는 프레임이며, 과거와 현재와 미래는 동시에 존재하기 때문이다.

어려운 개념들은 차치하고 한 가지만 기억하자.

'자신에 대해 알아차리고
건강한 에고로서 현존하는 것'

저자는 첫 번째 저서인 《의식을 여는 마스터키, 최면》(문동규 저,

2016, 렛츠북)에서 "**최면은 '의사소통의 또 다른 방식'인 동시에 '무엇인가를 학습하는 방식'이기도 하다.**"라고 말한 바 있다. 즉, 최면은 학습의 도구이면서 소통의 도구인 것이다. 학습은 '고착'이고 소통은 '유연함'이다.

이 말의 표면적 의미는 단지 배우는 것과 대화하는 것을 말하지만 더 깊은 차원에서의 의미를 생각해 보자.

과거 2세대의 최면은 부정적이라 여기는 고착을 긍정적이라고 여겨지는 새로운 고착으로 대체하는 것에 초점을 두었다. 그러나 더욱 발전된 방식의 최면에서는 해당 고착을 해소시켜 충분한 자율성을 갖게 만드는 형태를 사용했다. 이렇게 자율성을 확보한 상태에서 진정으로 자신에게 유리한 선택을 내담자 스스로 하게 되는 것이다. 이것은 새로운 학습의 일환이다.

소통은 고착된 리소스들 간의 유연함을 갖고 그 경계를 유연하게 만드는 것이다. 결국 이들은 치유와 변화라는 과정과 결과로 이어지게 된다.

그러나 이것이 끝이 아니다. 이렇게 고착에서 자유로워지고 내면의 유연함을 찾게 될 때 우리는 더욱 깊은 차원에서 진화할 기회를 얻게 된다. 내부 리소스들의 고착과 잠재의식의 영감 사이의 경계를 유연하게 만드는 작용으로 이어진다.

결국 이는 '현존'의 의미와 연결되며 잠재의식과 연결되는 순간, 순간을 맞이할 수 있게 된다. 이는 한 사람의 인생을 새로운 경로에 오르도록 만들어 줄 것이다.

어떤 이에게 이것은 결코 쉬운 이야기가 아닐 수도 있다.
의식의 성장과 발전에 있어 이러한 것들은 평생에 걸쳐 시나브로 나아가는 것이다. 이후에도 더 많은 과정이 기다리고 있을 것이지만 그 부분은 개인적 성장의 몫으로 남겨두고 이 책에서 그러한 주제들을 더 깊이 다루지는 않을 것이다.

최면상담은 미성숙한 사람들의 욕구를 충족시키기 위한 놀이터나 장난감 같은 영역이 아니다. 저자는 자신의 에고적 고착과 불건강함을 인식하지 못하거나 보지 않으려는 자는 최면상담사로서 자격이 없으며 이 길과 맞지 않으므로 생계를 위한 다른 직업을 갖기를 권고한다.

이는 최면의 개념과 기술을 가볍게 활용해서 자신과 이웃에게 도움을 주고 '생활최면' 정도의 혜택을 얻고자 하는 대부분 일반인에 대한 언급이 아닌, 3세대 최면 패러다임을 체화하고 지향하는 '최면전문가'라는 이름을 사용하는 직업인에 대한 언급이므로 오해 없기를 바란다. 최면 자체는 관심 있는 누구나 가볍게 활용할 수 있는 도구이다.

최면상담사로서의 길은 단지 화려한 기술로 타인을 돕는 길이 아니다. 만약 이런 이타심에 취해 이 길을 걷는다면 어쩌면 그것 또한 자신의 기저욕구에 휘둘리고 있는 결과일지도 모른다. 칼같이 깨어 자신을 바라볼 수 있다면 한없이 긍정적이라고 느껴지던 내 성격, 내 마음이라고 생각되며 본능적으로 추구하던 그것의 정체가 무엇인지 인식될지도 모른다. 만약 우리의 삶에서 현존의 순간이 늘어갈 수 있다면 당신의 의도는 잠재의식적 영감을 따라갈 수 있을 것이다.

이것은 결국 '나'라는 왜곡된 에고(정체성) 이면의 진정한 자신과 연결되고 리소스라는 연합된 자원이 가져오는 착각에서 벗어나 진정한 자신으로 가는 여정과 함께하는 길인 것이다.

최면상담사, 특히 ICS 전문가로서 영감적인 길을 가고자 하는 사람이라면 저자의 이 말을 꼭 명심하기 바란다. 안타깝게도 의심하고 논쟁하며 너무나 많은 시행착오를 겪으면서 나아가기에는 우리의 물리적 인생은 짧다.

글을 마무리하며

    지금까지 저자가 말했던 내용들은 최면이라는 독립적인 분야의 것이다. (물론 그 발전과정에서 이웃 분야들의 영향을 주고받았더라도) 제도권 학문에서는 최면 자체를 받아들이고 있지 않다는 점을 기억하라. 만약 그랬다면 이미 최면은 제도권 학문의 일부가 되어있거나 그것의 주요 이론들이 받아들여졌을 것이다. 그러나 이러한 독립성은 오히려 최면이 자체적인 패러다임으로 발전할 수 있는 토대가 되었다.

    이 책에서 저자는 가급적 3세대 최면 패러다임이라고 하는 통합적인 관점의 일부분을 반영하려 노력했다. ICS 최면은 3세대 최면의 결정체이다. 이 책에서 말하는 ICS ART는 그것의 극히 일부분일 뿐이다.

    이제 최면은 새로운 패러다임으로 진화했다. 새로운 패러다임에 대해 기존의 최면가들이 마음을 열 수 있다면 더없이 좋겠지만 안타깝게도 새로운 패러다임은 기존 세대가 변화되는 것이 아니라 세월과 함께 새로운 시야를 장착한 새로운 세대가 성장하고 확산하며 이들이 주축이 되면서 교체된다. 이러한 변화 과정에서 가장 큰 장애물 중 하나는 기존의 고정된 시각이다.

  사람은 저마다 각자에게 익숙한 방식의 틀로 세상을 보려 한다. 예를 들어 심리학에 익숙한 사람이라면 이 책에서 나오는 대부분의 내용을 심리학으로 여길지도 모른다. 만약 의학에 익숙한 사람이라면 동일하게 의학적 관점으로 이것을 보고 이해하려 할 것이다. 에너지적 관점에 익숙한 사람이라면 최면의 모든 현상을 마그네티즘이나 기와 같은 에너지적 관점으로 보려 할 것이고, 영성적 관점에 익숙한 사람이라면 또 이 모든 것이 영성적 관점에서 이해하고 설명하려 할 것이다. 이 모든 것과 반대로 최면 자체만을 깊이 파고 최면이라는 틀에 고착되어 있는 사람은 다른 영역이나 현상을 모두 최면이거나 최면현상과 연관 지어 말할 것이다.

  이렇게 자신만의 익숙한 프레임에 고착되어 다른 분야를 부정하는 것은 최면상담사의 자기 성장 측면에서 바람직한 것은 아니다. 특히 3세대 최면 패러다임을 취하는 최면상담사들은 늘 자신의 에고 상태를 관찰하고 깨어 있으려 노력함과 더불어 통합적인 시각과 유연함을 만들어 가야 한다.

  최면을 바라보고 배워가는 과정에서 스펙트럼을 넓히는 것은 중요하지만 그에 못지않게 각 스펙트럼의 깊이를 확보하는 것도 중요한 일이다. 스펙트럼을 확장하는 것과 각 스펙트럼의 깊이를 통합하는 것은 반드시 병행되어야 한다.

새로운 뭔가를 배우고 받아들이기 위해서는 먼저 내 내면의 잔이 무엇으로 채워져 있는지 인식하고 그 잔을 비우는 것이 필요하다. 그래야 우리는 그 빈 잔에 새로운 것을 담아 맛볼 수 있다. 비우지 않은 채로 새 술을 담는다면 우리는 결코 그것의 원래 맛을 알 수 없다. 술을 뒤섞어 마시는 것은 그 각각의 가치를 충분히 음미한 이후에 행해도 늦지 않다. 그것이 바로 새로운 것에 대한 배움의 자세이다.

결코 머릿속에 지식만을 집어넣는 것만으로는 최면가로서 성장할 수 없다. 최면은 학습과 소통의 과정이다. 즉, 최면에서 'PRACTICE(실천)'이라는 단어는 결코 배제될 수 없는 것이다.

한 가지 기술의 유효성을 검증하기 위해서 최소 수 백명의 내담자들에게 왜곡 없이 그 기술을 적용하고 그 결과를 관찰하는 것은 필연적인 과정이다. 이것은 결코 책으로 익힐 수 없는 '소통'의 과정을 경험하게 하며 최면이 일어나는 기전을 몸으로 배울 수 있게 만든다.

지식과 소양, 그리고 기술 이 삼박자가 통합되고 조화가 이루어졌을 때 비로소 '전문가'라는 칭호가 어울릴 수 있다. 저자와 연관되고 자격을 유지하고 있는 ICS 최면 트레이너들은 모두 이것을 훌륭히 해낸 이들이며 이것이 바로 다른 이들과 구별되는 ICS 최면 트레이너가 추구하는 모습이다. 그럼에도 불구하고 과거 많은 시행착오를 겪었다. 따라서 저자는 배출된 트레이너의 숫자에 의미를 두지 않는다. 부실한 트레이너 자격 남발이 최면 업계의 수준과 전반을 무너뜨린 사례들은 이미 여러 나라의 사례들을 통해 봐왔다. 소수의, 또는 단 한 명의 트레이너가 배출되더라도 '영감적인 기술자&교육자'로서, 이 분야의 진정한 리더로서 우뚝 설 수 있도록 하는 것이 저자의 목표이다.

이 책의 초반에 최면의 정체성에 대해 언급한 것처럼 최면이 제도권에 있고 없고를 떠나 '최면'은 이제 그 자체로 존중받아 마땅한 하나의 독립적인 분야라는 사실을 최면상담사로서 잊지 말아야 할 것이다. 이 나라에서 다음 세대 사람들에서 인식되는 최면과 최면상담의 지위는 바로 지금 현재를 살아가는 최면가와 최면상담사들에게 달린 것이다.

이 책은 주로 최면의 치료적 가치에 대한 언급이 많지만 최면은 단지 '치유'를 뛰어넘어 우리의 의식을 탐구하고 내면과 소통하며 우리 존재의 본질과 만나게 하는 가능성을 열어주는 강력한 도구이다.

개인적으로 저자는 어린 시절부터 심지어 성인이 된 후 최면상담 활동을 하던 초창기까지도 외로움이나 공허함과 같은 감정들을 종종 느끼곤 했다. 그러나 잠재의식에 대한 이해가 가슴에서 일어난 이후, 15년 이상 그런 종류의 감정을 느껴본 적이 없다. 내가 얻고자 하는 모든 것이 내 안에 존재하므로 더 이상 외부에서 그런 것들을 찾을 필요가 없었기 때문이다.

어쩌면 누군가는 이 도구를 운용하는 과정에서 우리 각자가 굳게 믿고 있던 '나'라는 에고적 정체성이 허상이었다는 사실을 인식하고 자신의 본질적 에너지인 잠재의식과 새로운 팀을 이루며 모든 것이 유리하게 흘러가는 인생의 새로운 경로를 만끽하게 될지도 모른다. 그리고 그것을 위해 당신의 잠재의식이 최면이라는 분야로 당신을 이끌었는지도 모른다.

시간이라는 프레임 속에서 길지 않은 인생 여정을 살고 있는 우리들이지만 아무쪼록 독자들의 남은 생애 동안 치유를 넘어서 최면이라는 도구의 진정한 가치를 누리는 삶의 경로에 진입하기를 염원한다.

> "KO를 당하고 밑바닥까지 떨어진 후에야 깨달은 것이 있다.
> 내가 얻고자 한 모든 것이 이미 내 안에 있다는 것이다.
> 그것을 깨달으면 이 세상에 불가능은 없다."
>
> — 미국의 전설적인 복서, 조지 포먼
> (George Edward Foreman)

부록

1.
최면&역행 테라피에 관한 Q&A

Q. 최면은 유도된 심상이라 할 수 있을까요?

과거에 최면을 유도된 심상으로 규정하려는 경우가 있었습니다. 그러나 심상을 유도하는 기술이 최면과정에서 활용될 수 있다고 해서 그것이 곧 최면인 것은 아닙니다. 심상을 유도하는 것은 최면과정에서 필수적인 것이 아닙니다.

오래전 미국의 모 최면협회의 최면 마스터 트레이너(수석 교육자)를 양성하는 과정에서 30년 최면경력을 지니고 있다는 한 참가자가 강사에게 이런 질문을 했다고 합니다. "시각화나 심상화가 안 되어 최면이 안되는 내담자는 어떻게 최면을 하죠?"

질문을 보면 그 질문자의 수준을 어느 정도 짐작할 수 있습니다. 질문자는 그의 오랜 경력과 무관하게 최면을 시각화나 심상화로 제한하고 있었던 것입니다. 또한 그는 수십 분간 공을 들여 최면을 유도해야 한다는 믿음을 갖고 있었습니다.

오늘날에는 많은 전문가 사이에서 내담자의 시각화나 심상화 가능 여부와 무관하게 단 몇 초에서 몇 분간의 짧은 시간만을 소요하여 최면을 유도하는 훌륭하고 믿을만한 급속 루틴들이 사용되고 있습니다.

Q. 내담자와 최면작업 중 내담자가 잠이 드는 경우, 어떻게 대처해야 하나요?

먼저 일부 최면사들 사이에서 내담자가 잠에 빠지는 것을 깊은 최면에 드는 것으로 오해하는 경우가 있는데 이것은 잘못된 정보입니다. 최면은 잠자는 상태가 아니라 암시에 높은 반응을 보일 수 있는 상태입니다.

최면상담이나 유도 중 내담자가 잠이 드는 주요 원인은 다음과 같습니다.

첫 번째로, 신체적으로 피곤한 상태에서 최면을 진행하는 경우입니다. 이완을 유도하는 과정에서 최면이 아닌 잠에 드는 것입니다.
두 번째는 지속적으로 받아온 신체적, 정신적 긴장에서 벗어나 휴식을 취하려는 반응일 수 있습니다.
세 번째는 ART과정에 대한 무의식적 저항으로 나타나는 반응일 수 있습니다. ART과정 자체가 무의식적으로 덮어 둔 원인을 직면해야 하거나 기저자아에 접근하는 과정이기에 그것에 대한 무의식적 파트의 저항인 경우가 있습니다.

잠드는 현상과 오인하기 쉬운 또 한가지 반응은 기면반응입니다. 이 것은 최면실어증(Aphasia) 반응의 한 종류로도 나타날 수 있습니다. 이런 상태는 깊은 상태가 아닌 중간상태에서 샛길로 경로를 이탈한 상태로도 이해할 수 있을 것입니다. 이는 최면상담사가 원하는 상태가 아니며 최면상담사는 내담자를 더욱 심화시켜 최면에 반응할 수 있는 상태로 만들어야 합니다.

Q. 최면상담에서 최면 감수성(Suggestibility) 또는 최면 감응성 테스트는 필수적인가요?

암시의 반응 정도를 사전에 테스트하는 것에 대한 필요성에 대해서는 최면계 내에서도 다양한 이견들이 있습니다. 이것이 반드시 필요하다고 주장하는 이들도 있고, 반대로 필요치 않다고 주장하는 이들도 있습니다.

이런 이견에 대해 데이브 엘먼은 사전에 암시성을 테스트할 필요가 없다고 말했습니다. 최면 감수성 테스트라고 부르는 해당 기법들이 대부분 무대 최면에서 비롯된 것들이며, 일반적인 인간으로서 암시에 반응할 수 없는 인간은 없기 때문이라는 이유입니다.

그러나 오늘날 최면이 다양한 목적으로 사용되면서 일부 연구나 공적인 보고서를 위해 객관적인 척도나 측정에 대한 기록이 필요한 경우가 있습니다. 그런 과정에서 암시 반응성 테스트라는 이름으로 반응 정도를 수치화하기도 합니다.

그러나 저자의 개인적인 견해는 이런 경우라 하더라도 최면 전에 피험자의 암시 가능 수준을 평가할 것이 아니라, 해당 세션 과정에서 피험자가 성취한 최면의 깊이 수준을 세부적으로 평가하는 것이 더욱 적절하다고 생각합니다.

그러나 여전히 실제 상황에서 많은 이들이 반대의 방식을 취하곤 합니다. 최면 전에 감수성이나 반응성을 점수화하고, 정작 최면유도 과정에서는 적절한 깊이 테스트조차 행하지 않는 것입니다.

저자는 일반적인 최면상담 상황에서는 사전에 암시 가능 정도를 테스트하지 않습니다. 그러나 '울트라 뎁스® 프로세스'와 같이 프로파운드 섬냄뷸리즘의 확보가 필수적인 작업에서는 궁극의 깊이 확보를 위한 기본 컨디셔닝을 위해 고안된 특정한 절차들을 사용합니다. 이것은 '사전 측정'의 의도가 아닌, '컨디셔닝'의 목적으로 사용됩니다.

Q. 최면유도 도중 내담자가 스스로 눈을 떠버리고 최면이 안 된다고 합니다. 이 사람은 최면 감수성이 높은 사람인데 왜 그런 건가요?

우선 질문 자체가 잘못되었습니다. 최면 감수성이 높다는 말을 절대적인 지표로 사용하는 것은 곤란합니다. 암시에 반응하는 데에는 여러 가지 환경적, 심리적, 관계적 요소들이 상호작용하는 것이기 때문입니다. 유도과정에서 내담자가 능동적으로 눈을 뜬다면 최면의 전제가 되는 최면을 위한 계약이 성립되지 않았거나 파기되었다는 것을 의미합니다. 이는 결코 일어나서는 안 되는 상황 중 하나이며 이 상태로는 결코 암시에 대한 반응으로 연결되기 어렵습니다.

유도자는 최면과 암시반응의 관계에 대해 재정립할 필요가 있으며, 최면이 성립하기 위한 전제 과정들을 재검토하고 재설정해야 합니다.

Q. 부정적 감정을 최면 상태에서 단순히 덮어쓰거나 바꿔쓰는 방식이 효과적인가요?

이러한 접근법은 찰스 테벳이 '반창고 테라피'라고 불렀던 직접 암시요법을 말하는 것입니다. 그것은 ART가 지향하는 방향이 아니며 해당 해당 최면가가 ART나 최면분석 등을 다룰 수 있는 전문가가 아니라는 것을 뜻합니다.

이 경우 단순히 긍정적이라 생각하는 암시나 확언을 반복하는 '생활

최면' 이상의, 내담자들이 지니고 있는 깊고 다양한 전문적인 이슈들을 다루기 어렵습니다.

Q. 일부 유튜브나 인터넷 영상에서 내담자의 어린 시절을 회상하게 하고 눈물을 보이며 대화하는 장면을 봤습니다. 이런 작업이 ART(최면역행 테라피)인가요?

ART로 보이는 유사한 작업을 하더라도 실제 ART가 아닐 가능성이 높습니다. ART의 핵심은 단순한 과거 회상이 아니라 '기저자아(에고 파트)'의 효과적인 활성화에 있기 때문입니다.

여전히 인터넷에서 볼 수 있는 많은 시연 영상들은 역행이 아니라 단지 내담자에게 단순히 어린 시절을 회상시키고 질의 응답을 나누며 직접적인 암시를 주는 경우가 많습니다. 내담자가 이런 지시에 따라 눈물을 흘리거나 감정적 반응을 보인다고 해도, 이는 ART의 원리적 측면에서 볼 때 기저자아를 효과적으로 다루는 작업이라고 보기 어렵습니다. 이러한 현상은 전생역행을 다루는 스피리추얼 최면 장면에서도 종종 목격됩니다.

진정한 ART로 연결되려면 기저자아(에고 파트)가 활성화될 수 있는 환경을 만들어 주는 것이 중요합니다. 이는 최면의 깊이 측면뿐 아니라 ART에 대한 유도자의 올바른 이해와 언어사용도 중요합니다. 단순히 과거 경험을 회상하고 그때의 감정을 재경험하는 것은 일시적인 카타르시스는 줄 수 있지만, 내담자의 깊은 무의식적 패턴과 에고 파트의 구조적 변화를 이끌어 내는 ART의 치유 원리와는 거리가 있습니다.

따라서 단순 회상 작업으로만 진행되는 세션은, 비슷해 보일지라도 진정한 의미의 ART라고 볼 수 없습니다. ART는 보다 체계적이고 정교한 접근법으로, 내담자의 잠재의식과 에고 파트를 효과적으로 다루기 위한 전문적인 훈련과 이해가 필요합니다.

Q. ART를 그룹이나 단체 세션으로 진행할 수 있나요?

ART는 매우 개인적인 절차이며 최면상담사와 내담자 간에 신중하게 소통하며 보조를 맞추는 작업입니다. 단체 세션의 경우 개인의 속도와 피드백에 맞추기가 어렵고 거짓 기억 증후군 등의 문제가 나타날 가능성이 높아질 수 있다는 것이 저자의 개인적 견해입니다. 각 개인은 주관적인 사연이 있고 어떤 변수가 어떻게 발현될지 예측할 수 없으므로 단체 세션을 진행한다 하더라도 많은 제약사항이 예상됩니다.

저자는 이런 ART의 특성상 단체 세션을 진행하지 않습니다. 그러나 누군가가 이러한 요소들을 자신만의 노하우로 잘 다룰 수 있고 실제로 그렇게 할 수 있다면 그 또한 존중합니다.

Q. 용서 테라피를 진행했는데 내담자와 가해자 간에 게슈탈트 역할극을 반복했음에도 불구하고 서로 평행선을 달리며 갈등만 증폭된 채로 끝나버렸습니다. 심지어 어떤 내담자는 이 과정에서 눈을 뜨기도 했습니다. 뭐가 문제인가요?

이런 경우는 주로 사건을 다루는 AR을 진행하지 않고 곧바로 사람에 대한 이슈를 다루려 게슈탈트 역할극을 사용했을 때 발생합니다. 억지로 용서를 행한다 하더라도 진정한 용서가 이루어지지 않을 가능성이 높습니다.

이 과정에서 내담자가 눈을 뜬다면 현재 직면해야 하는 대상에 대한 부담이 최면적인 계약을 파기할 정도로 크기 때문입니다. 감정이 우세할 때 결코 진정한 용서에 도달할 수 없습니다.

ICS 역행 테라피는 이런 상황을 최소화하도록 고안되어 있으므로 이런 상황을 만들지 않도록 ICS-ART의 기법들을 해당 절차에 맞게 진행하는 것이 좋습니다. 아울러 용서 테라피를 진행하더라도 내담자에게 이 과정의 목표인 '용서'에 대한 의도를 사전에 결코 언급하지 않는 것이 좋습니다.

Q. ICS 역행 테라피와 기존의 최면 ART의 차이가 무엇인가요?

기존의 역행 테라피는 ISE를 찾고 SPE와 SSE 등을 명확히 검증하는 절차가 표준화되거나 체계화되어 있지 않았습니다. 유도자가 직관적으로 검증 없이 내담자가 떠올리는 특정 사건을 ISE로 가정하고 개입하는 형태가 많았습니다. 개입 절차도 다소 모호하거나 프로토콜이 불분명한 경우가 많았습니다. 경험적 성과에만 의존하는 경향이 있어 이론적 기반과 체계적인 접근이 부족했습니다.

반면, ICS 역행 테라피는 다음과 같은 차별점을 가집니다.

1. **체계적인 프로토콜:** 단계별로 명확한 지침이 있어 최면상담사가 내담자의 경험을 더 정확하게 탐색하고 검증할 수 있습니다.

2. **과학적 기반:** 최신 신경과학, 트라우마 연구, 퍼스널리티 이론 등의 과학적, 심리학적 지식을 통합하여 개발되었습니다.

3. **내담자 중심 접근:** 권위적이고 지시적인 기존 접근법과 달리, 내담자의 자율성과 주체성을 존중하는 협력적 관계를 중심으로 합니다. 최면가는 내담자의 내적 지혜와 치유 능력을 신뢰하며, 내담자가 자신의 내면 아이 시스템을 탐색하고 이해하는 과정에서 주도적인 역할을 할 수 있도록 돕습니다.

4. 통합적 접근: 3세대 최면 패러다임을 바탕으로 최면뿐 아니라 다양한 심리치료 모델의 효과적인 요소들을 통합하여 내담자의 필요에 맞게 유연하게 적용합니다. 이러한 통합적이고 체계적인 접근은 다양한 심리적 문제에 보다 효과적으로 대응할 수 있게 합니다.

ICS 역행 테라피는 최면상담이나 최면치료 분야에서 내담자의 장기적이고 영구적인 변화를 이끄는 매우 효과적이고 강력한 접근일 뿐만 아니라, 무의식의 고착된 패턴을 정화하는 측면에서 단지 치료적 영역을 넘어서 훨씬 넓은 범위의 이슈를 다루는 데 사용될 수 있습니다. 결론적으로 ICS 역행 테라피는 단순한 심리치유를 넘어선 영적인 차원을 포함한 개인의 더 깊은 차원의 변화와 성장에 기여할 수 있습니다.

Q. ART를 효과적으로 수행하기 위해 ICS 최면전문가에게 필요한 최소한의 교육, 훈련은 무엇인가요?

ART를 효과적으로 수행하기 위해서는 최면의 기본 원리부터 고급 기법까지 체계적인 학습과 실습이 필요합니다. 특히 ICS 접근법에서는 다음과 같은 영역에 대한 훈련이 중요합니다.

첫째, 최면의 기본 이론과 실습, 그리고 ART의 원리와 단계별 접근법에 대한 이해가 필수적입니다. ICS에서는 이러한 내용을 기본과정(5주)과 고급과정(ICS-ART베이직 코스 포함, 7주)을 통해 학습할 수 있습니다.

둘째, 역행 테라피와 상호보완적으로 작용하는 파츠 테라피에 대한 이해도 중요합니다. 내담자중심 파츠 테라피 과정(3주)을 통해 이러한 접근법을 배울 수 있습니다.

셋째, 스피리추얼한 주제의 통찰 최면을 전문적으로 다루고자 한다면 ICS영적 통찰 프로세스™(4주)와 같은 추가 교육이 도움이 됩니다.

또한 EFT의 기본적인 운용법을 숙지하여 최면에 통합적으로 활용할 수 있다면 시너지 효과를 기대할 수 있습니다. 무엇보다 ICS 전문가로서 그라운딩과 센터링을 위해 ICS 정화와 소통을 일상생활에서 체화하는 것이 중요합니다.

Q. ICS-ART에 대한 학습과 경험이 검증된 전문가는 어디에서 찾을 수 있나요?

ICS 접근법을 정식으로 훈련받고 검증된 전문가들은 ICS 인터내셔널 협회의 공식 홈페이지(www.ics-members.com)에서 확인하실 수 있습니다. 이 홈페이지에서는 3세대 최면 패러다임을 기반으로 한 ICS 최면전문가들의 지역별 목록이 제공되며, 특히 전문가 1급과 통합 전문가 자격을 갖춘 이들을 찾아볼 수 있습니다.

이 목록에 포함된 전문가들은 단순히 단기 과정을 수료한 것이 아니라, 종합적인 경력과 엄격한 평가 과정(사례평가 / 필기 / 실기 / 면접)을 통해 실력이 검증된 이들입니다. 지역별 검색 기능을 통해 가까운 지역의 전문가를 찾을 수 있어 편리합니다.

협회의 인증 과정은 지속적으로 진행되고 있으므로, 점차 더 많은 검증된 전문가들이 목록에 추가될 것입니다. 따라서 ICS-ART의 원리와 방법론을 충실히 이해하고 실천하는 전문가를 만나기 위해서는 협회 홈페이지를 정기적으로 확인하시는 것이 좋습니다.

2.
주체성 확립 및 개입을 위한 구조화 스크립트(컨빈서 기법 잠입 형식)

- 문동규 마스터 최면 트레이너

다음의 스크립트는 내담자의 변화를 위한 치유적인 개입과정에서 몇 가지 목적하에 저자(문동규 마스터 최면 트레이너)에 의해 고안된 것이다.

우리는 자신의 인생에 대한 통제의 주체가 자기 통제를 벗어난 외부에 있는 것으로 믿는지, 자기 주도하에, 즉 내부에 있는 것으로 믿는지 여부에 따라 삶의 다양한 측면에 크게 영향을 받는다. 이것은 대단히 중요한 부분이며 자아 존중감과도 밀접하게 연관된다.

이 스크립트는 변화를 위한 개입작업의 도입 시에 사용될 수 있으며 내담자의 주체적 지위를 재인식시키고 동기부여와 함께 변화에 대한 자신감을 준비시킨다. 이것의 효과를 높이기 위해 컨빈서 기법이 삽입될 수 있다. 아래에 있는 샘플 스크립트는 컨빈서 기법이 잠입된 형식이다.

또한 내담자의 변화를 위한 개입세션을 진행할 때, 도입부의 스토리라인을 생성하고 세션의 마무리 부분에서 추가적이고 일관된 직접 암시와 연결됨으로써 보다 구조화된 세션의 완성을 도와준다.

2가지 주의사항

① 이 스크립트는 이후의 고급 개입기법(ART 또는 파츠 테라피 등)과 결합되는 형식으로 사용되어야 하며, 이 자체로 치유적 결과를 목표로 하는 것이 아니다.

② 이 스크립트에 잠입된 컨빈서 기법은 테스트의 목적이 아니다. 따라서 이 스크립트를 적용하기에 앞서 반드시 적합한 테스트를 통해 '섬냄뷸리즘의 경계' 수준 이상의 깊이를 검증해야 한다.

* * * * *

〔스크립트 예제〕

(내담자가 마음의 방에 있을 때)

당신은 지금 자신의 마음의 방에 있습니다. 이 공간은 당신의 잠재의식의 공간입니다. 당신이 이 세상에 태어날 때, 하늘로부터 받은 선물이 하나 있습니다. 그것은 바로 이 몸과 마음입니다. 이 몸과 마음은 세상 누구와도 동일하지 않으며 세상에 단 하나밖에 없는 유일한 것입니다. 하늘은 이런 소중한 몸과 마음을 운영할 수 있는 권한을 단 한 명에게만 주었습니다. 그것은 바로 여기에 있는 당신 자신입니다.

당신은 몸과 마음의 주인 자격으로 지금 이 공간에 있습니다. 당신은 이번 삶에서 주어진 시간 동안 이 몸과 마음을 운영해서 얼마든지 자신이 원하는 멋진 삶을 만들어 나갈 수 있습니다. 그것은 당신이 하늘로부터 부여받은 권한입니다. 당신은 몸과 마음의 진정한 주인 자격으로서 이 기회를 누릴 수 있습니다. 당신 주변의 지인들이나 가족이라 할지라도 당신의 몸과 마음, 당신의 삶의 주인이 아닙니다. 그 누구도 당신의 권한을 침범할 수 없습니다. 지금 이 자리에서 당신 자신만이 몸과 마음의 진정한 주인임을 다시 한번 자각하십시오.

이제, 우리는 재미있는 것을 해볼 것입니다.

(눈 또는 팔다리 카탈렙시 등의 가벼운 컨빈서 기법 적용)

방금 당신은 스스로 자신의 눈꺼풀을 붙여버렸습니다. (팔다리 카탈렙시 라면 그에 맞는 표현을 사용한다.) 이것은 제가 한 것이 아니라, 당신 스스로 한 것입니다. 스스로 자신의 눈꺼풀을 훌륭하게 통제한 것입니다. 당신의 내면에는 엄청난 가능성과 잠재력들을 보유하고 있습니다. 이것은 그러한 힘 중 아주, 아주 작은 힘에 불과합니다.

당신이 방금 전 자신의 눈꺼풀을 통제했듯이 당신은 몸과 마음의 주인으로서 자신의 내면에 있는 훨씬 큰 능력들을 사용할 수 있습니다. 지금부터 저는 당신이 그 능력들을 사용할 수 있도록 그 방법을 알려주고 당신이 원하는 목표를 달성하도록(변화를 이룰 수 있도록) 도와드릴 것입니다.

당신은 몸과 마음의 진정한 주인입니다. 그렇지만 당신은 지금까지 (   )이 마치 내 몸과 마음의 주인인 것처럼 나를 통제(조종)하도록 그것에게 주인 자리를 내어주고 살아왔습니다.

(   )은 내 몸과 마음을 통제할 아무런 권한도 없음에도 불구하고 당신은 지금까지 (   )에게 너무나 큰 권한을 주고 살아왔습니다.

그 이유는 단지 당신이 그것에 대해 인식하지 못했거나 그것을 다루는 방법을 몰랐었을 뿐입니다.

지금 이 순간, 여기 있는 자신만이 진정한 몸과 마음의 주인임을 다시 한 번 인식하십시오. 그리고 지금부터 저는 당신이 진정한 주인으로서 당신의 능력들을 사용하고 목표를 달성하도록(변화를 이룰 수 있도록) 도와드릴 것입니다.

※ 괄호 안에 음식, 분노의 감정, 불안감, 과거의 기억 등 상담 주제에 맞는 단어를 적절히 삽입할 수 있다.

3.
2세대 최면과 울트라 뎁스® 프로세스의 범위 비교

깊이		특징	2세대 최면	울트라 뎁스® 프로세스
얕은 상태		• 가벼운 카탈렙시(경직) 반응에서 완전한 근육군의 카탈렙시. • 후각, 미각 등의 변환. • 부분적 망각. • 무통각.	포함 • 학파에 따른 차이가 있지만 대부분의 학파들에서 개입을 위해 널리 활용되는 상태.	포함 • but, 상태 자체가 아닌, 섬냄뷸리즘으로 가는 과정으로서의 의미가 더욱 큼.
중간 상태				
섬냄뷸리즘상태	얕은	• 깊고 다양한 수준의 망각 반응. • 깊고 다양한 수준의 시각적 청각적 감각적 양성, 음성 부분환각 반응. • 암시에 의한 국소마취 반응(외과수술이 가능한).	포함 • but, 일부 개입을 위해 활용하는 경우들이 있지만, 체계화되어 있지 않아 개인적인 영역으로 여겨지는 경향. • 오늘날 점점 그 활용도가 낮아지는 추세.	포함 • but, 이 역시 깊은 섬냄뷸리즘으로 가는 과정으로서의 의미가 더욱 큼. • 극히 일부의 경우 이 상태가 활용될 수 있다.
	중간			
	깊은			포함 • 개입이 필요시 주력상태. • 다음 단계를 위한 기반상태.

			섬냄불리즘을 넘어서	
			일부포함 or 미포함	포함
에스데일상태	얕은	• 제임스 에스데일 발견. • 암시 없이 전신마취. • 의식적인 신체통제 불가. • 사전 카타토닉 & 깊은 카타토닉 반응 동반. • 외과수술 및 출산을 위한 최적의 상태.	• 일부포함하는 경우가 있지만 거의 연구되지 않는 상태. • 패러다임의 차이로 이하의 상태들을 최면의 범주에서 제외하는 경우도 있으며 잘못된 정보들이 많은 영역.	• 엘먼의 발견들을 넘어 월터 씨코트와 제임스 라메이를 통해 더 나아간 발견들과 세부사항들이 정리. • 이하의 상태들은 암시에 의한 개입이 불가능 / 불필요한 상태들.
	중간			
	깊은			
씨코트상태	얕은	• 월터 씨코트 발견. • 극도의 근육무기력. • REM반응, 완전한 시간 왜곡. • 암시 없이 전신마취. • 정상수면의 6배~10배에 달하는 급속 회복. • 잠재의식이 주도, 위험감지	미포함	포함 • 월터 씨코트와 제임스 라메이를 통해 나아간 발견들과 세부사항들이 정리됨.
	중간			
	깊은			
제드상태		• 제임스 라메이 발견. • 극도의 역행을 위한 상태로 초의식이라 여겨지는 미개척 영역에 접근하는 상태.	미포함	포함

기타

각성최면	• 트랜스 없는 최면.	포함	포함
최면적인 수면	• 수면상태를 최면으로 전환.	포함	포함
마그네티즘	• 감각을 기반으로 하는 에너지개념의 최면.	미포함	포함 • 비시티라 불리는 에너지적 접근 포함.

4.
3세대 최면상담가를 위한
최면 용어사전

ABREACTION(해제반응): 최면 상태에서 뭔가를 떠올리며 이야기하거나 과거에 억압했던 유해한 요소나 충격적 경험을 표현하며 신체적 반응이나 감정적인 표출 또는 정화를 하는 것.

ACTIVATING EVENT(활성화 사건): 증상이 출연한 사건. =SPE

AGE REGRESSION(연령역행): 현생에서 과거의 특정한 시점으로 마음과 행동이 되돌아가는 현상. 또는 최면에서 과거의 시점으로 돌아가 재경험하는 것. 최면 깊이의 성취에 따라 역행에는 다양한 세부등급이 있다.

AGE PROGRESSION(연령 순 / 진행): 최면 상태에서 피험자의 연령 수준을 증가시키는 것.

AMNESIA(망각): 과거 경험이나 정보의 회상 능력에 대한 상실.

최면에서의 기억 망각은 암시에 의해서, 또는 자발적으로 일어날 수 있다. 이것은 기억의 넓은 영역을 포함할 수도 있고 구체적인 사건, 정보에 한정될 수도 있다. (망각의 범위는 부분망각, 국소망각, 자발망각, 완전망각, 후최면 망각 등을 포함한다.)

ANALGESIA(무통각): 민감성 상실. 피부 부위가 민감성이 줄어들게 되는 것. 최면 암시로 유도될 수 있다.

ANALIZATION(분석): 해결책이나 결과를 결정하기 위해 상황의 요인을 자세히 연구하는 것.

ANCHOR(앵커): 연관 규칙을 통해 특정 정신적, 정서적 및 생리적 상태를 불러일으키는 단어, 이미지 또는 터치와 같은 특정 자극.

ANESTHESIA(마취): 국소적으로 또는 넓게 통증의 감각을 상실하는 것. 이것은 암시로 유도될 수 있다. 이것은 종종 이 상태에서 외과수술을 받을 수 있을 정도의 깊이로 일어난다. 이것은 크거나 작은 부위에 기질적으로 또는 심리적 조건 상태에 의해 유발될 수도 있다.

최면 분야에서 이 용어는 감각 경험의 일시적인 상실을 말한다. 외과수술에서 일반적인 화학마취가 금기시되는 상황이거나 환자가 화학마취를 원치 않을 때 최면마취의 활용은 무통수술이 가능하게 한다. (섬냄뷸리즘 상태에서 암시에 의해 유발되는 국소마취, 에스데일, 씨코트 상태에서 일어나는 암시 없는 자동 전신마취를 포함한다.)

ANIMAL MAGNETISM(동물 자기): 일반적인 마그네티즘 현상에 연관된 상태로 전제하고 안톤 메즈머가 옹호했던 최면 이전의 이론.

APHASIA, FUNCTIONAL(기능적 실어증): 심리적인 원인들의 결과로 말하는 능력을 상실하는 것으로 일반적으로 히스테리 증상으로 간주된다. 이것은 최면치료나 최면상담 등으로 성공적으로 극복할 수 있다.

APHASIA, HYPNOTIC(최면적 실어증): 말하려는 의지가 없음. 내담자는 마치 노력이 가치가 없는 것처럼 말하기 시작하고 멈출 수도 있다. 이것은 인공적인(거짓) 섬냄뷸리즘을 나타낸다.

ARBITRATION(조정자): 갈등이나 대립관계 등에서 양측이 제시한 증거를 토대로 구속력 있는 판단을 내리는 사람.

ARM LEVITATION(팔 떠올리기): 가벼움, 무중력 등의 암시를 통해 피험자의 팔을 떠오르도록 유도하는 기법.

AUTHORITATIVE TECHNIQUE(권위적인 테크닉): 권위적, 지시적인 요구를 통한 기법. 챌린지(도전과제) 기법.

AUTO-HYPNOSIS(자기 최면): 자기 최면은 일종의 언어적 형태의 조건화이다. 이 절차에서는 적절한 지침을 철저히 교육받은 사람이 혼자서 수행할 수 있다. 이후에 최면은 피험자 스스로 유도되고 자신만이 따라야 할 것을 결정한다.

AUTOMATIC DRAWING(자동 그리기): 자신의 행위를 의식하지 않고 행하는 그리기(또는 낙서).

AUTOMATIC MOTION(자동 움직임): 피험자가 저항하더라도 동작을 계속하는 것.

AUTOMATIC WRITING(자동 서기 / 글쓰기): 그 행동을 인식하지 않고 무의식적으로 단어나 문장 전체를 쓰는 것. 자동 서기는 갈등, 두려움과 불안을 적는 것을 돕기 위해 많은 피험자에게 사용될 수 있다.

AUTOMATISM(정신자동증): 의식적인 자각 없이 수행되는 인간 활동. 자동 서기나 그리기부터 몽유병에 이르는 몇 가지 간단한 형태의 행동이 포함된다.

AUTONOMIC NERVOUS SYSTEM(자율신경계): 소화, 호흡, 땀과 같은 불수의적 반응을 조절하는 말초신경계의 한 부분. 교감신경과 부교감신경계로 나뉘며 길항작용(한쪽이 활성화되면 다른 쪽은 억눌려지는 방식)을 통해 조절된다. 현저한 심인성 현상의 원인이 되며 최면에서 자율 신경계에 대한 통제력 증가는 흔히 볼 수 있는 것이다. 이 시스템은 의식이나 지성의 협력을 필요로 하지 않는 신체 기능을 주로 반사적이고 통제하고 조절하지만 완전히 비자발적이지는 않다. 감정과 암시라는 두 가지 관련 유형의 경험에 거의 지속적으로 영향을 받는다.

AUTO-SUGGESTION(자기 암시): 자기 암시, 타인으로부터 받는 암시와 구별되며 피험자가 자신에게 하는 암시나 확언들.

AWARENESS(자각, 인식): 사건, 상황, 상태, 느낌 또는 경험에 대한 의식적 인지.

BAQUET(바켓): 메즈머가 다수의 환자와 작업하기 위해 사용했던 도구적인 장치, 프랑스어로 욕조를 뜻한다. 약 2피트 높이의 큰 양동이(오크나무) 형태로 내부에는 물, 철 충전재, 병 및 갈린 유리로 채워져 있었다. 약 30명 정도가 그 주위에 서서 솟아 나온 쇠막대를 만졌고 이런 접촉은 자기적 흐름을 시작하는 행위로 간주되었다.

BRAIDISM(브레이디즘): 제임스 브레이드가 제안한 최면의 이론. 브레이드에 의하면 최면 상태에서 수용한 암시는 신체적인 결과를 보여준다고 언급했고 그는 이 상태가 몸의 병을 치료할 수 있는 새로운 기회를 열어준다고 느꼈다.

브레이드에 따르면 최면은 최면 상태의 조건에서 암시의 신체적 결과를 나타낸다. 그는 이 상태가 신체 질환을 치료할 수 있는 많은 새로운 기회를 열어준다고 느꼈다.

BRIDGE TECHNIQUE(브릿지 기법): 감정이나 인지 등의 역동을 이용한 역행 기법. 몇 가지 형태의 하위기법을 포함한다.

CASE HISTORY(사례 기록): 처치의 기초가 되는 개인에 대한 관련 사실과 정보에 대한 기록.

CASE STUDY(사례 연구): 피험자 개인의 사례에 대한 연구.

CATALEPSY(카탈렙시 / 경직): 피험자가 팔다리 등의 경직성을 나타내며 다양한 자세로 경직할 수 있는 암시성의 상태. 가끔 히스테리나 정신분열증과 같은 정신 및 뇌 질환에서 발견되며 최면 상태에서 암시될 수 있다.

CATALEPSY(카탈렙시):
팔: 경직, 굽힐 수 없음.
눈: 꽉 붙음, 뜰 수 없음.
경직: 몸이 완전히 굳어 움직일 수 없는 상태

CATATONIC STATE(카타토닉 상태): (카타토니아). 최면 피험자가 외부 근육의 강직 없이 깊은 골격근에 의해 강직을 표현하는 암시되지 않은 최면 상태. 깊은 카타토닉 반응은 에스데일 상태 후반부에 나타난다.

CATHARSIS(카타르시스): 억눌린 감정을 해소하는 과정, 특히 한 사람에게 장애가 되거나 우려를 일으키는 감정. 이것은 그것들을 공유하거나 배출하는 과정을 통해 일어나며, 따라서 상당한 안도감을 얻는다. 자유 연상법이나 최면 암시는 충격적인 경험을 의식으로 가져오는 데 사용될 수 있다.

CHALLENGE(챌린지 / 도전과제): 최면가가 최면 상태에 있는 피험자에게 제시한 특정 행동을 할 수 없는 암시가 받아들였는지 극복 여부를 확인하는 과제. 대표적으로 눈꺼풀 카탈렙시나 팔다리 카탈렙시의 확인 과정에서 사용될 수 있다.

CHEVREUL PENDULUM(슈브렐의 펜듈럼): 슈브렐이 고안한 것으로 두 개의 선이 그려진 차트 위로 흔들리는 펜듈럼(약 35센티 길이의 끈에 매달린 추)을 직각으로 흔들리게 한다. 그것은 때때로 피험자의 암시감응성이나 집중력을 높이거나 측정하기 위해 사용된다.

COLD SUBJECTS(무경험 피험자): 이전에 결코 최면에 들어본 적 없는 피험자들.

CLIENT(내담자): 제공되는 서비스에 비용을 지불한 고객.

COMA STATE(코마 상태): 최면적 코마 상태, 에스데일 상태.

COMA THREAT(코마 위협): 최면적 코마 또는 에스데일에 든 내담자가 각성을 거부할 때 돌아나오게 하기 위한 고전적 기법. 오늘날엔 보다 발전된 형태를 사용하며 위협의 형식은 사용되지 않는다.

COMPOUND SUGGESTION(복합 암시): 반복 및 두 개 이상의 암시 복합을 통해 암시의 효과를 높이는 데 사용되는 기술.

CONCENTRATION(집중): 단일 대상이나 주제에 주의를 기울이기 위한 지속적인 노력.

CONDITION, TO(조건화): 배움을 확립하는 것, 또는 조건 정서, 조건 반응 또는 조건 반사.

CONDITIONED EMOTION(조건 정서, 조건화된 정서): 특정 자극이나 상황 또는 경험에 의해 확립되고 연결된 감정.

CONDITIONED REFLEX(조건 반사): 한 가지 자극에 대한 자동적인 반응 또는 암시에 의해 습득된 자극의 조합.

CONDITIONED RESPONSE(조건 반응): 단순하거나 복합적인 어떤 것에 대한 자동적인 반응으로 두 가지를 연결하는 암시로 확립될 수 있다.

CONDITIONED SUBJECT(조건화된 피험자): 이전에 최면에 든 경험이 있는 사람. 특정 신호나 단어에 반응할 수 있는 사람.

CONSENT FORM(동의서): 피험자가 최면의 본질에 대한 이해와 최면상담에 대한 동의와 허가를 명시하는 서명 양식. 내담자의 서면 동의서는 항상 파일로 보관해야 한다. 미성년자와 상담할 때는 부모나 보호자의 동의가 절대적으로 필요하다.

COUNTER-SUGGESTION(반대 암시): 고착된 생각이나 습관, 이전 신념의 영향력에 도전하기 위해 개인에게 제공되는 암시나 제안.

CRITICAL FACTOR(크리티컬 팩터): 유입되는 새로운 정보를 기존에 존재하던 믿음이나 이미 학습된 정보와 비교하는 자동적인 반응. 크리티컬 팩터를 우회하는 것은 최면의 주된 사용 중 하나이다. CRITICAL FACULTY(비판적 작용력), CRITICAL FUNCTION(비판적 기능)이라는 단어와 혼용되어 사용된다.

DEEP HYPNOSIS(깊은 최면): 섬냄뷸리즘으로 불리는 최면의 깊이.

DEEPNING(심화): 최면의 깊이를 심화시키는 것, 피험자가 최면적으로 깊어졌을 때 피험자가 더욱 암시에 민감해지며 더욱 넓은 범위의 최면현상을 경험할 수 있다.

DEFENSE MECHANISM(방어 기제): 자기보호 행동의 패턴이다. 그것은 바람직하지 않거나 고통스러운 생각이나 다른 불행한 경험들을 의식으로부터 보호하는 기능을 가질 수 있다.

DENTAL HYPNOSIS(치과 최면): 고통을 최소화하기 위해 치과 진료에서 사용되는 최면. 대부분의 치과 수술은 최소한의 출혈로 고통이나 불편감 없이 깊이 최면 상태에서 수행될 수 있다.

DEPTH(깊이): 최면에 든 피험자가 얼마나 깊은 상태인가. 최면의 깊이는 피험자가 만들어 낼 수 있는 최면적인 효과들로 측정된다.

DIRECT SUGGESTION(직접 암시): 직접적인 암시는 언어적인 방법이나 의사소통을 통해서 무의식에 정보를 직접적으로 주입하는 과정이다.

DISTRACTION(관심 돌리기 / 주위분산): 초점 영역 이외의 어떤 것으로 주의를 돌리거나 자극에 반응하는 것.

DREAM, HYPNOTIC(최면적 꿈): 최면가에 의해 암시된 꿈.

EGO(에고): 정체성. 의식과 무의식의 연동된 시스템 속에서 자원들을 기반으로 인식하는 자신.

EGO PART(에고 파트): 에고 상태의 다른 지칭. =PART

EGO STATE(에고 상태): 폴 페던이 사용한 개념으로 파트를 의미. =EGO PART

EIDETIC IMAGERY(사진적 심상): 실제 인식의 선명도에 도달하는 감각 시각적 심상, 이것은 어린이에게 흔하고 정상적인 각성상태의 성인들에게는 매우 드물지만 최면을 통해 최면으로 활성화될 수 있다.

EMERGE(각성): 최면에서 돌아나오는 것, 최면은 잠을 자는 것이 아니므로 '깨우다(awaken)'라는 단어보다 훨씬 좋은 표현이다.

EMOTIONAL FREEDOM TECHNIQUE(감정 자유 기법): EFT라는 줄임말로 알려져 있으며 감정을 방출하고 해소하기 위해 고안된 기법이다. 경락의 자극과 확언의 조합으로 구성되어 있으며 최면 프로세스와의 결합이나 호환성이 매우 좋다.

ESDAILE STATE(에스데일 상태): 섬냄뷸리즘보다 더욱 깊은 상태로 알려졌으며, 최면계에서 신체 암시에 반응하지 않는 '코마 상태'

라는 이름으로 인식되었던 상태. 제임스 에스데일 박사에 의해 발견되고 데이브 엘먼에 의해 발전된 최면의 깊이이며 이후 월터 씨코트와 제임스 라메이에 의해 더욱 발전되었다.

FASCINATION(매혹 / 패서네이션)
① 메즈머리즘에서 사용된 응시의 기술
② 작고 밝은 물건에 시선의 고정으로 최면을 유도하는 방법, 피험자의 눈보다 약간 위에 있는 반짝이는 작은 물체에 눈을 고정해 최면을 유도하는 제임스 브레이드가 고안한 방법. 이것은 오늘날 일반적으로 언어적 암시와 결합된다.

FEEDBACK(피드백)
: 피험자가 겪고 있는 것을 나타내는 모든 진술 또는 표시.

FIXATION(고정)
: 하나의 감각 또는 물체에 대한 주의 집중.

FLEXIBILITAS CEREA(수동적 자세고정)
: 사지가 놓인 위치에 그대로 있는 카탈렙시의 상태. 라틴어에서 왔으며 번역하면 '밀랍 같은 가소성'을 뜻하며 이것은 최면가가 내담자에게 어떤 자세를 만들어 주건 내담자가 그대로 유지하는 경향을 뜻한다. 이 상태에서는 근육의 이완이 크게 증가하기 때문에 사지가 관절에서 다소 기이한 위치로 고정될 수도 있다.

FORENSIC HYPNOSIS INVESTIGATION(법최면 수사): 범죄수사에 활용하는 최면. 주로 기억회상이나 재경험 등의 기법이 활용된다. 법최면, 법정최면, 수사최면, 최면수사 등으로 불린다.

FRACTIONATION(프랙셔네이션): 최면, 각성, 다시 재최면으로 최면 상태를 심화시키는 방법.

GESTALT ROLEPLAY(게슈탈트 역할극): 두 개의 빈 의자를 번갈아 앉으며 나와 상대방의 입장에 대한 역할극을 진행하는 기법. 이것은 내사에 대한 고착된 관점을 붕괴시키고 카타르시스적인 이해의 결과를 가져오는 데 도움이 된다.

GLOVE ANESTHESIA(장갑마취): 히스테리의 증상으로 나타날 수 있고, 최면에서 암시를 통해 유도될 수 있다. 이것은 피부의 특정 부위의 감각이 둔해지는 무통각과 같은 것이다. 국소마취와 다름.

HALLUCINATION(환각): 상응하는 외부 자극과는 별개로 발생하는 감각적 경험. 이것은 일반적으로 정신병, 섬망 또는 약물 중독의 징후일 수 있지만, 완전히 정상적인 사람들에 대한 최면 깊이 테스트로 생성될 수 있다.

HALLUCINATIONS, NEGATIVE(음성 환각): 존재하는 것을 볼 수 없는 것.

HALLUCINATIONS, POSITIVE(양성 환각): 존재하지 않는 것을 볼 수 있는 것.

HALLUCINATIONS, RETROACTIVE(회고적 환각): 최면에 의해 새롭고 허구적인 기억이 생성되거나 오래된 기억이 무효화될 때, 그에 따라 회고적 환각은 양성일수도 음성일 수도 있다.

HANGOVER, HYPNOTIC(최면 숙취): 피험자를 최면에서 부적절한 각성시킴으로써 유발되는 두통이나 졸음, 메스꺼움. 처음 최면을 받는 사람에 대한 첫 번째 유도 이후에 일반적으로 졸음이 나타날 수 있다.

HEMI-HYPNOSIS(편마비 최면): 최면 암시의 결과로 신체의 한쪽에만 자발적인 활동이 국한되는 최면 상태. 또한 같은 범주에 속하는 현상은 hemianesthesia(반감각 소실 – 한쪽 편의 감각상실)과 hemianopsia(반맹 – 한쪽 편의 시력 상실)이다.

HETERO-HYPNOSIS(타인 최면): 타자(최면유도자)에 의해 생성된 최면.

HYPER-AESTHESIA(민감성 항진): 정상적인 오감 중 어느 것이 극도로 예민해짐.

HYPER-MNESIA(기억 항진): 기억을 회상하고 유지하는 특이한 능력. 이것은 종종 최면에 의해 일어나거나 더욱 증가될 수 있다. 재경험과 다름.

HYPER-SUGGESTIBILITY(암시감응성 항진): 깊은 최면에 의해 만들어지는 높은 암시감응성.

HYPNO-ANALYSIS(최면 분석): 연령역행 테라피라고 불리는 접근법의 다른 이름. 최면 상태에서 정신역동적인 문제의 원인을 발견하고 해소함으로써 무의식의 재정렬을 돕는 최면상담이나 최면치료의 강력한 개입기법.

HYPNO-HOLIC(최면 중독자): 알콜 중독자가 음주를 통해 회피하려는 것처럼 최면에 집착하는 사람.

HYPNOIDAL(히프노이들): 아주 가벼운 최면의 상태.

HYPNOLOGY(히프노로지): 잠 또는 최면에 관한 연구.

HYPNO-RELAXATION(최면적 이완): 걱정이나 다른 긴장 상태의 완화를 추구하는 사람에 대한 암시적인 처치.

HYPNOSIS(최면): 일반적으로 이완과 결합되는 높은 자각의 상태. 때때로 암시나 제안에 대한 증가된 감수성을 동반한다.

HYPNOSIS, WAKING(각성 최면): 트랜스를 사용하지 않고 최면 효과가 성취되는 것. (= 이완 상태나 공식적인 트랜스 유도 없이 최면 효과가 성취되는 것)

HYPNOTHERAPY(최면 치료): 증상, 병 또는 중독 등에 대한 처치나 치료. 때때로 어떤 형식의 재교육과 결합됨.

HYPNOTIC PATTER(최면 패터): 최면유도자가 사용하는 단어나 구문의 모음.

HYPNOTIC STAGING(최면 스테이징): 피험자가 특정한 최면의 깊이 수준에 즉각적으로 진입하도록 키워드를 설정하는 행위.

HYPNOTIC STATE(최면 상태): 트랜스 상태라는 말과 혼용됨. 최면 상태는 본질적으로 집중의 상태이며, 이 상태에서 피험자의 정신 기능은 하나의 생각이나 일련의 생각에 몰두하여 다른 모든 고려 사항과 영향에는 무관심하다.

HYPNOTISM(최면 / 히프노티즘): 과학적 연구와 실험, 처치의 목적으로 하는 이론뿐만 아니라 해당 분야. 이 용어는 1843년 제임스 브레이드가 만든 용어로 'Hypnosis'와 동의어로 사용되지 말아야 한다.

후자는 피험자에게 유도된 상태를 가리킨다. (한국에서는 두 단어에 대한 동일한 표기가 사용되고 있다.)

HYPNOTIST(최면가 / 최면사): 최면적 이완을 통해 과학적 실험이나 처치를 수행하는, 최면 분야에서 적절히 훈련된 사람.

HYSTERIA(히스테리): 심한 흥분과 감정 조절 부족을 특징으로 하는 정신 신경 장애. 실명, 청각장애, 마비, 기억 상실 등의 형태를 취하거나 몽유병, 피로 또는 무언증을 포함한 이상 행동 양식을 유발할 수 있다.

ICS ACTIVATING TECHNIQUE(ICS 활성화 기법): 한 세션 내에서 급속하게 역행의 질을 개선하기 위한 기법. ICS 영적 통찰 프로세스(ISIP)를 창안한 이영현 ISIP 마스터 트레이너가 고안한 기법이다.

IDENTIFICATION(동일시): 어느 대상의 생각과 감정과 행동 등을 무의식적으로 받아들여 그 대상과 비슷한 경향을 나타내는 것.

IDEO-DYNAMIC(이데오다이나믹 / 관념 역동): 외부 또는 내부적으로 감지되는 자극에 대한 반응으로, 최면을 받는 피험자가 무의식 수준에서 생성하는 자동화된 반응 또는 조건화된 반응. 관념운동(Ideomotor), 관념감각(Ideosensory), 관념정동(Ideoaffective)을 총체적으로 지칭하는 용어.

IDEO-AFFECTIVE(이데오에펙티브 / 관념 정동): 피험자에게 지시하지 않은 관념 암시에 의해 생성된 감정.

IDEO-MOTION(이데오모션 / 관념 움직임): 어떤 생각이나 암시로 생성된, 피험자가 모르는 불수의적인 움직임.

IDEO-MOTOR(이데오모터 / 관념 운동): 피험자에게 지시하지 않은 관념 암시에 의해 생성된 불수의적 근육 운동.

IDEO-MOTOR SIGNAL(이데오모터 신호 / 관념 운동 신호): 최면 상태에서 최면가가 피험자의 무의식, 또는 잠재의식과 직접적으로 소통하기 위해 사용하는 관념운동 신호. 최면에서 주로 손가락 기법을 지칭.

IDEO-PLASTY(이데오플라스티 / 관념 형성): 최면가가 제안하는 유용하고 매력적인 생각들로 피험자의 마음을 유연하고 수용적으로 만드는 과정.

IDEO-SENSORY(이데오센서리 / 관념 감각): 장갑마취나 양성 환각과 같이 암시받은 감각적 경험.

ILLUSION(환상 / 착시): 상황에 대한 오도나 암시적인 특징의 결과로 특정 현상을 잘못 해석하는 것. 모든 종류의 환상은 그의 성격, 도덕적 신념과 양립할 수 있다면 최면 상태에서 피험자에게 쉽게 암시될 수 있다.

IMAGINATION(상상력): 생각이나 이미지를 형성하는 행동이나 정신적 능력. 창조적 능력.

IMPRINTING(각인): 발달기의 특정 시기나 연령 동안 특정 자극, 환경 등에 민감하게 반응하여 학습이 일어나는 것.

INDIRECT SUGGESTION(간접 암시): 간접적인 방식으로 주어지는 암시.

INDUCED HALLUCINATIONS(유도된 환각): 최면 암시의 결과로 피험자의 마음에 형성된 환각. 그러한 환각은 최면 상태의 깊이를 테스트하는 역할을 한다.

INDUCTION(도입): 개인이나 그룹을 최면 상태로 진입할 수 있도록 하기 위한 절차나 기법. 이것은 최면가의 지시에 집중하면서 암시 감응수준을 증가시킨다.

INDUCTION, INSTANT(순간최면 / 순간도입): 수초에서 일분 이내에 섬냄뷸리즘의 경계 수준의 깊이에 도달하도록 고안된 유도 절차. 일반적으로 도입을 비롯한 특정 루틴을 따른다.

INDUCTION, RAPID(급속최면 / 급속도입): 1~5분 이내에 섬 냄뷸리즘의 경계 수준의 깊이에 도달하도록 고안된 유도 절차. 일반적으로 도입을 비롯한 특정 루틴을 따른다.

INDUCTION TECHNIQUES(도입 기법): 최면을 유도하는 방법들.

INFORMED ADULT TECHNIQUE(인폼드 어덜트 테크닉 / 성인 확신기법): 결과와 변화의 확신을 강화시키기 위한 테크닉. 두 가지의 다른 형식이 있으며 둘 모두 사용되었을 때 완성도를 높일 수 있다.

INFORMED CHILD TECHNIQUE(인폼드 차일드 테크닉 / 내면아이 통찰기법): 타인이나 자기 자신의 세계에 대해 가지고 있는 어떠한 오해나 두려움을 제거하기 위한 기법.

INFORMING SOUL TECHNIQUE(인포밍 소울 테크닉 / 영혼 통찰기법): 자발적인 전생역행이 일어나거나 통찰을 위한 의도적인 전생역행을 진행할 때 영적 통찰을 위한 기법.

INITIAL SENSITISING EVENT(ISE / 최초사건): 문제의 근본 원인이 되는 최초의 사건. =OSE

INTROJECT(내사): 파트가 지니고 있는 다른 사람, 동물 또는 무생물에 대한 내면화된 인상.

INVOLUNTARY MUSCLES(불수의 근육): 보통 의식적으로 통제되지 않는 근육(심장, 혈관 등).

KINESTHETIC(체감각): 근육, 힘줄 및 관절의 움직임으로 유발되는 신체 감각.

MEDIATOR(중재자): 갈등이나 대립관계 등에서 양측의 핵심 사안을 확인하고 합의를 위한 대안을 고려할 수 있도록 도움을 주는 사람.

MEDICAL HYPNOSIS(의료 최면): 의료 종사자가 의료목적으로 사용하는 최면.

MESMERISM(메즈머리즘): 메즈머 자신의 동물 자기이론을 바탕으로 개발한 최면 이전의 고전적 최면 기법.

METAPHOR(메타포 / 은유): 행동, 개념, 물체 등이 지닌 특성을 그것과는 다르거나 상관없는 말로 대체하여, 간접적이며 암시적으로 나타내는 일. 은유. 직접최면을 사용하는 최면상담에서 메타포는 주로 치유적인 절차를 보조하는 수단으로 사용되며 리프레이밍(재관점화)

를 위한 짧은 은유가 활용되기도 한다.

MONOIDEISM(모노이데이즘): 피험자의 주의를 좁히거나 제한하는 것에 의존하는 최면의 상태와 연관된 제임스 브레이드가 만든 용어.

MOTHER HYPNOSIS(모성적 최면): 부드럽게 접근하는 최면기법.

MULTIPLE EMBEDDED METAPHORS(다중 잠입 메타포): 여러 개의 메타포를 목적에 맞게 특정한 방식으로 구조화하여 잠입시키는 형식.

MULTIPLE INITIAL SENSITISING EVENT(다중 ISE): 특정 이슈에 대한 최면분석에서 복수의 ISE가 존재하는 것.

NARCO-ANALYSIS(마취분석): 어려운 사례들에 적용하기 위해 가벼운 약물의 사용을 결합한 정신분석.

ONEIROSIS(오네이로시스): 수면보다는 졸음과 유사한 가벼운 최면의 한 형태. (그리스어로 Oneiros는 꿈을 뜻하며, Hypnos는 잠을 뜻한다.).

OPEN-ENDED QUESTIONS(열린 질문 / 개방형 질문): 범주를 제한하지 않고 대답이 자유롭게 허용된 질문의 유형, 연령역행 과정에서 부적절한 이끌기에 의한 거짓 기억 생성이나 암시에 영향받은 대답을 방지하기 위해 주로 사용

ORIGINAL SENSITISING EVENT(OSE / 최초사건): =ISE. ISE 설명 참고.

PARALYSIS, HYPNOTIC(최면 마비): 최면 암시의 결과로 신체 일부의 운동기능을 일시적으로 상실하는 것.

PART(파트 / 분아): 에고 상태, 에고 파트의 줄임말로 에고를 구성하고 있는 내면의 분아들을 일컫는 말.

PARTS THERAPY(파츠 테라피): 고급 최면상담 접근의 하나로 에고 파트들을 중재하거나 치유하고 재통합하기 위한 테라피. 최면 분야에서 찰스 테벳이 그 개척자로 알려져 있다.

PASSES(패스): 메즈머리즘에서 마그네티즘의 원활한 흐름을 위해 간격을 두고 두 팔로 쓸어내리는 동작.

PAST LIFE REGRESSION(전생역행): 최면 상태에서 전생으로 돌아가 재 경험하는 것.

PERMISSIVE TECHNIQUE(허용적 기법): 동의적 기법. 챌린지를 포함하지 않는 기법.

PHOBIA(공포증): 특정 종류에 대한 압도적인 병적 두려움.

POST-HYPNOTIC AMNESIA(후최면 망각): 최면 종료 이후 실행되는 망각 암시.

POST-HYPNOTIC SUGGESTION(후최면 암시): 최면 종료 이후 실행되는 암시.

PRE-BIRTH REGRESSION(출생이전 역행): 모태나 전생을 포함한 출생 이전의 시기로 역행하는 것.

PRE-HYPNOTIC SUGGESTION(최면 전 암시): 최면 시작 전에 피험자에게 암시되는 것.

PRE-INDUCTION EXERCISES(유도 전 훈련): 도입과정을 행하기 전에 피험자를 조건화하기 위한 훈련이나 작업.

PRE-NATAL REGRESSION(모태 역행): 출생 이전 모태로 역행하는 것.

PRE-TALK(프리토크 / 사전 면담): 최면 전 준비를 위한 사전대화.

PRIMARY SUGGESTIBILITY(일차적 암시감응성): 최면 상태에서 주어진 암시와 최면 상태에서 경험되는 암시.

PSYCHODYNAMICS(정신역동): 과거 경험이 현재의 문제에 미치는 영향을 설명하고 이를 기반으로 문제를 해결하려는 이론.

PYRAMIDING(피라미딩 / 점증): 피험자에게 특정 최면유도 루틴을 행한 뒤, 최면에서 돌아나오게 하지 않고 곧바로 다른 종류의 유도 루틴을 적용하는 것. 이때 두 번째 유도 루틴은 심화 기법으로 복합된다.

RAMEY STATE(라메이 상태): 제드 상태의 다른 이름. 제드 상태 참고.

RAPID EYE MOVEMENT(REM): REM은 최면(혹은 자연스러운 수면)의 깊이를 나타내는 척도 중에 하나다. 어떤 단계의 최면이나 수면 상태에서, 피검자는 그녀의 눈을 그녀의 눈꺼풀 아래에서 양방향으로 움직이는 것이 관찰될 수 있다. 이것은 수면과 깊은 상태의 최면이 일으킬 수 있는 것이다.

RAPPORT(래포): 최면에서 최면가와 피험자 사이의 작업적 관계. 최면가가 제시한 암시에 대한 피험자의 민감성. 래포는 의도적으로 다른 사람에게 전이될 수 있고, 미리 정해진 신호에 따라 다시 최면가에게 이전될 수 있다. 다만, 특별한 암시에 의한 전이가 아니라면 래포는 배타적이다.

REGRESSION(역행): =AGE REGRESSION 설명 참고.

PROGRESSION(순 / 진행): =AGE PROGRESSION 설명 참고.

RECALL(회상): 현재의 자아가 과거 기억을 회상하는 것.

REGRESSION, PSEUDO(가짜 역행): 허위 역행 혹은 인위적 역행은 최면에서 종종 나타나는 현상이다. 만약 피험자가 예전의 경험이나 진정한 연령역행으로 재경험하지 못하거나 의지가 없다면, 피험자는 오직 기억항진밖에 경험할 수 없을 것이다. 이것은 경험을 소생시켜 재경험하는 것과는 다르다. 이것은 내담자가 충분한 깊이의 연령역행 상태에 도달하지 못할 때도 일어난다.

REFRACTORY(불응 상태): 최면 상태에 들거나 나오기 어려운 상태. 일반적으로 상태에 진입하는 데 어려움이 있는 경우가 더 많다.

RELAXATION FOR HYPNOSIS(최면을 위한 이완): 몸의 근육

에 대한 의식적인 통제를 놓아버리고 의식적인 생각을 진정시키는 것.

RELAXATION, PROGRESSIVE(점진적 이완): 심화 기법과 문장들을 복합함으로써 체계적인 방법으로 몸과 마음을 이완하는 수동적인 기법.

RELEASE(해소): 원인의 발견을 통해 억눌린 감정을 방출 또는 해소하는 것.

REVIVIFICATION(환원 / 소생): 잃어버렸거나 잊었던 경험을 의식으로 가져옴.

RIGIDITY, HYPNOTIC(최면적 경직): 깊은 최면 중에 때때로 발생하는 근육 수축 상태. 최면술의 가장 많이 알려진 특징 중 하나는 온몸의 경직성이다. 때때로 거의 모든 자발적인 근육의 완전한 강장제 수축이 있는데, 이를 통해 머리, 목, 몸통, 다리가 완전히 뻣뻣해진다. 이런 경직성을 끝내는 것은 일반적으로 최면가의 명령이나 신호로 충분하다.

SEAL(봉인): 다른 사람의 최면적인 개입을 막기 위한 목적으로 피험자에게 설치하는 최면적인 장애물, 블록. 20세기 중반, 미국의 의료인들에 의해 주로 사용되었다.

SECONDARY GAIN(이차적 이득): 이미 형성된 문제로부터 파생되는 이득. 문제를 지속함으로써 얻는 특별한 배려나 이익, 혜택. 이것은 문제의 근원이 제거된 이후에도 증상이나 행동이 지속되게 함으로서 상담이나 치료의 성공을 방해할 수 있는 조건이다.

SECONDARY SUGGESTIBILITY(이차적 암시감응성): 최면에서 주어지지만 피험자가 각성한 이후까지 수행되지 않는 암시, 후최면 암시.

SELECTIVE AMNESIA(선택적 망각): 특정 경험의 영역에만 국한되는 망각.

SICHORT STATE(씨코트 상태): 울트라 뎁스®, 60년대 중반 월터 씨코트가 발견한 깊이. 이후 제임스 라메이에 의해 발전했다. 이것은 피험자가 이 상태에서 나온 후 말이나 행동을 전혀 기억하지 못하고 경미하거나 큰 수술이 가능한 자동적인 몸의 전신마취가 일어나며 급속 안구 운동, 즉 완전한 시간 왜곡을 일으키는 수준의 깊이이다. 피험자의 자가치유는 수면 시의 정상적인 치유속도의 6배에서 10배까지 증가한다. 이것은 개인의 잠재의식이 목적이 있을 경우 언어적으로 말할 수 있는 깊이의 수준이다. 이 상태는 원래 울트라 뎁스®라고 불렸고 씨코트가 사후 그를 기리기 위해 씨코트 상태로 이름이 바뀌었다.

SOMNAMBULISM(섬냄뷸리즘 / 몽유):

① 몽유병, 수면보행증. 꿈속에서 걷고 있거나 심지어 잠자면서 업무를 수행하는 상태

② 깊은 최면. 최면적 몽유 상태. 최면 테라피나 통증 조절을 위한 최면에서 가장 이상적인 상태. 이 상태에서 최면을 유지하며 눈을 뜰 수도 있고, 완전한 망각, 양성, 음성 환각들이 유도될 수 있다. 그리고 흔히 지각과민을 일으킬 수 있다.

SOMNAMBULISM, ARTIFICIAL(인위적 섬냄뷸리즘): 최면적 실어증(Aphasia, hypnotic) 참고.

SOMNAMBULIST(몽유병자): 잠자면서 걷는 사람.

SPEED HYPNOSIS(스피드 최면): 몇 초밖에 걸리지 않는 도입.

SPONTANEOUS AMNESIA(자발적인 망각): 망각 암시 없이 피험자가 깊은 상태에서 망각을 생성하는 것.

STAGE HYPNOSIS(무대 최면): 즐거움을 목적으로 하는 공연형태의 최면.

SUBCONSCIOUS(잠재의식): 뇌를 재프로그래밍할 수 있고 의식을 오버라이드 할 수 있는 인간의 한 요소. 이곳은 모든 깊은 감정, 의

식적으로 알려지지 않은 지식, 직관과 영감, 그리고 실현되지 않은 예외적인 힘이 존재하는 곳이다. 이곳은 또한 최면에 대한 주요 능력들과 마음을 바꾸는 모든 과정이 수용되는 곳이기도 하다. 그것은 사실과 허구를 구별할 수 있는 마음의 별개 사고 과정이다. 그것의 주요 기능은 육체 내에서의 전체 자아의 지속을 위해 신체에서 생명을 유지하는 것이다. 에고 또는 인격 이면의 순수함에 가까운 본질적이고 상위적인 의식.

SUBJECT(피험자): 최면유도자에게 최면으로 가는 것을 배우는 사람. 타인최면을 받는 사람.

SUBSEQUENT SENSITIZING EVENT(SSE / 후속 사건): ISE를 강화시키는 후속적인 사건.

SUGGESTIBILITY(암시감응성): 암시에 대한 민감성.

SUGGESTIBILITY, NEGATIVE(부정적 암시감응성): 반대 행동에 의한 암시에 반응하는 것.

SUGGESTION(암시 / 제안): 행동이나 경험, 태도, 아이디어의 형식으로 행하는 새롭거나 대안적인 선택.

SUGGESTION, AUTO(자기암시): 자기최면 동안에 스스로에게 주는 암시.

SUGGESTION, HETERO(타인 암시): 피험자 자신이 아닌 최면가나 유도자가 피험자에게 주는 암시.

SUGGESTION, POST-HYPNOTIC(후 최면 암시): 피험자가 최면에서 각성한 이후에 최면반응이 수행되도록 하기 위해, 최면 상태에서 최면가가 피험자에게 주는 암시.

SUGGESTION, THERAPEUTIC(치료적 암시): 피험자의 건강을 회복하는 것을 목표로 한 암시.

SUGGESTION, VERBAL(언어 암시): 신중하게 구성된 단어와 문장을 통한 암시나 제안.

SUGGESTION, WAKING(각성 암시): 비판력이 우회되는 절차 없이 주어지는 암시.

SUSCEPTIBILITY(민감성): 암시를 받아들이는 피험자의 수용성 및 수용량.

SYMPTOM PRODUCING EVENT(SPE / 증상 생성 사건): 증상의 출현을 초래한 사건.

TIME DISTORTION(시간 왜곡): 인간의 시간 감각의 가속이나 감속.

TRANSFER(전이): 최면가와 내담자의 래포를 다른 사람에게 이전하는 제안. 피험자에게 특정한 신호가 오면 원래의 래포가 회복될 것이라는 것을 미리 알려야만 한다.

TRIGGER(트리거 / 촉발단서): 한 사람이 갖고 있는 정신적 트라우마와 연합된 단어, 또는 그와 같이 부정적인 감정을 불러일으키는 촉발제가 되는 단어. 최면에서 조건 반응을 촉발시키는 신호.

ULTRA DEPTH(울트라 뎁스®): 씨코트 상태의 이전 이름. 씨코트 상태 참고.

UNCONSCIOUS(무의식): 한 사람의 의식적인 인식과 별개로 자동 프로세스가 이루어지는 상태, 감정, 습관, 장기기억 등의 내적 자원과 프로그램이 설치되고 저장되는 장소.

ZED STATE(제드 상태): 제임스 라메이에 의해 발견되고 개발된 제드 상태는 리그레션(역행)의 목적으로만 사용되는 깊이 단계이다. 최면이라는 도구를 활용한 역행 중 가장 깊은 수준의 역행이다. 이것은 피험자의 과거 퍼스널리티들 중 하나의 실제 퍼스널리티가 앞으로 드러나는 장소이며, 피험자는 눈을 뜨고 그 시대에서 사용했던 언어로 말할 수 있다. 만약 당신 또한 동시대의 삶을 경험했을 경우에만 당신을 인식할 수 있으며 당신을 현재 이름이 아닌 다른 이름으로 알고 있을 것이다. 이 상태는 하나의 키워드로 앵커될 수 없으며 스스로 성취될 수도 없다.

참고문헌

국내 문헌

- 문동규. (2016). 의식을 여는 마스터키, 최면: 메즈머리즘에서 울트라 뎁스까지. 렛츠북.
- 문동규. (2020). 최면, 써드 제너레이션: 에고를 넘어서 (의식을 여는 마스터키 최면, 두 번째 이야기). 렛츠북.
- 에드거 케이시. (2011). 나는 잠자는 예언자. 신선해(역). 사과나무.
- ICS 인터내셔널(유). (2025). ICS by Presence, 1(1). ISSN 3058-8367.
- 이영현. (2016a). 내 인생의 호오포노포노 - 천사들이 들려주는 이야기. 렛츠북.
- 이영현. (2016b). 내 아이를 위한 정화. 렛츠북.
- 이영현. (2023). ICS 정화와 소통: 영혼의 매트릭스. 렛츠북.
- 한국현대최면마스터스쿨. (2020). KMH 전문가 그룹 최면상담 사례집: 무의식 리-프로그래밍. 렛츠북.

국외 문헌

- Banyan, C. (2002). The Secret Language of Feelings: A Rational Approach to Emotional Mastery. Abbot Publishing House.
- Banyan, C. (2007). Level II Manual: Advanced Hypnotherapy [미출간 교육 자료]. Banyan Publishing.
- Banyan, C. (2008). Level I Manual: Becoming a Master Hypnotist [미출간 교육 자료]. Banyan Publishing.
- Bergson, H. (1910). Time and Free Will: An Essay on the Immediate Data of Consciousness. (F. L. Pogson, Trans.). George Allen & Unwin.

- Binet, A., & Féré, C. (2001). Animal Magnetism. Adamant Media Corporation.
- Bohm, D. (1980). Wholeness and the Implicate Order. Routledge.
- Braid, J. (1843). Braid on Hypnotism (Neurypnology). Julian Press.
- Cheek, D. B. (1993). Hypnosis: The application of ideomotor techniques. Allyn & Bacon.
- Cheek, D. B., & LeCron, L. M. (1968). Clinical hypnotherapy. Grune & Stratton.
- Churchill, R. (2002). Regression Hypnotherapy: Transcripts of Transformation, Volume 1. Transforming Press.
- Churchill, R. (2003). Regression Hypnotherapy: Transcripts of Transformation, Volume 2. Transforming Press.
- Darnton, R. (1986). Mesmerism and the End of the Enlightenment in France. Harvard University Press.
- Elman, D. (1964). Hypnotherapy. Westwood Publishing Co.
- Elman, D. (1977). Explorations in hypnosis. Nash Publishing.
- Elman, D. (2006). Hypnotherapy. Westwood Publishing Co. (Republished by Dave Elman Hypnosis Institute)
- Emmerson, G. (2003). Ego State Therapy. Crown House Publishing.
- Erickson, M. H., & Rossi, E. L. (1981). Experiencing Hypnosis: Therapeutic Approaches to Altered States. Irvington Publishers.
- Estabrooks, G. (1943). Hypnotism. E.P. Dutton.
- Hunter, R. (1998). Mastering the power of Self-hypnosis. Sterling Publishing.
- Hunter, R. (2000). Art of Hypnosis: Mastering Basic Techniques (3rd ed.). Kendall/Hunt Publishing.
- Hunter, R. (2005). Hypnosis for Inner Conflict Resolution: Introducing Parts Therapy. Crown House Publishing.

- Hunter, R. (2007). Art of Hypnotherapy (3rd ed.). Kendall/Hunt Publishing.
- Jacques, V., Wu, E., Grosshans, F., Treussart, F., Grangier, P., Aspect, A., & Roch, J. F. (2007). Experimental Realization of Wheeler's
- Delayed-Choice Gedanken Experiment. Science, 315(5814), 966-968.
- James, T. (2000). Hypnosis: A Comprehensive Guide. Crown House Publishing.
- LeCron, L., & Bordeaux, J. (1947). Hypnotism Today. Wilshire Book Co.
- Libet, B. (2004). Mind Time: The Temporal Factor in Consciousness. Harvard University Press.
- Loftus, E. F. (1975). Leading questions and the eyewitness report. Cognitive Psychology, 7(4), 560-572.
- Loftus, E. F. (2005). Planting misinformation in the human mind: A 30-year investigation of the malleability of memory. Learning & Memory, 12(4), 361-366.
- Loftus, E. F., & Ketcham, K. (1994). The myth of repressed memory: False memories and allegations of sexual abuse. St. Martin's Press.
- Loftus, E. F., & Palmer, J. C. (1974). Reconstruction of automobile destruction: An example of the interaction between language and memory. Journal of Verbal Learning and Verbal Behavior, 13(5), 585-589.
- Marco, P., & Cook, J. (2007). Easy Guide to Mesmerism and Hypnotism. Web Services Ltd.
- Marco, P., & Atkinson, W. (2011). Hypnotic Fascination. Web Services Ltd.
- Penrose, R. (1994). Shadows of the mind: A search for the missing science of consciousness. Oxford University Press.
- Ramey, J. (2014a). 4.0 Training Manual 1: Ultra Depth® Process [미출간 교육 자료]. Ultra Depth® International.
- Ramey, J. (2014b). 4.0 Training Manual 2: Ultra Depth® Process [미출간 교육 자료]. Ultra Depth® International.

- Ramey, J. (2014c). 4.0 Training Manual 3: Ultra Depth® Process [미출간 교육 자료]. Ultra Depth® International.
- Ramey, J. (2014d). 4.0 Training Manual 4: Ultra Depth® Process [미출간 교육 자료]. Ultra Depth® International.
- Rossi, E. L., & Cheek, D. B. (1994). Mind-body therapy: Methods of ideodynamic healing in hypnosis. W. W. Norton & Company.
- Scheflin, A. W., & Shapiro, J. L. (1989). Trance on trial. Guilford Press.
- Schwartz, R. C. (1995). Internal family systems therapy. Guilford Press.
- Siegel, D. J. (2012). The developing mind: How relationships and the brain interact to shape who we are (2nd ed.). Guilford Press.
- Stapp, H. P. (2009). Mind, matter, and quantum mechanics (3rd ed.). Springer.
- Tebbetts, C. (1985). Miracles on Demand (2nd ed.). Thompson/Shore.
- Watkins, J. G., & Watkins, H. H. (1997). Ego states: Theory and therapy. W. W. Norton & Company.
- Wester, W. C., & Hammond, D. C. (2011). Solving crimes with hypnosis. American Journal of Clinical Hypnosis, 53(4), 255-269.
- Wheeler, J. A., & Feynman, R. P. (1945). Interaction with the Absorber as the Mechanism of Radiation. Reviews of Modern Physics, 17(2-3), 157-181.
- Wittmann, M. (2018). Altered States of Consciousness: Experiences Out of Time and Self. MIT Press.
- Yapko, M. D. (2012). Trancework: An introduction to the practice of clinical hypnosis (4th ed.). Routledge.
- Zanuso, B. (1986). The Young Freud: The Origins of Psychoanalysis in Late Nineteenth-Century Viennese Culture. Blackwell.

함께 읽으면 좋은 책

‖ ICS 최면 시리즈 ‖

의식을 여는 마스터키, 최면

: 메즈머리즘에서 울트라 뎁스® 까지

최면, 써드 제너레이션

: 에고를 넘어서

**KMH 전문가 그룹
최면상담 사례집**

: 무의식 라-프로그래밍

ISIP 시간의 프리즘

: 전생에서 미래생까지

‖ ICS 정화와 소통 시리즈 ‖

내 인생의 호오포노포노
: 천사들이 들려주는 이야기

내 아이를 위한 정화
: 자녀를 사랑하는 부모들을 위한 정화 가이드북

내 인생의 날개를 펼쳐라
: 현실을 바꾸는 내면의 비밀

나는 왜 호오포노포노가 안 되는 걸까?
: 천사들이 들려주는 이야기 세 번째 시리즈

영혼의 매트릭스
: ICS 정화와 소통

‖ ICS 인터내셔널 협회 주요 교육 프로그램 ‖

■ **ICS 최면**

- ICS 최면전문가 기본-고급(ART) 통합과정
- ICS 영적 통찰 프로세스™(ISIP)
- 내담자 중심 파츠 테라피
- ICS 자기최면™
- ICS 머니 매트릭스™ 프로토콜
- 최면상담사를 위한 EFT 활용
- 울트라 뎁스® 프로세스 PART 1/ PART 2

■ **ICS 정화와 소통™**

- Basic 레벨 1/ 2/ 3
- Advanced 고급실천 Ⅰ/ Ⅱ
- ICS 힐링서클™
- ICS 에니어그램 레벨 1/ 2/ 3

‖   교육 프로그램 정보   ‖

'최면의 새로운 지평을 여는 교육의 장'

 **ICS 한국 현대최면
마스터 스쿨**

ICS 인터내셔널 협회의 공식 교육본부로서
최면 분야의 국제적 노하우와 3세대 최면
패러다임을 집대성한 체계적인 전문가
양성프로그램을 제공합니다.

www.abhkorea.com

"진정한 자기 발견과 치유를 위한 여정에 함께하세요."

 ICS 인터내셔널 협회
Inner Communication with Self By PRESENCE

3세대 최면의 새로운 패러다임을 이끄는
ICS 인터내셔널은 전문적인 최면 교육과
연구를 통해 한국 최면계의 발전을
선도하고 있습니다.

www.ics-members.com

최면상담의 새 지평
ICS 역행 테라피 Basic

초판 1쇄 발행 2025년 07월 10일

지은이 문동규
펴낸이 류태연

펴낸곳 렛츠북
주소 서울시 영등포구 문래북로 116, 트리플렉스 1005호
등록 2015년 05월 15일 제2018-000065호
전화 070-4786-4823 | **팩스** 070-7610-2823
이메일 letsbook2@naver.com | **홈페이지** http://www.letsbook21.co.kr
블로그 https://blog.naver.com/letsbook2 | **인스타그램** @letsbook2

ISBN 979-11-6054-764-1   03180

이 책은 저작권법에 따라 보호를 받는 저작물이므로 무단전재 및 복제를 금지하며, 이 책 내용의 전부 및 일부를 이용하려면 반드시 저작권자와 도서출판 렛츠북의 서면동의를 받아야 합니다.

* 잘못된 책은 구입하신 서점에서 바꾸어 드립니다.